百科集趣

于永昌 编著

第四辑

♥ 科技发明
♥ 战争兵器
♥ 宇宙航天

中国文史出版社

前　言

　　大千世界，社会生活，奇事种种，妙趣多多。

　　在人们看到、用到、吃到和有兴趣、想了解的事物中，很多都包含着丰富的文化内涵和深厚的历史底蕴，并融入了许许多多新奇、有趣的记载。这套《百科集趣》具有科学性、知识性，尤其侧重情趣，将十几个方面新鲜、好看、有意思的资料筛选后讲述出来。诸如糖葫芦、饼干、比萨饼的诞生；转魔方最快和最慢的人分别是谁；植物有语言，有情感，能自卫，也贪杯；动物有爱心，讲义气，也会因犯法被判刑；早期的空战轰炸是用手将炸弹掷向地面的；大炮也可为乐团伴奏……

　　捧起书，读者会发现，缤纷世事可印刷折叠，古闻新知能装订保鲜。每翻开一页便能读到一篇妙文，便可打开一扇观赏世间的窗口。从天上到地下，从山川到海洋，从古代到今天，从宏观到微观，从已知到未知，等等，荟萃了大容量知识和情趣的历史记载、馆藏资料与最新信息扑面而来。一览之下，让人在开阔眼界、增长知识的同时会由衷感叹：不读不知道，世界真奇妙！

　　愉快的读书称作悦读。这套书力求以引人入胜的内容和浓郁的情趣，让人看得高兴，看得快乐，进而感受到人生的美好、生活的多彩，使心灵受到启迪，唤起创造更多奇迹的热情。在补充课堂书本以外知识的同时，还能为整日忙于学习、工作的人们，缓解疲劳，放松身心，平添轻松快慰的好心情。好的心态、心情是艰苦生活的润滑剂和跋涉路上的滋补品，看到书中的有趣内容，难免让人忍俊不禁，发出会心一笑。多看看这套书，长知识，增情趣，会有不少收益。

目　录

科技发明

战争兵器

宇宙航天

科技发明

1. 古代的发明

生活在远古时期的人,为跨过水域、搬运重物、打猎采摘等,发明使用了一些工具。这些发明虽然简单,但都实用,表明了当时人类的文明与进步。国内外的诸多考古发现对此有很好的展示。

在我国北京周口店猿人遗址洞穴内发现了约2万年前人类使用的骨针,用鱼骨及其他动物的骨头制成。制作方法原始,仅在骨的末端或中部钻出针眼。但这却是人类最早使用的缝衣针。这里还发掘出当时人类创制使用的尖状器、砍砸器、雕刻器等。在我国西部地区曾出土了一件皮裤,专家考证认为它使用于3300年前,是游牧人编织发明的羊毛类作品。

我国古人还爱随身携带一些小物件。在江苏省徐州市邳州市刘林新石器时代遗址进行发掘时,出土了一把古梳,以兽骨制成,扁平,梳背微带弧度,有磨痕,有4个梳齿。这把骨梳已有6000年的历史。在河南洛阳中州路东周墓遗址发掘时,出土了8根骨签,长短不一,经考古确认为"剔齿签",也就是古人所用的牙签。这些牙签距今已有2800年的历史。在河南安阳殷墟发现了一座完好的商代王室墓葬,随葬品丰富,其中还有两枚挖耳勺。它们一大一小,均为玉制。上端是鱼形,鱼身细长,头向上,小口,眼为圆孔,腮、背鳍、胸鳍、腹鳍清晰。下端柄末端刻出圆形小勺孔,颇为精巧。经专家鉴定,挖耳勺为3000年前的用品。

在国外考古发现中,古代发明用品也很多。亚美尼亚山洞中出土了一只鞋,为兽皮缝制,被认为是5500年前的穿着物。在德国一处洞穴出土了一个古钱包,皮制,据称是4500年前的用品。土耳其西部地区曾发掘出土了一艘木船,以硬质木料制成。船长6米,最宽处2.5米,经专家考证,为4000年前的摆渡用船,一次可搭载数十人过河。土耳其古城以弗所曾出土一种硬币,以金银加工而成,已有2700年的历史。人们在印度河谷地发现了用贝壳琢成的护身符,贝壳内凿有两孔,被认为是最原始的纽扣。专家认为就此可将纽扣的发明追溯至公元前3000年。在伊拉克南部地区曾发现苏美尔啤酒配方,它是刻于黏土上的,据考证,这个配方为5000年前当地人酿酒所用。在苏美尔遗址内发掘的一块黏土记事板上,描述了肥皂的制作,说明公元前2500年前已诞生了肥皂。考古人员在土耳其古城以弗所还曾发掘出一座露天公厕,为2000年前的人们所用,厕所下部修筑有一条条水道,可将秽物冲向河流。可列举的各类古代发明还有很多,这些发明虽然历史久远,显得简陋,但它们毕竟是人类科技发明史册中的开篇之作。

2. 古人的娱乐发明

远古人类在与大自然的抗争中,发明使用了一批工具。当时人的生活环境虽然恶劣,却也有着乐观精神,发明了不少娱乐性用品。

前不久,在西伯利亚地区一个幼童古墓里,发现了具有 4500 年历史的玩偶雕像。该玩具由皂石制成,制作精细,有明显的面部特征,包括浓密的眉毛和高高的颧骨。据专家介绍,此墓葬不是社会上层人员规格,这表明当时普通人家的孩子也可拥有精致的玩具。这件玩具被认为是迄今为止发现的最古老的玩偶。

古代人发明制作的玩具娃娃多种多样。古代埃及人制作的娃娃双臂可以活动,头上装有假发,发际还织入小的黏土球,模拟当时女仆发式上的油脂球。一件面包师玩具已有 3500 年的历史。这是一件出土文物:一个弯腰的小木偶双手触摸"面团",拉动绳索就可看到木偶把面团"揉动"。古代波斯人是用布来制作玩具娃娃的,并在脸部画上眼睛、眉毛、鼻子、嘴巴和耳朵,栩栩如生。

史料记载,国际跳棋的玩法是公元前 4000 年左右由埃及前王朝时期的人发明的。骰子的玩法是古埃及的知识与咒语之神苏特发明的。类似于多米诺骨牌游戏的骨制品,为公元前 2450 年的文物,出土于中东地区。最早被提到的国际象棋起源于公元 500 年印度北部。围棋相传是 4000 年前尧为教育子孙,培养他们的思维习惯而发明的。

秋千起源于罗马神话。酒神巴克科斯为了让犯罪的葡萄种植人赎罪,罚他们参加一个隆重的仪式。仪式的内容就是做一种游戏,即坐在一根两端系在树上的绳子上悠来荡去。最早的地滚球可上溯到公元前 5200 年。人们在一个埃及儿童墓中发掘出 9 根木柱和 1 个石球。那时的地滚球玩法就是在球道上设置三个拱圈,使滚球从下面穿过,类似如今的老年门球。古希腊诗人荷马在长诗《奥德赛》中还提到了一种滚球戏。玩法通常是女子解下饰带,兜住球滚动。年轻姑娘也可随歌曲起舞,轮流将球抛向空中。滚铁环也起源于古希腊。

相传风筝是将军韩信发明的,本用于军事,后成为游戏用品。我国还有一种古老的玩具竹蜻蜓。它是在一片三四寸长的竹片或木片中间开口,插入一根小木杆而成,竹、木片的两端扭成相反的斜角。玩时用两个手掌搓动木杆,然后放手,竹蜻蜓就会脱手飞上天空,飘飞一两分钟才会落地。这种玩具已有 2000 年的历史,传到欧洲很受重视,被仿制后在一些著名大学和科学院进行表演。法国人还给它起名"中国陀螺"哩。

3. 中国四大发明之造纸术

我国古代在造纸术出现之前,记事材料的使用上,商代用甲骨,西周用青铜器,春秋时代以后使用了竹简、木牍、绢帛等。

我国是最早养蚕织丝的国家。在养蚕漂絮的过程中,篾席上会留下些残絮,时间久了,残絮会结积一层纤维薄片。古人发现,将絮片晾干剥离可用于书写。古代称其"方絮",可知造纸术的发明与蚕絮有着渊源。东汉许慎编写的《说文解字》谈到"纸"的来源曰:"纸"从糸旁,也就是"丝"旁。所指当时的纸主要也是由绢丝类物品制成。然而帛是古代高贵的纺织品,质轻、柔软而有韧性,是很理想的书写工具,但是产量少,价钱昂贵,让一般人用不起。

到了汉代时,农业经济发达,文化事业发展,西汉时已出现了纸的雏形。在甘肃天水放马滩汉墓出土的西汉早期的纸,是发现的最早的纸。在新疆罗布泊和西安灞桥等地也都出土过西汉的古纸。这些纸都较为粗糙,原料为麻或丝絮。进入东汉,阅读不便的竹简和昂贵的绢帛已越来越不能满足书写阅读的要求,寻求新的书写工具已为大势所趋,为平常人所用的造纸术就此应运而生。东汉宦官蔡伦对于纸的使用很关注,而且有兴趣,并大力加以研究。他总结了以前的造纸技术,然后进行改进,开创了以破布、树皮、渔网为原料,并使用了沤、捣、抄一套工艺技术,造出了达到书写实用水平的植物纤维纸,被称为"蔡侯纸"。自此以后,纸逐步取代了竹、木简和帛,成为主要的书写材料。

北宋时,安徽采用了日晒夜收法漂白麻纤维,抄出的纸光滑莹白,且具耐久性能,名扬一时。又经元、明、清数百年岁月,到清中期,我国的手工造纸已相当发达,质量先进,品种繁多,成为中华民族数千年文化发展的物质条件。

中国造纸术在公元 7 世纪传至日本。8 世纪中叶经中亚传至阿拉伯国家。当地人采用中国技术设备,以破布为原料制造麻纸,大批生产后输入欧洲。14 世纪造纸术传到意大利,意大利很多城市都建起了造纸厂,成为欧洲造纸术传播的基地。造纸术的发明与传播,大幅度降低了文字的载体成本,知识广泛普及得以实现,从而有力推动了世界科技、经济和文化的发展。

在十几个世纪中,我国的造纸术一直处于世界先进水平,其技术、设备、加工等方面为世界各国提供了一整套完整的工艺体系。现代机器造纸工业的各个主要技术环节,也都是从我国古代造纸术中找到了最初的发展形式。可以说世界各国沿用我国传统方法造纸,也有了 1000 年以上的历史。

4. 中国四大发明之印刷术

造纸术和印刷术的发明,都是中国人民对世界科学文化发展所做的重要贡献。在印刷术发明前,古人是用自然物体记载文字符号的,把文字刻写于岩壁、鱼骨、树叶、竹板等处。纸在我国出现后,文字的传播主要靠手抄的书籍。手抄费时费工,还容易抄错抄漏,既不利于文化传承,还会带来缺损。为此古人一直在寻求解决之道。

到了晋朝,纸、墨的使用让印章流行起来。东晋时石碑的拓印有了发展,它把印章和拓印结合,将印章扩大成一个版面,仿照拓印的方式,把纸铺到版上蘸墨印刷,这即是雕版印刷的雏形。世界上最早的雕版印刷诞生在唐代。雕版印刷的工艺是:先在纸上按所需规格书写文字,然后反贴在刨光的木板上,再根据文字刻出阳文反体字,将雕版制成。接着在版上涂墨、铺纸,以棕刷刷印,将纸揭起,就成为印品。雕刻版面耗费人力材料,但雕版完成后一经开印,就显示出效率高、印刷量大的优越性。但雕版印刷必须一页一版,存在着费工费料、有了错漏难以更改、储存版片占用地方等问题。

北宋时期,就职于国都汴梁(今河南省开封市)雕刻工场的青年匠人毕昇发明了活字雕版印刷,标志着活字印刷术的诞生。他的方法是先用刻印印章之法在木头上刻写出单字的阳文反文字模,印刷时按照文字稿把单字挑选出来,排列在撒有药剂的字盘内,加热使药剂融化,用木板把字压平,涂墨印刷,印毕再将字模拆出,留待下次排时使用。活字印刷比雕版印刷省工省料,成本低,效率高。但使用木活字因有的木料质软、有的价高,还有吸水等问题,印数多了字迹会变得模糊。毕昇从瓦壶上又受到启示,想到了用泥活字代替木活字。工匠们选用了好胶泥,和好捶打柔软,弄成小泥坯刻字,烧好后的泥活字字迹清晰而结实耐用。这种泥活字印刷迅速得到普及。

泥活字印刷很快传入了东亚和欧洲地区。欧洲在泥活字的基础上做了改进,相继使用了铜活字、锡活字、铅活字等印刷技术。1845 年德国出现了第一台快速印刷机,就此开始了印刷技术的机械化过程。从 20 世纪 50 年代开始,先后采用了电子、激光、信息科学及高分子化学等新兴技术,使印刷业进入了现代化发展阶段。后续这些新技术的应用都与毕昇发明的活字印刷有着渊源,毕昇在世界印刷史上的功绩是难以磨灭的。

5. 中国四大发明之指南针

　　早在两千多年前的我国春秋时期,古人在寻找铁矿时就发现了磁铁,并了解了磁铁所具有的特殊性质。到了战国时期,人们已能利用磁铁制造出指示方向的工具——司南。司南为勺状,分为勺柄和勺口。使用时将其放在一个光滑、平稳的底盘中,用手拨动勺柄,使其转动,当它停下后,勺柄指向南方,勺口则指向北方,人们就此即可明了南北方向了。

　　北宋时,科学家沈括在《梦溪笔谈》一书中对指南针的制作和使用,做了科学的说明和分析。书中提到用天然磁石摩擦钢针,使其磁化,穿上几根灯草,放碗中水面上,即可测定南北方位。有人创制出了"指南鱼",就是把用磁钢片制成的"鱼"放在水面上,以此指示方向。后来经过一次次研究改进,把磁钢片换成了精细的磁钢针,使它的尖端指向磁北极,末端指向磁南极,这就成了指南针。指南针的使用方法多样,有的浮在水面,有的放于碗沿,有的用线悬在空中。磁针受到撞击可能会失磁,外出使用也很不便。直至后来把磁针装入刻有方位的罗盘内,因此指南针也被叫作罗盘针。有盒子固定,指南针才变得方便和便于携带。宋朝及后来的海船出海,都带有指南针。12世纪末,指南针经由阿拉伯人传到欧洲,为后来的欧洲航海探险家开辟新航路提供了重要的条件。

　　指南针是造福人类的重要技术发明。指南针长期以来是从事战争侦察、野外工作、旅游探险等方面的重要工具。被装配在伞绳、手表、手链救生带等物品上,成为多功能用品之一。近年国内外新研制生产的指南针精密度高,有一层浸有酒精的膜,不受天气变化影响,在任何温度、气压下,都能指示出正确的方向。支轴有的使用蓝宝石材质,不会磨损。在固定的磁针上涂有夜光液,黑暗中能看清指标及方位。它还设有倾斜针,可测定斜坡的角度。指南针座身边缘一边刻有英寸,另一边刻有厘米。另有计时差的标盘,精确360度的字标可旋转移动,很是方便好用。

　　当前,手机使用了指南针定位软件,可一举解决方向感不强、路痴等问题,成为旅游出行必备。一款名为"多多"的指南针,使用效果极佳。"豆豆"指南针在没电的情况下,也能用手机为人找准方向。一款指南针与水平仪和手机板连接,让手机成为精准的校准工具,放置家具,安放油画,都能测试出最佳平整度。

6. 中国四大发明之火药

火药的发明与中国古时的炼丹术有着密不可分的关系。

从战国时期起,就有人把冶金技术运用到炼制矿物药方面,梦想能炼出长生不老的药来,也有人想从矿物中炼出金银来。炼丹术中很重要的一种方法是"火法炼丹",据记载,火法大致包括煅、炼、灸、熔、抽、飞、优等具体方法,这些都是最基本的化学方法。炼丹术流行了一千多年,所采用的一些具体方法显示了化学的原始形态,是有可取之处的。在冶炼金属的过程中,人们不断总结经验,逐渐接触和熟悉了许多矿物的性能,积累了丰富的化学知识。工匠们在炼丹时发现硝石、硫黄与含碳物质在一起加热后会产生剧烈的反应,引起爆炸。这样就为火药的发明创造了条件。

火药发明的具体年代难以确定,据一些史料推断,应在唐代以前。由于硝石、硫黄、木炭按一定比例配制的火药是黑色的,火药被称为"黑火药"。这种易燃易爆的混合物为何又被称为"药"呢?这是因为它的主要成分硝石(硝酸钾)、硫黄是古代中医治病的药材。火药在发明之后亦被列为治湿气、避瘟疫、疗皮肤病的药物。又由于火药的发明源于长期炼丹求药的实践,因而称其为"药"也是顺理成章的事了。

自唐朝末年开始,火药被用于军事。最早的火药武器是"飞火",即火箭。使用时点燃装在箭镞上的火药,射向敌营,形成火攻。宋、元时期火药武器的应用广泛,主要有火箭、火铳、突火枪,还有了火炮。明朝时出现了利用齿轮控制的触发性地雷与线香控制的定时水雷,使火药武器更为多样。

元朝时中国发明的火药传入欧洲。恩格斯曾高度评价了火药发明的影响,他说,毫无疑问,火药是从中国传到了印度,再传到了欧洲。他肯定了中国是火药的发明地。这黑色的药末进入了欧洲,动摇了欧洲的封建专制统治,让欧洲进入了热兵器时代,告别了以前的冷兵器时代,而以前靠冷兵器取胜的骑士阶层很快没落了。可以说火药的发明和传入促进了欧洲的社会发展和文艺复兴运动。

中国火药传入欧洲几个世纪后,1866年,瑞典科学家诺贝尔在一次试验时,不小心把装有硝化甘油的瓶子掉地打碎,液体被护瓶防撞的硅藻土吸收。一种黄火药又称炸药的混合物就这样被发明了。这种黄火药的化学成分是三硝基甲苯,是一种化合物。而中国的黑火药"一硫二硝三木炭"是三种不同化学成分的混合物。两种火药区别于此。

7. 世博会催生的发明

世界博览会是展现人类在社会、经济、文化和科技领域取得的成就的国际性大型展示会。自 1851 年在英国伦敦举办首届世博会,170 多年以来,历届世博会涌现了众多新发明、新科技成果,曾经改变了人们的生活,有些至今仍在发挥作用。

在首届世博会上,英国政府耗用了 4500 吨钢材和 30 万块玻璃,在伦敦海德公园建成了世界上第一座晶莹的水晶宫,以此作为世博会的主会场。这座人造的玻璃宫殿长 520 米,高 30 米,成为当时世界上最豪华的建筑之一。

1853 年美国纽约举办了世博会。美国人奥的斯发明的自动楼梯大出风头。他站在自动升降机平台上,启动装置,楼梯随着他的操纵不停地自动上下。这一发明为摩天大楼的修建和使用提供了一个重要的工具。这种自动楼梯还不能称为电梯,因为它是由蒸汽机提供动力的。

在 1867 年巴黎世博会上,钢筋混凝土开始被世人所知。这种新材料的发明者是法国一位普通花匠莫尼埃。他想让花盆变得结实些,先用细钢筋编成花盆的形状,然后在钢筋里外两面涂抹上水泥砂浆,干燥后花盆变得十分坚固。在建筑专家的推荐下,钢筋混凝土从花盆跨上了高楼大厦,最终成为现代建筑的重要材料。

1893 年美国芝加哥世博会催生了福特汽车。当时 30 岁的福特专程去世博会开阔眼界,在一个展馆看到有辆四轮汽车蜷曲着,受到冷落。他却了解这是汽车泰斗戴姆勒的经典之作。福特作为爱迪生电气工程师,致力于研究汽车发动机,已寻找这辆车好久。他立刻上前从里到外贪婪地研究汽车的每个细节。三年后福特在自家后院制成了第一辆福特汽车。

1958 年比利时布鲁塞尔世博会是"二战"后第一届世博会。会场上的最大亮点是一个巨大的原子结构模型。它模拟的是铁的晶体结构,与实际的原子结构比较,这个模型放大了 1650 亿倍。它象征着人类安全、和平地应用原子能,代表着人们追求和平的意愿。

2005 年日本爱知世博会让不同功能的机器人集中亮相。这届世博会上推出的主要是服务型机器人,如清扫会场的机器人会自己选择路径,清扫地面时能够自动绕开障碍物。接待机器人就像是多语种的翻译家,可使用日、汉、英、韩四国语言与人交谈,进行会场介绍并接待来访者。

在 2010 年上海世博会上,中国馆内商代的司母戊青铜方鼎、明代针灸铜人、太阳神石刻、饕餮纹铜鼓等竞相展列。经现代多媒体技术演绎,100 多米长的《清明上河图》上,水会流,人会走,还会交谈,整个城市还会有晨昏的变化。会动的《清明上河图》让参观者叹为观止。

8. 战争催生的发明

战火硝烟,生死之间,常常也会催生出一些发明。

1017—1042 年,丹麦人占领了英格兰。英格兰人不畏强暴,奋勇抗敌,终于将入侵者赶出境。一天,一伙英国人在清理道路时看到一个骷髅,辨认出是入侵者的遗骨,出于愤怒,便你一脚、他一脚踢了起来,没几下就把骷髅踢碎了。这些打扫战场的人余兴未了,有人看到有杀死后的牛,把牛膀胱吹足气后当球踢。之后又用牛皮缝进球胆,踢来踢去,演变成欧洲的足球运动。

1812 年,法国皇帝拿破仑为独霸欧洲大陆,发动了大规模的战争。为解决战线过长,食物供给易腐烂变质的问题,法军重赏寻求食物保存之道。结果马赛的糖果点心师阿佩尔领走了赏金。他的发明是将食物装进广口瓶,在沸水中加蒸半小时,趁热用软木塞塞紧,再用蜡封严。这种方法能使食品长时间保鲜。从此罐头食品开始流行。

1832 年埃及与土耳其交战,战斗中埃及士兵缴获了对方的运烟骆驼队。士兵们烟瘾大作,却苦于身上没有烟斗。有战士突发奇想,用包子弹的薄纸裹上烟点吸起来,周围的人纷纷仿效。之后,此举传到欧洲。法国人建起了卷烟厂,很快纸烟便畅销世界。

19 世纪时,法国有个叫布莱叶的盲人,听说战争中陆军炮兵军官巴比埃创造了一种触摸使用、为夜间作战进行联系和传递命令的"夜文"。这让布莱叶得到启发,开始研究通过手直接触摸纸上特殊标记来辨认的一种文字,并最终发明了让盲人能认的"点子"盲文。1887 年国际上宣布布莱叶的盲文在各国通用。

1914 年,第一次世界大战爆发。一名法国后勤兵正在军营厨房值勤,突遭德军炮火轰炸,弹片横飞。看到战友纷纷被弹片击中头部而死,这名兵士情急之中把一口锅扣在头上,挡住了飞来的弹片,侥幸逃生。一位叫亚德里安的将军听到了这件事,下令研制能防弹片的金属头盔。很快一种钢盔制成了,它虽只有一个金属外壳和衬垫,却是现代头盔的雏形。

1915 年,德军在比利时发动伊普雷战役,使用了 180 吨液态氯气攻击对方阵地。致使英法联军 1.5 万多人中毒,5000 多人丧命。同时,大量的野生动物也相继中毒死亡。但令人惊奇的是,野猪却安然无恙。人们发现,野猪喜欢用嘴巴拱地,当它们嗅到强烈的刺激气味时,便拱地躲避刺激。正是由于野猪在拱地时,松软的土壤颗粒吸附和过滤了毒气,才使它们幸免于难。化学家们根据这一原理,设计制造了世界上首批防毒面具。

9. 用于间谍的发明

一说神秘、诡谲的间谍用品，很多人会认为是近现代才有的事。其实从很早开始，古人便已在发明使用间谍用品了。

早在 2500 年前，我国已发明使用了"听瓮"。《墨子·备穴》中对听瓮的制造和使用有详细的说明。这种古时的窃听器，又称"矢服"，用牛皮制成，需要窃听时，吹足气，放于地面，头枕上侧听，几里以内人喧马嘶都能听到。这是利用空腔接纳声音的原理而发明的。是现代窃听器发明前最有效的窃听工具。我国古代很早就发明了密码。"阴符"是一种军事密码，使用时双方各执一半，以长短不同代表相应的情报，凑在一起可验真假。明朝中国出现了真正的密码——"反切码"。其原理与现代密码的设计原理完全一样，但比现代密码更难破译。我国古代还广泛使用了"密写术"，以明矾水为一种特殊墨水，写了字干后在纸上完全看不出来，但如果浸入水中，字迹顿现。西汉初年韩信采用纸鸢（风筝）传递情报。南北朝时发生了"侯景之乱"，当时被叛军侯景围困在都城建邺（今南京）的梁太子萧纲，就是放飞纸鸢传递情报，搬来救兵的。纸鸢能高飞，又实用，即使被敌方发现，也奈何不得，堪称最原始的无人侦察机。

近代以来，热兵器战争频发，间谍活动也在交战双方频繁进行，间谍工具的发明层出不穷。从一些开放的间谍博物馆展品陈列中可看到，名目繁多的暗杀枪外形像烟斗、钢笔，还有手杖枪、雨伞枪等。苏联克格勃特工在冷战时期所用的口红式手枪，能发出 4.5 毫米的子弹，置人于死地。定时炸弹则做成煤块、水壶、花朵、洋酒等各种形状。偷拍设备有烟丝相机、纽扣相机、眼镜相机、手表相机等。有鸽子身上携带相机，有的微型相机还被安装到犬只的假眼里。窃听器也被巧妙安装。20 世纪六七十年代，东欧国家的外交官爱从美国邮寄皮鞋到罗马尼亚，美国情报机构人员会抢先赶到邮局，截住这些皮鞋，在鞋后跟里植入窃听器和微型发报机，用以窃听。在间谍战中还发明使用了一些谋杀和自杀式产品。一款氰化物眼镜戴在间谍脸上，当其被俘面临酷刑折磨选择结束自己生命之时，只需咬开眼镜，在镜框末端便可弄到藏在里面的氰化物小药丸，一咬便结束生命。这些间谍用品的发明和使用，让参观者感叹不已。

随着科技的快速发展，如今的间谍用品更是花样翻新。间谍卫星、侦察飞机、电子窃听等手段迅速发展。监听监测从陆地扩展到水下和宇宙空间。间谍和反间谍之斗未有穷期。

10. 科幻成真的发明

科学幻想即根据有限的科学假设,在不与人类最大的可知信息量冲突的前提下虚构可能发生的事物或事件。科幻作品其定义为在尊重科学结论的基础上,进行合理构想而创作出来的文学作品。科幻作品能给人带来无限的遐想空间,随着时间的推移,不少以前的科幻元素都成为现实。

1865年,被誉为"科幻小说之父"的法国作家儒勒·凡尔纳,在其小说《从地球到月球》中,描绘了3名美国人登陆月球的场景。这在104年后成为现实。令人难以置信的是,小说中人物乘坐的太空船也是从美国佛罗里达发射升空的,飞船的形状、大小也和"阿波罗号"相似。1870年凡尔纳出版了《海底两万里》一书,描绘了全电动潜水艇。而现在各国建造的潜水艇都与小说中的描述大同小异。凡尔纳在1889年预言,人们不仅看报阅读新闻,还能收听新闻。这在电台、电视台、手机等发明后都成为现实。

1888年,作家爱德华·贝拉米在科幻小说《回顾》中描述道,小说主人翁长睡醒来,发现周围的人不再用钥匙和现金,用卡一刷就开门,用卡一刷就结账,在另一个国家也能付费。这当然就是信用卡的使用。

1914年一篇名为《获得自由世界》的小说,提到一种"无止尽爆炸"的核炸弹。仅过了30年后,美国向日本广岛、长崎投下了原子弹,让小说的内容成真。小说写到一枚原子弹从飞机上投下,造成的灾难更可怕,它连续爆炸,经久不息。

科幻小说家艾西莫夫在1964年预言,汽车将拥有机器人大脑,告诉它去哪里后汽车自己就能载上人安全抵达。今天,无人驾驶汽车已得到大力开发,在多个国家行驶。

《星际迷航》是20世纪60年代美国科幻影视系列作品。影视中的许多"科幻"如今都变成了现实。剧中令人垂涎的食物打印机,几秒钟便可打印出美味,这在今天的3D打印中已有完美的体现。3D打印不仅能打印出美味佳肴,也能利用塑料、金属、玻璃等打印各种物品。《星际迷航》中演绎的远程生命探测仪、军用PhaSR激光步枪、透明铝甲、宇宙银河间准货币、翻译机、便携式医疗设备、全球定位系统设备等,在今天都已一一研制成功,投入使用。《星际迷航》中出现的通信设备曾让当时的观众大为惊叹,这种设备能够让身处一颗行星不同地区的两个船员立即取得联系。而现在,所有的人都知道这种设备就是手机。

11. 惹出争执的发明

在科技发展史上,往往有这种情况:在判定某一件科技成果的发明人时,众说纷纭,莫衷一是,甚至会发生国际争执。

提到蒸汽机,人们不免要把它和英国人瓦特的名字联系在一起,这让有些人不服气。事实是:1654年德国人格里克较早进行了半球蒸汽实验。1690年法国人巴本制成了带有蒸汽机雏形的蒸汽泵。1698年英国人赛维利造出了早期的工业蒸汽机,几年后英国铁匠纽可门成功造出了可供实际使用的蒸汽机,用于抽取矿山地下水。而瓦特是在半个世纪之后才接触到蒸汽机,他对旧有的蒸汽机进行设计改良,为工业的发展提供了强大的动力,一举扬名天下。

矿井中含有不少甲烷气,早年矿工以蜡烛照明易引起爆炸。1815年英国科学家戴维研制发明了矿井安全灯,用金属网把灯火罩起,防止了甲烷气爆燃。同样在这一年,另一名英国人史蒂芬在北部矿山也研制出安全灯。孰先孰后引起纷争。英国皇家学会不得不派专人调停。

无线电发明后,西欧各国异口同声称意大利人马可尼是无线电的发明人,他以无线电通信实验于1896年取得无线电发明专利权。俄罗斯人则认为他们的斯捷潘诺维奇才是真正的无线电发明人,提出他在1895年已做过此类实验,还在莫斯科演讲了自己的学术报告,把自己发明的无线电接收机公之于众,证据确凿。美国人则另有说法,他们把"无线电之父"的桂冠戴在同胞德法雷斯特头上,因为是他发明了无线电最重要的器件——三极管。尽管三位发明者相继魂归故土,然而他们的仰慕者和辩护者很长一段时间都各不相让,争论不休。

谁是飞机的发明人也有争议。俄罗斯人宣称,第一架飞机是由俄国海军军官莫扎伊斯基于1882年发明的。英国人则断言是英国人亨逊于1844年设计,英国人斯特林菲罗在1848年试飞成功的。法国人声明,第一架飞机是法国机械师阿代尔在1890年制造升空的。美国人力排众议,疾呼真正的发明人是美国的莱特兄弟,是他们在1903年完成了飞翔的壮举。按照发明应具备的条件,衡量飞机的发明,如果是要借助地面助跑才能起飞,只能进行短暂起降,以蒸汽机为飞行动力等,与实际应用都存在差距。唯有莱特兄弟的飞机设备齐全而优越,性能良好,可载人,可操纵,能升空平稳飞行,称得上是"够格"的发明。

12. 致发明者蒙难的发明

发明是一个艰难创造的过程,也是一场冒险之旅。在实践中,有的发明家竟死于自己的发明之手。

1772 年,法国人弗莱米奈特发明了可用于潜水的循环式再呼吸器,让呼出的气体实现循环利用。这是世界上第一个自持呼吸装置。不幸的是,弗莱米奈特的装置存在缺陷。在戴着自己发明的呼吸器潜入水下 20 分钟后,他最终因为缺氧而死亡。

1785 年,法国化学家、首批航空先驱者之一的德罗兹尔,因所乘坐的热气球突然膨胀并发生爆炸而死亡。他对热气球气囊的研究有很深的造诣。德罗兹尔此次飞行旨在飞越英吉利海峡,最后坠毁在加莱海峡的维姆勒附近。

1867 年,美国发明家布洛克对其发明的一款新型印刷机进行改进。在试图将传送带放上滑轮时,他的腿被卡在印刷机里,造成重伤。几天后伤口处出现坏疽。又过几天,他在被送到宾州匹兹堡接受截肢手术时死亡。

1876 年,英国人弗莱斯发明了一种闭路氧气再呼吸机。他的发明可用来修理一艘被水淹没的铁门。这天弗莱斯决定戴着自己的发明潜水,深度达到 9 米。不幸的是,弗莱斯最终因吸入纯氧身亡。在压力下,氧气对人体而言会变成毒气。

1896 年,德国航空先驱李林塔尔在德国莱希诺地区测试他发明的悬挂式滑翔机。最初几次试飞均取得成功,飞行距离达到 250 米。在又一次飞行中,他的滑翔机发生故障,他努力摆动身体,试图调整滑翔高度,但最终失败。李林塔尔从距地面 15 米的高度坠落,摔成重伤不治身亡。

1912 年,奥地利出生的法国发明家、降落伞运动先驱瑞切特,试图从埃菲尔铁塔跃下,测试他设计的可穿戴式降落伞。当瑞切特一跃从铁塔跳下,不幸的是,降落伞没有打开,瑞切特为自己的此次冒险付出了生命代价。

1913 年,罗马尼亚发明家和飞机制造者伏莱库进行一次飞行,旨在成为世界上第一个飞越喀尔巴阡山脉的人。他驾驶着自己制造的"伏莱库 2 号",穿越山谷时,不幸坠机而亡。一年前伏莱库凭借精准的降落、投掷和环绕飞行,曾在大型航展上获得一系列奖项。

2009 年,53 岁的英国航空先驱达克尔,驾驶他发明的飞行汽车升空试飞。起飞后飞行了数百米,飞行汽车突然一头栽向地面并发生爆炸。由于飞行高度低,达克尔在难以做出任何反应的情况下赔上了性命。

13. 并不实用的发明

百余年来出现了很多重大的发明,促进了经济文化的发展,使人们的生活更加便捷轻松。但也有些发明出发点是好的,却不实用,一经推出便被束之高阁。

1917 年,美国费城诞生了一种钢琴吸尘器。沉重的钢琴可以搞音乐,还可以当吸尘器使用,把周围地面的灰尘、碎屑清除。然而这需要不停地踩动踏板,把弹奏者累得气喘吁吁。这比拿扫帚清扫地面辛苦多了。

美国堪萨斯州一家工厂里发明了一种用风力驱动的磨玉米机器,可是要等到风力足够大时才能运行。有时一星期也等不到风驱动起机器,偶尔机器转起两下又会歇工。让人觉得手工磨也比站在风口傻等效率高。

1933 年美国洛杉矶开了一家杂货店。进店顾客不必在货架中走来走去,只需坐在一旁,伸手从面前转过的货架上选商品即可。货架每 8 分钟就转上一圈。这个过程听起来让人感觉轻松,不过实在是懒人的想法。在货架旁走上几步毕竟不是什么累人的事情。这种商店自然也就难以流行起来。

20 世纪 70 年代,有人为解决房间中因吸烟烟雾太大,发明了一种"无烟烟灰缸"。塑料烟灰缸的基座中装了一个马达吸烟尘风扇,启动后能将室内烟雾全都吸收到里面。然而这种烟灰缸并没有流行起来,因为里面的马达旋转声响实在太大了,几乎让人比闻到烟雾更加恼火。

美国一家知名电子公司在 20 世纪 70 年代发明了一种名为"闪电切削者"的设备,它是一个由弹簧驱动的旋转刀片切菜器,家庭主妇可以用它来快速切削蔬菜和水果,甚至可以作为碎冰器。然而这种发明并没有走进千家万户,因为拆洗旋转刀片异常复杂,比刀切物品更加费事。

1973 年,欧洲一家公司发明了一种带帆的自行车,当骑车者将一个装在铝桅杆上的正方形车帆安装在自行车前部后,骑车会感觉相当轻松,车速可以达到每小时 20 英里。不过这个将风帆与自行车结合在一起的发明是短命的。因为只有风向和骑行的方向一致,也就是在顺风时,才可以帮骑行者省下气力;若是逆风骑行,车会一动也不动。

1991 年,美国一家公司发明了一种电动洗碗刷,希望能将家庭主妇从清洗肮脏的盘碗中解脱出来。这个器具看起来像一把大型的电动牙刷,启动装置,刷柄前端的清洗刷快速旋转,就可将锅碗瓢盆擦洗得一干二净。但这也成了一件短命的产品,它败给了流行起来的自动洗碗机。自动洗碗机根本不需要家庭主妇动手,就把清洗碟碗的事做妥了。电动洗碗刷尚未流行,就迎来了被淘汰的厄运。

14. 古怪雷人的发明

　　维多利亚女王主政时期，各种发明在英国层出不穷，一些发明可称为奇葩。由于当时社会上频发勒杀人事件，一种保护脖子的铁制脖领应运而生，而且在当时还备受推崇。另有一种方便携带的滚式梳头器，让使用者能快速梳好头，不过梳掉的头发也有好多。有些发明给人们带来的不便要超过便利。如一种上面缝着钱袋，用来装硬币的手套，如外出购物找回硬币多，就会让佩戴的手套沉重，成为累赘。

　　美国人为喜欢狗又不爱动的人发明了一种遛狗机。该机器外观类似网球发射器，可以将狗喜欢玩的网球发射出去，当狗将网球叼入发射槽后，发射器可以将网球弹射出更远的距离，狗再叼，发射器再射，不断重复上述过程。可是使用这种遛狗机，很占地方，还要一次次调整距离，固定好球，驱狗，忙前顾后，比牵狗上街遛更累人。

　　一家德国公司发明了一种"入水即溶"比基尼。当穿上这种比基尼泳衣，跳进公共泳池打算畅游一番，结果在入水几秒钟后，身上的比基尼就会化为乌有，让人因在大庭广众之下裸露而羞愤难当。销售公司称，这种泳衣最适合被抛弃的男士向前女友赠送，以便报复。但这项发明问世后很快就没了市场。那些拿到这种"入水即溶"泳衣的女子，用唾液即可一辨溶否，然后丢弃。这让赠送者白费了心机又伤财。

　　科技界迎来了很多精巧的产品，但也出现了一些古怪的东西。日本松下的一款相机允许用户向照片中添加特效，例如美白牙齿或放大眼睛，让照片更加完美。对于忘记刷牙或涂口红的女性而言，这种化妆功能可以让她们手动调整设置，并美化图片形象。这样的发明有些无厘头，却很受一些女性的欢迎。

　　人们偶尔都会渴望拥抱，而只要穿上一件背心就让人自己拥抱自己成为现实。这项发明是日本3D和虚拟现实博览会上展出的。用户只要穿上一件自我拥抱背心，即可通过预先设定的空气压缩程序模拟拥抱效果了。

　　想要通过视频聊天与爱人接吻，当然这只能在摄像头上留下些唇印。日本东京一家实验室发明了一种"接吻传输器"，可以帮助远隔万里的情侣分享情感。一端的人只要嘴巴含住一个塑料吸管，信号就会被远程传递到另一端的塑料吸管上，随着嘴唇嚅动，感觉就像是与自己的爱人接吻，由此将身处异地的情侣关系升华到一个全新的境界。

15. 已成古董的发明

在世界科技发展史上,各种各样的发明不计其数。有些发明成果让一代又一代人受益;也有的发明是昙花一现,不足几年就淡出了人们的视野。

1881 年左右,旅居英国的匈牙利人盖斯特泰纳,使用涂蜡纤维纸,下垫钢板,铁笔刻写,刷油墨后滚筒推动印刷。这种以蜡纸、钢板、铁笔刻写的油印发明,一直为我国所使用,最常用于学校刻印试卷,使用到 20 世纪 90 年代中后期。钢板、铁笔及蜡纸的使用距今并不遥远,但想再见到它们已难。

当复印机开始大行其道后,人们很难再想到复写纸。这种学名叫"碳纸"的发明,曾在很长一段时间里起着复印机的作用。早先用手抄写文件时,要想得到多份同样的文件,就只能在纸页之间夹上它,只需抄写一次,就能复印到下面几份纸上。以笔尖硬度较好的圆珠笔,写字时还要有些力道,会使复写的效果更佳。如今这种复写纸已经难得一见了。

打字机最早是佩莱里尼·图里于 1808 年发明的。后来,又有了批量生产的打字机、手提式打字机、电动打字机、电子打字机等。随着电脑时代来临,各式打字机连同笨重的键盘,再难被人使用,而成为古董级收藏品。

第一个商用透明胶卷是美国人伊斯曼于 1889 年投放市场的。使用胶卷拍摄后要在暗房冲洗扩放,工艺烦琐,但一百年来拍照、摄影都不得不如此而为。随着数码相机和有拍照功能的手机大量上市,很快就让胶卷连同使用胶卷的相机再难有人问津,而进入了收藏品行列。

发明使用后不几年就被弃用的物品,当推传呼机。20 世纪 90 年代,为联系外出的人员,由传呼台呼叫的传呼机曾流行一时。人们通过带在身上的传呼机了解到谁在呼叫自己,寻用电话就能及时与对方联系。很多人以携带"汉显"等传呼机为时尚。有的技校还设有传呼机班,为传呼台培训工作人员。随着手机的快速普及,人手一机,传呼机很快就"寿终正寝"了。

与传呼机一起,悄然而去的还有公共电话亭。公共电话亭立于街边,给人们的联系带来了方便,使用率是很高的。马季在相声《打电话》段子里曾讽刺了在电话里啰唆个不住,影响别人使用的人。自手机拿在人们手里,街边的公共电话亭也悄然拆除了。

16. 应用广泛的纸制品

造纸术发明后,纸用于书写、绘画,还用于生活中。在我国宋代,有一种纸是专门用来做被子的。南宋时理学家朱熹曾将一床纸被赠予诗人陆游,陆游答谢诗云:"纸被围身度雪天,白于狐腋软于绵。"可知盖用纸被既暖身美观,又松软舒适。

近些年来,国内外研制发明了众多纸品种,广泛应用到人们的衣食住行等各个方面。我国研制使用了多种生化试纸,具有快捷、准确等优点,一经测试就能对病人的病情迅速做出准确的诊断。国外则研制出了能在水中书写的纸、能录音的磁性纸等。英国有人试验把废纸稍做处理,揉搓成纸泥,加入营养物质,牛羊吃了这种"纸"饲料,比吃其他饲料的牛羊体重增加了三分之一呢。

俗话说"纸里包不住火",日本制造的一种石膏纸不仅耐燃,制成房屋后烧到450摄氏度仍不呈焦痕。还有一种纸异常坚固,几十吨重的车辆碾压过去也不会损坏。一些新型的纸耐多次折叠,可以在水中洗揉,还有良好的保温性能。用这样的纸可以剪裁缝制台布、窗帘、被单、枕套和多种用途的服装。德国研制的纸制温度计,在纸带上涂有感温涂料,贴到皮肤处几秒钟就可测得人体温度。日本研发的纸罐头,其食品保存能力在一年以上,制作成本只有金属的60%。

美国的发明家斯坦曼是位瑞典移民,从1922年起,他尝试用废旧报纸建造房子。两年后他造起一座颇具规模的"纸别墅"。纸房间内的家具包括全套桌、椅、床、浴缸、灯架等,甚至还有一架主要部分为纸板的钢琴。斯坦曼去世后,据其后人介绍,这座纸建筑屹立了88年不倒。

如今的纸研发使用更是名作荟萃,花样翻新。日本研发的纸做衬衫经抗菌防臭加工,轻便、耐洗而凉爽性好,很受好评。英国人制作的纸板自行车,除了刹车、链条,其他部件都是硬纸板原料。这种纸板自行车比轻型聚合物制作的车子更结实耐用,而且防水防湿,最多可承重220公斤。英国一个研究小组前不久成功研制出世界上第一架在高空飞翔的纸飞机,它由一个氢气球绑定,上升到2.7万米高处。氢气球爆炸后,纸飞机盘旋下降,安全降落到地面,几乎毫无损坏。美国的设计师制造出了世界最大的纸飞机,机身长14米,翼展达7米多。这架纸飞机搭乘一架直升机进入1200米的高度,而后以每小时160公里的速度在空中飞行。在飞行了6秒钟后,纸飞机独自滑翔,然后平安落地。

17. 节省空间的折叠用品

在人们的生活中,一些小的折叠物件如折叠伞、折叠手杖、折叠椅凳等便于出行的人携带使用。使用的折叠工具则有折叠刀、折叠剪刀、折叠锯等。一种铁锹也可折叠收纳,挂于腰上,展开后一头是铲,一头是镐,可弯曲,可折叠,手柄也可横可竖。

在家庭居室中,折叠梯等用品最大特点是节省空间。哈斯菲尔德大学的研究者发明了一款可折叠的抽水马桶,所占空间只有传统马桶的三分之一。放下马桶即可正常使用,不用时可以向上推折起来。由于马桶的"折叠腕"是一个内置的 U 型管,深入到马桶内部,所以冲刷力更大,而冲水量却不高。据推算,平均每年每人能节约 1 万升水。

我国安徽理工大学机械工程学院的学生前不久设计出可折叠的洗衣机。以聚氯乙烯为外壳材料,既柔软、不怕弯折,又防水。这款以雨伞和拉杆箱原理制作的洗衣机仅 50 厘米高,折叠起来只有普通书包大小。最低功率 250W 左右,一次可洗 1—3 公斤的衣服。

为方便居住在小户型的单身贵族烹饪,韩国推出了一款能折叠的烹饪机。不用时可把电磁炉往上折至墙内,使用时放下,炉具就会自动打开电源。电磁炉折入墙内,环形烟机还能下折,让墙面展现可变换的装饰品,完全不占厨房空间。

匈牙利一位发明家推出一款可折叠的电动自行车。该车的折叠从中部进行,只需按一个按钮,几秒钟内就能折叠成一个拉杆箱的样子。然后,拉出可伸缩的手柄,就可以拖着这辆自行车前行了。意大利发明家萨达新近设计出一种无辐条的折叠自行车,具有 66 厘米直径的车轮,折叠后的厚度与雨伞相近,可放入背包之中。美国一家公司研发的飞天汽车已试飞成功。这种飞天汽车有 2 个座位、4 个车轮,机翼飞起时展开,落地能折叠,就与普通汽车无异了。

如今人们使用频率最高的手机、电脑也有一些折叠设计。前不久在北京国家会议中心亮相了柔宇科技带来的全球首款可折叠柔性屏手机,完全颠覆了人们对传统智能手机的认知。这款手机可自由折叠和展开屏幕,让一个能轻松装入上衣口袋的小手机,瞬间变成了大屏的平板电脑。有关专家表示,柔性屏的技术突破将会让我们在下一个十年步入"折叠时代"。消费电子、智能交通、智能家居、运动时尚、教育办公、机器人等众多行业的应用,都会因折叠屏幕的普及而改变。

18. 方便出行的便携用品

人们外出时,难以携带大件的家用物品,造成了不便。近些年来,发明设计人员不断进行创意开发,推出了一系列外出使用的便携式用品,如洗漱用盒、餐具用盒、野外餐锅、便携帐篷、睡袋、睡床用品袋、服装收纳箱、鞋具收纳箱、化妆品多件套盒、折叠脸盆、折叠泡脚盆等,给外出和野外工作人员带来了便利。

日本等国市场上推出了一种微型紧急呼救器。携带者带在身上,当吸入一氧化碳等有毒气体,或因某种急病症突发而昏倒在地时,呼救器装置的水银开关就能使里面的警报器发出嘟嘟声,让遇险者及时得到救助。近两年来我国一些城市也都研制出类似救生装置,当老人戴上外出,迷路或突发疾病,即可一键报警。这种装置有定位功能,居家时使用还可享受健康咨询、预约就诊、代购服务、订餐服务等功用。

美国研制出一种可携带的透视机,这种透视机以同位素碘-125为放射源,能将看不见的X射线转化为可见光线显现在荧屏上。把这种透视机提到偏僻地区,装上干电池就能为当地人检查身体,操作十分便当。

美国企业人员研发出一种外出可以携带的软冰箱。它是提箱式的,有四层保温结构和一个磁性密封圈。这种冰箱可携带8磅肉食,内存36小时不解冻,给旅游和野外工作人员的进餐带来方便。

日本厂商研制出一种可携带的"小厕所",供带小孩的家庭在外出、公路上开车、乘船和水边垂钓等时候使用。这个装置以聚乙烯制作,呈袋状,长29厘米,宽13厘米。袋内含有吸水剂及拉链带,可承受大、小便等秽物,并使液体物迅速固化。用后清理清洗也很方便。

澳大利亚研究人员发明了一种便携式洗衣袋。这是一个看似普通的帆布袋,外出时放入水、洗衣液、脏衣服,折叠扣紧袋子,一经晃动就可将脏衣洗涤干净。这是由于袋内装有一块柔韧的搓板,工作方式与老式搓板的原理相同,但其优势在于人们不用沾湿双手和用力搓揉。清洗少量衣服只需30秒钟,能够很容易清洗好T恤衫、内衣、袜子甚至牛仔裤。

俄罗斯研制出一种可折叠起来携带外出的"浴室"。它支起像帐篷,洗浴者从上口爬入,头露外,坐凳上,打开电热器身体周围便能形成可调节温、湿度的浴室环境,供人洗蒸汽浴。这种设备可使用电池供电,加热速度快,占地小,由此受到欢迎。

19. 晶莹爽洁的透明用品

透明用品晶莹剔透,爽洁悦目,让人乐于使用。

日本一些城市近年来一直风行透明产品。透明产品种类很多,如透明手表、透明电话、透明收音机、透明手机、透明玩具等。日本市场上有一种透明牙膏,它是以两种二氧化硅摩擦剂与特殊药物成分制成的新型牙膏。这种牙膏有防蛀牙的显著功能,在任何气温条件下都会呈现透明状态,尤受青年女子喜爱。

日本还推出一款透明度极高的树脂做的"透明美学"摩托车,全车犹如冰雕艺术品,晶莹透亮,光洁别致,成为车市的新奇产品,迅即销售多辆。

我国也研制出多种透明用品。一种透明窗帘悬挂于窗上,具有防晒功能,隔窗帘往外看,通透明亮,往里看却是迷离一片。杭州一家化工公司研制开发了一种全透明高级香皂,选用高级油脂为原料,添加天然营养物质,具有护肤、营养作用。该产品如琥珀,呈透明状,香味淡雅,外观华贵,出口后成为国际上最流行的高级化妆用皂。

几年前,日本东京研究人员开发出一款"透明"汽车,车主坐在车内,可以透过车身看到外部全景,车身如同透明一般。该车在后备厢上装了两个摄像头,将车后面的情形投影到车后座上,能更好地帮助车主解决倒车停车问题。坐在这辆车上的人评论说:"感觉就像坐在一辆玻璃车里。"

开车行驶在路上,不合理的超车最容易引发事故。针对这个问题,韩国一家公司研发了一种"透明"卡车。这种卡车车厢尾部装有一面很大的显示屏,如同一堵"视频墙"。卡车前面安装的摄像头会实时直播卡车前面的车辆路况并把直播画面传送到显示屏上。这样一来,困在卡车后面的车辆就可以通过观察显示屏,安全评估路况,决定该不该超车了。

日本九州的商业街在几年前出现了一座"透明"厕所。这是个箱形公厕,高约2米,宽约1米,深约2米。内设马桶和换尿布台,可容纳1人,男女均可使用。厕所内无人时,从外面看一览无余。一旦有人进入,厕所内感应器便会感应,让玻璃不再透明。当感应器在35秒钟内不能感应到使用者的身影,玻璃又会恢复到透明状。这种"透明"厕所在街头投入使用后,颇受关注。

20. 照亮暗处的发光用品

为在夜间出行,在黑暗处劳作,各国的发明家一直在研制使用发光物品。近年来国内外的研究人员推出了众多款式的发光用品,如:发光背包、发光头盔,交警所用的警服、信号棒、夜间劳作的路务人员、清扫人员穿的发光背心,等等。在行车道上则有发光路牌,有的路面也能称为发光公路。

德国研制出一种会发光的自行车。它的框架和轮圈都涂有发光的漆层,能在白天吸收太阳光,到了晚上就会自己发光,既可以在骑行中照明,又因为醒目而能规避碰撞风险。骑行者需要做到的就是白天将自行车放到阳光能够照射到的地方。

镊子的用途较为广泛,无论是修理结构复杂的机器、仪器,还是生活中,都是常会用到的。德国研制出的一种发光镊子,其中央部位装有微型强光灯泡。在需要使用镊子而光线又不足时,打开镊子上的光源,照耀在操作的位置上,光线集中,部位清晰,使镊子十分好用。

美国一家公司生产出一种闪光胶带。如果把它贴在灭火器、房门、楼梯边沿、墙壁及可能存在危险的地方,即使在漆黑的状态下,它们的位置也能很容易地辨认。这种胶带还可以在黑暗的走廊、仓库里用来标明电灯开关的位置,也可用来标明阀门的关闭位置以应急需,从而起到保证安全的作用。

日本研究人员开发出一种发光变色涂料。这种涂料能随着温度变化而发出不同颜色。温度较低时发绿光,随着温度升高逐渐变为红光。它是能在 250 度至零下 100 度范围内,改变发光颜色的高性能涂料,被命名为"变色龙发光体"。在开发过程中,研究人员着眼于在紫外线照射下发光的稀土金属,并使用发绿光的铱与发红光的铕作为发光体,开发出具有梯状分子结构的变色发光涂料。这种涂料发光效率高且经久耐用,可广泛用于设计需要耐受高温的宇宙飞船舱体、汽车及超高速列车车体等。

发光用品在居家生活中也大受欢迎。能发出微光的壁纸、地毯、门把手,夜间不开灯也能方便人行走、进出。中国台湾一家纺织研究所发明一种夜光拖鞋。在夜间灯熄灭后,可见缝在拖鞋边缘里布中的蓄光纤维发出微微光亮,并依照纤维特性,有绿、蓝、粉、红等不同色彩,发光时间可持续 6 个小时。这种拖鞋只需白日吸收室内光源,夜晚就会发光。方便了夜间起夜的老人。这种拖鞋不是荧光材质,穿着对人体无害。

21. 愉悦身心的芳香用品

能散发出芳香的用品,让人感觉愉悦,心情欢快,很受到人们的喜爱。

一段时间以来,美国、日本以及欧洲一些国家市场上,出现了众多芳香纤维的新产品,有领带、手帕、围巾、毛衣、睡衣、各种外套等。芳香纤维是在纤维中添加微小的芳香胶囊,穿着在身上后,就会散发出芳香,效果同喷香水相仿。

英国一家出版公司为孩子们出版了一种香味图书。打开翻看,只要用手触摸图片热可可、西瓜、蛋糕等,就能嗅到可可、西瓜、蛋糕的香味。因为书上食物是带有不同香味的彩纸剪贴上去的。《美国周末》杂志将巧克力香味含在一种掺有光泽剂的液体里,应用到杂志印刷工艺中,读者在阅读杂志时,就可一享巧克力芳香浓郁的味道了。

美国一家厂商研制出一种香味闹钟。它的新奇之处在于,以散发浓烈的香气来代替丁零零的响声,把主人"唤"醒。等到主人把香味开关关掉,它才停止散发香气。这种闹钟的优点是既不会吵醒自己,也不会打扰旁人。

美国一家电气公司研发出一种香味灯泡。它的特点是底部凹口处可置放各种香型的固体香片,靠灯泡工作时产生的热量使香片散发出香味。这种灯泡可装在壁灯、吊灯、落地台灯上,其香型有橙橘花、酸果蔓、松树果等。

日本松下电器公司推出一种家庭和公共场所都适用的芳香器。只要在芳香器上插入香型卡片,通电就能连续散发出令人心旷神怡的芳香。在演出剧场、放映院,还可结合剧情,散发出相应的香味,给观众一定的临场感。在会场,这种芳香器的使用还可活跃气氛,让人有舒适感。

我国市场上各类散香用品也很多。有卫生间使用的香片、香球,车载的散香小摆设等。办公机构里有能释放香气的打印机。散香还运用到项链等首饰制作工艺里,佩戴者使用有助于舒缓紧张情绪,使心态平和。

巴黎有"香水之都"的美称。巴黎的一所小学创办了一间香味教室。在试验中,向教室喷洒了"健康香水"后,出现的奇迹是,孩子们的思维变得活跃,注意力变得集中,理解力和记忆力都有所增强。经过四个月的"香味试验",学生的课堂纪律有明显改善,学习成绩和体质也都有所提高。专家分析说,人的嗅觉与大脑思维、情绪起落直接有关,芳香用品的使用,对人的情绪和学习中的记忆、推理等诸能力都会产生微妙、复杂而又明显的影响。

22. 有趣的变形用品

近年来,国内外发明家争相开发变形家具,一物多用,节省空间,使用中还能平添情趣。沙发坐着舒适,拉开又是折叠床,是不少家庭置办的物件。大衣柜也能变身折叠床,柜的大立面拉手可拉开抽屉门,在里面存放衣物,把衣柜整体拉下放平,又可以变身床具,躺下安睡。

清华大学研究人员发明了一种新型陶瓷。这种陶瓷可以像海绵一样柔软变形,也能像一般陶瓷那样坚硬。它隔热绝缘,同时具有超轻、柔韧性好等特点。使用这种能变形的材料,最适合制作新型消防服和航天服装。

几年前日内瓦举办了一个汽车展。美国通用汽车公司别出心裁推出了一款变形汽车。这种汽车可以随心所欲变换汽车外观和内部设置,以满足人们的不同需求。研发者的主导思想是要开发全新的制造工艺。制作一台这样的变形汽车,先用挤制的铝部件制成车骨架,然后通过焊接,将其各部分连接起来,再用铝质或塑料的车身板将汽车内架夹紧,也可用螺栓坚固安装。这种汽车可在几分钟内由一辆普通载客轿车,改装成敞篷式轻便小汽车。运用同样方法,还能从普通轿车改成客货两用车,或由面包车变为小吨位货车。挤制铝部件比压制钢的柔性要强很多,在采用相同材质的条件下,前者更容易使汽车变换更多的形态。

前不久美国设计师又研发出一款新型变形汽车。这款概念化模型车分为两部分,前后有四个车轮。一辆汽车可以在需要时一分为二,变身两辆摩托车,而合拢使用它又是一辆封闭式汽车。设计师专门为其设计的自动机箱锁可保证两辆摩托车紧密组合在一起,按下分离按钮,两辆摩托车又会自行分开。一分一合,变身迅捷,行驶安全。

英国建筑师设计出一种会变形的房子。这种房子能变形出八种不同结构,以适应不同的季节、天气,甚至是天文环境。和传统建筑不同,这种房屋非常灵活。它由两间卧室、一个开放式客厅和一个卫生间组成。四个房间之间相互连接,可以形成八种稳定的结构。不管是夏天还是冬天,白天还是黑夜,住在里面的人都可以随时"转动"这四个房间。厚厚的外墙可以折叠成内墙,玻璃内墙可以变成外墙立面。门可以变成窗子,反之亦然。比如喜欢晒太阳,早上就可以坐在朝东的房间里,而中午让该房子转向南面,下午则向西转。一整天的时间,都可以沐浴在阳光中。专家认为,这种变形房屋在未来有望大规模建造。

23. 好玩的变色用品

一种物品,如果在使用中能变化色泽,自会让人感觉新鲜有趣。近年来出现在人们生活中的变色用品很是不少,如变色眼镜片、变色眼镜框、变色茶杯、变色酒杯、变色纸、变色笔、变色线、变色玩具等。

日本市场上有一种能指示时间的变色牙膏。若刷牙时间满 3 分钟,膏体会从原色变成另一种鲜艳的颜色,提示刷牙者停下来。研究显示,一般刷牙时间 2 分多钟可有效消除牙斑和污物,为此将牙膏的变色时间限在 3 分钟之内。

我国杭州瓷业公司研发出一种变色釉瓷器。它在阳光下呈现优雅的淡紫色;在普通灯光下会变成艳丽的玫瑰色;如果用日光灯照射,又会变成天青色;而在荧光灯和水银灯照射下,又分别呈现出深绿和深蓝色。这是由于瓷器上涂有一种变色釉,内含某种化学性质很活泼的稀土元素。这种稀土元素能吸收不同光谱使釉面产生色变,从而呈现出多种色彩来。

日本研发人员将变色服装推向了市场。一家公司把一种人造树脂喷洒在服装面料上,当气温变化时,树脂和染料便会产生化学变化,改变衣服的颜色。这种新发明已在滑雪、游泳时装业得到应用。男女跳水选手身着变色泳装,站在跳板上是单色,遇水后泳装会呈现另外一种颜色,让观众倍感新奇。

在欧洲出现了新研发的变色汽车。英国研究人员将一种热敏反应涂料涂在车表面,通过车身的颜色变化可测知天气变化。往车身倾倒冷水时,汽车会变成橙色;当温度升高后,涂料无色,车辆会恢复原色。法国某汽车公司正在研制一款具有识别功能的变色汽车。据说,开上这辆涂有"情绪涂料"的车子,方向盘上装有热传感器,能够感应驾驶者的体温、心跳频率和精神压力程度,汽车颜色会随心而变,让人一眼就能看出驾驶者的心情。

德国曾建成一种会变颜色的房子,以掺有二氧化钛的水泥砌筑。房子干燥时呈蓝色,潮湿时现紫色,下雨后又变成玫瑰色。从房子的颜色可了解天气的变化,为此这种房子得名"天然气象台"。我国大连研发出一种变色太阳房。外面墙上装有许多不同颜色的百叶,被一种称作"透明钢板"的材料封闭,顶部则装有太阳能瓦片。这种房的百叶能根据季节更替、日照多少而改换"皮肤",从而让房屋变色。

24. 一物几用的多功能用品

一种产品具有多功能、多用处,有利于提高它的使用率,节材节能节空间,还能节省顾客开支。如三用沙发,日是沙发夜作床,空间处的大空格还能当被橱用。三用电扇,盛夏送风凉爽,其他季节又可当落地灯或衣架使用。香港市场售卖的一种小巧手握风扇,为外出者带来方便,不仅可用它吹风乘凉,走夜路还有照明功能。扇体上同时装有液晶显示钟和温度计,下部还有个小镜子。

日本一家公司研制出一种多功能签字笔,可写出红、蓝、黑三种字迹。它附有两只平头和十字改锥,将其旋在笔头即可当改锥用。笔的上部还装有一只微型照明灯,并可弯折过来,以便在光线较暗的地方进行书写和照明。日本一家汽车公司发明了一种能报警的眼镜,司机戴上它能防紫外线照射。一旦疲劳驾驶,头部下垂时,安装在镜框上的报警铃就会急促作响,惊醒开车人不可瞌睡,以避免交通事故发生。

意大利设计师推出一种多功能伞,既遮风挡雨,拉出两根皮带包裹的撑脚,又能当轻便椅坐。此外,这种伞还有手杖和照明的功能。美国科学家研究制成一种有放大镜的拐杖。放大镜安装在手柄处,老人拄着拐杖外出时,可举起拐杖用放大镜查阅路边地理位置图,在游览中观赏壁画上的文字细节。

日本富士山附近有一家专卖手帕的商店,针对不断增多的外国旅游者,创印了有当地交通图的手帕,对一些著名景点进行重点介绍。这种集手帕、地图、旅游纪念品多功能于一身的商品推出后,大受欢迎。当地的一家卫生机构研发出一种玩具熊,它具有娱乐和催眠的双重功能,能发出脉搏的声音,使婴儿听了感到舒服安适,能酣然入睡,很受年轻父母的欢迎。

精巧的首饰上也可增加许多功能,英国研制的一种可量度脉搏的手镯,戴上它当脉跳不均匀、出现心血管等方面疾病时,手镯就会发出报警声,提醒佩戴者就医。荷兰研究人员设计出一款智能项链,可在佩戴者戴用后快速搜集展示一些生理数据,如脉搏快慢、姿势及压力水平。这种项链除具有情绪监测功能,还能释放不同的气味,以帮助佩戴者舒缓紧张心情或改变行为模式。

说起如今的多功能用品,当推电视、电脑、手机等。尤其是人手一台的手机,功能已不下几十种,而新的功能还在不断研发中。

25. 能飞在空中的用品

当今世界公共交通堵塞成为阻碍各国发展的一大难题。很多国家的发明家一直在探索向空中发展，并取得不俗的成果。

英国设计师前不久研制出一款空中自行车。这款车由机身、双翼、发动机和降落伞组成，可抵达 1200 米高空，时速达到 40 公里。在地面上，这是辆普通的两轮自行车，后部拖着一部小拖车，拖车上装有一个以生物燃料驱动的大风扇。当自行车与拖车启动对接，就成为一个加满燃料可飞行 3 小时的飞行机器。设计师表示，未来它有望成为主流交通工具，其价格比小型家用汽车要低。

几年前，美国一家公司研制的世界首款会飞的汽车，在纽约车展上亮相。这款车有着折叠的双翼，只需不到 30 秒就能从飞行状态变为汽车。它能以时速 185 公里的速度飞行，也能以一般公路行车速度行驶。车上配备有安全气囊和降落伞。如果加满油，飞行汽车可以在空中飞行约 640 公里。它的售价在 25 万美元左右。对驾驶者的要求是，除拥有驾照，还要去考一个飞行员执照。

新西兰和美国研制人员先后发明了会飞的气垫船。美国一家公司研发的一款气垫船不仅可以在水里航行，在陆地上行驶，还能飞在空中。这种气垫船的飞行高度能达到 16 米，它由一个 130 马力双缸液体冷却式引擎驱动，可在沙地、草地、沼泽甚至冰雪上行驶，时速可超过 100 公里，能载客 3 人或总重约 270 公斤的物品。这种气垫船售价不到 20 万美元，已批量生产。

为应对交通拥堵，乘车不便，英国发明家还制成了一种喷气式背包，让人飞着去上班或旅游。这种喷气背包的结构是：把两个鼓风机焊接在一起，绑在安全带上；碳纤维合成材料框架里装有汽油燃料；以 200 马力的发动机驱动机器。由于背包中只能容纳够飞 30 分钟的燃料，使用者不能在空中逗留得太久。这种喷气背包的售价在 10 万美元左右。有专家预测，该产品将成为上班族、军警、消防人员、旅游者、酷玩者的理想工具。

前不久，土耳其 29 岁的滑翔机教练哈桑·卡瓦尔实现了一个"疯狂的想法"，坐在沙发上飞翔。视频中，哈桑坐着红色沙发升空了，身上没有任何安全固定措施。飘飞在天上，哈桑穿着拖鞋，打开安放的电视，吃着玉米片，轻松观看着节目，就像坐在家中的客厅里。

26. 能便捷充气的用品

充气使用的用品,除不用时可折叠放置一边,节省空间,还有着一些优点,因而受到使用者欢迎。

近年来,国内外都研制出多种类型的充气家具,以橡胶、塑料等为原料制作,具有弹性好、黏着力强等特点。充气家具以表现几何美、简洁美、质地美为主要趋势,造型适合机械化生产。由于这类家具体轻、可折叠,适用于旅游、野外作业和外贸出口。充气家具长、方、圆形状多变,在居室、花园、野外、海滨等处都可放置使用。瑞士研发的充气桌子,可作普通长桌使用,它还是理想的手术床。把它打足气,只需3分钟的时间。不用时放气折叠起来,可放入手提箱随身携带。俄罗斯研制出一套充气家具,由一组充气囊和配件组成。用4个气囊便可装配成一个沙发椅;用5个气囊能拼成一个高背沙发;将两个沙发并排放并连接,就成了双人床。充气家具质地很轻,一套供旅行用的沙发仅重5公斤。

德国发明一种供医院使用的充气病床,这种病床有21个按顺序充气的橡皮囊。可根据病人的需要,将身体的某一部位抬高或降低,以利于长期卧床的病人休息和睡眠。病人躺在床上可以自行调节气囊内气体多少,直至感觉舒适为止。英国科研人员发明了一种充气担架。它以橡胶和尼龙复合材料制造。不用时可折叠成长84厘米、宽53厘米和厚50厘米的小包,比普通担架轻得多,且便于携带。使用时只需3分钟即能打足气。担架把手为金属制拉杆式,抬用便当。

北京的一家设计单位专门为雪天出行的人研发了一款充气雪地鞋。这种充气鞋平时放置时很小巧,下雪出行要用,只需用压缩气瓶充气,就会让鞋迅速展开。鞋的底部气垫采用了摩擦力较大的特殊材料,增大了在雪地的受力面积。穿着这种充气鞋在冰雪地面走动可以轻松自如,让摔倒的概率降低。

英国设计师发明了一种充气背心,穿在儿童身上,可以安抚他们的哭闹,减轻他们的恐慌情绪,让他们有被拥抱的感觉。这款背心几乎没有什么重量,可以单独穿,也可以在外面套一件拉链帽衫。穿上后只需按背心上的手压泵,便可为背心充足气。

当发生洪水有人被困急流中,常常难以救援。美国设计师为此发明了一种充气救援筒。它在充气后可慢慢伸至河心或对岸,形成一个封闭的安全疏散通道。遇难者触动筒的一端开关,就可爬入中空的通道,一步步脱离险境。

27. 能助人戒烟的用品

吸烟会造成环境污染,还会给吸烟者和周围人的健康带来伤害。一些保健机构和公司场商研发出不少能协助吸烟者戒烟的产品,受到社会关注。

德国一家公司研制成一种能播放音乐的烟灰缸。当吸烟者把烟头按在烟灰缸里时,烟灰缸就会发出一阵急促的咳嗽声,接着还会播放送葬的哀乐,对吸烟者能产生一定的心理作用。

意大利厂家研制出一种有助戒烟的打火机,打火机上能显示吸烟数量和每次吸烟间隔时间。吸烟者使用这种打火机,每次打火点烟都会受到提醒,可减少吸烟次数,并向完全戒烟过渡。

加拿大科技人员制成一种戒烟漱口水,以一定量的氮化银和甘油调和,带有薄荷清香味。用这种漱口水漱口,口中产生清凉感觉,便不思吸烟了。每天用这种漱口水漱两次,能戒烟 18 个小时。若能坚持,即可除去吸烟嗜好。

保加利亚研制出一种戒烟香烟,这种香烟的烟丝用经过干燥处理的药用植物制成,烟味芳香,不含尼古丁,对健康无害。吸一阵子这种烟就不会再想吸以前的烟了,有助于吸烟者彻底戒烟。

日本研发出一种戒烟烟斗。其外形与普通烟斗无异,烟斗里装的不是烟丝,而是各种味道的香料。对于有心想戒烟的人来说,摆脱不了烟瘾,就可以把这种烟斗叼在嘴上,解除一下手、嘴的"寂寞"。

瑞典研制出一种戒烟烟盒,盒内装有机械定时装置,可使烟盒在规定的时间闭锁起来。有意戒烟的吸烟者利用这个可调整的定时锁,逐渐延长吸烟的间隔时间,可减少吸烟量,最后达到戒烟的目的。

加拿大人研制出一种戒烟墙纸。这种贴在墙上的纸面上布满了数以万计的小孔,每个小孔里都含有一种能吸收或消除烟雾的化学物质,并产生颜色变化。这使吸烟者能产生心理反应,认识到吸烟给家庭造成的污染。

法国研制出一种助人戒烟的香水,主要成分是多硫化钠、薄荷、花椒、黄碘和香精等。把这种香水洒在手帕或上衣上,能挥发一阵阵特殊香水气味,吸烟者闻到后便会对香烟的气味产生厌恶之感,进而不想再吸烟了。

英国研制出与真人一样大小的戒烟机器人。在展示现场,打开它的电源,它就开始吸烟。这时人们就可以通过安装在机器人体内的显示装置,看到尼古丁和焦油如何聚集到气管和肺等器官,从而认识到吸烟的害处。

28. 奇妙的报警用品

近年来,国内外发明家研发出一系列报警用品,使用后对摆脱危机、惩罚罪犯起到了极大作用。

英国有些医院使用了一种能够自动报警的褥垫。当睡在上面的早产儿发生窒息时,通过安装的电子监控系统,褥垫会及时发出报警信号。德国研究人员发明了一种有报警功能的创可贴。贴用后,一旦出现伤口感染,这种创可贴的颜色就会由黄变紫,以颜色示警,及时让医生处治。北京朝阳区三名小学生发明了一种报警文具盒。该文具盒外表普通,里面装有小小的 LED 灯泡和光敏电阻。随着光线的不同,小灯泡可变成绿色或红色。当绿灯亮起,说明光照条件大于 300 勒克斯,适宜看书。若光照不足,文具盒就会亮红灯,警示光线昏暗,不宜看书。这件以灯光报警的文具盒,由此被称为"护眼神器"。

我国湖北武汉职业技术学院的学生发明了一款能报警的钱包,并获得国家专利。它的工作原理是,只要钱包离开遥控器 1.5 米以上,钱包上的无线接收器和遥控器的无线发射器就会同时发出警报,让偷盗者难以得逞。安徽合肥市在一些主次干道安装了一种会报警的智能井盖。这种新型窨井盖为宽边防沉降井盖,直径120 厘米,采用新工艺安装。当井盖被打开或是发生位移,第一时间即会触动网络报警装置,将信息传至全天候管理平台,由电子地图显示井盖出事地点,可调遣监控人员紧急前往处置。

上海科技人员开发出一款报警"U 盘"感知器,可侦测、反馈独居老人异常信息,便于救助。老人家属可以在手机上下载一个特定的软件,与 U 盘通过蓝牙连接。一旦老人在外出时跌倒、晕倒或发病,遇到紧急情况等,系统会立即发送信息给家属联系人。而如果有可疑人员闯入老人家中,系统进行识别后也会自动开启报警状态,通知家人。当老人走失,系统还能快速定位所处位置让家人找到其行踪。

美国亚利桑那大学的毕业生发明了一款能报警的发卡。发卡内置了传感器和脑电波信号接收器,能及时侦测大脑信号的变化情况。当一个人受到侵袭时,大脑信号会发生剧烈波动,当波动达到一定峰值,戴在头上的发卡就会报警了。

在汽车、住宅、银行店内等处安装报警器,有歹徒触碰,就会警声大作,让其恶行败露。南非一家农场主还把报警器装到了羊只身上。在羊舍的羊几次被盗走后,农场主罗奥挑选出一些羊,把经过处理的微型手机固定在羊的项圈上。羊群受到惊吓或有人为驱赶,羊身上的手机就会报警,并会立即发送到罗奥手机上。一次夜间,罗奥接到报警,带着工人赶赴现场,将正在偷盗羊只的家伙捉了个正着。

29. 动力十足的太阳能用品

太阳光芒万丈,热力四射。以太阳能为动力的用品,一直以来都让人乐于使用。

法国研制的太阳能打火机,以镀铬制成抛物线小镜子反射太阳光点火,可长久使用,且携带方便。瑞士研制的太阳能保温瓶,底部装有可折叠的镀铝反射镜,收集了太阳能就可将瓶内液体煮沸并保温。英国研制的太阳能冰箱,以装置的光电板反射太阳光,产生电流,储入冰箱内电池组中,其有效电力可供冰箱在无日照情况下使用 5 天。英国还研制出了太阳能电话,以高杆上的光电板收集太阳能,不必接普通电源线就可使用。

近年来,国内外的太阳能用品更是神奇多样。德国研制的保暖手套上,成片黑色小雪花并非绣上去的装饰品,而是像纸一样薄的太阳能吸热板,可以把太阳能高效率转化为热能。英国研制的保暖衣服,使用了一种含有碳化锆的合成纤维,其特点是在阳光照射下能吸收太阳能并储存起来,再转变成热能。

美国新款的户外太阳能烤箱,在太阳光照射下,仅 10 分钟便能烤熟食物,温度达到 200 摄氏度。该烤箱长 0.6 米,可以放置 1.4 公斤重的食物或液体。其装置的核心是太阳能真空管,它作为烤箱主体,能够吸收反射至真空管 80% 的太阳光能量,即使阴天,它使用存储在真空管中的热量仍能烘烤食物。

一款鸟翼形壁灯出现在南京街道上。这是一种太阳能灯,有着模仿鸟儿张开羽翼的动感张力。白天时太阳板打开吸收光照,存储能源,晚间太阳板收起,即可点亮顶部的灯体。由于这种灯沿着墙体有多个排列,照明效果尤佳。

我国科研人员还研制出一种保温毯。这款带有太阳能板的毯子能够在白天的时候储存能量,以便在夜晚的时候为穿着者保温。当发生自然灾害时,受困者就可以凭借这种毯子抵御寒冷。对于野外工作者或户外旅游者来说,毯子的保温功能也很适用。

太阳能飞机已一次次飞上天空。瑞士发明家设计的一款阳光动力飞机,由 4 个电动机提供动力,用高效蓄电池的太阳能电池节省下的剩余能源进行日夜不间断飞行。这架太阳能飞机的翼展比波音 747 大,但重量却比一些家庭轿车轻。它能飞上 9000 米的高空,在高空连续飞行了 26 个多小时,创下了载人太阳能飞机最长飞行的世界纪录。

30. 随处可见的塑料

塑料是生活中最常见到、用到的物品。塑料以材料可塑而得名。它是用合成树脂在一定温度和压力下浇筑、挤压、吹塑或注射到模具中冷却成型的一类材料专称。塑料是 20 世纪最伟大的发明之一。

1909 年,美籍比利时人贝克兰在研究绝缘、耐用材料赛璐珞的基础上,将酚醛树脂加入热模压制,制成了世界上第一种合成塑料。这种新型化合物无色、耐光、透光、不易燃,并且有较高的硬度和强度。20 年后,以尿素为原料的聚乙烯、聚氯乙烯、聚苯乙烯、有机玻璃等新型塑料陆续出现。它们耐火、耐水、耐油、耐磨损,被用到电器插座、外壳、螺旋桨、阀门、齿轮、管道和许多家用物品上。如今,塑料已成为现代社会生活不可或缺的重要原料,被广泛用于航空、航天、军事、通信工程、工业、农业、轻工业、文化、体育等众多行业中。在今天塑料的大家庭里,包括衍生出的人造纤维、尼龙等,已拥有了 300 多个成员。近年来,塑料除了用来制作用品和部件,还包办了一些大的工程:在挪威铺设了塑料公路;在德国修建了塑料水库;在英国还建成一座塑料"冰"场。

塑料以其实用和价廉变得随处可见。它的使用和丢弃所造成的负面影响也日益突出。全球一年使用 2.6 亿吨塑料,其中 1.7 吨属于一次性使用。大量弃置塑料袋、塑料瓶的堆积,已经造成农田和河湖的严重污染,并危及海域。据联合国环境规划署发布,塑料残骸每年会导致 100 多万只海鸟和 10 万只海洋哺乳动物死亡。面对塑料污染的难题,一些化学家正在积极研制非淀粉基生物可分解塑料。如已制成的乳酸基生物可分解塑料、多糖基的天然塑料等。乳酸基塑料以土豆等副食品废料为原料,不但成本低,用后也容易降解处理。化学家们还制出了生化聚合塑料,这种塑料是天然细菌的末端产品,能被土壤中的微生物在短期内分解。此外,还有多种易于分解的塑料也在研制中。

为减轻塑料带来的污染,除了减少使用,对使用后的废弃塑料制品再利用也是一个不错的解决之道。荷兰鹿特丹的一家设计工作室,通过 3D 打印技术,将废弃的塑料垃圾变成了摆放在公园或街巷的长椅。以色列艺术与设计学院的学生,制作了一款塑料自行车,以废弃塑料加工后的再生材料,制作车架、车把、轮毂等全部部件,骑行起来十分轻便。美国设计师朱费尔特用废塑料制成一种新材料,外观如同大理石,可用于制作种类繁多的家具和家居用品。非洲肯尼亚姑娘苏蒂收集废弃塑料,经处理压制成铺路砖,铺用后路面坚实耐用,成本却不高。她为此还获得了联合国颁发的一个奖项。

31. 多彩神奇的油漆

油漆的使用非常广泛,家具器皿、日用百货、交通工具、房屋建筑,很多都离不开刷漆、喷漆。眼前能成为"花花世界",油漆功不可没。

世界上最早使用油漆的国家是中国。《物源》一书中记载着"舜作漆",可知漆的出现、使用已有4000多年的历史。1973年,湖南长沙马王堆西汉墓出土的许多漆器,其色泽之艳丽令人惊叹。我们的祖先除了用漆写字,还以漆作画。经过几千年的变迁,漆画已成为别具一格的画种。涂漆后制成的用品和工艺品称为"漆器"。有些古代漆器蒸煮3小时,仍完好无损,既不变形,也不褪色。

油漆是一种能牢固覆盖在物体表面,起保护、装饰、标志和其他特殊作用的化学混合物涂料。细分又有木器漆、聚酯漆、聚氨酯漆、内外墙漆、防火漆等众多种类。随着油漆需求量的加大,国内外近年出现很多新品种油漆,在一些领域作用突出。

澳大利亚发明的水下油漆,只需在浸入水中的物体上涂刷两遍,油漆就可硬化成一层坚固、干燥的漆面保护膜,它的最大优点是方便了船底油漆作业。美国制成的一种空调油漆,冬季涂在玻璃内面,可凝结玻璃上的水珠,形成透明薄膜,便于阳光透过增温;夏季在玻璃外面涂漆,可形成半透明薄膜,阻挡70%热辐射,使室内变得凉爽。日本发明一种通电可加热的油漆,当油漆涂刷在物体上后,接通低压电流,物体表面温度有明显升高。这种漆料已用于烟筒、暖气,以及为马路解冻等。英国发明一种易除油漆,使用碱水很容易就能把该漆除掉,不留痕迹。这种油漆适用于阅兵、集会时在沥青地上画线,会后极好清除。

德国的研究人员还发明了一种特殊油漆,能自行修复汽车划痕。这种油漆由更小的粒子构成,喷在车上后,当有强紫外线照射,它的组合结构会暂时分开,由固体材料变成液态,流向需要修复的划痕或破损处,让汽车常开常新。

在我国一些城市的家居卖场中,也展陈着不少具有特殊功能的漆料。有能涂漆后轻松擦除字迹涂鸦的板漆;有添加磁性因子漆料后,能吸附铁质拼码玩具的磁性漆。艺术效果漆能仿造皮革质地、石材质地、金属质地以及裂纹效果等。用夜光漆在天花板上作画,当灯光熄灭,星月等图案便显现出来,让人在一派浪漫景象中入眠。

32. 身价不凡的陶瓷

一说到陶瓷,不少人会想到古玩瓷器。其实,陶瓷不仅包括瓷器、陶器、耐火材料、磨料、搪瓷、水泥、玻璃等传统材料,而且还包括高强度、高硬度、耐腐蚀以及具有特殊光、电、磁、生物医学性能的无机非金属材料和制品。环顾家居内外,属于陶瓷的物品真是不少。

陶瓷是最早产生的人造材料。古人制陶、用陶,由简而繁,从粗到精,逐渐发展和掌握了瓷、釉彩的作用。古代陶瓷中的许多精品传至今日,具有很高的工艺价值和历史研究价值。在我国,陶瓷的文化遗址和遗物十分丰富,早期以仰韶陶文化中不同类型的彩陶艺术最为典型。它的图案瑰丽复杂,有极为生动的人面鱼形合体、单体鱼纹盆,鹿、鸟、蛙形纹盆,南瓜罐,人头形壶,船形壶,等等。这些物品美观实用,充分显示了仰韶人的艺术才能。到了秦汉时期,陶文化的发展又跃上一个新的高度。从陕西西安秦始皇陵出土的近万件与真人大小等同的兵马俑,堪称世界上空前绝后的艺术结晶。在继承传统的基础上,景德镇在明清时期成为制瓷业的中心,产生了众多瓷器珍品。景德镇陶瓷业发展至今,尤其是近些年制成了五光十色的颜色釉和变色釉等瓷器及模仿竹器、木器、铜器、漆器和动植物的瓷器品种,有些瓷器还成为国家赠予外宾的国礼。

自20世纪开始,多种学科技术的发展,对材料提出了苛刻的要求,研究人员依据坚固耐用的性能,开始把目光放到陶瓷上。于是,具有特殊功能的电陶瓷、工程陶瓷、生物陶瓷等,先后成为科技方面紧缺的重要材料。之后又将超强陶瓷用作切削工具,让铁强化陶瓷担当金属铸模,把控温陶瓷广泛用于各种电热器。在制砖建筑方面,陶瓷材料更有着保温性好、耐久、重量轻、成本低的优点。

日本研制的陶瓷菜刀,以氧化锆为材料打造,刃部由人造钻石磨具制成,锋利而耐用。日本研制的陶瓷镊子,不带磁、不导电、不怕磨损,被用于多个科研领域。美国研究出一种以陶瓷纤维编织的陶瓷布,它比普通石棉布的强度高好几倍,并且无毒、耐热、抗化学腐蚀性强、绝缘性也强。这种布用在防火服装、防火罩布后,市场销量很高。

如今陶瓷材料还用在了人造骨骼、牙齿、关节等处。澳大利亚专家以硅的氮化物制成陶瓷材料,充任病人的髋关节取得成功。这种陶瓷同骨头的结构十分相似,使用后能与人的骨骼、肌肉密切结合,而且不会有其他副作用。

33. 研发至今的电池

电池是如今最常用到的物品之一。

早在古希腊时期,人们就发现了摩擦生电的原理。开发和使用电池一直是科学家最感兴趣的事情。1786 年,意大利解剖学家伽伐尼在研究中发现一个奇特的现象:他两手拿着两件解剖刀具,无意中同时碰在剥了皮的青蛙腿上,那腿部肌肉竟然明显抽搐了一下。这一意外发现引起了解剖学家的重视。经过多年反复实验和潜心研究,伽伐尼提出了连接两种不同金属可以产生电流的设想。他的实验报告受到意大利另一位科学家伏特的重视,经过十几年的努力,伏特在 1800 年把一块锌板和一块铜板浸在盐水里,制成了世界上第一块电池。为纪念伏特,电动势、电势差、电压的单位便称为伏特,简称"伏"。

电池发明至今,已有 200 多年的历史。如今的电池种类繁多,精巧实用,是生产、科研以至探险、航天等领域的重要物品,也是人们生活中离不开的必备用品。常见的电池,一般分为一次性干电池和二次性蓄电池两大类,又可分为化学电池、物理电池、生物电池等。化学电池即将化学能转化成电能的装置,如常见的干电池、铅蓄电池、锂电池等。一种不含水银的电池,以性质活泼的金属锂为阳极,蓄电性能好,大量用于手机、笔记本电脑等产品。日本研制的锂电池使用期高达 10 年以上。物理电池是依靠物理变化来提供、储存电能的装置,如超级电容、飞轮电池、太阳能电池等。超级电容以其超长寿命、大电流充电、免维护、温度范围宽等优势,一直作为替代化学电池的未来选择。生物电池是指将生物质能直接转化为电能的装置。因为生物质蕴含的能量绝大部分来自太阳能,是绿色植物和光合细菌通过光合作用转化而来的,可为航天等领域提供充足的清洁电流。

如今随着科技、军事和航天事业的发展,新功能、新形态电池竞相出现,令人刮目相看。欧洲市场上推出了一种充电式软电池,电池如明信片大,厚度仅 0.16 英寸,可以弯曲,紧贴在组件周围,与先进设备配套输电,并能反复充电。美国伦斯勒理工学院的研究人员发明了一种像纸一样可以弯曲折叠的电池,能够像胶片、塑料一样翻卷,还可以剪裁。为加大电流,可以将多片叠加在一起使用,以满足大型电器的用电需求。美国莱斯大学还开发出一种纳米微电池,这种电池比普通锂电池充电时间短,性能却更出色。被认为在遥感、显示屏、智能卡、柔性电子器件以及生物医学设备等领域带来了新的突破。

34. 新款手机

手机的广泛使用,让国内外商家争相研发新功能、新款式的手机,使市场上的手机争奇斗艳,看得人眼花缭乱。

加拿大研究人员开发出一种纸手机,这种新型手机像纸一样轻薄柔软。它的厚度堪比信用卡,重量不足一般手机的六分之一,显示屏长约9.4厘米,触摸屏是超轻薄、可弯曲的薄膜。据使用者称,这种纸手机更环保,耗电量更小,尤能经受摔打。欧洲市场上出现了一种智能手机,采用柔性触控设计,平时卷曲在手腕上如同腕带。戴在手腕上可吸收太阳能充电,使用时摘下来一撸,卷曲的腕带一下就伸展开成为一部手机了。另一款像手镯的手机,内侧是一块柔性显示屏,摘下来伸直就成了触控智能手机,使用很是方便。

日本前不久推出一款全球个头最小的手机,长7厘米,宽3.2厘米,厚1.07厘米,重32克,彩屏仅1寸大。看起只有一块饼干大小。手机机身迷你,功能也随之简化。适用于日本的手机网络系统,除了通话之外,也可以发送电子邮件,但前提是使用者的手指要足够纤细。

我国盲人按摩师研发出一种盲人手机,安装了一个软件后,使用会发声的盲人输入法,盲人就可以自由收发短信,上网聊天。美国科学家开发出一种新型手机,可用来预警流感等疾病的流行。这种手机会将疾病特征信息发送给监测疾病流行状况的医生或机构。通过使用手机中一个跟踪记录器记录人群的行动与通信模式的变化,从而发现流感或发热病例,进而提出疾病流行预警。

未来的智能手机会是什么样子呢?有研究人员认为,它可能不再采用传统的光滑固体外壳,而是类似外形可以随时变化的"变形金刚",手机用户根据这种变化,不用看和听,就能知道相关信息。据英特尔首席技术官介绍,未来的手机将能感受人的心情,然后做出相应反应。智能手机结合地理定位信息和手机上默认标准的数字来源,以及通过对用户日常习惯的监测,就可以为用户的生活提供建议和帮助了。如在你下班的路上,就能给家里电脑发出信号,打开你喜欢的应用程序或新闻页面;或者可以在你到达某个熟悉的地点附近时,告诉你那里有一家你喜欢的咖啡馆等。而这种能进行"情感交流"的手机的出现,已不是太遥远的事了。

35. 新功能手表手套

近年,随着各种智能电子产品竞相出世,智能手表、手套也冒了出来。

智能手表,首先它要系戴在腕上,长相也应该是手表。在一些消费电子展会上,普通型智能手表集合 PC、手机的大部分功能,以体感操控为主,打两下响指它自动开机,再打两下它会关机。

一些智能手表能接收短信、邮件和其他通知提醒,通过蓝牙将智能手表与智能手机连接。产品上设有按键,表盘右侧一般有 3 个按键:向上、选择、向下;左侧配备后退键。通过按键操作,用户可以使用其时间、地图、音乐、视频通话等功能,它还支持蓝牙、Wi-Fi 数据传输等。这种智能手表的另一大特色是,它能与皮肤贴合在一起,会内置温度、湿度、红外感应器,检测人体血糖、血压等各项数据,检测身体疲劳状态等,提醒人适当休息,还会发出疾病征兆的警告。为此这种手表又有"健康监测仪"之称。

正如同手表的用处已大大超越了看时间,手套的功能也远大于防护暖手。英国研制出一种虚拟音乐手套,在这款手套每个指头上都嵌有一个智能传感器,只要戴上手套凭空做出弹钢琴的动作,它就能根据捕捉到的指尖动作,像真的钢琴一样发出美妙的旋律。除了弹钢琴,它还能根据手指动作凭空演奏小号、吉他等乐器。

一款 LED 自行车手套具有转向指示灯的功能。在这副手套的背部嵌有灯珠组成的箭头,左右手分别指向不同的方向。夜晚骑行需转弯打手势时,只要将手握拳,手背上的灯珠就会亮起,让边上的行人和车辆看到闪亮的转向箭头。

德国研发了一种变色手套,手套上涂有特殊的合成指示剂。它对有毒有害的物质极其敏感,遇到一氧化碳、硫化氢之类的东西,发生反应就会变色,提醒人们注意。遇到煤气泄漏等情况,也能以变色早期预警。

我国浙江大学的学生设计出一款能称重的手套。戴上它拿东西,通过手心部位的压力感应器和手腕部位的信号处理模组,可直接在腕部显示屏上读出手中物品的重量。

有网站称,美军正在研制一种"壁虎手套",士兵戴上它可攀爬垂直的墙壁。这种手套是仿照壁虎脚而设计的,手套表层使用了一种名为"壁虎皮"的特殊布料,这是一种可逆性黏合弹性体,能像壁虎的脚一样紧附在攀爬物表面。据称,作战人员戴上这种手套可在不使用绳梯的情况下垂直攀缘而上,还可携带全部作战负荷。

36. 新一代衣裤

随着科技的快速发展和人们对美好生活的不断追求,科研人员加大了对服装的开发,研发出一系列具有独特功能的衣裤,提高了人们的生活品质。

美国密歇根大学的工程学研究人员研制出一种抗污材料,凡油类、咖啡、酒、醋等洒落,都会被这种材料制作的衣服反弹回去。这种神奇的材料是一种纳米涂层,除能抗污,还能避免人体接触到危险化学品。美国麻省理工学院一组研究生发明了一种可调节体温的衬衫,采用航天服类似的相变材料,炎热外出时,衬衫能吸收身体热量;走进空调房体温下降时,衬衫又会释放热量。这种衬衫还有抗菌和遏制异味的功能。

瑞典产科医院使用了一种供产妇用的分娩服,被誉为"缓慢排除压力袋"。它犹如一个大口袋,把产妇身体从胸部以下裹住,并装有由接生医生控制的开关和指示压力的仪器等。临床试验表明其有一定的助产功能。在产院的婴儿房还使用着一种婴儿智能裤。这种裤子里装有传感器,通过微型收发器集群传输信息,了解婴儿体温、心率、睡眠状态等。裤内装有对湿度敏感的电极,提醒为宝宝换尿布。还有内置的生物传感器,告知婴儿哭闹、不睡等原因。

在英国消费类电子产品展会上,一款健康追踪夹克吸引了人们的注意。这款夹克专为跑步者设计,可以实时测量速度和心率。用户把个人预计达到的目标心跳数设置在手机上,与蓝牙连接。运动中如果用户的心率或速度低于设置目标,照明灯会不停闪烁,催促加速;如果达到设计目标,灯会变为绿色,表明一切步入正轨。这种夹克的闪烁照明、防雨、防风功能也很好。

英国一家公司使用聚酯纤维的高绒面织物,制成一种能恢复体温的服装。体温过低的患者穿上它,很快就能使体温恢复并保持正常。日本市场上有一种紧身减肥服,它由保暖纤维和多孔纤维构成。当肥胖者穿上这种服装,保暖纤维能使人体发热出汗,多孔纤维则能吸收热量将汗液蒸发,通过这一过程可消耗人体大量脂肪,达到减肥目的。法国的时装设计师推出一种智能披肩,被称为最"多情"的服装。披肩中装有金属纤维制成的支架和智能芯片。芯片能够记下人们拥抱时的动作,然后披肩就能模仿这种动作了。由此披肩就能"模拟回放"爱人间的亲密拥抱。据说有更好模拟爱人拥抱效果的外套不久也将面世。

37. 新样式鞋袜

具有新科技、新功能的衣裤纷纷出现,与衣裤相搭配的鞋袜不甘落后,着力追赶,也相继出现众多新种类、新样式产品。

德国研发人员制成一款能自动系紧鞋带的智能鞋。当人穿上这种鞋后,只需触动脚后跟的微型发动机,便能将鞋带系紧。想脱鞋时,两次轻点脚后跟,内置发动机便会释放鞋舌的一个弹簧,使鞋带松弛。这种鞋适用于那些行动不便的老人,也适合儿童,或作为一种情趣化的生活用品。

英国林肯郡34岁的管钳工弗斯,发明了一种磁铁鞋。他将改造后的磁铁与蓄电池连接,固定在特制的鞋形板上,通电后就可以在天花板上倒立行走。弗斯承认,穿这种鞋悬空行走有一定风险,鞋子上装的是电磁铁,一旦断电,他就会从空中摔落。

我国广州的经销商受台湾鞋业专家的启发,推出了一款可更换鞋跟的高跟鞋。这种鞋底部有凹槽,3对不同高度的鞋跟都有插头,通过精准的插接,就成了可随意拆卸的不同高度的高跟鞋。此外,高跟鞋还能插换成平跟鞋。夏季穿的凉鞋也可以加插高跟,让人亭亭玉立。

美国一家公司研制出一款智能袜子,会教人跳舞和进行各项体育活动。这款袜子内置的传感器会记下用户的每一个脚部动作,通过戴在袜子上的脚踝镯发射器传输至智能手机,手机里的"虚拟教练"程序会分析这些信息,告诉用户具体的错误姿势,并帮助改善任何涉及足部的动作。

英国一家公司开发研制了一款自动配对的袜子,可解决一早起来找不到另一只袜子的烦恼。这种袜子在袜口处植入了一枚小小的芯片,当另一只袜子找不到时,用智能手机扫描现有的袜子上的芯片,从而启动另一只袜子里的呼叫器,这样就能轻松知道另一只袜子的位置了。

瑞士一家高科技公司研制出一种特殊的袜子,穿上这种袜子就不必再穿鞋了。这种袜子的足底部位加入了一种特别的PVC材料,特别耐摩擦,结实耐用。从外观上看,袜口裹住脚踝,袜面从上到脚趾平整光滑,一无鞋帮、扣眼等鞋型部件。它就是能充任行走的袜子,当然也可以叫它"鞋袜"。

38. 防护实用的头盔

人类使用头盔的历史,可以追溯到远古时代。原始人与野兽格斗,使用过椰子壳、龟壳等保护头部,阻挡袭击。我国安阳殷墟出土的商朝铜盔,正面铸有兽面纹,左右和后面可遮到人的耳朵和颈部,距今已有3000多年的历史。

近代出现的钢盔,是战争催生的发明。军事的发展,让头盔的使用越来越广泛。现在军事上已有为步兵、坦克兵、空降兵、飞行员等兵种佩戴的不同功用的头盔。俄罗斯研制的战机飞行员新式头盔,头盔里装有小型接收器,即使在漆黑的夜间和暴风雨天气里,飞行员也能通过拍摄的高分辨率影像,清晰地看到机外的一切战况。头盔还连接着一个只要把目光投向目标就能把火炮的准星调好的装置,一击制胜。英国研制的一种头盔,探测到敌机时,头盔护目镜内会显示其位置,用声控就可发射导弹,将敌机摧毁。美国陆军使用了一种无缝头盔,以热塑树脂材料制造,可以阻挡7.62毫米步枪子弹的射击,据说还可抗爆炸冲击波。

头盔在现代生活中也满足了多样化需求。按社会行业的分类,头盔有焊接、喷砂、防热辐射、防紫外线、防暴、消防和建筑等不同品种。还有一大类头盔为体育运动员所用,如摩托车、赛车、自行车、赛马、攀岩、轮滑、冰球、棒球、冰雪、曲棍球、橄榄球队员戴的头盔等。如今的头盔用料,除合金的,依需要还使用了尼龙、防弹纤维、填充木髓的皮革、聚乙烯、聚苯乙烯、陶瓷等材质。随着科技的发展,头盔也在迈向数字化和多功能化,可做夜视、助听、通信、GPS等装备的载体,也可与防核生化武器、防激光、航空、航天等装备配套使用。

芬兰科学家研制出一种头盔,医生给就诊者戴上后,通过人脑部的血液流动,能快速检测其流量、流速、血管壁的压强等,与头盔相连的仪器荧屏会显示相关数据。这种头盔对医生了解就诊者脑部活动是否异常,进而分析病因,防止脑部、心血管疾病大有作用。

英国一家公司研制出一种抗强风雨头盔,也可称为"头盔雨伞"。伞面由聚酯制作,带有黑色铝质手柄和橡胶套。遇大风雨使用时,可有效避免头和肩部被雨淋湿,即使面对7级大风,也不会导致这种盔伞被吹翻。

澳大利亚一所大学的科研人员发明了一款"聪明"头盔,能让戴上的人变得更有创造力。科学家此前已有发现:因车祸左脑受损的伤者在恢复的过程中其创新能力往往会明显加强,原因是左脑受损让创造力的"发源地"右脑必须更积极地开展工作。科研人员正是受此启发,发明出能够通过两个电子感应器"抑左扬右"的头盔。

39. 伸缩为能的弹簧

　　用弹性材料制成零件,在外力作用下发生形变,除去外力后又恢复原状,这样的部件被称为弹簧。人们环顾室内就能看到使用弹簧的物品,小的如签字笔、文具夹,大的有沙发、床垫等。

　　常见的弹簧是金属弹簧,有压缩弹簧、扭转弹簧、拉伸弹簧、涡卷弹簧等众多品种,应用广泛。英国发明家皮尔斯研制出一种用弹簧支撑的自行车车轮,使用弹簧片取代原来的辐条,形成一个内置式悬架。这样的自行车在崎岖不平的路面,尤其是布满碎石的地面行驶时,车轮的弹簧片受到压缩,会让使用者觉得顺畅而无颠簸感。美国加州大学地震工程研究所设计了一幢抗震楼房,楼房的地基处理未进行整体浇注混凝土,而是用打桩机打入98根支柱,上面安装由12层弹簧钢板和橡胶组成的弹性支撑,再盖楼房。发生地震时,地表的纵波和横波由弹性支撑吸收,地面的水平和垂直位移不会传给楼房,从而达到抗震的效果。

　　金属弹簧的使用在民用、建筑、军工等领域独当一面。随着科技的发展,一些新种类弹簧也各显奇能。英国发明使用了橡胶弹簧。这种弹簧除具有金属弹簧的良好减震和缓冲效果外,弹簧的形状和尺寸更利于选择,容易满足多向刚性和强度的要求,有利于减少冲击变形,可大大降低高频振动和噪声,使用寿命也比金属弹簧长得多。

　　日本使用锆开发精密陶瓷,制成一种陶瓷弹簧。这种弹簧在机械强度、耐热和耐腐蚀方面性能优越。它在900摄氏度高温下仍可使用,比金属弹簧的可工作温度高出400摄氏度。日本还研制出一种石墨弹簧。这种弹簧与金属弹簧相比,能对更微小的应力做出反应,不会产生"疲劳"。石墨的比重小,自重产生的变形量也极小。制作石墨弹簧首先要和树脂混合,拉成线材,成形后再经过加热处理和烧固,最后在2500摄氏度高温氩气中制成。这种弹簧可用于测量仪器、核燃料支承等装置中。

　　美国科学家研发出一种空气弹簧。所谓"空气弹簧",其实就是在一个密封的容器中贮存空气,利用空气的可压缩性来实现弹簧的作用。和金属弹簧相比,空气弹簧具有良好的性能。它的刚性可根据不同的需要来选择;工作高度可在任何载荷下保持一定;特性曲线可根据要求来设计;能同时承受轴向和径向载荷,也能传递扭矩。目前空气弹簧已应用在矿山、冶金、船舶、航空等多个领域。

40. 防蚀耐酸不锈钢

不锈钢是不锈耐酸钢的简称,是耐空气、蒸汽、水等弱腐蚀介质或具有不锈性的钢种。

冶铁的发明被普遍认为是人类社会发展进程中具有划时代意义的重大事件之一。铁工具具有硬度高、耐磨损等优越的物理性能和机械性能,从而大大提高了人类征服自然和改造自然的能力,推动了社会经济快速发展。然而铁制品在空气、水及酸、碱、盐等环境中会逐渐锈蚀,时间长久还会朽烂不堪。在今天博物馆内参观时,人们看到的古代铁器无不锈迹斑斑。制造和生产具有不锈与耐蚀特性的钢铁,是千百年来人们的一大心愿。

不锈钢的发明使用要追溯到第一次世界大战时期。英国科学家亨利·布雷尔利受英国政府军部兵工厂委托,研究枪支的改进,想发明一种不易磨损的合金钢。一天,布雷尔利与助手炼造了一种含大量铬的合金钢,经实验这种钢不耐磨,被丢弃在角落。几个月后,助手拿着这久放却光亮耀眼的钢块叫布雷尔利看,想知道这钢有没有什么特殊用处。布雷尔利在实验后发现,这钢是不怕酸、碱、盐的不锈钢。他盘算这钢不适合制造枪支,是否可以做餐具呢? 于是动手用这种钢打造了刀、叉、勺子、果盘及折叠刀等,产生了不锈钢的第一批民用产品。

布雷尔利的不锈钢餐具使人明白了,让钢铁具有防腐蚀性能并不复杂,只要控制一种金属含量即可。这种金属就是铬。当钢中的银白色铬的含量达到12%以上时,它的表面便会生成一层很薄的氧化膜,从而达到耐腐蚀的良好效果。不锈钢突出的特性为人所知后,广受各方关注,也吸引了更多科学家积极投入到不锈钢的研究和生产中。英、美、德等国先后开发出工业用不锈钢,沉淀硬化不锈钢、节约镍的不锈钢、含碳量低于0.03%的超低碳不锈钢都被研制出来。

近年来,科研人员实验加入镍、钼、铜、钛等合金元素,使不锈钢具有了更好的耐蚀性、工艺性和机械性能等。目前世界上已纳入各种标准的牌号不锈钢已达百余种,核能级、硝酸级、尿素级、食品级等一些专用不锈钢也相继问世。世界不锈钢的年产量已超过1000万吨。

不锈钢制品不仅大量为家庭生活所用,更多的应用几乎遍及所有工业部门,特别是在化工、航天、航空、交通运输等领域发挥着独特的作用。许多产品和产业的飞速发展,其中都有不锈钢的贡献。伴随着世界工业向高、精、尖方向发展,不锈钢将会有更大的用武之地。

41. 阻隔危难的气囊

常见的气囊安装在汽车上,一旦汽车行驶中发生碰撞,气囊弹出,就能有效减轻撞击给车内人造成的危害。1952年,美国工程师赫特里克驾驶轿车为躲避障碍物,猛打方向盘紧急制动,同时他和妻子都本能地伸出手臂,护卫坐在前排中央位置的女儿。虽然有惊无险,却让赫特里克受到启发。他用了两个星期时间,设计出一种汽车缓冲安全装置。其原理是在发动机罩下装一个盛满压缩空气的储气筒,当发生正面碰撞,惯性冲击力可将滑动的重块向前推移,致使仪表板旁空气袋迅速充气,以减少对乘坐者的伤害。他的这个装置就是安全气囊的雏形。

如今的轿车很多都安装了安全气囊。不仅司机、乘客各有1个,有的高端豪华车侧部、顶部及人的膝、颈等附近位置,也都安装了气囊,多至一车装有30多个,更能有效缓解碰撞的冲击力。

在沃尔沃汽车等车型上,还专为过路行人设计了一个安全气囊。车身前部安装有传感器,能探测到车与行人即将发生的碰撞,从而激活安全系统。随着引擎盖的升起,安全气囊由挡风玻璃的底部向上弹出,形成U型保护区,可确保行人受碰后向上滑行,避免了头部与挡风玻璃的直接磕碰。

意大利摩托车商与摩托车服装制造商合作,开发出一套摩托车救生系统,让摩托车也有了安全气囊。驾驶员穿上带有安全气囊的骑行服,系统连接着车辆传感器,当有潜在的事故数据时,会以无线网络发送信号到骑行服,一旦发生碰撞,服装上的气囊会在45毫秒内弹出,让骑行者的头、颈部、肩膀及锁骨都能得到有效保护。

瑞典一家公司还开发出一种可供自行车骑行者使用的安全气囊呢。一款隐形气囊通过拉链围在使用者脖子上,通风透气。气囊上安装有感应器,能够预测撞击或跌倒事故的发生。当发生碰撞,这种气囊会瞬间膨胀起来,形成一个气囊状头盔裹到骑车者头部,起到有效的保护作用。

气囊除了能作为人的保护神,还能对人使用的贵重物品加以卫护。日本一家公司研制了一种手机气囊,这种手机气囊外观就是手机外壳。如果手机摔落,6个气囊会从上下左右各面同时充气展开,将手机包裹起来,可有效避免手机被摔坏。

气囊是防护要物,在其他方面也能力不凡。美国麻省理工学院的研究人员开发出一种能协助发电机悬空发电的气囊。发电机的外层是圆筒状的气囊,其中充满了比空气轻得多的氢气。每台气囊发电机的功率为100千瓦,可以满足40个家庭的日常电力所需。悬浮高度可在50米至3000米的范围内调节。一个人就可以牵绳轻松将气囊发电机收放。

42. 高效给力喷雾剂

喷雾剂是近年来人们最为常见常用的物品之一。

喷雾剂系指药品等原料或与适应辅料,填充于特制装置中,以按压将内容物呈雾状物喷发释放。喷雾剂按内容物组成分为溶液型、乳状液型或混悬型。拿起形形色色的小瓶罐一喷,有的能除臭,有的能提香,还有能杀虫、灭菌、除螨的,能防雾气的、去油烟的、防鞋污的,等等。在阿里巴巴一家货源平台上,就能查到喷雾剂的品种有数万件之多。

喷雾剂的一大品类是药用喷雾剂。包括治疗咽炎、中耳炎、牙痛、鼻塞的五官类疾病,治疗颈椎、肩周、腰、膝关节的筋骨疼痛疾病,治疗斑秃、体癣、风疹、脚气等体表疾病,还有治疗心痛、气管炎、哮喘、头晕等内科疾病,与健康相关的还有防流感、止鼾、治口臭、治狐臭、除头虱等喷雾剂。药物以雾状喷洒在人体口腔、黏膜、皮肤等处,均匀挥发,有益于人体吸收。可以说人体从上到下,从外到里,很多部位的疾病都是喷雾药剂的用武之地。

足球等比赛的运动员在场上碰撞受伤,往其伤处用的喷雾剂,是一种氯乙烷有机物。这种物质存放在压强较高的金属罐中,喷出的一刹那,氯乙烷接触到温暖的皮肤,从液体变为气体,能吸收皮肤上大量的热,受伤部位便会被"冷冻",神经被麻痹,疼痛会迅速缓解。但喷雾剂起到的只是局部麻醉的作用,是应急措施。

近年国内外都出现了一种防暴喷雾剂。瓶罐内通常装有辣椒油树脂,喷出的雾状体刺激眼、鼻、喉、皮肤等处感觉神经末梢,甚至呼吸道黏膜。这种化学制剂能使人迅速流泪、流涕、眼痛、咳嗽、恶心、呕吐、胸痛、头痛及皮肤灼痛等,继而失去正常的行为能力。这种喷雾剂为防暴警察所专用,也是夜行女子的一种自我防卫工具。

我国深圳发明达人研究出一款清爽提神喷雾剂。这种喷雾剂填充的是薄荷等中草药,被喷到后有清凉、神清气爽的感觉。当长途驾车略感疲劳时,用上这种喷雾剂,能帮助他提神,安全赶往服务区。

美国斯坦福大学的研究人员发明了一款睡眠喷雾剂,它的主要成分是纯净水与褪黑激素。只要对失眠者脖子周围喷几下,就能有效使其犯困入眠。这种喷雾含有的褪黑激素比大部分催眠药片的含量低30倍左右,以渗透的方式让人体自然吸收,副作用小,也不会上瘾。

剑桥大学教授与德国科学家合作,正在积极研发一款"多情"喷雾剂。这种喷雾剂以催产素为基础制作。催产素是一种人体自然生成的荷尔蒙,它与性吸引力、信任与信心有关。发明者正将这种喷雾剂分发几组健康男性使用,他们希望这一产品能让男人们变得更深情并理解他人感受。

43. 与工业革命同步的水泥

大约在公元前 200 年,古罗马人将火山灰加石灰作为一种胶凝材料,用于建造码头和水渠等工程。在公元 5 世纪的中国南北朝时期,出现了由石灰、黏土和细砂所组成的"三合土",夯实后用作建筑基础。这两种材料和今天的水泥并不相同。

水泥的诞生,与 18 世纪英国发起的第一次工业革命同步。1756 年,英国在修建英吉利海峡南端的埃迪斯顿灯塔时,使用了一种含有 20% 黏土的石灰,结果将石块黏结得异常结实。以后黏土和石灰石就被适当配合,加以煅烧,烧出了性能良好的石灰。1824 年,英国工匠阿斯普丁在反复实验的基础上,总结出石灰、黏土、矿渣等各种原料之间的比例,以及生产这种混合材料的方法,就此发明了水泥。

清末,鸦片战争打开了中国闭关自守的大门,西方国家在恣意掠夺中就包括输入水泥和在中国开办水泥厂。在清末的"洋务运动"中,军事工业和民用工业建设需要大量水泥,促使中国民族水泥工业兴起。当时人们把水泥称为"洋灰"。1 个多世纪过去了,水泥工业如今已在中国发展壮大,2011 年我国水泥产量达 20.6 亿吨。无数高楼大厦、店铺民居,一条条铁路、公路,一座座隧道、桥梁,无不是水泥将砂、石、钢筋胶结得如磐石一样坚固,让现代气息蔓延推广。我国建成的港珠澳大桥是世界上最长的跨海大桥工程,全长 55 公里。经计算,整个大桥水泥用量为183.55 万吨。

意大利水泥集团的建筑师发明了一种透明水泥,以特殊树脂与一种新混合物结合制造。他们将这种透明水泥使用在了中国上海世博会的意大利馆。该馆高18 米。施工人员用 189 吨新材料制成 3774 块透明板和半透明板,在大约 40% 的墙面上使用。每块透明板有约 50 个孔,透明度接近 20%,半透明度大约是 10%。采用了这种透明水泥的意大利馆,整面墙就像个巨大的窗户,阳光能穿透墙体射入室内,这样就减少了室内灯光的使用量,节省了能源。

荷兰代尔夫特理工大学的微生物学家约恩克发明了一种可自我修复的水泥,可弥合水泥墙出现的裂缝。这种水泥通过混合生活在活火山附近的细菌和乳酸钙制成。当水泥建筑出现裂缝,便可将这种稀释的水泥液喷洒到开裂的水泥面,只要有雨水进入裂缝,就能"唤醒"细菌,它们吸收了乳酸钙后会分泌出石灰岩,在两三周内将裂缝修复无痕。

44. 广泛用于建工的混凝土

混凝土是指以水泥为主要胶凝材料,与水、砂、石子,必要时掺入化学外加剂和矿物料,按适当比例配合,经过均匀搅拌,密实成型及养护硬化而形成的人造石材。1867 年,铁丝骨架的水泥花盆在巴黎世博会上展出后,"铁水泥混凝土"让人们了解到,钢铁具有极强的"抗拉"性能,正好消除了水泥混凝土的"软肋",实现了完美的优势互补。正是有了钢筋混凝土的发明,才有了现代高层楼房和大跨度场馆。1930 年,美国采用钢筋混凝土结构,建造了一座 102 层高的帝国大厦。大厦楼体细高,这让住在大厦周围的人感到担心,怕它倾倒或折断。1945 年的一天早晨,一架轰炸机在大雾中迷失了方向,撞在了大厦的 97 层上。随着巨响,飞机碎了,大厦巍然耸立,被撞处只是一道边梁和部分楼板损坏,伤亡了 36 人。大厦如此坚固,使钢筋混凝土建筑名声大震。

混凝土诞生 1 个多世纪以来,其施工工艺得到广泛应用,宏伟的建筑星罗棋布。在我国,近些年建成的三峡工程、青藏铁路、京沪高铁、青岛胶州湾大桥、广西西塔、北京鸟巢等一个个巨型工程和摩天大楼,都向人们展示着钢筋混凝土的魅力和力量。

随着科技的发展和使用的需求,一些性能独特的混凝土相继出现。国外的建筑专家研制出一种轻型混凝土,可以漂浮在水面上。为减轻混凝土的重量,用一种尘埃状废物代替砂子使用。这种混凝土板材不仅重量轻、保温,在寒冷的冬季也不会被冻裂。

英国研制出一种混凝土,不仅重量轻,强度高,还能够弯曲。它以聚丙烯编织材料,在一层聚丙烯上涂覆不超过 1 毫米厚的薄层水泥,随后再加一层聚丙烯材料,反复进行同样的复合,直到一定的厚度。用这种混凝土预制房屋,便于组合,隔热性能也好。

日本科研人员用塑料纤维代替建筑材料里的碎石子,制成一种可用于抗震的混凝土。他们将聚丙烯制成长 1.2 厘米、截面宽度为 0.03 毫米的纤维,按 1.5% 的比例掺入混凝土。这种混凝土的坚韧度、抗拉伸强度都有明显增强。经强震测试,桥墩模型上除出现少量细小的裂纹,没有其他损伤。

美国一家威尔士公司研制出一种可用在布料上的混凝土。由混凝土浸渍的布料,可以被塑造成各种形状,一经浸湿布料的外部沿着内衬膨胀,外壳就会浸水,经化学反应硬化,即可变成坚固的建筑物。使用这种混凝土可建造长住帐篷或军队营房,使用年限高达 20 年。

45. 不拘一格的马路

道路,为何要称为马路呢?

有资料说,18 世纪末,英国工业革命带动了整个英国交通运输业的发展,城乡的黄土小道已经远不能适应要求。英国一位叫马卡丹的设计师开动脑筋,设计出一种便于排水的碎石路,用碎石挤压而成,地质坚硬平整,且中间高两侧低,以适应机动车辆行驶。这种道路很快得到普及。为纪念发明人,人们在路前加上了马卡丹之名,称马卡丹路。19 世纪初,这种铺路方法传入我国,沿袭马卡丹路的叫法,就有了"马路"之称。

马路在各国各地区组成了纵横交汇的交通网。长期以来,除有碎石、石板、石砖等路面,又增加了柏油沥青马路、混凝土马路等。近年来新材料、新功能马路更是相继出现,给人以新鲜感。

德国工程师为减少交通事故,发明了一种带凹槽线的路面,铺设在道路的转弯等处。车轮压到它上面,就会发出尖厉的哨声,引起司机注意。法国在经常发生交通事故的地段,建造了由美术家设计的彩色路面。红色路面提醒驾驶员谨慎开车,蓝色路面则表明路段相对安全。此外路旁还设立了多种形态的美术标志,如一行扭动的圆球表示路面弯曲,小三角锥提醒路面升降,立方体告知路面平直等。让驾驶员在路段上行驶既有精神集中,又有放松,且不至感到太单调。

在英国北爱尔兰有一条可以自己控制"体温"的高速公路。冬季很多道路降雪后都会结厚厚的冰,难以行车,这条路的路面却没有类似冰雪的障碍物。这是因为路的两旁竖有很多块太阳能板,下方埋有水管。夏天暴晒时,太阳能板会用收集到的热能将水管的水烧热,有恒温作用的聚丙烯水管会让水温始终高于 35 摄氏度。冬季时路面温度低于零下 2 摄氏度,水管里的热水就会在电脑系统的指令下释放出热量,融雪除冰,让路面行车畅通。

如今在我国北京北部天通苑等城郊地区,为搭建"绿色出行"体系,修建了自行车道。路面采用了铺设沥路力聚合物彩色罩面技术。沥路力采用高分子互穿结构树脂制作,它既有无机材料的刚性,又结合了有机材料的柔性,铺在路面上,美观而防滑。

上海一家公司大力研发,开发出彩色透水混凝土路面、透水沥青路面等一系列工程技术。所铺设的道路路面晶莹平整,五彩缤纷。除有彩色透水,还有压花、压模等工艺,能制作彩色艺术地坪、夜光跑道等。累计施工面积已超过 500 万平方米。

46. 多姿多样的帐篷

在原始社会,人类把兽皮披挂在岩石、树枝上,用来遮风挡雨,这就是最初的帐篷。如今,随着科技的飞速发展,多姿多样的帐篷相继研制成功。这些新款帐篷不仅使用方便,还具有舒适美观等优点,成为理想的临时住处。除居住外,还能作为商店、车库、临时舞台等使用。

近年来,为适应抗灾、野外工作和举家旅游等方面需要,一款款新型帐篷争相面世,如花绽放,引人瞩目。北京一家公司为适应抗震、抗洪减灾需求,研制出一个称为"诺亚"的帐篷新系列,能在几分钟内组合起功能各异的帐篷,有民居、厕所、医院、指挥部、库房、商店、哨所等,既能陆路运输,又可空运空投。可根据灾情加以选择,很具实用性。国内外专家对这一系列产品给予了很高的评价。

北京一家开发研究所设计生产的轻便双人旅行帐篷,以防水面料制作,具有造型美观、遮阳、通风、防雨、防蚊虫等特点,包括气垫床和打气筒,总重量不足 5 公斤,不必使用任何辅助工具即可架设,架好后能抵御六七级大风。

法国研制的一种旅游帐篷,既可在野外露地撑起,也可在连接的筏子上漂浮。这种水上帐篷具有良好的隔热、防水功能,可供游客长时间在水面休闲观光。

英国研制的一种绝热小帐篷,用玻璃纤维和铝薄膜制造,仅重 1 公斤。不用可折叠放在背包中,用时像折叠伞一样,触动开关撑起。使用者若遇到森林火灾等险情,可在凹处钻入帐篷藏身。

英国建筑设计师亚历克斯根据蜘蛛网的特点,设计出一种树上帐篷。这是三叉戟式样的避难帐篷,帐篷可以搭在三棵大树上,距地面 1 米至 3 米,通过中间悬吊的软梯上下。架设这种帐篷用时约 30 分钟,小型的可容纳 2 人,大型的可承载 8 人,承载量可达 5 吨。这种吊在空中的帐篷不失为洪水或地震发生时的避难所。英国还研究出一种大型耐火帐篷,长 34 英尺,宽 19 英尺,遇火灾能在 1 分半时间内充足气,可帮助 100 余名人员在里面避难。

2007 年年底,美国宇航局发布,一种宇航员在月球居住的新型充气帐篷,在自然条件恶劣的南极进行前期测试。这种帐篷由特殊纤维制成,像一栋房子一样,有两个舱室,提供 36 平方米活动空间,里面建有供电、调温等一应系统。宇航员在帐篷内可不穿笨拙的宇航服轻松活动。届时帐篷可能就会是首批在地球外一展风采的家用物品之一呢!

47. 充满趣致的房屋

　　房屋是构成人类生活的重要物质基础。据考证,世界上发现的人类最早居住的房屋是猛犸象骨房。这是由 1908 年在乌克兰北部一条河沟发现的堆积物所证实的。专家确认,它是 2 万年前旧石器时代的房屋遗存。堆积物呈切入地面的半球形帐篷形状,高 2.6 米,面积约 20 平方米,用猛犸象的长牙、肩胛骨作屋架,披上兽皮搭建而成。它虽然简陋,却是远古人类使用建筑材料建造的住宅。在我国,古代建房的历史可以追溯到氏族社会产生之后,"构木为巢""因陵掘穴而居",说的都是当时的人们开始造房而居。

　　人类社会在发展中,各个地区和民族按照自己的生活习俗,因地制宜,居住在自己营造的"安乐窝"中。有些民族的住房格外神奇。格陵兰和加拿大北部的因纽特人,居住在雪屋里。雪屋以大雪砖砌筑而成,砖缝抹碎雪作"灰浆"。他们的雪室不但不容易融化,还可以点燃篝火取暖。在气候干燥的非洲突尼斯,一些地方的人用泥巴建屋,有的楼房高达 3 层。在秘鲁中部地区,温泉水溶解了大量石灰岩,呈胶状喷出地面,把它注入特制的模子冷凝后即成砖块,砌筑房屋牢固且隔热良好。奥地利的维尔临近盐湖,当地人是住在盐屋里的。垒筑的盐楼高低错落有致。房屋维修极为方便,往损坏处浇些盐卤即告修复。

　　在科技研究日新月异的今天,各种新式房屋竞相落成。房屋有的能变形,有的能变色。德国建造了一种玻璃房屋,以有机玻璃为壁板,用特殊胶液粘接而成,既轻巧结实,又敞亮美观。日本科技人员制成一种陶瓷房,质轻,可浮在水上,但非常坚固,不易损坏。

　　英国科研人员设计建造了一种水陆两栖房屋,具有"水涨屋高"的性能,可让沿河的居民免受洪水的困扰。这种房屋的木质架构拥有钢筋混凝土的"地下室",由 4 根柱子支撑形成"船坞"。当有洪水到来,水的作用力会让房屋主体浮在水面上,而免受水淹。

　　法国一家专门生产活动房的公司研发了一款能行走的房屋。这是一套双层住宅,用木材、金属、玻璃等建造。住宅底部装有电动马达和轮滑装置,房子的中心轴可以旋转 360 度,可使房子自动行走。由此,主人可随季节的变化和自己的意愿,选择住处地理位置,并任意使房间朝阳或背阳。

　　英国在 2010 年已开始建造智能房。这种房子装有一个以电脑终端为核心的检测、通信网络,能自动调节室内温度、湿度、明亮度,操纵洗浴设施;有完备的医疗设备,如体检、供药等;提供各种电器的遥控使用,与外界的联系沟通等;适合各种类型的家庭住用。对老人来说,更是"一座没有护士的养老院"。

48. 防涝泄洪下水道

天有不测风云。城市中一旦突降暴雨或发生洪水,很多居住在低洼处的人就会遭受灭顶之灾。为此,自古以来国内外大城市都很重视修建下水道,以防洪涝灾害。

说到城市的科技排水文明史,还要从古罗马开始。公元前6世纪前后,伊达拉里亚人使用岩石所砌的地下渠道系统,将暴雨造成的洪流从罗马城排出。渠道系统中最大的一条截面高为3.3米,宽4米,从古罗马城广场通往台伯河。这是当时的"最大下水道",被誉为罗马"最引人注目的成就"。在这宏阔下水道建成2500年后的今天,罗马人仍在使用它,足见其建造的牢固和耐用。

法国早期的城市排水道类似于街沟,一遇暴雨里面的污物就会四处泛滥。在19世纪中期巴黎暴发大规模霍乱之后,巴黎人大修下水道,将脏水完全排出巴黎,而不是将脏水排入塞纳河,再取水饮用。如今巴黎的下水道均处于地面以下50米,总长2300多公里。从1867年的世博会开始,巴黎的下水道博物馆逐渐成为继埃菲尔铁塔、卢浮宫、凯旋门之后的又一著名旅游景点。

英国伦敦进行下水道工程建设也是在欧洲暴发霍乱后,人们认识到肮脏的街道是疾病的温床,才大规模进行的。工程部门特地研制出新型高强度水泥,制造出3.8亿块混凝土砖,构成了坚固的下水道。1865年工程完工时,实际长度超过设计方案很多,全长达到2000公里。下水道在伦敦地下纵横交错,较好地实现了防暴雨和排污的双重作用。

我国修建下水道的历史也很悠久。古代排水设施的杰出代表当属福寿沟。福寿沟位于江西赣州,修建于北宋时期。这里的下水道通过科学合理的设计,利用城市地形的高低差,全部采用自然流向的方法,使城市的雨水和污水排入江中和濠塘内。当地的这套排水系统,历经900多年风雨,至今仍为赣州居民所用。北京故宫、太庙(劳动人民文化宫)等一批古建,都建于600年前,殿下汉白玉须弥座式台基上都设有会喷水的螭首。下雨时螭首会形成"大雨如练,小雨如注,千龙吐水"的景观,可有效排涝。城内鼓楼、东四等处老旧房屋的地下,那些古人留下的下水道有的也仍然在"服役"。

长期以来,城市大面积的水泥地、柏油路的覆盖,使大量雨水难以渗漏,常引起洪涝灾害。为走出这样的困局,就要加深将排水系统与生态系统等结合创新的理念。城市建设中要多使用渗水砖,多铺设透水路面。城市防涝尤其要多建有蓄水作用的湿地。北京近几年恢复和新建湿地近9000公顷,城市防涝作用明显,润泽风光再现。有的湿地公园就建在城内街道旁,成为北京的新景观。

49. 高耸入云摩天楼

　　19 世纪,强度远高于木材的钢铁被大量生产出来,同时钢筋混凝土开始广泛应用,第一座整体铁框架承重建筑物于 1860 年在英国诞生,虽然仅 16 米高,但验证了框架支撑高层建筑的可操作性。"摩天文化"不久在美国萌发。1884 年在芝加哥兴建了首座有承重框架的 10 层家庭保险大楼。1913 年落成的哥特式建筑伍尔沃斯大厦,高达 230 米,成为当时世界最高建筑物。1931 年纽约的帝国大厦落成,这座地标性建筑共 102 层,总高度 443.7 米,此后雄踞世界第一高楼的地位长达 40 年。

　　美国将"摩天文化"演绎得城市高楼林立,中东地区的国家则进而让"摩天"登峰造极。凭借着出售石油积累的雄厚财富,阿拉伯世界掀起了狂热的造楼运动。据统计,全球 25% 的建筑塔吊曾集中在阿联酋的迪拜,早在 1999 年迪拜就建成了321 米高的世界最豪华七星级帆船形"阿拉伯塔"酒店。而目前世界第一高楼——迪拜哈利法塔,于 2010 年竣工,它高 828 米,放眼世界无人比肩。另外,全球 4 个超千米大楼待建项目也全部位于中东国家。

　　新中国成立前,中国的摩天高楼集中在上海外滩一条街上。当时中国的第一高、1934 年建成的上海国际饭店,高 84 米。20 世纪 70 年代末中国才拥有了第一座突破百米的高楼——高 117 米的广州白云宾馆。中国经济在 20 世纪 90 年代进入了高速发展的黄金期,为充分利用中心商业区寸土寸金的土地资源,摩天大楼建设纷纷提上日程。中国内地第一座超过 200 米的摩天大楼京广中心,于 1990 年在北京东三环建成,高达 209 米。随后又建起了高 330 米的国贸三期。2018 年位于北京朝阳区的中信大厦落成。这座摩天大楼建筑外形仿照古代礼器"尊"进行设计,又名"中国尊"。地上 108 层,地下 7 层,总高 528 米。这一时期,珠三角与长三角地区对争夺"中国第一高"也热力不减,300 米乃至 400 米的高楼四处开花。上海中心大厦于 2016 年落成,高 632 米。深圳平安金融中心于 2017 年竣工,高599.1 米。2016 年世界最高摩天大楼 10 大排名,中国占据 5 个排位。摩天大楼总数超过了 800 座。

　　摩天大楼是一项跨学科的复杂综合性设计,是多学科的交叉融合,用在飞机设计上的流体力学、空气动力学,甚至风洞试验,也都会在摩天楼设计中应用。摩天大楼本身是实力的有力象征,但显示实力也要量力而为,适应市场的实际需求,不可盲目建设。

50. 代步畅行的电梯

在近代工业革命中,瓦特发明了蒸汽机。1853年,美国人发明使用了名为"自动楼梯"的升降机平台,但它是由蒸汽机提供动力的。到了1889年年底,第一部名副其实的电梯才安装到纽约的第玛瑞斯特大楼上。它采用直流电动机为动力,通过涡轮减速器带动卷筒上缠绕的绳索,悬挂并升降轿厢。这座古老的电梯,每分钟能走10米左右。10年后自动扶梯也在美国研制成功。到了1950年,安装在高层建筑外面的观光电梯出现,使乘客能在电梯运行中眺望周围的景色,让电梯的世界越来越精彩。

如今,随着城市建设的发展,各种造型不同、功能卓越的电梯,为人代步,使人畅行,很受瞩目。2010年,韩国现代电梯公司研制出运行速度最快的电梯,达到每分钟1080米。运行距离也创造了世界之最,为600米。可以在150层建筑物里升降。日本三菱电机建成了世界最大的电梯,如果按65公斤的单人体重计算,它可以一次运载80人同时上下楼。阿联酋迪拜塔共有57部电梯,运输长度世界第一。位于塔中央的电梯高504米,上升高度世界第一。

在挪威特隆赫姆市有一座自行车电梯,全长130米。它是在一个坡度为20度的小山坡路边预埋的一条升降通道,只需将车推上电梯平台,一只脚踩在脚踏上,电梯就能以每秒两米的速度推着人和电梯抵达坡顶。

位于中国张家界风景区的百龙升降梯,是世界最高的全暴露户外电梯。电梯垂直高差335米,运行高度326米,运行速度每秒3米。3台电梯同时运行,每小时往返运量达3000人次。

素有"冒险者天堂"之称的英国奥尔顿塔主题公园,前不久推出一个刺激项目——部"没有地板"的电梯。这部电梯由一名艺术家设计,电梯地板采用3D影像技术,显现出极为逼真的"塌陷"效果。无论从哪个角度看上去,电梯都像没有地板一样。游客搭乘高速运行的电梯时,低头看到的是一个大洞,露着深不见底的电梯井,似乎随时都有跌落下去的危险。公园发言人表示,他们推出这样的项目,就是为了挑战人们的极限,看看有多少人有胆量尝试这样的刺激。

日本大林建设公司日前公布了建造"太空电梯"的计划。这个太空电梯是由比钢铁强韧20倍的碳纤维制造,可供30人乘坐,以200公里的时速上下,预计在1个星期抵达高度约3.6万公里的空间站。电梯缆线固定在地表一个定点上,利用地球自转离心力抛出去,另一头系着一个起平衡作用的铅坠。电缆中间部位就是一个空间站。计划表明,这部太空电梯有望在2050年制成并投入使用。

51. 陆上宠儿摩托车

世界上第一辆摩托车是谁发明的？这是一个至今仍然争论不休的问题。如果严格对照两轮车的定义评定，发明者一栏应写上德国人戴姆勒的名字。他在1885年造成一辆用四冲程内燃机驱动的摩托车，车架和车轮为木结构。而英国人则认为在此一年前，他们的巴特勒已为自己设计制造出一辆煤油发动机三轮车，并申请到专利。不管怎么说，德国人对摩托车是饱含了兴趣和热情的。十几年后，德国厂商开始对摩托车批量生产，一次上市2000多辆。

摩托车就这样在路人耳畔轰响了100多年。想当初，戴姆勒的木结构摩托车时速仅12公里，两个轮子前进一刻钟便不再滚动。而今，摩托车毫不吃力就能让时速达到100公里以上。世界各国已研制出3000多个摩托车品种，年产量达到900万辆。轻便和轻型摩托车成为陆地交通的宠儿，是实用的载货和代步工具。

近年来，随着汽车业、电动自行车业的激烈竞争，摩托车业在夹缝中生存。国内外摩托车行业的厂商发挥自己的优势，潜心打造各种新型摩托车，有些造型新颖，功能奇特，很能引人打开钱袋购买。

摩托车擅长在陆地上飞奔，而瑞典科学家却研制出一种可在水中行驶的摩托车。这种摩托车的排气管和驾驶者的呼吸管都装在车的把手上，再与一条2米长的排水管相通，竖直伸出水面。这种摩托车在水中时速可达10多公里。

德国制造出一种大轮摩托车。它的轮子直径达2米，机械部分安装在轮子内侧。这种巨轮摩托车很适合在野外乘用，能从容驶过草丛。由于轮子大，乘坐者视野开阔，更适宜观赏周围景致。

美国生产出一种微型摩托车，像玩具一样小巧，但它的使用对象不是孩子，而是成年人。大人们喜欢骑着这种小车锻炼平衡力和耐力，还有专门为这种车举办的争先娱乐比赛。这种车卖得最火时，一个商场半个月就销售5000多辆。

近年一种独轮摩托车悄然问世，并成为美国、德国、英国、瑞士等国一项新兴的体育运动。独轮摩托车造价低、耗油少、体型轻、速度快，在一些专用赛道上可比赛争先，也可表演跨越障碍，很受年轻人喜爱。

美国发明人劳里·尼尔制造出一种能飞在空中的摩托车。这款飞行摩托的飞行高度可达6米，最高飞行时速可达56公里，在陆地上的最高时速为105公里。飞行摩托装满燃油一次可连续飞行5小时。尼尔研究飞行摩托已有多年，以前他由于不知道降落后如何处理推进器，因此一直停步不前。最终他通过把推进器折叠起来，才解决了这个难题。

52. 创新不止的汽车

18 世纪中叶,英国的詹姆斯·瓦特发明了蒸汽机,后来人们设计出蒸汽车,以蒸汽推动的汽车驶上了艰难的历程。当时的汽车烧着木柴,拖着黑烟,在路面上缓缓爬行,连马车夫也对它嗤之以鼻。1886 年,德国人本茨制成了用汽油发动的汽车上路。汽车发展 100 多年以来,已形成了一个庞大的家族。科学家不断创新,各种功能独特的汽车竞相面世,车展上的新车让人目不暇接。

日本丰田公司研制出一种小汽车,它可以根据需要而伸长或缩短车身。伸长时可乘坐 4 人。如果想缩短,一按电钮,后车身、底盘、轴距便能收缩,后排座消失。车身缩短自然能节省停放场地。丰田汽车商还研制出一种横行汽车,这种汽车前后轮子皆能做 180 度自由转向,不仅能前进和后退,还能自如向两侧方向横行。本田公司在员工创造力比赛中研发一款可分合汽车。这种车上装有两套引擎、两副驾驶座,遇到交通拥挤,路面狭窄,便可左右一分为二,各自前行,穿行后又能合二为一。

英国 20 世纪 60 年代生产了 50 辆最迷你小汽车,车子娇小玲珑,只两个前轮和一个后轮,车长 1.37 米,高 1.19 米,宽 1.04 米,重量不足 60 公斤。加满燃油可行驶近 200 公里,最高时速 61 公里。由于车体小,可开到办公桌旁。轮胎瘪了,不用千斤顶,把车推倒就能换轮胎。

法国制造出一款蛇形汽车,车身长 24 米,可乘坐 200 人,行驶起来分 4 节曲折而进,有如长蛇爬行。汽车的怪异外形也让人忍俊不禁。澳大利亚的蛙形汽车以四条机械腿代替车轮,跳跃而行,时速却能达到 50 公里以上。丹麦的鞋形汽车在雨天撑起车篷,好似皮鞋徜徉街头。日本街头跑过一种河马汽车,车身为铜色,车后有尾巴,还会发出河马的叫声。

美国研发出一种能在浅海水下行驶的旅游汽车。车子装有两个气箱,一个供乘坐者呼吸所用,一个供汽车潜沉、浮升。这种车以电池为动力,每小时可行驶 5 海里,操作驾驶简便。

前不久荷兰制造商研制的飞行汽车已获准在欧洲道路上行驶,这是全球第一台获批上路的飞行汽车。这款飞行汽车采用了三轮结构,很好地兼顾了路面行驶以及起飞降落时的稳定性。飞行汽车使用螺旋桨起降,在地面行驶时,螺旋杆和桨叶都可折叠在车顶上方,减少了占地空间。需要升空飞行时,伸展螺旋杆,类似于一架小型直升机一样起降。据称,该飞行汽车可保持在空中续航 4.3 小时。

53. 上路的无人驾驶汽车

将车辆的全部控制权交给自控系统——这种无人驾驶汽车对驾驶者而言,是一种全新体验。

世界上第一辆无人驾驶汽车,是1939年通用汽车在美国纽约世博会上所展示的,这是一辆电动车,通过道路上所埋的线圈实现驱动和自动引导功能。真正意义上的无人驾驶汽车研究始于20世纪70年代,然而由于技术上的局限,研究成果主要体现在高速公路车辆辅助驾驶方面。

1997年,日本丰田公司开始部分装配基于雷达的自适应巡航控制系统,能够自动与前车保持安全的行车距离;2002年,丰田推出夜视系统,通过摄像头可显示前方道路的近红外图像,凸显前方的障碍;2003年,德国奔驰公司推出一套主动安全系统,通过雷达、摄像头等传感器,准确预测前方即将出现的安全隐患,以报警、主动制动等安全手段确保车辆的安全性。2004年,美国国防部在加州南部的莫哈维沙漠地区举办了第一届无人驾驶汽车大赛,开启了无人驾驶汽车在复杂道路环境下的研究和测试。

我国从20世纪80年代开始了无人驾驶汽车的研究。1992年,国防科技大学成功研制出我国第一辆真正意义上的无人驾驶汽车,车上安装使用了计算机及相关的检测传感器和执行机构系统。2005年,清华大学研制的无人驾驶汽车安装了ADAS系统,能实现车辆纵向、横向驾驶员辅助,有效提高了车辆的安全性能。2011年,国防科技大学研制的红旗HQ3无人驾驶汽车,首次完成了从长沙到武汉286公里的高速全程无人驾驶实验。2012年,由军事交通学院研制的无人驾驶汽车,实现了复杂高速公路环境下,从北京台湖收费站到天津东丽收费站的实路测试。全程114公里,耗时85分钟,一路平均时速79.06公里,最高时速105公里,超车33次,成功完成了各项预期测试的目标。

2020年7月,我国首批城市微循环无人小巴在苏州亮相,并公布了首条轻舟无人小巴在苏州的示范应用线路。这样的运营,原来只在封闭的场所和园区中,这条体验线路是在开放的城市道路上,线路总长超过了4公里。同年年底,深圳坪山区推出全国首张无人驾驶公交月卡,持卡市民可乘坐深圳首条微循环无人驾驶公交。应用车型是ONE,即轻舟无人小巴。线路总长约5公里,沿途设10个站点,贯穿坪山区的居民区、学校、剧场、公园、办公区等核心地点。这条无人驾驶公交线路的开通,满足了周边市民短途出行的刚需,解决了"最后三公里"出行难题。

54. 云天翱翔的飞机

能像鸟儿一样展开翅膀自由自在飞翔在天空,是自古以来人们的梦想和愿望。1903 年 12 月 17 日,美国莱特兄弟制作的一架以轻质木料为骨架,帆布作基本材料,用内燃机驱动的双翼动力飞机飞到空中,飞机诞生了!无数人的古老梦想变成了现实。1909 年,一架法国制造的单翼飞机成功飞越了英吉利海峡。同一年,旅美华侨冯如研制出飞行高度达到 210 米、时速 105 公里的飞机,显现出中国人的高度聪明才智。

飞机的发明,是 20 世纪人类文明高度发展的重要标志,对人类生活产生了重大影响。飞机诞生不久便被用于军事领域。经过了两次世界大战后,各种战机的研制有了突飞猛进的发展。出现了歼击机、攻击机、轰炸机、武装直升机、空中加油机、隐形飞机、反潜机等多种机型。现代歼击机最大飞行时速可达 3000 公里,最大飞行高度为 20 公里。

第一次世界大战结束,许多轰炸机被搁置。有人想到利用这些飞机来运送旅客。1919 年,以一架改装过的单引擎轰炸机,用作民航班机,从英国的洪斯罗起飞,经伦敦抵达巴黎。以后随着客运航线增多,1925 年专为民航使用的客机开始服役。机上服务设施也在逐步完善,载货载客量不断提高。至 1996 年,欧洲空中客车公司研制出大型远程宽体客机 A380,航程 15200 公里,有空中巨无霸之称。三舱采用最高密度座位安排时,可乘载乘客 861 人。

用飞机运送旅客和货物,可以不受地形限制,速度之快更是火车、轮船难以相比的。同时,现代高科技手段的应用,已使飞机飞行相当平稳,噪音大大降低,乘坐颇为舒适。除了民航运送,飞机还广泛用于工业、农业、救护、体育、文化、环保、执法等多个领域,如大地测绘、地质勘探、资源调查、播种施肥、森林防火、追捕罪犯等,为提高人类的生活质量积极效力。

1981 年,美国"哥伦比亚号"航天飞机在太空航行 54 小时 30 分钟后安全降落。人类在航天技术上又迈出了新的一步。航天飞机能像火箭一样从地面垂直起飞,又能像卫星一样在太空中围绕地球运行,还可以像飞机一样返回地面。一架航天飞机可以重复使用 75 次至 100 次,在航空航天研究中能节约大量的人力和财力。美国先后研发"企业号""哥伦比亚号""挑战者号"等 6 款航天飞机,苏联研发了"暴风雪号"航天飞机。美国总共发射航天飞机 100 多次,每飞行一次费用高达 5 亿美元。有两架在执行任务中爆炸、解体,造成 14 位宇航员丧生。过高的运营成本和过低的安全系数,使美国在 2010 年决定放弃航天飞机计划。

55. 展翼飘飞滑翔机

滑翔机是一种没有动力装置且重于空气的固定翼航空器。第一架滑翔机的制造者是德国工程师李林达尔。在飞行试验成功之前,他和伙伴一共制造了 18 种不同型号的滑翔机。经不断改进滑翔机的性能,在 1894 年李林达尔操纵着滑翔机,从 50 米高的山坡上滑翔飞行了 350 米,此后又曾飞行了 1000 米的路程,这是人类飞行史的真正开端。也正是在李林达尔滑翔机研究的基础上,美国莱特兄弟才将发动机装到滑翔机上,实现了由滑翔机到飞机的跨越。

滑翔机在飞机发明后,仍然大有用武之地。滑翔机成本低廉,制造相对简单,可用于飞行员升空的初级训练。在两次世界大战中,滑翔机都发挥着巨大的作用。滑翔机以大量非金属材料制作,很难被"二战"出现的雷达探测到。又由于没有发动机提供动力,滑翔机飞行时也不会产生噪音,悄无声息就能飞到战场上空,是运载武器和战斗人员的重要工具。"二战"期间,交战双方的德国、英国、美国、苏联都组建了自己的滑翔机部队。使用滑翔机不仅向敌后方运载了大批兵员和物资,重型滑翔机还装运了坦克和重炮。出动滑翔机参战,常能取得出其不意夺取要地的独特优势。

"二战"以后,滑翔机看似受到冷落,但它并未销声匿迹。能平稳飞行的滑翔机先是"滑"入了航空运动领域,并发展出了规则完备的航空体育赛事。在最初的滑翔机比赛中,选手们比拼的主要是滑翔机在空中停留的最长时间和距离。至 20 世纪 50 年代,逐渐形成了 7 个滑翔机级别,进行分组比赛,还建立了世界锦标赛这一全球赛事。如今随着新材料的采用,气动外形改进等,很多滑翔机飞行高手都能完成以往难以想象的滑翔飞行。

在当前科学研究中,滑翔机也能大显身手。欧洲空中客车公司研发的滑翔机"普兰 2 号",让它的飞行高度达到 23202 米,来探测南极臭氧层空洞等。由于滑翔机不安装发动机,就无须担心滑翔机本身排出的污染物和释放的热量会改变影响周围大气温度或化学性质,从而使这种滑翔机成为一个理想的大气探测平台。

专家预言,未来滑翔机还可能会出现在火星之上。使用滑翔机获取火星表面的高分辨率图像,体积小,成本也较低。在飞往火星的过程中,这种滑翔机以折叠的方式由探测器携带,在距火星表面 2000 米高度脱离探测器,机翼在火星光照作用下硬化,独自飞行,然后不断拍摄高分辨率图像,为火星研究提供重要的数据和支持。

56. 城市之下的地铁

在 19 世纪 20 年代,英国伦敦处于工业化蓬勃发展中,工厂和贸易的繁荣使交通变得十分拥挤,各条马路常被堵得水泄不通。交通的糟糕状态让名律师查理斯·皮尔逊深感困扰,他从夜间看到老鼠洞里墙外钻进爬出受到启发,有了让"火车入地"的想法。他毅然辞去工作,专心设计在城市开挖地下铁道的方案。几经努力后,伦敦政府采纳了查理斯的建议方案。经过 3 年施工,1863 年,世界上第一条地下铁道在伦敦正式建成并投入运营。木制车厢由蒸汽机牵引,车厢内有煤油灯照明。这条地下铁道全程虽然只有 6.5 公里,但第一年就运载了 950 万乘客。

为解决地下隧道内烟气污染问题,1896 年,在匈牙利首都布达佩斯诞生了世界上第一条电动地铁。这种地铁污染小,速度快,深受城市居民欢迎。随后巴黎、波士顿、纽约、布宜诺斯艾利斯等城市也都建成了地铁。"二战"结束后,城市人口迅速增长,交通堵塞严重,建造地铁的城市也越来越多。仅在 20 世纪 50 年代至 70 年代,欧洲、亚洲、美洲就有 30 余座城市地铁相继通车。

我国北京早在 1953 年规划草案中就提出了地铁建设的问题。经反复设计方案,于 1965 年 7 月 1 日举行了开工典礼。沿线工程大军在马路"大开膛"挖土方,进行地下设施作业,再行盖板浇筑,恢复道路。一期工程于 1969 年国庆 20 周年大庆前完成。地铁全长 23.6 千米,从西郊苹果园站到北京站,途经长安街,设 17 座站台。这是中国的第一条地铁线路,而且早于首尔、新加坡、旧金山、华盛顿等城市建造地铁。改革开放后,从 20 世纪 90 年代开始,我国的一些大城市兴建地铁形成高潮。

目前世界上已有近 50 个国家,120 余座城市建有地铁。地铁诞生地伦敦的地铁票价是最贵的,仅一张一区的单程票售价就达 4.5 英镑。隶属于伦敦市政府的伦敦交通局近 10 年平均每年入账达 19.81 亿英镑。美国旧金山地铁是当前世界上最现代化的地铁之一,列车的运行速度高达每小时 128 公里,为世界地铁列车的高速冠军。世界上地铁间隔时间一般在 2 分钟至 3 分钟。法国里尔的地铁是无人驾驶的全自动化轻型地铁,高峰时列车间隔时间只有 72 秒。莫斯科的地铁有一个突出特点,其深度可达 100 米以上,"胜利公园"站每天的客流量都在 5 万人次以上。这一站台距离地面达 90 米,运送乘客下到站台的自动扶梯长达 126 米,乘用自动扶梯从地铁入口到站台需要近 3 分钟。

57. 劈波穿浪的海底隧道

　　海底隧道不占地、不妨碍航行、不影响生态环境,是一种非常安全的全天候海峡通道。人类建设海底隧道的梦想,可追溯到英吉利海峡隧道的最初构想。19 世纪初,法国工程师阿尔伯特·马修向当局建议开凿英吉利海峡隧道,他的想法是,在海底隧道内以油灯照明,马车拖运,修建探出水面的木质换气塔等。以后马修的提议一次次被否决,又一次次被提起,加以设计研究。直至 1986 年,英法两国签订《坎特布利条约》,才正式拉开了隧道工程建设的帷幕。隧道历经 8 年于 1994 年建成通车。它由 3 条长 51 公里的平行隧洞组成,其中海底段的 37 公里隧洞在海底40 米深的岩层中穿过。这条海底隧道的建成,实现了英法两国几代人的梦想。如今每年约有 600 万乘客,乘车不到 1 小时,就能通过隧道穿梭于巴黎和伦敦之间。

　　海底隧道工程涉及土木建筑、海洋地质勘探、机械设备制造、自动化控制、海洋生态评估等错综复杂的学科领域,在建设过程中会遇到种种挑战。到了 21 世纪的今天,各国建造海底隧道的工法主要有三种,即盾构法、钻爆法和沉管法。我国近年在建造海底隧道时采用盾构法和沉管法较多。

　　我国厦门翔安隧道是中国第一条海底隧道,工程全长 8.695 公里,隧道长 6.05公里,最深处位于海平面下 70 米,双向六车道。工程于 2005 年动工,2010 建成通车。港珠澳大桥全长 55 公里,是世界上最长的跨海大桥,其中包括全长 6.7 公里的海底隧道。这条隧道是世界上唯一的深埋沉管隧道,也是我国第一条外海沉管隧道。海底部分为 5664 米,由 33 节巨型沉管和一个合龙段接头组成,最大安装水深超 40 米。东西形成的人工岛,仿佛珠江门户的两只护院大狮,气势非凡。之所以要在大桥上加造一段海底隧道,是为了方便巨型油轮和集装箱船驶过。港珠澳大桥和隧道从设计到建设完成历时 14 年,2018 年 10 月正式通车。目前,广东的深中隧道、厦门的海沧隧道、汕头湾隧道、渤海湾的烟大隧道等,都在紧锣密鼓的建设中。

　　在世界上,最长的海底隧道是日本的青函隧道。这条隧道横越津轻海峡,连接日本本州青森地区和北海道函馆地区,全长 54 公里,海底部分 23 公里。1987 年建成。挪威有较长的海岸线及大量的峡湾与岛屿,自 20 世纪 70 年代以来,已建成 20多座海底隧道,总长约 13 公里,是世界上拥有海底隧道最多的国家。

58. 下沉万米的深海探测

海洋占地球面积的 71%。浩瀚的深海是海底矿产资源和生物基因资源的宝库。对深海进行考察探测,可以帮助人们揭开海洋的秘密,更多地了解大自然的环境变化,有助于地质学、海洋学的发展。叩开海洋的大门,当然就能使人类获得更多可利用的自然资源。

从 20 世纪 60 年代开始,西方发达国家加快了对深海大洋底部的探索开发,各类调查船、钻探平台、探测设备及无人、载人、遥控深潜器等技术相继出现。1964 年美国建造的"阿尔文号"深潜器,能下潜到 4500 米深海,"泰坦尼克号"残骸就是由它发现的。世界上著名的深潜器还有俄罗斯的"和平号"、法国的"鹦鹉螺号"、日本的"深海 6500",都建造于 20 世纪 80 年代。

我国作为海洋大国,投入深度海洋探测起步较晚,但疾步直追。1986 年建造了第一台水下"7103 号"探测器,首航迈出了海洋探测的第一步,救生艇下潜只有 300 米。不到 10 年,1995 年我国的 6000 米级水下无缆机器人 CR-1 便成功下水。2012 年我国第一台自行设计、自主集成的"蛟龙号"载人潜水器,以每分钟 37 米的速度下潜,它的最大工作设计深度为 7020 米。"蛟龙号"长 8.2 米,宽 3.0 米,高 3.4 米,在空气中重量不到 22 吨,外形像一条鲨鱼,身后装有一个 X 形稳定翼。它的载人耐压舱可载 3 人,最大荷载 240 公斤。正常情况下,"蛟龙号"可在水下工作 12 小时。遇紧急情况,工作时长可达 80 小时以上。在技术上,"蛟龙号"具有先进的近底自动航行功能和悬停定位功能;具有高速水声通信功能;配备了充油银锌蓄电池。与国外同类的潜水器相比,"蛟龙号"在运行精准、高效、水下作业时间等方面都有着领先的优势。

2020 年 11 月 10 日清晨,载有 3 名潜航员的"奋斗者号"从"探索 1 号"母船机库缓缓推出,被稳稳起吊布放入深海水中,近 4 小时后,"奋斗者号"成功坐底,下潜深度达 10909 米,创造了中国载人深潜新纪录,达到了世界领先水平。"奋斗者号"先后赴南海、西太平洋马里亚纳海沟海域分阶段进行了海试验证,累计完成了 30 次下潜,其中 8 次突破万米。"奋斗者号"成功完成万米海试,有效带动了我国深海通用元器件、高性能电池、精密传感器等深海通用技术和装备的研发和产业化,为下一步深海科学考察,带动深海能源、材料等高技术产业的发展提供了强劲动力。

59. 扎营冰雪的南极考察

南极洲是世界上最寒冷、暴风雪最频繁、风力最强、最干燥的大陆。年平均气温为零下 25 摄氏度。这个地球的遥远边疆,常年被冰雪覆盖,冰雪平均厚度 2000 米。南极硕大无朋的亘古冰盖,如同一座蕴藏着巨大数据、历史上大气和气候宝贵信息的图书馆。南极还是研究地球空间、大气,以及研究宇宙的好地方。南极地区锁定着世界 80% 的淡水,它的气候的可变性和变化过程,与世界各国各地区民众的生活息息相关。

对南极的探索,开始于 18 世纪 70 年代。英国、美国、俄国人以"寻找南方大陆为目标",乘帆船环南极航行,进行探险。19 世纪下半叶,挪威人、英国人先后登上南极大陆,使用摩托雪橇、气球、无线电等做内陆探险。20 世纪 30 年代前后,是欧美国家对南极的航空探险时期。从 20 世纪 50 年代开始,一些国家在南极建立常年考察站,以卫星遥感、探空火箭等新技术,用于南极考察,并广泛开展了国际合作。目前在南极共有 20 多个国家,建设了上百个科考站开展工作。

1984 年 11 月 20 日,中国 591 名科考人员,分乘"向阳红 10 号"和"J121"两艘万吨轮,驶离上海,向南极进发。这是中国首次赴南大洋和南极进行考察。转过年在南极的西南乔治王岛的南面建立了长城考察站,考察人员在站区进行了地质、地貌、气象、生物等多学科综合考察。南大洋考察队则在 12 万平方米海域内进行了海洋生物、海洋气象、海洋化学、海洋水文、海洋地质、海洋物理等 6 个学科 23 个项目的考察。之后我国又先后在南极建立了中山站、昆仑站、泰山站和罗斯海站 4 个考察站。

科考船是执行特定海域环境调查和科学研究的测量船,应具有抵御超低温恶劣环境和破冰作业的能力。拥有良好的破冰船是开展极地科学考察的关键,也是一个国家综合实力的象征。我国第一代科考船"向阳红 10 号",是一艘满载排水量为 1.3 万吨的普通船只,并无破冰能力。科考船第二代"极地号"和第三代"雪龙号"都是以国外破冰船改装后使用。由于建造时间较早,与国外先进的考察船相比,已显现出明显差距。2020 年 11 月 10 日,我国科考人员乘坐"雪龙 2 号"再赴南极做第 37 次考察。这次科考围绕着全球气候变化等问题,开展水文气象、生态环境等科学调查工作,并执行南大洋微塑料、海漂垃圾等新型污染物业务化监测任务,共航行 3 万余海里。"雪龙 2 号"是我国自主建造的首艘极地科考破冰船,船长 122.5 米,型宽 22.32 米,设计排水量 13996 吨,能以 2 节至 3 节的航速在冰厚 1.5 米,加雪厚 0.2 米的条件下连续破冰航行,驶入国际先进破冰船行列。

60. 巨眼观天望远镜

　　望远镜是一种利用透镜或反射镜以及其他光学器件观测遥远物体的光学仪器。世界上第一架望远镜发明于 1608 年。荷兰米德尔堡的汉斯·李波尔开了一家眼镜店,一天,两个小孩从李波尔店里拿了两片透镜在店门外玩,他们通过前后两片透镜看到了远处教堂上的风标,高声欢叫。李波尔听到也拿过两片透镜看,只见远处的风标大了很多。李波尔灵机一动,跑回店里,把两片透镜放入一个筒子里,经反复试验,就这样发明了望远镜。

　　1609 年,意大利科学家伽利略听到了荷兰人造出望远镜的事,很兴奋地也动手制作自己的望远镜。他在一根铅管两端装入一片平凸透镜和一片平凹透镜,用其观测物体时,远处的物体被放大了许多倍。伽利略以他科学家的敏感,将望远镜对准了星空。从此天文望远镜诞生了,天文学由此获得了探索宇宙的新武器。经不断改进自己制作的望远镜,伽利略用它最早观察到了月球上的很多环形山,还发现了木星的 4 颗卫星,发现了金星的位相变化,发现了太阳表面有黑子,证明太阳本身有自转。

　　到了 1793 年,英国科学家赫瑟尔制成了反射望远镜。1917 年美国加州威尔逊山天文台造出了胡克望远镜,它的反射镜口径为 100 英寸。正是使用了这台望远镜,科学家发现了宇宙正在膨胀的惊人事实。"二战"后反射式望远镜在天文观测中发展更快,由雷达改装的射电望远镜遍地开花。射电干涉技术让射电天文观测不再局限于某个固定的台站。有了这项技术,射电天文学家就可以跨越大陆、大洋,将距离遥远的射电望远镜连在一起,形成望远镜阵列。有了这样的阵列再利用综合孔径技术,就能将射电望远镜的分辨率提高上万倍。

　　被誉为"中国天眼"的 500 米口径球面射电望远镜,简称 FAST,位于我国贵州平塘县一个喀斯特凹坑中,为国家重大科技基础设施建设。这项工程由主动反射系统、馈源支撑系统、测量与控制系统接收机与终端及观测基地等几大部分构成。历经 22 年建设,于 2016 年落成启用,是具有我国自主知识产权、世界最大单口径、最灵敏的射电望远镜。截至 2020 年 11 月,"中国天眼"已发现脉冲星数量 240 多颗。SKA 是国际天文学家计划建造的世界最大综合孔径射电望远镜,其科学目标包括探求引力本质、搜寻地外文明等前沿问题。中国作为 SKA 最早的发起国之一,积极参与它的筹建工作。2018 年,中国电子科技集团公司第 54 研究所设计完成了 SKA 反射面天线首台样机;2019 年,由中科院上海天文台牵头的科研团队成功研制出 SKA 区域中心原型机。都展现了 SKA 项目"中国贡献"的实力。

61. 大显神通机器人

一说机器人,人们常会把它与现代高科技联系起来。其实造机器人的想法古已有之。成书于春秋战国时期的《列子·汤问》中,就记载了古代著名工匠偃师向周穆王进献能歌善舞的机器人偶的故事。在古代西方也有机器武士等传说。到了20世纪40年代末,系统论、控制论、信息论相继被提出,为包括机器人技术在内的一系列高新科技的发展奠定了基础。1959年,美国的一家汽车公司首先研制使用了一台机器人。这台机器人外形像个坦克的炮塔,伸出的机械臂能够代替人做抓放零件的工作。就是它由此开启了机器人时代的新纪元。

半个多世纪以来,机器人经历了工业用机器人、自适应机器人和智能机器人三代发展,在工业、军事、医疗、服务、教育、文化、体育等诸多领域都发挥出重要作用。在2016年、2017年连续在北京举办的世界机器人大会博览会上,上百家国内外机器人顶尖企业携手机器人军团震撼登场。各种外观、各种类型的机器人有的绘画,有的弹琴,有的钓鱼,有的打球,还有的送餐、看店、做家务。机器人裁缝、机器人厨师、机器人瓦匠也都各显身手。当今机器人在医院为患者做手术也是司空见惯的事,常见的是做骨科手术、脑外科手术等。前不久一名瑞典女性在接受机器人实施的子宫移植手术后成功怀孕,又创造了一个世界先例。我国重庆金山科技集团研发出全球首款"胶囊机器人",这个微型机器人腰围11毫米,身高25.4毫米,口服后可作为"胶囊内镜",为病患者提供胃肠道无痛检查等服务。据国际著名学术期刊《自然》刊登,科学家在一块4英寸的硅片上制造了超过100万个行走机器人,每个尺寸不足0.1毫米,为探索生物环境内的应用带来了可能。

在机器人风风火火的研发开展中,日本、德国等地也接连发生机器人"杀人"事件。2015年,在德国大众汽车公司的一所工厂里,一名技术员与一名同事合作安置机器人,突然,这名技术员被机器人击中胸部,并被抓起,重重摔在一块金属板上,最终因伤重不治身亡。这让人产生了科幻预言变为现实、对自动控制机器应用的隐忧。如今的机器人还能安装最新的"骗人程序","骗子机器人"固然在军事上具有重要用途,但也意味着人类的安全将受到潜在的威胁。

随着对机器人研究的升温,一些专家预言,未来的机器人能自我学习,有情感变化和喜怒哀乐表情;机器人的智商或在2029年超过人类。有英国专家预测,30年后,机器人不再是冷冰冰的金属体,而是基于碳、硅等元素构成的高智能生命。预言能否成真?人们尽可以拭目以待。

62. 释放神奇的激光

激光是 20 世纪以来继核能、电脑、半导体之后，人类又一重大发明。它是一种能产生纯净的强烈单色光束的装置，其光束之强烈可以蒸发掉世界上最坚硬、最具有抗热能力的材料。

激光的原理，早在 1917 年已被著名犹太裔物理学家爱因斯坦所发现。20 世纪50 年代初，美国科学家查尔斯·汤斯发明了微波激射器，用于放大无线电信号。在这过程中他发现，如果分子被激活后又返回原有的状态的话，射线便会被发射出来，还能产生出高度放大的射线束。1960 年，激光在人们的不懈努力研究下诞生了。

在实验室里，大多数激光束像铅笔一样细小，并能在相当长的距离内保持同样的尺寸和方向。然而在室外，激光束很容易被大气中的雨、雾、飞行物等物质破坏。到了 70 年代，研究人员想到用封闭的光纤玻璃作为传输介质加以解决。光纤玻璃细如发丝，能保护激光束安全传输而不受任何影响。从那时起，光纤就越来越多地被用来传送声音、数据和图像。随着激光技术的广泛应用，十几年间仅美国有关激光技术的专利申请就超过了 5.5 万项。

根据发射物质的不同，激光分为固体、液体、气体、半导体、自由电子等几种类型，在许多领域大显身手。在工业方面，激光在通信系统、精确熔化、抗热材料的钻孔和高精度测量等工艺中作用突出。在对金属、塑料、陶瓷、木材和橡胶等多种材料进行加工时，工效可提高 7 倍至 10 倍。在医学上，激光被用于复杂的眼科和心脏治疗。激光束可直接杀死癌细胞而不损伤健康组织，还能反复摘除复发的癌瘤。使用激光手术刀为患者做手术，血液能很快凝结，周围组织所受创伤轻，对术后愈合十分有利，被称为"不流血的切除"。在军事上，激光被用于雷达、航海航空和武器定位系统。以激光研发的激光枪、激光炮等威力巨大。激光运用到天文馆、影剧院、游乐场等场馆，播映和展出的场面更加绚丽多彩，引人入胜。激光美容也是国内外的热门产业，激光技术可以有效地磨皮，除皱，除雀斑、老年斑、黑痣，去疤痕，美牙，等等，令爱美之人趋之若鹜。

随着对激光的广泛应用和研究，有关专家认为，未来激光技术还可用来快速分析人类的基因图谱和癌症、病毒性疾病的早期预测和诊断。在航天领域，研发将众多激光束聚焦于一点上，以产生接近恒星和巨大行星内核的温度和压力，从而获得用之不竭、清洁无碳污染的能源。

63. 由兴而衰抗生素

抗生素是由某些微生物所产生、对某些其他病原微生物具有抑制或杀灭作用的一类化学物质。由于最初发现的一些抗生素主要对细菌有杀灭作用,所以一度被称为抗菌素。

抗生素的发现很是偶然。1928 年,英国细菌学家弗莱明将葡萄球菌培养皿放在了实验台上,当他休假回来后发现,空气中培养基菌落周围,有一圈没有细菌生长的空白区域。他认为这是此处产生了某种化学物质,能够杀死葡萄球菌或抑制葡萄球菌生长繁殖。他把这种物质称为青霉素。1941 年,英国病理学家弗洛里和德国生物化学家钱恩,通过大量实验证明青霉素可用于治疗细菌感染,并掌握了从菌种培养液中提取青霉素的方法。第二次世界大战的爆发,让青霉素成为防止战伤感染的十分重要的战略物资。美国把青霉素的生产放在了极重要的地位上,其取得的效果也相当显著。青霉素减少了大量盟军伤员因感染而截肢,避免了大约15% 的死亡。

青霉素的发现和临床应用,为人们寻找新的抗生素药物开辟了思路和途径。后来,又发现了链霉素。到了 20 世纪 60 至 80 年代,是抗生素药物研制发展的高峰时期。到目前为止,各国从微生物中发现的抗生素已有近 2000 种。有关研究人员发现,抗生素并不都是抑制微生物的,有些还能抑制寄生虫;有的可用于治疗心血管疾病,有的可用在器官移植手术中。

有病就打青霉素,是几代人都认同的事。对抗生素的滥用,造成了耐药菌如影随形。20 世纪 50 年代,一个病人每次注射青霉素只需要 20 万单位,到了 90 年代,一个病人每次的注射量需要 80 万—100 万单位,青霉素用量增加了近 5 倍。对抗生素的不合理使用,致使许多致病菌对抗生素产生了耐药性,而不得不增加抗生素的用量。由此产生的恶性循环,使病菌不断适应了抗生素环境,让多种"超级病菌"相继衍生肆虐不已。抗生素的失效让肺炎、肺结核等一些传染性疾病变得很难治疗。

为应对耐药菌对人类健康的威胁,科学家提出发展新型抗生素势在必行,并指出对现有抗生素的使用要严加管理。中国卫生部早在 2011 年就开展了"抗菌药物应用专项治理行动",出台了抗生素相关使用标准,用量超标严重的医院,将被降级处理。北京大学临床药理研究所的专家表示,在缺乏新结构、新靶点抗生素的现状下,应加强对细菌耐药的监测工作,掌握细菌耐药状况和发展趋势。为此北京已建立了细菌耐药监测网,力求全面掌握细菌药物敏感性特点,特别是细菌耐药性变迁信息,为有关部门调控抗菌药物使用,制定相应政策以及临床合理用药提供参考依据。

64. 重大发明胰岛素

糖尿病是人类健康的大敌。而糖尿病的产生,则是由于胰岛素的相对和绝对缺失造成的。古埃及人文献记载着一种多饮多尿的疾病。古印度人发现,如果谁的尿液会招来蜂拥而来的蚂蚁,谁就肯定患上了这种疾病。古希腊医生则把这种主要症状为"排泄多且甜的尿液"的疾病命名为糖尿病。糖尿病在中国《黄帝内经》等医著中也有很多记载。

自古以来人类就做着防治糖尿病的尝试,但直至19世纪末,才了解到糖尿病与胰脏的关联。1898年,俄国科学家巴甫洛夫通过对狗的瘘管手术研究食物与消化液的关系,确认了胰脏分泌物的消化功能。人们开始了解胰腺外分泌腺及导管组织间状如孤岛一样的细菌团能分泌一种激素,故称其为胰岛素。1921年,加拿大医生班廷成功地从动物胰腺中分离出胰岛素,在自己身上注射,完成了人体实验,确定了胰岛素应用在人体是安全的。两年后胰岛素作为商品上市,当年即有2.5万多名糖尿病患者使用了该药。在两年不到的时间内,胰岛素已在世界各地的医院使用,挽救了成千上万患者的生命。

虽然有了胰岛素的制备方法,但胰岛素的工业化生产道路却很崎岖。早期用1000克动物胰脏,仅仅可以提纯100—200毫克胰岛素,远远不能满足患者的需求。直到1955年,英国科学家桑格解析了牛胰岛素的结构,使胰岛素成为第一种被人类清楚了解化学结构的蛋白质,为人工合成胰岛素指明了方向。桑格也因此获诺贝尔奖。

1958年,中国科学家选择了人工合成结晶牛胰岛素的高难课题。经6年多的不懈努力,于1965年完成了结晶牛胰岛素的人工合成。一年后中国科学家在华沙欧洲生化会议上,向全世界宣布中国科技工作者人工化学合成了结晶胰岛素。这一成就引发了全世界的轰动,因为它标志着人工合成蛋白质时代的来临。

1978年,美国科学家利用基因工程技术,将携带人胰岛素基因的质粒导入酵母菌,生产出了和人胰岛素的序列完全相同的胰岛素产品。作为世界上第一个基因工程药物,人胰岛素相比动物胰岛素,使用的不良反应发生率更低,低血糖发生次数减少,血糖控制达标时间缩短,胰岛素日均使用量也减少。

胰岛素发明使用至今,仍是缓解糖尿病患者症状、延长患者生命、提高患者生活质量的特效药。糖尿病患者应该注意的是,在使用胰岛素治疗的同时,还应保持健康饮食,并加强身体锻炼。

65. 鉴别利器 DNA

DNA 一般指脱氧核糖核酸。脱氧核糖核酸是生物细胞内含有的四种生物大分子之一核酸的一种。DNA 携带有合成 RNA 和蛋白质所必需的遗传信息,是生物体发育和正常运作必不可少的生物大分子。它所以有这样的功能,与它的分子结构和特性有关。DNA 分子的空间结构为双螺旋结构形状,是由两条方向相反、彼此平行的多聚核苷酸长链组成,由此形成了成千上万个碱基。正是由于碱基具有许许多多不同的排列顺序,从而构成了 DNA 的多样性。

古代有一种滴血认亲术,是将血液滴在碗中,查看血水是否相融。由于人的血型不同,又有显性与隐性的差别,这种认亲术并不具有真正辨认的意义。以生物分子来确认身份,可以追溯到 20 世纪初,奥地利生物学家以血球中的 ABC 抗原作为鉴定亲子身份的依据,但这也只有不到六成的确凿性。到了 80 年代,生物化学家探索将红细胞与白细胞 HLA 抗原同时运用到鉴定身份上,将鉴定的可靠性提到了九成。而随后使用了 DNA 鉴别法,则将精确度提高到了 99% 以上。鉴别时提取口腔细胞、血液等组织物,切碎处理使其基因分离,使用 DNA 探针寻找基因。相同的基因会凝聚在一起,经染色在 X 光照射下便显现出黑色的条形码。这条形码一半与母亲的基因条形码相符合,另一半则与父亲的相符合。用几组不同的探针重复这个过程,即可得到超过 99.9% 的分辨率。

近年来,DNA 鉴别技术已大量用于亲子鉴定和遗产继承的证明,并且广泛运用于刑事案件的佐证及血缘关系的鉴定。以 DNA 比对,让很多狡猾的犯罪分子服法,一些积压 20 多年的大案,借助于 DNA 也得以破案,让罪犯难以遁形。随着 DNA 技术精细发展,以其鉴定破案已越来越有成效。如某城乡接合部发生多起强奸案,因人员流动性大,一时难以找到嫌疑人。公安人员通过检测残留物里的染色体,首先将侦查范围缩小到某个姓氏上,然后又发现那个姓氏多集中在附近某村落中,于是很快便锁定了嫌疑人。据英国《每日邮报》报道,目前科学家已能使用犯罪现场留下的 DNA 基因标记,制作出犯罪分子粗糙的面部图像,进而捕捉到完整的犯罪分子脸型,这当然有助于对罪犯的抓捕。

专家指出,科技的发展使 DNA 的应用更为广阔,可用于预测子孙、已故先人以及灭绝人类物种的容貌,甚至让考古学家辨认木乃伊所属的人种。目前对 DNA 的精深研究尚在一些国家中进行。

66. 刑侦帮手测谎仪

测谎仪也被称为多道记录仪,它可以记录受试者被提问时的应激生理改变,是一种测试被试者是否说谎的多项描记器。

准确地说,"测谎"不是测"谎言"本身,而是测被测试者心理所受刺激引起的生理参量变化,所以"测谎"应科学地叫作"多参量心理测试","测谎仪"也应称为"多参量心理测试仪"。"测谎仪"的应用主要是通过皮肤电阻、呼吸和血压的真实记录测试人在应答时内心的变化。"测谎"只是民间的俗称。早在19世纪末,欧洲就有一种"水力脉搏记录仪"在使用,通过记录脉搏和血压的变化,判断嫌疑人是否与发生的案件有关。第一台现代测谎仪,是在1921年由美国加州州立大学医科研究生约翰·赖森发明的,仪器能把三种以上的反应记录在案,称为多项记录仪。1945年,赖森又设计出能检测出血压、脉搏、呼吸和皮肤电阻变化以及肌肉活动的多参量心理测试仪,也就是第二代测谎仪。到了60年代初,电子技术的发展推动产生了抗干扰能力很强的第三代测谎仪——电子多谱记录仪。实践中使用较多的就是这种仪器。

测谎仪之所以能够测谎,其原理是:当说谎者说了谎言又担心被揭穿时,感受到一定的心理压力,常会发生一些不易觉察的紧张、恐惧、焦虑等心理变化,如呼吸速率和血容量异常,出现呼吸抑制和屏息;皮下汗腺分泌增加,眼睛瞳孔放大;肌肉紧张,肢体不自主颤抖;说话支吾、结巴等。这些生理参量由于受植物神经系统支配,一般不受人的意识控制,而是自主地运动。这一切都会被测谎仪捕捉到。现代测谎仪由传感器、主机和微机组成。传感器有3个触角,分别戴在测试者的手指、胸部和腕部,测量其皮肤电阻、呼吸和脉搏、血压的变化。然后主机将传感器采集的模拟信号经过处理转换成数字信号,输入计算机进行存储、分析。使用时测试人员会强调测试仪的科学性和有效性,利用嫌犯对测试仪的神秘感,使其感到测试仪是灵敏而难以欺骗的,从而加重了心理压力。实践中,确实有很多犯罪嫌疑人会在测试过程中露出破绽,交代所犯罪行。

我国的测谎技术和测谎仪的使用,于20世纪80年代进入公安部门,成为技侦的有力辅助手段。90年代进入司法部门,极大地辅助提高了法官们鉴别举证真伪的信心。目前中国应用测谎仪的准确率已达98%。

67. 自古而来的密码

有研究指出,密码的出现与文字的历史一样长。这是在告诉人们,设、解密码并不是近现代才有的事。

在古希腊,人们用一条带子缠绕在一根木棍上,沿木棍纵轴方向写下明文,解下来的带子上便留下了密文字母。当找到相同直径的木棍再把带子缠上去,也就能读到明文解密了。在我国,很早就使用了一种叫"阴符"的军事密码,双方各执一半,可验真假。宋朝时,官方将常用的 40 个军事短语以字代替,再编出 40 字的诗,作为破译的"密码本",甚是好用。

工业革命后,密码学也进入了机器时代。20 世纪 20 年代,人们发明了各种机械设备进行加解密,由此便出现了密码机。世界上第一部机械密码机被称为"谜",其工作原理奠定了当今计算机加密的基础。这种密码融数学、物理、语言、历史、国际象棋原理、纵横填字游戏等为一体,能产生 220 亿种不同的密钥组合。"二战"期间,"谜"被德军大量用于铁路、军工当中,让德军保密通信技术在战争前期处于领先地位。盟军认识到了谍报的重要作用,在破译"谜"密码的过程中,吸纳了大批语言学家、人文学家、数学家、科学家加入解码团队,逐渐可以破译所有截获的德国情报,以致德国的许多重大军事行动对盟军都不再是秘密。

随着网络时代的到来,密码成了现代生活中最普遍运用的个人信息认证手段。银行取款要输入密码,查询手机费用要输入密码,开启保险箱要使用密码,连小区的门禁也用到密码。使用电脑、手机,上网收发邮件、聊天、购物,在注册用户名时也都需要一个密码。

对自己的电子产品加密,对于防止隐私、视频、相关账户的泄露,是极好的保障。小偷费尽心机偷窃了一部手机,由于加装了密码,难以解锁,对他来说毫无价值。加密是如此重要,有些人却选择 1234567、1111111 等密码,极易被不法分子解密和利用。在如今的数字时代,男女情侣之间有的还使用一种分享密码,设定相同的密码,彼此分享私人电子邮件和短信。然而双方的关系一旦出现问题,有的就会带来伤害和麻烦。

为手机加密解锁常用的是密码方式。智能手机崛起后出现了滑屏解锁。此外还有指纹识别、虹膜识别、电子文身等方式。专家指出,未来的加密还有服用药丸和佩戴腕带等方式。指纹识别尚且需要用户动用自己的手指,而有了身份识别腕带无须做任何附加动作,趋近加密的电子用品,均能解锁。

68. 高新技术的支柱——硅片

硅片是制作集成电路的重要材料。通过对硅片进行光刻、离子注入等手段，可以制成各种半导体器件。

硅片可应用于制造二极管、三极管、硅整流器和可控硅整流器、高能离子探测器、光探测器、太阳能电池以及用于外延衬底材料，这些元件是制造芯片的基本元素。以此为支柱和中心空间，与其他设备一起连接起来，便制造出了电视、电脑、手机等用品，广泛应用于计算机、仪器仪表、军事、通信、航空航天、家用电器等各个领域。

小小硅片，竟有如此之大的魔力，这是由它本身的性质决定的。硅，元素符号Si，是元素周期表中的第 14 号元素。在地壳中含量高达 25.8%，为单晶硅的生产提供了取之不尽的源泉。它有着优异的半导体性能，具有很高的热电势、整流效应，并对光具有敏感性，能产生光电效应或光电导效应，能制备大直径无位错单晶。硅单晶的断裂强度比不锈钢高，努氏硬度比不锈钢强，弹性也不比不锈钢差，堪称完美。

人们对半导体材料的认识，要追溯到一个多世纪前。1833 年，法拉第发现硫化银电阻率的温度系数为负值，这一发现并未引起太多的关注。直到 1947 年，美国 Bell 实验室肖克莱等三位专家研发出了世界上第一只晶体管，才造成轰动。晶体管的诞生引起了电子工业革命，打破了电子管一统天下的局面。以硅氧化和外延生长为前导的硅平面器件工艺的形成以及硅集成电路的研制成功则预示着信息时代的到来。集成电路不仅使以通信技术和计算机技术为代表的电子工业产生了质的飞跃，而且改变了人类的生活方式和工作方式，赋予人类文明新的内涵。

近年来，世界半导体产品技术和市场发展十分迅速，半导体制造技术已推进到深亚微米领域，向着加工微细化，硅片大直径化，加工条件、材料超净化，生产线自动化、柔性化，封装小型化、高密度化的方向发展。目前世界上 95% 的半导体器件是以硅材料制作的。全球的多晶硅年产量已达到 1.6 万吨。由于硅在当今世界高新科技发展中的作用，"硅谷"已成为高技术发展的代名词。美国的"斯坦福科研工业区"是美国电子和计算机工业中心，位于美国西海岸加州一块长条形地带。由于它集中了全美国 96% 的半导体公司，而半导体的基本元件是硅片，所以该地区被称为"硅谷"。除美国的"硅谷"，人们熟知的还有德国"硅谷"德累斯顿、中国"硅谷"中关村等。

69. 科技发展的助推——芯片

芯片是半导体元件产品的统称,也称微芯片、集成电路、微电路,缩写为IC。在电子学中是一种将电路小型化的方式,并时常制造在半导体晶圆表面上。

现代集成电路是在历经几年原型开发的基础上,于1958年发明的。20世纪中后期半导体制造技术的进步,使得集成电路的应用成为可能。相对于手工组装电路使用个别的分立电子组件,集成电路可以把很大数量的微晶体管集成到一个小芯片上,这无疑是一个巨大的进步。集成电路的规模生产能力、可靠性、电路设计的模块化方法,以快速采用的标准化一举代替了以前的离散晶体管设计使用。芯片制作的完整过程包括芯片设计、晶片制作、封装制作、测试等几个环节。2006年时,芯片面积由几平方毫米扩展到350平方毫米。每平方毫米可以达到100万个晶体管。如今一个微处理器上集成的晶体管数量已高达14.8亿个。从各领域的尖端技术到千千万万个家庭的电子用品,都能切切实实感受到"芯"的存在。

中国的芯片发展历史起步于1965年,走过了创业期、探索前进期、重点建设期、发展加速期,自2012年进入了高质量发展期。龙芯1号、2号、3号相继问世,让中国高铁"复兴号"实现百分百国产,为"歼-20"战机配套了相控阵雷达,并将中国芯安装在北斗卫星上。龙芯的一系列处理器性能优异,在世界微电子领域名列前茅。

今天的芯片使用已十分广泛。英国科学家设计出一款智能微芯片,通过卡肤电极连接腹膜腔内交感神经,能有效抑制食欲,达到减肥效果。瑞典上万人已经接受了皮下芯片植入的新生活方式,外出可以不再携带钥匙、信用卡和票证等。我国武汉首家绿色洗涤基地正式投入运营,给每条毛巾、每张床单都植入了芯片,印上二维码,住店旅客扫码即可获得相关洗涤信息。我国首枚芯片邮票于两年前面世,纪念张内置超薄芯片,既体现了高端防伪工艺技术的优势,也满足了信息化应用等方面的需求。美国得克萨斯大学研究人员研发的芯片手机已获得进展,这种高科技芯片能使手机"看穿"墙壁、木头和塑料,还能看透服装等纺织品。

专家指出,未来的"芯"世界,研发的目标将不再局限于微缩线宽,而是更注重增加晶体管密度、增强芯片的处理性能、降低能耗和减少成本。集成电路技术的发展远没有终止,半导体市场正在经历由技术推动到需求推动的转变,半导体技术上的创新仍有巨大的发展空间。

70. 破解不孕的试管婴儿

很多夫妻结婚多年却因患有不孕症难以生育，产生无尽的烦恼。试管婴儿的孕育则给他们中的大多数人带来了福音。

世界上第一例试管婴儿——路易丝·布朗，于1978年诞生在英国。布朗的母亲患有输卵管阻塞症，不能正常生育。她与丈夫求助于产科医生斯特普托和爱德华兹。两位医生已对试管婴儿技术进行了12年的研究。他们实施了"体外受精，胚胎移植"的方法，将布朗夫妻双方的精子、卵子取出，经过处理，放在试管中使其结合并受精，培养成胚胎，然后再移植到母亲的子宫内继续发育直到诞生。路易丝是通过剖腹产来到人世的，比预产期提前了9天，出生时体重为2.7公斤。

路易丝的诞生在世界上引起巨大轰动。当然也有一些微词，随着时间的推移，人们还是逐渐接受了试管婴儿。路易丝出生后的头4年，全球试管婴儿不足400名，而截止到20世纪末，全球共有约30万试管婴儿问世。试管婴儿技术已成为不孕症患者的最佳选择。

自路易丝问世，试管婴儿技术获得长足发展，迄今已形成两代技术。第一代技术是将卵细胞与大量精子一起放置实验室容器中，让它们正常结合。第二代技术成型于1992年，它可将挑选出的精子直接刺入卵中使卵子受精。两代试管婴儿技术的成功率都较高，通常可以达到15%，好的诊所高达25%—30%。由于试管婴儿技术克服了一些人类自然受孕的局限，这让许多原本无法生育的人都有了后代。

我国试管婴儿的研究起步较晚，由北京医科大学附属第三医院妇产科张丽珠教授等组建生殖工程科研组，仅用一年的时间就获得了卵子体外受精和受精卵分裂的成功。在开始了试管婴儿培育工作后，于1988年让北京一位患有双侧输卵管阻塞的33岁妇女诞下了中国大陆第一例试管婴儿。这个健康女婴出生时体重3900克，身长52厘米。一年后中国大陆又诞生了首例三胞胎试管婴儿，出生时三个活泼可爱的小家伙体重分别为2650克、2210克和2225克。

以色列一直是倡导生育的国家。其国内每年有4%的婴儿是试管婴儿，每年每百万人口中即进行3000多次试管婴儿手术，为全球之冠。

71. 无性繁殖的克隆技术

克隆是英语 clone 的音译,是指生物体通过体细胞进行无性繁殖或由无性繁殖得到的基因型与母体完全相同的生物个体。

克隆技术的设想是由德国胚胎学家于 1938 年首次提出的。1952 年,科学家用青蛙开展克隆实验,之后不断有人利用各种动物进行克隆技术研究,但一直难以取得大的进展。1996 年,英国胚胎学家伊恩·威尔穆特对外宣布,用取自一只成年羊的乳腺细胞培养成功一只克隆绵羊。这只名叫多莉的克隆羊的出世,在世界上激起了轩然大波。

多莉之所以能被制造出来,是科学家依靠显微注射仪的帮助,用极细的玻璃管刺入一个成熟卵细胞,将卵细胞核吸出,得到一个无核的卵细胞。然后把绵羊的一个乳腺细胞放在它的外膜上,经轻微电击,使得两个细胞膜上打开微孔,让乳腺细胞的内容挤入卵细胞,同时以电流诱使它们进入到类似受精卵的状态。经过一系列复杂的过程,得到了 29 个胚胎。再经培养把它们植入借腹绵羊体内。结果 28 个胎儿流产了,但有一只绵羊怀孕正常并最终产下了多莉。

多莉的出世,有人欢欣鼓舞,也有人忧心忡忡。不由得让人想到,人类的克隆也将不再是遥不可及的事情。而这必然带来医学、法律学、伦理道德学等一系列问题。可是克隆羊的成功,无疑是科学史上一件非常重要的大事。它在理论上的贡献在于,让人相信体细胞在遗传信息的保存上是全能的,而且这个全能性会在一定条件下表现出来。克隆技术在生产实践上也具有极其重要的意义,它将会成为一项非常有经济前途的产业。克隆技术还会解决器官移植中的排异问题。这项技术还将会使濒危动物不再濒危。不管怎么说,克隆技术都是生物科学上的一个进步,而科学的进步是人力无法遏止的。科技的成果掌握在人类手中,只要人类能够理智、谨慎地利用克隆技术,克隆技术也必能造福人类社会。

作为世界最大的发展中国家,中国一直致力于前沿科技的研究,在克隆技术的研究上也处于世界先进水平。1990 年中国哺乳动物的核移植首先在山羊上取得突破。1992 年江苏农科院培育成功了克隆兔子。2002 年,通过体细胞克隆技术,国内第一头优质黄牛在河北诞生。同年,中国第一头利用玻璃化冷冻技术培育出的克隆牛在山东诞生。2013 年,中国科学家克隆了 5 只经过基因编辑的猕猴,以帮助研究与睡眠问题、抑郁和阿尔茨海默病有关的昼夜节律失调。这项克隆技术实验未来可能有助于开发新药物。

72. 制作精良的人造器官

完善自己的身体,优化或恢复失去的功能,一直是人类的梦想。当今,人造器官技术不断完善和出新,给器官缺失患者带来了福音。

美国杜克大学的研究人员在实验室制作出一种人造肌肉。他们利用发育良好的收缩性肌肉纤维和未成熟干细胞培植出一种肌肉,它的外观和功能上都和真的肌肉相似。神奇的是,受到损伤时它能自我修复和愈合。这方便了医生临床使用。

日本的生物资源研究人员研发了一种新型人造皮肤。这是一种用猪的胶原蛋白开发的由高密度胶原蛋白纤维形成的薄膜,其强度很高。贴到患处后能促使创伤部位生成新皮,不会生成疤痕。它可常温保存,如同创可贴一样能随时取用。可用于烫伤等外伤应急治疗。

英国伦敦大学的研究人员在一名因皮肤癌失去鼻子的男性患者手臂上培育出了一个人造鼻子。他们先根据原有鼻子制作一个玻璃模具,注入类似蜂巢的合成物质,为干细胞提供可以依附的支架。蜂巢式结构上覆盖了数百万个干细胞,借助于合适的营养物质,发育成了鼻子的软骨。这让患者重新拥有了"鼻子"并重获嗅觉。

我国在人造器官研究开发中也有深厚的基础,在青岛市还建有"人体组织库"。记者入内探访了解到,颅骨受损,拼接起来就像缝衣服。置换关节更是寻常事,所用材料有金属的、陶瓷的、塑料的等,使用年限可达 20 年。金属做的心脏瓣膜和大血管也都可以用于置换。眼睛坏了可换装晶体眼。安装义乳、种植假牙更是简便易行。

将颅骨、关节等换成人造的,主要能起到支撑、美观的作用。置换内脏里面的部件,被认为是困难的事。近年在制作人造内脏器官研究上也有了突破。日本横滨国立大学的研究人员,制成了人工肝脏。他们利用人类 ips 细胞培养出肝脏细胞,将血管细胞与肝脏细胞共同培养,产生可以像肝脏一样工作的人工肝脏。这一人工肝脏可以生成肝脏特有的蛋白质,也具备代谢功能。美国犹他大学的研究人员制造了一颗人造心脏。它分为左右两个心室,由铝和聚氨酯树脂制成。大小和正常心脏相仿,同一个心房缝合在一起,担当两个心室的功能,推动血液在循环系统的流动。美国丹佛的无机医药公司制造了完全代替心脏功能的内置式人造心脏。这颗心脏重约 1 公斤,材料是塑料和钛。它创造了 1.6 亿次无故障跳动的纪录,相当于输送了 200 万升血液,使患者多生存了 5 年。

73. 潜力巨大的纳米材料

纳米是英文 namometer 的译音,符号为 nm,是一个物理学上的度量单位。1 纳米是 1 米的 10 亿分之一。人类世界组成有形物质的最小尺度量级就是纳米。

1984 年,德国材料科学家格莱特和同事经多年的努力,制得了只有几个纳米大小的超级粉末,包括铁、铜、铅金属粉末,无机化合物和有机化合物的超细粉末。在真空室中原位加压制得纳米固体,这些材料在熔点、磁性、光学、导热、导电等方面,竟然表现出意想不到的特殊性能。这些看不见的小不点问世,成为材料科学从宏观世界向微观世界进军的重要里程碑。

纳米材料以其独有的微观特性在电子、催化、光纤、仿生以及超导等多方面都显示了强大的应用价值。随着纳米材料学的发展,纳米技术在造纸工业的应用变得广泛,产生的纳米纸有的强度奇高,有的阻燃,有的具抗菌功能。被二氧化钛薄膜包裹的纳米纸可用于食品和环境的检测。在服装面料方面,以新型碳纳米管纤维制成的面料,制作服装后免洗、耐穿,还有防御化学和生物武器功能。美国哈佛大学的研究人员发现,金纳米粒子可以诱导植物叶子发光,使树叶发出红色的光芒,而且在发光的过程中不会散发出像荧光粉之类的有毒化学物质。这一技术可用在路边的树木,提供街道照明,既节约了能源,又吸收了二氧化碳,有益于环保。美国科学家不但发现了制作纳米机器人的最佳材料,而且正在研制纳米机器人的发动机系统和导航系统。一旦纳米机器人研制成功,为癌症病人做手术的将是一个个肉眼看不到的纳米机器人!它们会被医生注射进患者的血管中,然后以每秒 2 毫米的速度游向癌细胞,联手合围,将癌细胞一一灭杀。

近年来,我国在纳米材料的研究和应用上有了快速的发展。建立了很多相关的研究中心,纳米的基础研究向工业应用的转化也越来越受到重视。纳米技术的科技创新和新产品研发,有许多已走在世界前列。透明手机,白天发电、夜晚发光的窗户,可以卷成笔状的电脑……这些科幻作品中出现的物品,在北京上地科技园区、怀柔纳米产业园区已成为现实。纳米护肤品、防紫外线服装等,不经意间就进入了人们的生活。纳米产品已能很好用于印刷、能源、水处理,制作太阳能电池。2015 年北京已成为国家级纳米科技成果批量转化示范基地。2020 年北京的纳米产业年产值已超过 500 亿元。纳米产业带动了相关产业,潜力巨大,成为首都经济新的增长点。

74. 资源共享互联网

互联网又称网际网路,根据音译也被叫作因特网。它是网络与网络之间所串连成的庞大网络,借助于现代通信和计算机技术,实现全球信息传递的一种快捷、有效、方便的手段。其互联的基础是各种各样分布于世界各地的计算机系统和各种网络,是一个资源共享的集合体。

回顾互联网的历史,可以追溯到 20 世纪 60 年代。美国开始的"技术决定战争胜负"的观点,直接促进了电脑技术的发展,形成了"电脑中心互联,以共享数据"理念。1969 年美国国防部建立了一个命名为 ARPAnet 的网络,连接起美国的 4 个军事及研究用的电脑主机。1986 年,在美国国家科学基金会的倡导资助下,美国建立了广域网,并入了多所大学、研究机构的局域网。到了 90 年代初便逐步形成为今天的互联网。

互联网的早期应用服务主要有电子邮件、远程登录和文件下载等。1991 年,美国的 3 家公司通过自己经营的网络向客户提供一定程度的互联网服务,"商用互联网协会"随之组成。商业机构的踏入,使互联网在通信、资料检索、客户服务等方面的巨大潜力被很好地发掘出来。世界各地为数众多的企业及个人纷纷涌入,带来了互联网发展史上的一个新的飞跃,并很快影响了世界经济发展的重点和方向。

互联网的发展超出了人们的想象,反过来对它的能力和要求也更高。因此各国政府和商业团体都投入巨资,进行信息高速路的建设和互联网新功能的研究。如今的互联网已握在每个人的手里,在上面聊天、收发邮件、浏览新闻、购物……互联网已让人们的生活变得一"键"可达。21 世纪的第一个十年,没有一项科技成果可以像互联网一样,给人们的生活带来如此巨大和深刻的变化。比尔·盖茨感言:无论身处何地,你都可以随心所欲地与他人联系。你的生活也会因为可以随时读取各种信息而更加精彩,无论是公开的还是隐秘的,一切都会如你所愿。

中国的互联网一开始发展就令世人瞩目,有人称今日中国是大步"网"前走。截至 2020 年 12 月,我国网民规模达 9.89 亿,互联网普及率达 70.4%。自 2013 年起,我国已连续 8 年成为全球最大的网络零售市场。2020 年,我国网上零售额达 11.76 万亿元,互联网在经济发展中作用凸显。

75. 高速度的 5G 网络

5G 是最新一代蜂窝移动通信技术,是继 2G、3G、4G 系统之后的延伸。5G 的性能目标是高数据速率、减少延迟、节省能源、降低成本、提高系统容量和大规模设备连接。

当发明了 3G 技术时,人们把宽带互联网接入通话的终端,开始了全新的移动世界。在 4G 时代到来后,实现了移动视频分享,移动宽带连接数量剧增。5G 是第五代移动通信技术,可以达到一秒 10 个 G 的速度,从而能实时传输 8K 分辨率的3D 视频,或是几秒钟内下载一部 3D 电影。理想状态下,5G 速率可达到每秒 100兆,局部甚至达到每秒 G 比特。

5G 极大地提升了网速,不仅如此,它还成为一种全新的网络,将万事万物以最优的方式连接起来,这种统一的连接架构又能把移动技术的优势扩展到全新行业。快速和可靠的通信连接,已经有足够能力把人和人、人和物、物和物都连成一体。5G 就是为物联网设备的操控而打造的,并将成为实现网络世界和物理世界的重要纽带。

中国的 5G 技术研发于 2016—2018 年进行,分为 5G 关键技术试验、5G 技术方案验证和 5G 系统验证三个阶段。2017 年底,国家发改委提出 2018 年将在不少于5 个城市开展 5G 规模组网试点,每个城市 5G 基站点不少于 50 个,全网 5G 终端不少于 500 个。2018 年 11 月,重庆首个 5G 连续覆盖试验区建设完成,5G 远程驾驶、5G 无人机、虚拟现实等多项 5G 应用同时亮相。2019 年,中国华为公司发布了《5G应用立场白皮书》,展望了 5G 在多个领域的应用前景,为 5G 商用部署和应用提供了良好的资源保障与商业环境。10 月,国家工信部颁发了国内首个 5G 无线通信设备入网许可证,标志着 5G 基站设备正式接入公用电信商用系统。

随着 5G 在中国的商用,在金融方面,市民体验到了建行等银行推出的 5G+无人银行服务;交通方面,5G 自动驾驶技术得到大力开发;在民生领域,远程医疗5G+医疗和 5G+环保都得到很好的应用。北京移动助力 301 医院远程指导金华市中心医院完成了颅骨缺损修补手术。北京移动通过 5G 无人船实现了密云水库水质监测、现场数据采集等海量监测结果分析和实时回传等。凡此种种,都是 5G 网络技术在诸多方面落地的应用实例。截至 2020 年底,中国 5G 用户已超过 1.1 亿,建设 5G 基站超过 60 万个,覆盖了全国所有地级以上城市。如今 5G 网络技术在我国正朝着网络多元化、宽带化、综合化、智能化方向发展。

76. 快速成型的 3D 打印

3D 打印技术诞生于 20 世纪 80 年代中期,是由美国麻省理工学院的科学家最早发明的。这种技术与 2D 打印不同的是,2D 打印出来的是文稿或照片等平面的二维图案,而 3D 打印出来的是一个三维的物体。

3D 打印技术的学名叫增材制造技术、快速成形技术等,原理在于将计算机设计出的物体分解成若干层平面数据,然后把不同形态的金属、陶瓷、塑料、砂石等材料按平面数据构成平面形状,再通过层层累积叠加,一次性整体成形,最终将电脑中虚拟的数据,"打印"成现实的物体。与传统的制造业相比,3D 打印技术的工艺方法能够使最终固结成形的产品为整体成形制造、自然无缝连接,从而达到传统制造方法难以加工的任意复杂结构,且重量轻,耗材少,如封闭内部空腔、多层嵌套等。尤其适合动力装备、航空航天、船舶汽车等关键零部件的制造。

近年美英等国 3D 打印技术的应用已十分广泛,大到飞行器、赛车,小到镜片、手机壳,都借助 3D 打印面世。美国弗吉尼亚大学工程系研究人员用 3D 打印制造了一架无人飞机,巡航时速达到 45 英里。比利时坎普 C 公司用 3D 打印机建造了一座两层楼房。建造过程包括从喷嘴喷出一种类似于水泥的特殊混合物,层层构建主体结构,到完工用了 3 周时间。据估计,未来可能缩短至两天。美国和加拿大的两家公司用 3D 打印技术制造出一辆汽车。这是一辆双座跑车,包括玻璃嵌板在内的所有外部组件都是通过大型 3D 打印设备生产而成的。以色列特拉维夫大学研究人员宣布,他们成功以病人自身的组织为原材料,3D 打印出首颗拥有细胞、血管、心室和心房的完整心脏,这在全球尚属首次。荷兰医生为一位女患者进行头骨移除手术,然后推入 3D 打印的头颅,结果大获成功。我国南京一家医院神经外科借助 3D 打印技术,使用新型生物材料聚醚醚酮,为一李姓患者做颅骨修补术也收获满意疗效。四川大学华西医院再生医学研究中心教授宣布,将 3D 生物打印血管植入恒河猴体内实验取得成功。这标志着困扰临床半个世纪的人工血管内皮化问题找到了解决办法,为众多心血管疾病患者带来了福音。

当前 3D 打印技术的广泛应用,让人感叹它几乎无所不能,有人还认为这种新型的生产方式,能够促成第三次工业革命。中国华中科技大学资深教授指出,3D 打印技术在我国工业零部件制造方面得到一定应用,但尚未进入大规模工业应用,其工艺与装备,以及在航空航天、医疗等领域的应用都有待进一步开发。就目前形势看,3D 打印技术并不具备取代传统制造业的条件,在大批量制造等方面,还是高效低成本的传统减材制造法更胜一筹。

77. 人类生存依赖的核能

核能或称原子能,是通过核反应从原子核释放的能量。核能是人类历史上的一项伟大的发现。1895 年德国物理学家伦琴发现了 X 射线,1896 年法国物理学家贝克勒尔发现了放射性元素铀,1898 年居里夫人与丈夫发现了放射性元素钋,1902 年居里夫人又发现了放射性元素镭,1905 年爱因斯坦提出了质能转换公式,这些早期科学家的探索发现为核能的发现和应用奠定了基础。

科学家认识到,铀 235 裂变后能产生很强的放射性,释放出大量中子,还能释放巨大的能量。美国科学家提出用天然铀建造反应堆,经政府实施第一座反应堆于 1941 年建成。它的功率虽只有 2000 瓦,却在人类历史上开辟了一个新纪元。核能首先用在了军事上,1945 年美国政府将两颗原子弹投在了日本的广岛和长崎,迫使日本帝国主义投降。战后核能又被用于核潜艇技术上,使核潜艇成为海军武器中的佼佼者。

1954 年,苏联建成了世界上第一座原子能发电站,揭开了人类和平利用原子能的序幕。到 1995 年,全世界共建有 432 座核电站在运转发电,核电已占世界发电总量的 19%。核能除发电外,利用核裂变反应得到的核动力,还可以用于炼钢、推动动力机械、海水淡化处理、食品辐射工艺、医疗辐射灭菌消毒等。核能与核技术目前正处于成长和成熟时期,其强大的技术优势决定了其强有力的生命力,对人类解决能源、环境、资源、人口等重大问题有着依赖作用。1988 年苏联切尔诺贝利核电站、2011 年日本福岛核电站,发生了两起爆炸事故,给该国和周边国家带来了无法弥补的灾难。核设施的安全可靠成为重中之重。

我国自行设计制造的第一座核电站——秦山 30 万千瓦压水堆核电站于 1991 年并网发电成功。它标志着我国大陆无核电历史的结束。近年来我国的核发电产业得到了快速发展,截止到 2019 年 12 月,我国已建成 16 座核电站共 47 台机组在运行。年累计发电量 71442.10 亿千瓦时,与燃煤发电相比减少燃烧标准煤 10687.62 万吨,减少排放二氧化碳 28001.57 万吨,减少排放二氧化硫 90.84 万吨,减少排放氮氧化物 79.09 万吨。2021 年 1 月 30 日,中核集团宣布,全球第一台"华龙一号"核电机组福建福清核电 5 号机组已完成满功率连续运行考核,投入商业运行。"华龙一号"每台机组每年可发电近 100 亿千瓦时,能满足中等发达国家 100 万人口的生产和生活年度用电需求。

78. 清洁无公害的风能

风是没有公害、可再生的能源,取之不尽,用之不竭。很早就被人利用,通过风车来抽水、磨面等。风力发电是指把风的动能转化为电能。风力发电对于缺水、缺少燃料、交通不便的草原牧区、山区、高原地带、沿海岛屿等地域,最为适合。且风能蕴藏量巨大,因此广受各国重视。

使用风力发电的尝试,早在 20 世纪初就开始了。30 年代,丹麦、瑞典、苏联和美国等国应用航空工业的旋翼技术,研制出一些小型风力发电装置,用于海岛和偏僻乡村的供电。到了 1978 年,在丹麦的日德兰半岛西海岸,竖起了高 57 米的风车用于发电,发电量达 2000 千瓦。1979 年美国北卡罗来纳州的蓝岭山建起了更大的风车,有 10 多层楼房高,钢叶片直径 60 米。风车可自行转动,从任何一个方向受风。全年只需一半时间运转,就可满足周围 7 个县 1%—2%的用电需求。

在清洁、无公害的风力发电设备中,风轮是把风的吹动转变为机械能的重要部件,它由若干只叶片组成。装在铁塔上的发动机则是把风轮得到的恒定转速,进行升速传递均匀运转,把机械能转变为电能。一般来说,3 级风就有了发电利用的价值,随着风力加大,发电量也加大。

我国风能资源丰富,可开发利用的风能约 10 亿千瓦,其中陆地风能储量达 2.53 亿千瓦,海上可开发利用 7.5 亿千瓦。"十五"期间,中国并网风力发电得到迅速发展。2006 年中国风力发电累计装机容量已达到 260 万千瓦,成为继欧洲、美国之后发展风力发电的主要市场之一,意味着中国已进入可再生能源大国的前列。按照国家的规划,未来几年全国风力发电装机容量就将达到 3000 万至 4000 万千瓦。

风力发电虽被认为是无公害的,但对环境也会造成影响,使局部地区产生增温效应。2011 年召开的以"推进气象科技创新,提高防灾减灾和应对气候变化能力"为主题的第 28 届中国气象学会年会上,中外学者对此话题展开了讨论。据专家介绍,国外一些数值模拟研究表明,全球大面积风电场的建立和运行会对气候变化产生一定的影响,并应引起关注。因为这种影响可能造成到 21 世纪后期全球年平均增暖 0.05 摄氏度至 0.73 摄氏度,全球风速也将可能明显减小,可能还会引起相应的其他气候变化。为此专家建议,在风电场的建设中需要注意相互之间的距离,此外要提高风机效益,以减小风电场对局地气候的影响。

79. 巧理妙用雪资源

我国幅员辽阔,冬季时很多地方会有大量的降雪。人们都知道,积雪在融化后可以灌溉农田。近年来一些城市通过科研,对降雪进行了更多方面的再利用。收集了降雪后用融水冲厕所、浇庭院、回灌地下水等,为城市增添了新的水源。而在国外,很多国家的人巧用积雪生财,有的在雪资源利用上已进入了产业化,值得我们借鉴。

日本北部的冬天常常大雪纷飞。北海道自 2000 年起使用雪冷却系统储藏农产品。经由迂回管道调节到适合温度和湿度的冷气,进入到稻谷储藏库,能使藏品长时间保存良好。在沼田町,还以积雪设立了公共冷藏室,让居民免费储存食物。北海道札幌新千岁机场国际航站楼还将积雪堆成"雪山",铺上保雪膜进行保存,然后通过专门的制冷系统将其用于夏季航站楼内的制冷。日本还研发出一种机器人,它在雪面工作时,能把积雪吸入机器内部,然后把松雪压缩成长方形冰砖,整齐码放在路边,以便储存使用。

法国阿尔卑斯山一带冬季有降雪堆积,当地以碎木屑覆盖,使积雪成为固体状态的水源。当干旱来临,主管部门便有计划地解冻引流,按需要输送融水。加拿大是高纬度大国,每年有很长的降雪期。许多城市的自来水供应都尽可能利用融水。就连市场上出售的瓶装水,很多也是经过净化的雪水。

俄罗斯首都莫斯科每年冬季降雪量很大。经检测,降雪中含有硫酸盐、氯化物、沙砾、垃圾等多种杂质。为处理和使用大量的积雪,该市将雪运到近 30 个专门的堆放场,再送入大型雪水净化装置。这种装置中的 16—18 摄氏度的流动水可使积雪迅速融化,此后雪水依次通过各个净化室,最终达到再利用标准。据悉,一台大型雪水净化装置可在 24 小时内对 1000 立方米的积雪进行净化处理。在莫斯科这样的大型雪水净化装置有 13 台。

以色列是世界上污水净化、水资源重复利用最好的国家之一。他们把雪水资源称为"灰色水"。尽管那里雪量不大,但是不论城市还是乡村,都会把雪水收集起来,街道、庭院各处房顶上的落雪都不会放过。村庄直接把雪水集中到各家的蓄水池或公共水库里,城市则利用精心设计的废水回收系统,把清理集中的雪送到清洁水工厂,不让融雪轻易流走。这样的雪水只需经过简单的处理,就可用作园林灌溉用水,深度加工后更成为生活用水,并进入供水系统,比其他污水回收都经济实用得多。

80. 愈加可信的天气预报

有人调侃,世界上顶不靠谱的事就是天气预报。说有雨根本没下,报晴却会大雨浇头。这说明准确预报天气实在很难。因为天气不仅受到各种气团的影响,而且要受当地地形、水域等众多因素的影响,任何随机的因素变化,都可能带来意想不到的天气变化。再者预报的地域又很大,人所处位置不同,难免感觉预报没有准头。

古代人类为了生存,曾以看天相、占卜等方法预报天气。从我国河南安阳殷墟出土的商代甲骨文中可知,有不少是占卜风、雨、水等内容的卜辞,可看作是原始的天气预报。劳动人民在长期的生活实践中,形成了大量有关天气变化的谚语,广泛流传,如"月晕而风,础润而雨""早霞不出门,晚霞行千里"等,都是古人长期关注天气变化和自然变化规律的总结,对当时的人有一定启示作用。

现代意义上的天气预报是由一场战争催生的。1854年11月,英法联合舰队在黑海上与俄军决战。可是还未开战,英法舰队就遭到了一场强风暴的袭击,一下子沉没了30多艘舰船。经调查,法国政府认识到,如果当时欧洲沿大西洋一带设有气象站,并利用已发明的电报业,沉船的损失是可以避免的。在各方赞助下,法国在1856年组建了第一个现代天气预报服务系统,用电报传送各地当日的气象观测结果,开始了天气预报的业务工作。世界上最早刊登天气预报的报纸是伦敦的《泰晤士报》,日期是1875年4月1日。

20世纪20年代,发明了无线电探空仪。这种电子仪器被悬挂在氢气球下升入空中,一路上将空气中各个高度的气压、气温、湿度以及风向、风速等数据,用无线电信号发回到地面接收站,开始了高空气象观测。现在气球探空的方法仍在各国沿用,气球上升的高度一般可达到30公里以上。自20世纪60年代大气遥感技术兴起之后,特别是气象卫星的升空,开创了从宇宙空间观测全球大气的新时代。目前,密布的各种气象站可提供每10分钟一次的观测数据,大大提升了灾害天气的监测能力。

我国从1988年到现在,已成功发射了多颗极轨气象卫星和静止气象卫星,被世界气象组织列入全球对地综合观测卫星业务序列,使我国成为世界上少数几个同时具有研制、发射、管理极轨和静止气象卫星的国家之一。未来的天气预报发展主要要靠数值预报,即使用描写大气运动的数学物理方程,用计算机算出未来的天气形势。我国正在系统开发自己的数值预报模式,它的运用将会使天气预报愈加准确、可信。

81. 炫酷的大学实验室

世界上著名的大学有许多,所设课程也是五花八门。在有的大学,课程尤为独特,设置的科研实验室也很炫酷。

美国密苏里科技大学设有炸药工程的科学硕士学位,课程包括从聚能炸药、能够在金属上切割或打孔的小型精密炸弹,到军事中的爆炸技术,再到为了更好地采矿而实施的爆破。学生在实验室可以学习如何爆破建筑物、从石场壁上平滑地炸掉片石、在摇滚音乐会上燃放烟花并为电影施放火焰特技等。乔治·华盛顿大学设置了碰撞汽车实验室,老师教授学生如何拆装汽车,了解汽车的部件和性能,指导学生将不同品牌、型号的车辆撞毁。通过这样的实验,取得重要数据,与汽车制造商、运输部门合作,以确定汽车和路边设施的安全标准。

佛罗里达大学科研实验室的学生在老师指导下,为触发雷电做全天候的研究。他们以一条细导线连接到火箭上作为一个导火索,诱发雷电通过等离子体通道到达接地的金属发射台。学生们以这种研究,力求了解更多雷击的独特电磁场的成因,一次直击会如何影响到地下电缆等,以减少雷电的危害。得州理工大学的风科学与工程研究中心碎片撞击测试实验室,指导学生专门做追踪飓风和龙卷风的研究。当风暴来临之前,学生们会在现场建立一个流动研究中心,进行几十项测量,包括风速和风暴眼的强度等完整记录,并将灾后现场的各项数据、影像图片存档。美国地质调查局的夏威夷火山观测站,也建有实验室,招募大学生志愿者到活跃的火山口附近工作。学生们住宿在小木屋,在破晓前起床,徒步进入火山口废墟,绘制可能很快会渗出熔岩的地区地图。这项工作的意义在于,测量地下岩浆流动的变化,与地形隆起、熔岩喷发的紧密关系,对火山的喷发周期能有更深入的了解。

夏威夷大学马诺阿分校实验室的学生所从事的研究相对轻松。课程包括浮潜、潜泳、划船、观鸟,甚至为大海作画。有的学生会在远离海岛近千米的皮艇上扎营,到毛伊岛潜水,探访一艘在1917年触礁的船只遗骸。有的学生会在几十条鲨鱼身边游来游去,实施海底探险,然后完成论文。北肯塔基大学的实验室设于学校附近的洞穴,在那狭窄、黑暗、蝙蝠飞舞的空间,专门寻找细菌做研究,他们认准这里是微生物茁壮成长的地方。还有,有的学院的实验室更为奇特,设在了热带雨林有20层楼高的大树上。学生的基本技能首先是不恐高和攀爬树木。他们在高处要进行生物多样性调查或放射性标记动物。还有的学生专注于观察树懒如何睡觉,收集数据,为人类的睡眠问题找到借鉴。

82. 飞上太空的实验动物

在人类飞上太空之前，是由动物先打前站的。从失重环境下的存活率试验，到观察它们的太空生理变化，甚至如何繁衍后代，动物都是太空生活的先行者。

第一个绕地球轨道飞行的动物是苏联的莱卡犬。1957 年 11 月，它套上了全套太空装备，在座舱里度过了 20 天。之所以选中它，是由于它体积小，适于安放在狭窄的加压舱里；更为重要的是，狗的血液循环和呼吸系统与人类相近，通过对狗的试验可以收集到很多资料，为载人航天器的生命保障系统提供重要依据。

1961 年 1 月，接受了 250 多个小时训练的黑猩猩哈姆，乘坐美国太空舱进入了太空。它的任务是看到仪表盘上闪蓝光时扳动拉杆。结果这个小家伙不辱使命，按照要求它的小手顺利扳动了拉杆，使太空舱成功地降落在海洋里。

狗和猩猩证实了生物可以在太空中存活，接下来很多种动物都被送入太空。天上飞的蜜蜂、果蝇，水里游的鱼、水母，地上跑的老鼠、兔子，水陆两栖的青蛙、龟，地空两栖的蚕等，都成了"太空旅行者"。动物在太空和在地面身体状况有所不同。老鼠在太空生活一周，新陈代谢速度明显下降，脂肪明显减少，上天时的胖老鼠回到地面成了瘦老鼠。有身体再生技能的蝾螈，在太空再生肢体的速度比在地球上时快很多，这是由于在太空细胞核会变大，分裂速度也大大加快。寄生蜂在宇宙射线的照射下发生生殖力爆发，产卵量比在地球上提高了 2 倍。1968 年两只草原龟不吃不喝还做过一次绕月飞行，它们是首次进入深空间的生物，它们健康地回到地球，这意味着地月飞行中失重、电离子辐射等对生物不会造成损伤。

1964 年中国第一枚生物探空火箭成功发射，载着一群大白鼠升入太空。1966 年中国的两只狗"小豹""珊珊"又先后飞出地球。小狗所在的舱室安装有减震的托盘，狗身上系着安全带趴在托盘里，尾部有屎尿收集器；密封舱保持 24 摄氏度，环境很是舒适。近年来随着中国航天事业的发展，有更多的动物被送上太空。"神舟三号"和"神舟六号"升入太空时都搭载了鸡蛋，而且也都孵出了小鸡。中国航天科学家还曾通过搭载植物种子，培育出了 20 多种高产或是有其他优秀特性的植物。以后还会有更多的动植物进入太空，这样的好事也会更多。

83. 用于减灾抗灾的兵器

兵器是用于抗敌打仗的。在和平时期,有些兵器在助民救急、减灾抗灾方面,也大有用武之地。

在我国贵州等冰雹高发地区,常会使用高炮驱散雹云。当有冰雹云形成,危害到农田作物,就使用高炮或火箭将带有催化剂(碘化银)的弹头,射入冰雹云的过冷却区,催化剂的微粒能起到冰核作用,可分解大量过冷却的水滴,不使雹粒越滚越大,从而达到防雹灾的目的。

我国黄河一些流域地段,冬季气温降至零度以下,河水表面结冰,水内产生冰花,形成凌汛,俗称"冰排"。凌汛阻塞河道,大冰凌会损毁桥梁,还会造成水位骤涨,堤防溃决。防凌汛的对策之一是破冰,这时会有几种兵器派上用场,如使用炸药爆破,用炮轰击,飞机投弹等。其作用是扩大河流断面,疏导冰凌平稳下泄。

2018 年夏,内蒙古包头市固阳县西斗铺镇突降大暴雨,达 173 毫米,引发特大洪涝灾害,道路损毁严重,普通车辆难以抵达灾区现场救援。危急时刻,中国兵器工业集团内蒙古一机集团当即派出一支 8×8 轮式战车、4×4 高防护特种车、7 辆救护车的队伍,由 28 名抢险救灾人员乘车赶赴灾区。这队战车迎着汹涌的洪水,跨越陡坡急流,克服艰难险阻进入灾区,以最快速度拉网式地搜找被大水围困的村民,用战车保住了每一户村民的生命安全,然后送往安全地点妥善安置。

战车面对洪水勇往直前,在降伏火魔时同样威力强大。据俄罗斯《劳动报》报道,2009 年,一场森林大火在莫斯科西部布良斯克白桦林肆虐,政府出动了大批"消防坦克"救灾。这些拆掉了武器系统,换上了水炮或灭火弹的"陆地猛虎",驰骋火场,雄风不减。SPOT-55 消防坦克用俄军退役的坦克改装,具有很强的破拆能力,不怕有毒气体,可在易发生爆炸和坍塌的火场使用。主炮既可打出水柱,也能喷射泡沫。车首的液压式清障铲,在 500 马力发动机推动下,能在茂密的树林里势如破竹,开辟出救援通道。与俄罗斯消防坦克相媲美的是,德国在汉诺威安全展上也推出一款 IFEX 消防坦克,它使用退役的坦克为底盘,两支高压枪将水以极高的速度喷出,以蒸气形式扑向火苗,速度可达每秒 120 米,产生很强的灭火效果。

2019 年,中国航天科工院的研究人员历经 4 年,研发出一种导弹消防车。遇高楼发生火灾报警,导弹车抵近,以航天发射技术用旋转的弹筒,一次可发射 24 枚 3.6 公斤超级灭火干粉弹,最高可打到 300 米高度,撞开玻璃爆向火焰,灭火效果极佳。

84. 以假乱真的人造食品

进入 21 世纪以后,世界上许多国家都加快了研制人造食品的步伐。所谓人造食品,就是采用工业方法把天然食品进行科学配置、重新组合的食品。它的外形、颜色和口味,都极像天然食品,而且能达到以假乱真的程度。由于人造食品营养丰富,含胆固醇、脂肪低,具有生产方便、售价低廉等特点,市场需求量越来越大。

日本科学家研制的一种人造大米有着天然大米的形状和味道。制作时把面粉和碎米按比例混合,加温水和少许盐拌匀,压条后送入颗粒机制成米粒,烘干后就能食用。这种混合米的植物蛋白质含量比一般米高,售价却低得多。在日本还用杂鱼肉、鱼筋和海藻制作出人造鱼翅,外形、色泽和味道与天然鱼翅相似,不用经过浸泡加工就能食用。

美国以粮食为主料,研制出具有肉样纹路并带有火腿肉香气的人造火腿。原料中 40% 是面粉和豆粉,再加入植物油、植物蛋白、香料、调料、树胶,配制成形。人造火腿在提供人体所需热量和营养方面都不比真正的火腿逊色。美国研制的人造对虾,以小杂鱼为主料,添加大豆蛋白、土豆粉、调料等,搅拌挤压制成虾的外观,喷洒橘红色钙液。这种人造对虾吃起来虾味浓郁,花费却很少。美国研制的人造鸡蛋,用面粉、植物油、植物蛋白、香料等配置,磕开塑料蛋壳,里面蛋白、蛋黄造型逼真,营养和口味和真鸡蛋相仿,而且不含胆固醇。

近年我国人造食品研制也连获成功。科研人员以褐藻酸钠为主要原料,加入其他辅料,经过研磨、糅合、凝固、脱水、干燥等工艺,制成了人造海蜇,其外表和口感都酷似天然海蜇,而含有的可溶性纤维能够促进肠蠕动,帮助消化,对糖尿病、便秘等症有一定的治疗作用。我国研制的人造牛肉干,用炸过油的豆粕为主料制成,它营养丰富,口感良好,蛋白质含量高于真牛肉。科研人员还研制出一种人造葡萄,这种人造水果用山楂酿汁,加入蜂蜜、蔗糖和海藻胺等主要原料制成,含有多种糖类、有机酸、维生素、微量元素等。它的色香味形俱佳,与真葡萄放在一起,让人难辨真假。

据世界卫生组织统计数据显示,到 2030 年全球肉产量将达到 3.76 亿吨,但仍无法满足需要。目前荷兰研究人员正积极研制人造肉饼,这种人造肉食以动物干细胞制造。用糖、氨基酸、油脂、矿物质及多种营养物质,"喂养"干细胞,让它不断"长大"。研究人员表示,这种人造肉在解决肉食问题的同时还能有助于保护水源和土地资源。有关专家指出,地球上肉菜等食品一旦出现短缺,人们将要更多食用人造食品。为此,人造食品的研究开发应进一步加强。

85. 通达快捷的卫星导航

卫星导航是指采用导航卫星对地面、海洋、空中和空间用户进行导航定位的技术。

人类利用太阳、月球和其他自然天体导航已有数千年的历史。由人造天体导航的设想,虽然早在19世纪后半期就有人提出,但直到20世纪60年代才得到实现。1964年,美国建立了"子午仪"卫星导航系统,交付海军使用,1967年开始民用。之后苏联也建立了类似的卫星导航系统。法国、日本、中国也开展了卫星导航的研究和实验工作。以卫星导航,综合了传统导航的优点,真正实现了各种天气条件下全球高精度被动式导航定位,特别是时间测距卫星导航系统,不但能提供全球和近地空间连续立体覆盖、三维定位和测速,而且抗干扰能力强。

中国的"北斗"卫星导航系统,是中国自行研制的全球卫星导航系统。自1994年启动北斗导航系统工程建设,不断取得进展和成功。2020年6月23日,我国在西昌卫星发射中心用长征三号乙运载火箭成功发射了北斗系统第55颗导航卫星,即北斗导航系统最后一颗全球组网卫星。北斗卫星导航系统于2020年7月31日正式开通。中国北斗卫星导航系统和美国GPS、俄罗斯格洛纳斯、欧盟伽利略系统,是目前世界上的四大卫星导航系统,是联合国卫星导航委员会已认定的供应商。

我国北斗卫星导航系统自提供服务以来,已在交通运输、农林渔业、水文监测、气象预报、通信网络、电力调度、救灾减灾、公共安全等领域得到广泛应用,融入国家核心基础设施,产生了显著的经济效益和社会效益。在2008年四川汶川地震中,GPS失灵,北斗手持终端机和位于北京的卫星导航定位指控中心的联系始终保持通畅。通过北斗的短报文通信联系,外界及时获知了来自汶川的信息。2020年初武汉暴发疫情,危难时刻,北斗卫星导航系统火线驰援武汉市雷神山、火神山两医院建设,通过利用北斗导航的高精度技术,使多项测量工作一次性完成,为建院节省了大量时间,为抗击疫情贡献了北斗的智慧和力量。未来北斗卫星导航系统将持续提升服务性能,扩展服务功能,增强连续稳定运行能力,使全球短报文通信、星基增加、国际搜救、精密单点定位等服务能力有更大的提升。

86. 用到身边的卫星定位

卫星定位系统是一种使用卫星对某物进行准确定位的技术。这个系统可以保证在任意时刻,在地球上任意一点都可以同时观测到 4 颗卫星,以保证卫星可以采集到观测点的经纬度和高度,以便实现导航、定位、授时等功能。这项技术可以用来引导飞机、船舶、车辆及个人,安全、准确地沿着选定的路线,准时到达目的地。

我国的北斗卫星导航系统于 2020 年开通后,可在全球范围内提供全天候、全天时的高精度、高可靠导航、定位、授时服务,精度可达到以分米、厘米计的亚米级,其位置报告、短报文服务,更是它的独特功能和优势。以北京为例,公交车、出租车纷纷安装了"北斗",实现了北斗定位全覆盖。物流货车及配送员使用北斗终端和手环接入物流云平台,实现实时调度,大大方便了人们的生活。联入了北斗终端与相关系统,全国警方初步建成了"位置一张图、短信一张网、时间一条线"的全国北斗公安应用系统,极大提高了警方的指挥效率。利用北斗位置服务设置实时显示警力,在地图上进行快速编组,出警时间缩短了近 20%。北斗定位系统还让公安干警的手机上具备了定位警员位置、社会监控视频、实时网上录入、流动人口登记信息采集、查询机动车及驾驶员信息等功能,为打击犯罪、侦破案件、巡逻防控、执勤处突等公安工作提供技术支撑。北斗定位系统在海上搜救、城市管理电网燃气故障,甚至插秧、养牛等方面,也都大有用场。

从最初只有军事用途,到后来进入民用市场,卫星定位只经过了短短几年,就得到迅速普及。卫星定位已越来越多地用到人们身边。国内外近年利用卫星定位技术,都研制出不同款式的追踪器。它们体积小巧,适合老人、儿童甚至宠物携带。追踪器内置高灵敏度高稳定性模块,信号接收速度快,可向特定的机构或手机发送佩戴者的位置和运动轨迹。追踪器上还设有 SOS 报警求救按钮,用于佩戴者遇到紧急情况时直接发送求救短信息。

卫星定位技术今天在文化、体育等方面的应用更为广泛。加拿大推出了一款可以实时显示滑行速度、高度、雪场温度及滑行垂直距离的滑雪镜。雪镜右下侧的 LCD 显示屏,能提供滑雪者滑行速度、海拔、温度、距离等信息,并能通过语音与滑友们互动。美国体育品牌耐克推出一款手环,戴着它跑步,在整个跑步过程中卫星定位接收机与鞋上的传感器同步工作,手环屏幕会显示时间、位置、距离、速度和消耗的卡路里,并可进行社区互动,也可和全球的跑步爱好者分享锻炼的乐趣。

87. 动动手指的遥控技术

遥控技术是对受控对象进行远距离控制和监测的技术。它是利用自动控制技术、通信技术和计算机技术而形成的一个综合性技术,在人们生产生活中具有广泛的应用空间。

1913 年,意大利曾试验用无线电操纵飞机。第一次世界大战后法国、德国相继试验遥控飞机。第二次世界大战期间德国、美国、苏联都使用过无线电操纵的轰炸机。50 年代后,世界一些国家先后开始研制使用各种导弹和人造地球卫星,使遥控技术在航天方面得到运用和发展。

遥控技术可分为飞行器系统和地面遥控系统两种类型。在地面遥控中,相对于电缆连线,无线遥控无须布线,安装成本低,在工业控制、航空航天、家电领域应用很多。常用于车辆防盗、家庭防盗和其他电器遥控装置中。随着学生科技制作的开展,遥控也成为机器人大赛中学生科技活动必选组件之一。

在"人人用手机"的时下,动动手指,用手机遥控家电,让喜欢"高科技"生活的人乐此不疲。在遥控应用中,让手机与电器互动起来的连接桥梁是 Wi-Fi 和蓝牙,现在手机、平板电脑等移动设备都配有蓝牙接入装置,点击手机,即可轻松遥控家电。一个控制家电开关的小巧插座,放置在墙体电源插座与电器设备之间,它能够提供可编程的开关控制,通过手机远程控制电源,在进入房间前提前打开电灯及其他设备。

一款国际知名的 LED 智能灯泡,通过 Wi-Fi 和智能手机相连,并远程操控,能发出各种颜色而且相当节能。下载了 LIFX 的应用后,就可以在手机上对灯泡的亮度、开关和颜色进行控制了。这款灯泡可以让使用者对灯光明暗、色调有绝对的控制权,使用寿命长达 25 年。

日本松下公司发明了一款能用手机控制的电饭锅。它支持安卓智能手机遥控,在安装了相应的 App 后,人们就可以使用手机设置电饭锅的相关功能,如何时点火、火力大小、何时终止等,从官方网站还能获得相应的烹饪知识。另外,这款电饭锅采用感应加热方式,有独特的蒸汽功能,做出的饭菜格外可口。

日本还推出一种手机遥控马桶设施。安装了应用程序后,手机用户就可操控坐便器的温水冲洗强度以及位置等功能,同时坐便器也会记忆每个用户的个人使用习惯。这种坐便器采用了无水箱设计,经操控能利用强劲水流冲洗,又十分节水。所使用的等离子除菌技术,能够有效清除细菌。

88. 防变暖之招数

全球气候变暖,会造成海平面上升、冰川融化,一些地区暴风雨、水灾频发,另一些地区大范围干旱,加重人类疾病、贫困、经济危机,生物多样性丧失速度加快,导致一系列重大灾害。世界各国对气候变暖的问题都已有了清醒的认识。科学界也想出一些防变暖招数,有的虽显怪异,也是集思广益之举。

科学家发现,颜色越白越能反射更多的阳光。城市中黑色的屋顶和沥青路面多,会吸收大量太阳光的热量,形成"热岛效应"。为此一些国家的志愿者动手把建筑的顶部刷成浅色,种植树木为路面遮阴。英国发明"点头鸭"波能转换装置的索尔特教授设计了一种船,提出可用它把云朵"洗白"。这船利用旋转空气动力,可以在任何海域作业。海水借助涡轮转动被"绞碎",不足1微米的水滴从阀盘的10亿个小孔以雾状喷出,由风扇吹入空中的云朵,增加了云朵的表面积,从而变白。变白后的云朵能够反射更多的太阳光,从而减少了海平面的热量。

像所有植物一样,海藻也会吸收太阳光和二氧化碳。不过海藻还会产生一种油,经过加工后就能像柴油或煤油那样好用。因此很多科学家和投资者都希望改变它的基因,提高它的产油量,使之成为一种优良经济作物。与玉米等产油作物相比,海藻还有一个很重要的优点,它可以在沼泽和咸水中生长,不会占用耕地。目前已有数百家企业试图大规模种植海藻。

有科学家研究发现,1991年菲律宾群岛上的皮纳图博火山喷射出成千上万吨二氧化硫,结果造成了小幅度的降温。据悉,那是因为弥漫到大气层中的二氧化硫遮挡了太阳光的热量。微软公司技术部门在对模仿火山喷发对于大气层的影响进行评估后,遂投资一项"高智发明":给飘浮在高空的气球安装管道,充入二氧化硫,气球炸开后,饱含二氧化硫的气体就会散布到平流层中,反射太阳光的热能,起到降温作用。

如果人类能够利用地热,便能够产生取之不尽的清洁能源,也是有利于减轻"温室效应"的。美国西雅图一家公司发明了一套地热使用系统。他们向地下深处灌水,然后把水抽到地表,地表的仪器会吸收其中的热量,并把水再灌入地下,不断重复这一过程。不过这种做法有可能会引发地震,2006年研究人员在瑞典进行小规模试验时就发生了这样的事。虽然该公司关闭了在加州的一个试验场,但这个利用地热的点子仍然很受关注。

89. 防雾霾之方策

雾看似温和,却含有各种对人体健康有害的细微颗粒,有毒物质达20多种,包括酸、碱、盐、胺、酚,以及尘埃、花粉、螨虫、流感病毒、结核杆菌、肺炎球菌等。与雾相比,霾对于人体健康危害更大,其细小的粉粒状飘浮颗粒直径一般在0.01微米以下,可直接通过呼吸系统进入支气管,甚至肺部,造成呼吸道、脑血管、鼻腔等疾病,还会诱发其他病症。世界上有很多雾霾高发地区。入冬后我国中东部地区也是雾霾频发。如何防治雾霾,已成为国内外关注的一大焦点问题。近年我国和一些国家在大力治理污染,保护环境的同时,实施的一些防雾霾做法也很有借鉴意义。

在北京一所中学,自制防霾器成了学生的假期作业。一名高三学生制作的"空气净化器",外形像电脑,内装过滤网,具防霾净化空气功能。一名学生制作的防霾口罩,在医用口罩外加装了废弃塑料瓶裹塞的纱布,由此产生了防霾作用。还有一名初中生用废弃的电脑风扇和口罩组成了一个便携式空气净化器。这几件防霾"作业"都受到老师的好评。

宁波一所大学的博士生团队发明了一款隐形鼻塞,其主要构成为一个特殊的螺结构。戴上这种鼻塞呼吸时,通过螺结构,使得气体产生旋涡,促使空气中携带的可吸入颗粒向螺内壁方向运动,由此产生过滤作用。鼻塞可有效过滤大气中雾霾的有害物质,阻止或减少它们对呼吸系统的伤害。

为大力消减雾霾,我国一些城市还实施了"人工洗天"工程。南京市在2013年开展了一次人工增雨消霾作业,增来了30%的雨水。当地气象专家说,短时大雨对洗刷污染物是有作用的。在"洗天"的消雾工程中,使用液氮或液态二氧化碳等制冷剂,便能促使雾滴变成冰晶掉落地面。从北京和四川双流机场等地进行的消雾科研试验看,也有着一定效果。

荷兰研究人员罗塞加德发明了一种"电子真空吸尘器"除雾霾技术。他把铜线圈埋置在城市公园的草坪等场所地下,通电后形成一个弱静电场。借助这一电场,周围飘浮的大量雾霾颗粒就会被吸落下来,从而使四周空气变得清新。同时,落至地面的雾霾颗粒也易于集中收集清理。

在英国,科研人员实施了一项"胶水粘雾霾"技术。他们在雾霾污染最严重的玛丽勒博路、上泰晤士街等15条街道上,投放一种由醋酸镁和醋酸钙构成的灰尘黏合剂(原理类似于胶水)。该黏合剂可有效吸附空气中的雾霾微粒,防止它们四处飘浮并进入人们的呼吸道内。这种物质虽是黏性的,对人车的通行却无碍。研究显示,投放了这种黏合剂后,PM10降低了10%—14%。

90. 防酒驾之装备

司机饮酒后驾驶机动车,在酒精刺激下往往会神志不清,意识模糊,动作反应迟钝,最容易引发交通事故。一直以来,国内外的科研人员都在大力研发防酒驾的装置设备,并取得了引人瞩目的成果。

瑞典萨博汽车公司在其新款95系新车上使用了"酒精钥匙"技术。车钥匙上装有酒精监测设备,设置一吹气口。驾驶员启动发动机前,须向吹气口吹气,以监测血液中有无酒精含量。若无,绿色指示灯亮起,发动机便可启动,让车子上路。如果酒精超标,亮起红灯,发动机会自动锁止,不能启动。

瑞典沃尔沃汽车公司在集成车内还研发了一种"酒精锁"。司机启动发动机前,要向一个无线手执设备吹气,该设备大小如小型遥控器。通过无线信号就可把分析结果传递到电控系统,酒精含量若超标,汽车就难以启动。酒精锁设有先进的传感器,想用外部气息欺骗系统难以奏效。

美国科学家发明了一种内置在汽车里的酒精测试仪器,通过传感器分析驾驶者的呼吸,就能立刻检测出他是否喝了酒。该装置与传统的吹气式酒精测试仪不同,无须司机主动接受检查,一摸方向盘,喝酒就现形,使汽车打不着火,能最大限度防止酒驾行为。

美国新墨西哥州科研人员开发出一种酒精测试仪,检查时向司机手臂脉搏处发射光束,通过反射光显示的数据分析,可检查确知司机血管中酒精含量是否超标。

意大利科研人员开发出一款"天使"探测仪,能感知驶来的车辆驾驶员是否饮酒。当发现司机呼出的气体酒精浓度超标,探测器就会发出蜂鸣声令其停下。若车辆不停,探测仪会通过车载电脑发出指令,使其熄火接受检查处理。

俄罗斯彼得堡一家激光公司发明了一款可对是否饮酒进行远距离测量的仪器,用以对付不配合警察的司机。在检查酒驾时,警察用仪器发射一束专门的激光,就可通过挡风玻璃检测到车内空气中的酒精含量,从而采取对策。

我国南京财经大学的学生发明了一种"醉立停"的装置,圆形盒状,与汽车方向盘中轴大小匹配,装在中轴位置,控制线路与汽车点火装置相连。司机坐驾驶位置,非接触式酒精传感器可自动探测空气中酒精浓度。若酒精浓度超标,系统会自动将点火装置断开,使车辆难以启动。装置所用的半导体传感器,是酒精测试的理想传感器件。

91. 反恐怖之利器

自从发生了举世震惊的美国"9·11事件"以来,美国等一些国家相继研发了多种反恐的技术装备并投入使用。

美国一家公司发明了一种催泪喷射笔,它精致小巧,质量只有12克。笔管内储有强力催泪剂,可以从笔尖处喷射出去,射程为3.7米。一支喷射笔可反复使用50次。当喷射剂喷到歹徒面部,就会使其眼、鼻、喉肿胀,造成其呼吸困难、咳嗽、流泪、视力模糊,从而停止犯罪活动。

英国一家保安公司研制了一款辣气染料手电筒,筒内装有含染料的辣气。遇到暴徒时,按动按钮,含染料的辣气就会喷射而出。辣气能刺激人的眼、鼻、喉等器官,使歹徒暂时失明、呼吸不畅、行动迟缓,从而失去抵抗能力。而染料射到人的皮肤、衣服上,会长时间保留,便于事后辨认。

美国警察部队装备了一种可以代替警棍的电击手套。这种手套以橡胶制作,手套掌心部有3个拱形电极,传出电流的电压值高达1500伏特。歹徒在被这种手套抓住或接触身体时,便会全身肌肉抽搐、身体瘫软、神志不清,只能束手就擒。

德国研制出一种强力噪声弹,弹头炸开时会发出巨响,产生高分贝噪音。这种巨响会麻痹人的听觉,使人短暂失聪;还能麻痹人的中枢神经,让人神志昏迷。这种强力噪声弹可用枪支发射。德国特警在一次反劫机事件中,向一架停在机场的飞机机舱内发射了5发强力噪声弹,使乘客和劫机犯全都暂时昏迷,从而迅速地逮捕了罪犯,解救了人质。

美国的国家实验室研制出一款"防恐电子鼻",这是一种能有效探测炸弹或炸药等危险品的装置。装置内安装有V字形超微硅悬臂,能在20秒时间内确定探测目标里是否藏有爆炸物。在探测塑料炸弹的灵敏度上,更比采用其他探测技术高出很多。

英国工程师马克·鲍特发明了一种"反恐水墙",这是应对恐怖分子实施爆炸的隔离装置。反恐水墙是由一行行排列整齐的高强度塑料水管拼接而成,平时可卷起存放。发生了恐怖事件,便可将其铺开成为板块结构,注水形成一面"墙体"。一旦有暴徒实施爆炸,塑料"水墙"被炸裂,高压水顷刻间喷涌而出,能够严密封锁炸弹爆炸后飞出的炸弹碎片,并消除爆炸产生的巨大气浪。马克做了一个试验,在距离反恐水墙5米处引爆了一辆装载了20公斤炸药的旧汽车,结果没有一块爆炸碎片能够穿透反恐水墙。

92. 防偷盗之神器

小偷、盗贼的恶行常常无孔不入。民众在提高防范意识的同时,使用一些防偷盗器具、装备,就可防患于未然,减少财产的损失。

我国青岛明霞支路的一栋栋居民楼上,天然气管道表面都包裹了一层金属防盗刺。这一根根"刺棒"摸上去坚硬扎手,是管理部门为预防盗贼沿管道钻窗入室而安装的。由于管道直接从楼体外入户,小偷很容易顺管道爬进居民家行窃。自安装了防盗刺,小偷便难以爬管道钻窗了。

手机放在口袋被人偷走,是很烦心的事。葡萄牙有位牛人发明了一款名为c-eafe的防盗锁扣。它由三个部件组成:盖、锁和猫头锁扣。使用也简单,将猫头锁扣贴在手机背面,将盖和锁分别固定在口袋的内外侧,于是手机就会自动贴合固定在口袋里。小偷不管用多大力气都难把手机取出,还会被主人察觉。主人用手机推动锁扣就取出了。

智利工程系的大学生研发了一种车锁,使自行车再难以被盗。这项发明并不复杂,自行车架大梁可拧开,车座也可拆分,具有独特的铰链和锁定设置,可确保自行车放在任何地方都难以被盗取。若想偷盗它,先要损坏自行车车架,这意味着盗车行为也是徒劳的。

私家汽车越来越多,汽车的防盗备受重视,国内外的车辆防盗技术设备也在不断出新。英国市场上推出一种车窗蚀纹剂,这种药剂可把小图案或车牌号注蚀到每块玻璃上。一旦汽车被盗,玻璃上的记号难以清除,若想换去全部玻璃,代价是高昂的。

美国发明了一种安装在汽车上的防盗新装置,名为"痛苦发生器"。当汽车被盗窃者发动后,该装置便会自动发出一种音强为125分贝、频率为4000赫兹的尖叫声,使车中窃贼难以忍受,8秒钟就会被赶出汽车。瑞典一家公司研制的报警装置也很绝。盗贼坐到司机座位上想开车,坐垫会放出一股高压电流,使其如坐针毡。同时通向发动机的供油管道也会自动切断,车子也就停下来了。

日本尼克斯公司研制出一种遥控防盗车装置,名为"贼闭"。如失窃者发现自己停放的车被盗,只要打开装置上的发射机,几秒钟后,连接在被盗车上的接收器就会由控制器切断电路、油路,汽车立即熄火、停驶。盗车贼徒劳无功,只得逃之夭夭。

英国一位电学家发明了一种超声波报警器。该装置内有一个高频脉冲发射机,一旦接收到停放的车内有人进入,便会发出警报,自动锁住车门,控制点火装置,打亮前灯,不断鸣响喇叭。盗车者被锁在车内,无计可施,难以脱身。

93. 当下红火的快递产业

社会经济的繁荣,快节奏的生活方式,促进了快递行业的发展。智能分拣、大数据等智能物流,又让快递的消化处理能力得到提升,成交额大增。2015—2019年我国人均用邮支出、快递支出和快递使用量,均呈逐年增长态势。2019年人均快递使用量45.4件,年人均快递支出535.5元。2021年春节期间,全国邮政累计揽收和投递快递包裹6.6亿件,同比增长260%。

中国的快递行业正处黄金期。其他国家的快递业和从业人员又是怎样的状况呢?

美国的快递投递量大,是很受主流媒体关注的行业。为应付从感恩节、圣诞节到新年的年末快递旺季,美国邮政一年年进行大范围整改,包括增加预算、投资分拣中心、自动化设施、快递车辆和雇用临时工等。快递员工作虽然劳累,但有成就感,心态也轻松。有的快递小哥还和住户家的狗狗相熟,陪小狗玩一会儿。这样的场景照片传到网上后,得到快递员和住户的响应,成为自发在社交平台上的互动行为,让快递员在繁忙的工作中感受到温馨。

2017年,英国研发的一名机器人快递员在伦敦南华克区进行测试。这位"快递小哥"高55厘米,长70厘米,其携带的安全隔间承载着10公斤的快递,能以每小时4英里的速度行进,活动范围在控制中心2英里之内。测试中,发生过机器人快递员被小狗围住,并被爪子抓挠,它赶紧报警。后台维修人员也赶忙为其解围。机器人投递员的赞助商爱马仕公司希望,这样的快递方式被更多采用,降低人力成本,提高快递派件效率。

日本的快递员职业,被认为是代表了日本社会引以为傲的辛勤与活力。2011年日本杂志上有篇小说讲了一位女白领邂逅了快递公司佐川急便的快递员,并与之恋爱结婚。"佐川萌"自此在日本流行起来。女性在网上成立了"佐川萌"粉丝俱乐部,"嫁人就嫁快递员"的呼声高涨。快递员装束整洁、扛着货物奔跑的样子,显示出他们精力充沛,又富于男子气概。日本社会评论家表示,快递业的繁荣程度寄托了人们对于过去经济腾飞时代辛勤劳作的美好回忆。大家看到快递员在忙碌,就会觉得日本的经济仍然在奔跑。

94. 带来方便的自动售货机

自动售货机是投币即可拿到选择的物品的装置。

这种看起来很有科技含量的装置,其出现可追溯到 2000 年前。公元 1 世纪,古希腊神庙出现了一种圣水壶,到神庙祈福的人,只要向壶中投入一枚硬币,壶嘴便会吐出一定量的圣水,被认为是施放"福泽"。其实这不过是在壶内设置了一个杠杆,硬币投入打在杠杆一头,头朝下降,连接水口塞子的那头上翘,拔出出水口的塞子,圣水就外流了。之后出现的自动售货机,无论是应用硬币、纸币,还是声波支付,其原理都是在机器中内置一套自动收费系统。早年间古希腊神庙的圣水壶可称为自动售货机的鼻祖了。

在很长的时期里自动售货机的发展一直没有起色。直到 1700 年,在英国才又出现了自动售货机的身影,向它投币可以购买盒装烟丝。又过了 200 多年,1904 年时"邮票明信片自动出售机"在日本出现。而真正让自动售货机进入大众视野的是在"二战"后,经济的恢复和发展,生活节奏的加快,让人们以在街头随手拿到一杯咖啡或果汁饮料为快事,于是自动售货机成为都市中最受欢迎、最时髦的生活方式之一。

在 20 世纪 60 年代,美国的玛氏家族将士力架等巧克力品牌、箭牌口香糖等众多零食、饮料品牌放到自动售货机出售,这一最先进的商业零售方式,带动了产品的多渠道销售增长。自动售货机很快实现了面向全食品与百货领域的流通与普及。到了 80 年代,自动售货机已经在全球近 50 个经济较发达的国家有了快速发展。由最初的口香糖、饮料,蔓延到快餐、报纸、化妆品、卫生用品等众多方面,甚至延伸到服务领域,自动点唱机、自动售票机、自动提款机等,给人们的生活提供了莫大的便利。

如今,全世界每年通过自动售货机销售商品的总额已达 2000 亿美元。自动售货机在西方一些国家取得了巨大的发展。在美国有 700 万台自动售货机,平均 40 人拥有一台。日本有 600 万台自动售货机,平均 23 人拥有一台。日本很多人家连大米、鸡蛋、蔬菜、水果等都会从自动售货机上购买,早餐、鲜花、玩具,甚至光盘等所能想象到的产品也都放到了自动售货机上。

我国自动售货机产业起步较晚。为抓住自动售货机这个现金交易大市场,近年来我国已在自动售货机技术、刷卡购买、二维码扫描、后台管理机制等方面进行了大力研究开发。以自动售货机售票,销售饮料、生活用品,在城市地铁等处都有应用。除使用自动售货机,还研发了无人自动售货店,方便市民购物。据预测,未来几年我国市场将每年增加超过 10 万台自动售货机,沿海城市将有 3.5 亿人经常用到自动售货机。

95. 百变垃圾桶

垃圾分类已成为社会的共识。将垃圾桶标识清楚是实现垃圾分类的关键所在。我国各地街道、小区的垃圾桶外观样式都较为普通、朴实,与环境协调。而在一些公园等处,垃圾桶则表现出活泼浪漫的情调,有的化身为有树洞的树桩,有的成为蹲踞的张嘴青蛙,有的还是夸张的猪笼草造型……一些建筑物、动植物、常用物品被借用到垃圾桶造型设计中,让人们在惊喜于垃圾桶的新奇设计时,也提高了它的收纳量。

国外一些地方对垃圾桶也有很好的创意设计,同样值得我们借鉴。欧洲使用了一种软质垃圾桶,以橡胶或硅胶等软性材料制作,人们尽可以把废物往里压,捏实攥紧,从而节约了空间,"减少"了垃圾量。另一款压缩垃圾桶,可以螺旋状拉起,装满垃圾后再脚踏压实,同样减少了垃圾的输出。还有一种吸尘器垃圾桶,扫地时将大的脏物扫起倒进垃圾桶上部;对不好清理的灰尘,集中到垃圾桶附近,一摁开关,灰尘就会一点不剩地被下部吸尘器吸进去了。意大利设计工作室推出一款乐高垃圾桶,垃圾桶可以自由组合,每个垃圾桶都是放大了的乐高块,孩子们可以将若干不同颜色的乐高垃圾桶像玩乐高玩具一样随意拼装,让家庭垃圾分类变得有趣而可行。

针对垃圾在垃圾桶腐烂变质的问题,荷兰设计师艾泽马研发了一种全新的垃圾桶。当人们把垃圾丢进去后,它就会自动旋转,然后自动进行有机物质分解,将这些垃圾变成能给土壤带去丰富营养的化学肥料。荷兰还研制出了一种保鲜垃圾桶。垃圾桶实际上加入了冰箱的功能,里面的温度是可以设定的。一般情况下桶内温度设在零摄氏度以下,垃圾投放进去就被冰冻。即使在大夏天丢入容易发烂变质的厨余垃圾,异味也闻不到了。

希腊有很多海滨沙滩休闲胜地。为方便游客在沙滩投放垃圾,设计师专门为沙滩游客设计了一种沙滩垃圾桶。垃圾桶轻巧,便于运输,桶的底部收缩成锐角,便于在沙滩插放。艳丽多彩的颜色既是为了垃圾分类的需求,也方便游客一眼就能看到。在海滨大道,还建有一种路灯垃圾桶。在路灯下面安装了沼气池,将生活垃圾倒入垃圾桶后,垃圾在这个特殊的桶内发酵,产生甲烷;甲烷再被输送到路灯顶部,就可用于照明。而发酵之后的垃圾,还可以作为堆肥用于景区绿化。

96. 新潮旅行箱

外出到较远的地方旅游或忙于业务的人,都会携带旅行箱,用于装载随时会用到的物品。近年来随着旅游市场的激烈竞争,国内外厂商争相研发了一些设计新潮、结构独特的旅行箱,让人大开眼界。

如今的旅行箱通常都有拉杆,便于拖拽。一款在拉杆上的创意,让旅行箱又可变身为衣架。设计师将放置衣服的箱体设计成分隔的抽屉,通常只有手掌宽的拉杆横向改进可拉动得与箱体同宽,伸缩长度大大增加。到目的地把旅行箱一放,拉杆高拉横拉起,旅行箱就变成了一件实用的晾挂衣物的"衣架"。另一款设计是在箱体两侧隐藏着一副伸缩拉杆,将其向上一提,随着拉杆的升高一个上下四层的隔板出现在面前。锁扣牢固后,除下层箱体能装物品,箱盖板上的三个拉链口袋也都可做置物使用。一个箱子就这样成了一个多层衣柜。

在设计师手上,一个旅行箱还可以通过模块组合而大变。每个旅行箱的模块都可以轻松组合和拆卸,可以组合成全高、厚度只有全部模块组合在一起时一半的整理箱,另一个是同样厚度只有一半、高度也只有一半的小型拉杆箱,还有一个是差不多体积是全部模块组合在一起后四分之一大小的手包。根据不同出行需要,以三个箱体模块随心组合便是了。箱体可以靠组合而变,也能靠自身结构而改变外观。一款体积可随心改变的旅行箱,有一个可伸缩的侧壁和自带的压缩空气泵。平时使用时它是个体积小巧的 20 寸登机箱,但一按握把上的按钮,压缩空气泵启动,旅行箱的侧壁会充气展开,旅行箱的高度会不断上长,最终能"长"成是原来三倍多的大号旅行箱。值得一提的是,箱体最上层的隔板以硬质合成材料制成,结构平整,打开旅行箱的盖子就形成了一个平整的桌面,让这个"长大"的箱子还能兼做电脑桌或梳妆台。

外出旅游或办公务,拉着旅行箱毕竟是件麻烦事。西班牙一名青年学生突发奇想,利用蓝牙技术制造出一款能自动行走的旅行箱。他将 3 个蓝牙信号感应装置安装在一个特制的旅行箱内,这些装置在接收到智能手机发出的蓝牙信号以后,便可通过一个计算机微处理装置驱动安装在箱下方的履带,这样旅行箱就可以追随着主人的手机信号移动了。主人在前面走,不用拖拉,这旅行箱就会乖乖跟在身后而行,它直行轻快,拐弯也平稳自如。

97. 功能独特包装袋

塑料袋制作成本低,使用方便,人们使用后随意丢弃又会成为污染环境的一大公害。近年来一些国家在治理塑料污染的同时,也研发了一些有着独特功能的塑料包装袋,有的还很智能呢。

两位智利工程师前不久在圣地亚哥展示了他们最新发明的塑料袋,这种塑料袋竟能溶于水且非石油衍生物,更神奇的是溶解完塑料袋的水还能饮用。发明人表示,他们的新型塑料袋对传统生产塑料袋的配方做了重要修改,可在任何地方开展生产。发明这种塑料袋,是对智利参议院通过的禁止商店使用难降解塑料袋法案的应对。

人们常用的食品密封袋,很容易弄皱,产生肉眼难辨的细孔,出现"漏气"。日本产业技术综合研究所开发出一种"自我修复薄膜",这种薄膜质地柔软,不易破损,即便表层受损,也能自我"修复"。其工作原理是,密封袋外层的聚丙烯和聚酯两种原材料之间夹入一层特殊的透明黏土膜,漏气后它可以吸收空气中的水蒸气膨胀,填塞出现的孔洞,从而达到"修复"的效果。

英国斯特拉思克莱德大学教授米尔斯带领团队开发了一款塑料食品袋。这种袋子能像空调一样具有换气功能,它所调节的不是温度,而是要减少密封袋中的含氧量,充入氮气和二氧化碳,以降低食物腐坏速度。一旦袋中氧气含量超过预定值,袋子就会改变颜色。鱼肉果蔬等食品在冰箱放置时间过久,新鲜度就会打折扣。这种包装袋能帮助人们区分"最佳食用期"和"质量保质期",用"脸色"做出提示,以减少食物的损坏和浪费。

近年来在包装袋里设置智能标签也得到应用。我国深圳一家公司开发的一种湿度显示标签,被用于光学设备、仪器仪表、电子元器件、敏感组件等产品包装中,可监测反映产品在包装环境内的湿度。标签上有相应的指示圆点,低湿度时颜色为蓝,湿度超标则颜色变红。日本开发的食品袋新鲜度标签,通过检测含氧量用标识显示,无氧呈浅粉色,浓度超标呈蓝色。德国使用的运输防倾倒标签,倾斜角度超过45度,标签上的指示窗会由白变红,成为永久性发生倾倒的凭证。德国还使用了一种碰撞显示标签,包装袋内物品所受外力超过设定范围,一条显示晶管的颜色会由白变红。这样的标签适用于精密仪器、军事装备、航空器材等运输监测的全程。

98. 探寻新奇旅馆

为招揽游客,世界各地的旅馆、酒店名目繁多,什么酒桶旅馆、井中旅馆、下水道旅馆、盒式旅馆、蛇缠旅馆、监狱旅馆等,都够新奇独特。有的还以科技范儿十足来吸引旅客光顾。

瑞典人在北极圈60公里以南的哈拉斯建起一家树上旅馆。四套住房由建筑企业设计,建在距地面四五米高的树干上,面积15—30平方米不等,设有卧室、客厅、盥洗室及厨房。在树叶遮掩下的旅馆墙壁全是镜面玻璃,能映照树林中飞鸟走兽、云朵阳光。入住的旅客尽可以"隐身"体验林中的妙境。

在美国迈阿密和基韦斯特之间建有一家海底旅馆。入住的旅客先要身穿潜水服,从海底游过一片红树林,通过一个"湿润的房间",才能抵达旅馆。旅馆房间以钢铁和丙烯酸材料制造,卧室里一应设备齐全。从大扇玻璃窗可观赏到上百种海洋动物,包括游动的扁鲨、鹦嘴鱼、龙虾、鲷和梭子鱼等,让人有伸手可触的感觉。

在土耳其的卡帕多基亚峭壁上建有一座洞穴旅馆。这是将天然的熔岩洞改造而成的,有很多独立的房间。走入里面,古旧的土耳其式家具、铺设的手工地毯、屋顶中央的玻璃吊灯,使游客感到当地的民族气息扑面而来。在这里还可以体验到洞穴温泉,古老的水疗法会带给游客一身惬意和轻松。

非洲突尼斯南部的撒哈拉沙漠对旅行者充满了诱惑。当地建起了一种"火星帐篷"旅馆。入住到帐篷里,有种前往火星的感觉,荒凉、空旷、凄艳的落日,夜晚头顶不时有繁星划过,点起篝火,耳听狼嚎,周围充满了神秘的色彩,对旅行者而言,此地有着独特的魅力。这使帐篷的数量在不断增加。

建造太空旅馆的构想早在20世纪60年代就有人提出,但这一想法一直停留在概念上。直至2006年、2007年美国旅游业大亨罗伯特·毕格罗宣布投资5亿美元,准备使用俄罗斯空间站,建造两个"太空旅馆"实验舱,先后由俄罗斯火箭送入太空,这才开始了太空旅馆的打造。太空旅馆的设计非同一般,庞大的环形舱内设有居室、公园、运动场、娱乐场、商店、医院等。其中银河套房每80分钟绕地球环游一周,每天可看15次日出。还有穿太空服在太空行走等旅游项目。据计算,世界上约有4万人能付得起住宿费用。然而作为太空旅馆投资先驱的毕格罗在成功发射了两个实验舱后便再无下文。其后美国和俄罗斯也都道出过建造太空旅馆的打算。如今随着俄罗斯空间站即将"退役",建造太空旅馆的计划一时也就难以实现了。

99. 闲看公交站台

公交站台是停靠公交车、让乘客等候和上下车的所在。在我们这里，公交站台以钢架支撑，上面有顶板，可遮挡雨雪。后部迎面多安装广告牌，安放当地交通地图，设置连接的矮栏凳，供腿脚不便的人一坐。在北京一些大的公交站台还设有电子站牌，可提示某一路车再过几分钟可以进站，给乘客候车带来了方便。

公交站台的外观并不是一成不变的。在国外，一些公交站台被设计得很是新鲜、诙谐、有趣。

在"足球王国"巴西，足球比赛的象征用品随处可见。一家著名的啤酒公司为了推广产品，建造了一个"足球球门"的公交站台。它以钢管支撑，球门的高度和宽度与标准球门的尺寸完全一致，球门侧面和后部为网状结构。等候公交车和上下车的乘客，在这里都会感受到足球的激情。里约市街道上还有一处"时光隧道"公交站台，连接的圆桶形透明站台横置路边，乘客坐在里面等车，站台除了能遮风避雨，其超酷的外形尽显未来概念和时尚气息。

日本的有些公交站台被设计为水果外形。一个大"草莓"放置在街边，顶部的叶子和带斑点的外皮红绿相映，正面切开一块是乘客进出的门，侧面还装有小窗。在这条公交线路上，还有"西瓜""橙子"等，干脆就是地名。美国加州约塞美蒂国家公园门外的公交站台，按当地的小屋形状建造，墙柱以石块砌筑，顶部覆圆木和长板，屋外还横放石块和无皮的倒树。让游客在此下车未进公园已能感受到里面的胜景。

在加拿大温哥华有一处"湖畔闲趣"的公交站台。考虑到有的乘客等车站久了会腿脚麻木，站台内便设置了一个吊床，有想好好歇歇的人就可以躺上去，享受一下可心服务。在英国伦敦，由著名设计师鲁诺·泰勒设计了一个"重温童年"的公交站台，里面悬挂着秋千架。对于紧张忙碌工作而等车的人们来说，坐上秋千悠荡几下，的确能收到缓解生活压力，缅怀童年时光的效果。

在西班牙的郊外，由著名设计师建造了一座"随风而动"公交站台，阔大的建筑像折卷的灰白色纸卷。这与众不同的站台外墙是偏白色的，而地板则是偏灰色的。据设计者称，他希望这样的站台能让候车人士感受到和风般的轻松感觉。夏日在车站候车，往往酷热难耐，在阿联酋的迪拜街道上，公交站台由密封的空调室组成，而且是单间的，乘客身在清凉中，让炎夏等车再不是一件苦事。

100. 一览外国校车

　　校车是搭载儿童、学生出行和进出幼儿园、学校的专用车辆。在一些国家,校车的设置和运行已形成了较为成熟的机制。浏览一下,有些很值得我们借鉴。

　　在美国,联邦政府和各州都有专为校车制定的法规,据说多达500多项。除规定了校车的坚固性和行驶安全性,还规定整个交通系统都要为校车让路,包括总统的座驾。教育部门多次召开校车标准会议,对校车上安装的警示灯、前风挡玻璃、保险杠、下方固定式车窗、发动机前置、无障碍设计等都有硬性规定。近年来,各州校车还陆续装备了安全带、通信设备和卫星定位系统。美国还立法将校车纳入了政府反恐监视保护系统。

　　加拿大的校车被誉为世界第一安全校车。该国的校车颜色、款式和配备都是统一的。每个座位配备安全带,校车鲜艳的深黄色十分醒目,结实的外形有些像装甲车。校车司机必须完成专业的校车司机培训,还有更细致的规定,如与孩子相关的社区服务经验、喜欢并能很好地与孩子沟通等。在澳大利亚,所有的校车一律漆成白色。校车司机上岗前都要接受诸如怎样与孩子打交道、医疗急救的专业培训。司机要遵守的"必须"与"严禁"多达37条。

　　英国一直很重视校车的营运和管理。2003年英国以高价购置的校车投入运营,车身颜色由传统的红色改为国际上广泛使用的深黄色。按照规定,所有儿童无论有没有保险,一登上校车全部由校车负责。德国有专门的校车法律条款,同时设立专门线路、独立车站。在进出车站时,校车要做出明显的灯光表示,此时其余车辆一律不得超越校车。校车由经验丰富的公交公司司机驾驶,最高时速60公里。GPS全程记录各种数据。

　　韩国法律规定,校车可在公交专用线行驶。在遇到小的交通事故时,优先和保障校车通行。将幼儿园、小学、残疾人学校、保育所等处划为"儿童保护区",社会车辆要等待校车停车指示灯消失,确认安全后才可缓慢行驶。校车接送孩子时应有教师、保育员等相关人员一同乘车。日本校车宽畅舒适,装潢讲究,让儿童乐于乘坐。通常每辆车上都会安排一位全程陪同的指导老师,有时候是自愿做义工的家长。校车行驶中,遇突发状况,比如晚点,哪怕是一分钟,家长也会按联系顺序得到提醒,调整好送孩子出门的时间,也让孩子多了时间的观念。

101. 新奇的医药用品

近年来,医药用品的研发有了快速的发展,众多含有高科技的医药、器具,投入临床使用,受到患者的欢迎。

美国科学家研发出一种可被人体吸收的胶布,这种新型胶布贴在皮肤后不需再撕掉。胶布是将液态淀粉变成了细纱线,再编成垫子制成。贴到皮肤一段时间可转化为葡萄糖被人体吸收,且对人体不构成危害,免除了撕拉胶布带来的不适和不便。

瑞士一个研究团队开发出一种"发光绷带",让护理人员可以从外部监测伤口愈合过程。绷带采用定制的苯扎氯胺分子和吡喃酮合成,当这些荧光暴露在 pH 值 7.5 左右时,也就是慢性感染创面的"最佳听音位置"。临床医生只需在敷料上照射紫外线,就能看到荧光。了解了伤口的愈合状态,他们就可以做下一步处置了。

我国沈阳有一位女士因胆囊癌在几年前做了切除手术。但其后手术区域出现疼痛,并逐步加重。2016 年,疼痛难忍的她又做了神经阻滞手术,疼痛仍无明显缓解。医生决定给她进行神经电刺激疗法:在其体内植入电极,通过导线和体外临时刺激器连接,感到疼痛时就把开关打开,电流的酥麻感可减轻疼痛。使用后病人终于感觉不到疼痛了。据悉,这是国内首例复杂区域疼痛神经刺激器植入术。

如何让老人按时吃药,是儿女很操心的事。新加坡剑桥学院的学生设计制成一种智能药盒,通过蓝牙技术连接老人的智能手机。老人每次打开药盒,云端系统上就会记录使用药盒的时间,让子女从手机上获取老人的服药信息。使用者也能利用药盒外的指示按钮,查看下一次的服药时间。在网上还有配药器出售,老人或家人可以以手动的方式,每周一次把要吃的药物分别放置在配药盒的 7 个格子里。老人不需要特别记忆,只要每天按盒盖上的标识服用即可。另有一种 E 药盒,可以存放一个月的全部用药,可以定时,也可以定药品数量。设置完毕后,药盒会自动在规定的时间"吐"出药剂,并且有鸣响装置,告诉老人服药时间到了,很是可靠实用。有的老人要随身携带药物,一种智能小药盒十分精巧,既能放在口袋里,也能夹在衣服领口、袖口。药盒里放着该带该吃的药,内置了微型记录设备,包括老人的身体状况、患有的疾病、用药剂量和习惯等,并将信息传送到云端存储。到了吃药时间,如果老人忘记了,药盒会自动振动提醒。

102. 实用的助老用品

近年来世界各国老龄化不断加快,使老年用品市场的需求量激增,面向老年人的居家用品也越来越趋向专业化、智能化。

上海交通大学的学生自主设计研发了一款"救命腰带",这是一套根据老人身体信号进行护理的智能系统。系统将腰带与手机应用程序进行关联,能实时探测使用者的身体状况,并有定时提醒吃药、及时实施急救、告知老人家人、准确发送老人的定位信息等功能。日本富士通公司研发了一种安卓系统智能手杖,安装 GPS 定位系统。手杖像一个倒置的高尔夫球杆,能有效监控老年使用者心率和体温等生命特征,一旦迷失,还能帮助老人找到回家的路,并同步向计算机发送信息。另一家公司还研发了 GPS 定位鞋,将全球定位器纳入到鞋子里,老人无论到了何处都不会走丢。

德国慕尼黑工业大学的研究人员为老年人设计了一面智能墙,外观像是衣柜上的更衣镜,内嵌了电脑系统,结合了上面配备的生物传感器,老人只要往镜面前一站,血压、血糖等生理指标就自动检测出来,以数据显示。它还是老人生活的助手,内置的定位系统可以告知健忘的老人钥匙、眼镜放哪里了。点击触屏,公交时刻表、路线图、家庭电话本、天气预报等,都能出现在眼前。

在北京朝阳区一家老年用品展厅里,一个造型奇特的"防抖勺"吸引了不少人的目光。这款防抖勺是专门为帕金森综合征患者设计的,由勺柄和勺头两部分组成,连接处是活动的,无论使用者手握勺柄如何抖动,勺头的勺面都会尽可能保持在水平状态,使其平稳进食。

德国科研人员研发了一款智能放大镜,除能帮助老人阅读文字时放大字号,更是新型的网络工具。放大镜手柄上有个扫描按钮,能将放大镜之所见扫描存档。再按一下分享按钮,这些内容就能自动上网,与家人和朋友分享。

国内外科研人员针对老年人的特殊需求,设计出一些方便、实用、贴心的小物件,不仅让老年人和体弱者行动自如,而且减轻了他们的生活压力。加热的椅垫、冬季轮椅大衣、弹性高靴等,都提高了老年人生活的品质和品位。继浴室扶手、楼梯扶手之后,科技人员又设计出汽车小把手,可随身携带,需要扶持时将其前端插在车门的金属锁环上就可握持上下车了。另一款沙发扶手,是个有底座的支架,能让久坐病弱的老人自己支撑着平稳站起,不用再请求其他人帮助。

103. 暖心的助残用品

关心残疾人是社会文明进步的重要标志。为残疾人研发科技用品,解决他们生活中的不便,让他们更好地融入现代生活,被很多国内外科研人员视为重要职责,并成功制造出一系列让残疾人感到暖心的用品。

"助残鼠标"专为失去双臂的残疾人设计,其外形类似一个耳机。使用者将其戴在头上,摆动头部,利用陀螺仪的空间定位原理,由陀螺仪感知平面移动,在屏幕上显示光标轨迹。精确定位光标后,使用者向两边吹气触动传感器,信号传回电脑,便可控制鼠标左右键的启动,实现鼠标功能,完成电脑操作。这一"助残鼠标"在 2013 年获第四届北京发明创新大赛金奖。发明转为实用后,帮助无臂残疾人实现了轻松使用电脑上网冲浪、浏览文档、观看视频,还能通过软件控制家用电器的使用,开关门窗等,使无臂残疾人在无人看护的状况下解决最基本的生活问题。

中科院合肥智能机械研究所等单位研制出一种"可穿戴型助残助老机器人"。这项研发成果借鉴了运动生物力学、机器人学、人体工程学、运动信息采集等理论与技术,在"助力髋关节""跌倒预测"等关键技术的实现方面取得了突破性的进展。它的特点是结构简洁灵巧,使用方便,可直接穿戴在衣服外面。在协助残疾人出行方面,美国科学家发明了一种供盲人使用的导向棒。它使用超声波与强光柱,取代了传统的盲人手杖,可以探知更大的移动范围,而且不受天气影响。当超声波探测到障碍物时,导向棒会振动或通过蓝牙语音提醒使用者;而强光柱则能避免同来往行人碰撞。此外,导向棒还可用摄像头识别物件,阅读书籍等。

目前北京等一些地方的老旧小区还面临着安装电梯难的问题,给坐轮椅的残疾人出行带来不便。前不久,国家康复辅具研究中心的技术人员研发了一款履带爬楼机。爬楼机的履带能与楼梯棱角紧密对接,其宽窄度可以根据使用者轮椅的宽度进行调节,从一层楼梯上下后,原地即可转弯到下一层。机器在使用期间,只需有人从后方把控方向即可,无须额外的操作。在一时安装不了电梯的小区,使用这种爬楼机,安全平稳,经济上也很划算。

在北京一家助残用品展会上,一款智能化的升降浴缸吸引了众多目光。浴缸可以由一具导轨的柱体升降,浴缸的四壁与缸底是能够分离的。残疾人要洗浴时,不必再费力往浴缸里跨,只要缸体升起,从基座处移入回落就行了。洗罢放掉水,缸体再次升起,就可平移而出了。

104. 非凡的穿戴设备

近年来智能产品的研发和应用,已然开始颠覆人们的穿戴观念。作为保暖、遮体的传统服装,用于装饰的首饰,正在被智能传感芯片和数据传输技术重新武装,成为全球各大 IT 巨头和创业者追逐的商机,并由此开启了人机交互、机器适应人的时代。

在国内外市场上,各种智能服装争奇斗艳。智能秋衣秋裤集成了多个传感器和心率带,穿上它就能监测到心率、呼吸频率、摄氧量等多项身体健康指标,外出时的步数、步频、卡路里消耗等运动数据也都一一记录。穿着它入睡,睡眠数据也会逐一呈现,所有数据都可以通过手机查看。一款智能针织帽,通过蓝牙同步,与手机智能连接,帽子里嵌有扬声器和麦克风,柔性按键设计在帽檐儿一侧的商标处,戴上它就可以轻松听音乐和打电话了。智能鞋垫除具有透气、吸汗、防臭、抑菌等功能,加装了特殊涂层,内置智能设备,能记录行走的路程、步数、燃烧的卡路里,还能调节鞋垫的温度,甚至可以让两只脚的温度不一样。

女人天性爱美。一款女子阳光下佩戴的手环会自动开启,内置的紫外线传感器每隔 3 秒钟就会扫描外界的紫外线强度,并能根据不断的数值加以计算,一旦发现强度超标,手环会通过振动提醒佩戴者该涂抹防晒品了。另一款智能手环能完美地将手机界面投影到手臂上,让肌肤成为手机的第二个触摸屏。结合灵敏的传感技术,不必掏手机,借助投影在手臂上的影像就可直接操控手机了。另外也可以阅读邮件、玩游戏、查看天气等。还有一款智能发卡,内置了加速仪、陀螺仪、传感器等,具有动作探测功能,能探知佩戴者遇袭后的下意识动作。发卡会自动将佩戴者的 GPS 坐标、声音及可视化信息发送并求援。这是专为保护女性免受暴力袭击而设计的。

如今身穿华丽的礼服不只有华丽的外表,还具高度智能的"思维"。衣服和佩件上都能内置智能设备,记录佩戴者的所处方位、所在环境、身体状况等信息。一枚戴在手上的戒指,可以对手机等进行手势操作,还能实现移动支付。除了内置手势之外,还能以自定义手势实现不同的功能,抬手之间灯亮了,电视打开了,电脑启动了,邮件发送了,音乐响起了……智能设备多也不必担心断电的问题,一款漂亮的手镯内置了锂电池,能为各种智能设备提供应急的电力,接口能对应市面上的大部分苹果设备和安卓设备,令所用智能产品时刻电力十足。

105. 身边的隐形物品

在一些科幻作品中,常会绘声绘色讲述到隐形用品,它们无形,让人充满好奇和不解。其实在今天的高科技发展中,隐形世界已不遥远,不经意间一些隐形物品已经出现在人们身边。

韩国设计师发明了一种隐形空气伞。这种雨伞没有传统意义上的伞盖,而只有"伞把"。伞柄内有抽气装置,空气从底部进入伞柄,再从顶部喷出,形成一个无形的环状气帘,阻挡雨滴下落。它采用可伸缩式设计,比折叠伞更好携带。用户可根据身边人数调节气帘的大小,单人或两三人一起用都很方便。

美国麻省理工学院媒体实验室的米斯特莱研究员发明了一种隐形鼠标。他在电脑上分别安置了一个红外摄像头和红外激光器,装置便即时记录他的手部动作,并将其转换成鼠标的操作。用户只需在红外激光的范围内用手比画,就可操作电脑。使用这个装置,不仅解脱了右手,还能消除点击鼠标时的嗒嗒声。

另一款笔记本电脑使用的却是一个隐形键盘。它自带一个如火柴盒大小的激光发射器,发射器能在桌面或者其他平整的表面投影出一个 63 键的全尺寸键盘,并能通过蓝牙与大多数的智能手机和 pad 连接。办公桌、茶桌、饭桌,甚至地板,都可以瞬间"变"出个键盘来。

德国电视机厂商推出一款新型彩电,这种电视机的最大特点是在关机后完全透明,就像一片透明玻璃。这种隐形电视机在居家空间中,不会让人有多余的存在感。而且当它播放影像时,非透明的影像色彩更强烈,收看效果更佳。

德国波茨坦一家研究所的研究员正在开发一种新型手机,能将操作界面投影到人的手掌上。他们构想的手机依赖于一个高敏感的相机,它能检测到手的滑动和点击动作,再包括一个视频分析软件和一个将指令发回手机的无线信号发射器。这样一来,人在厨房洗菜要接电话,直接用手比画就行,甚至用不着先找块毛巾擦干手。

英国科幻小说主人公哈利·波特的隐身斗篷让很多"哈迷"羡慕不已。如今来自德国和英国两家学院的研究人员称,微型隐身斗篷经他们 5 年的联合研究已经面世。这件斗篷是利用光子晶体材料制成的,以特别的透镜组成,类似一排排木桩的结构。它可以将可见光波进行部分弯曲,用它罩住目标物体时,由于可见光波被部分弯曲而无法散射出来,人们用肉眼就无法看到目标物体以及斗篷了。这件斗篷非常小,它长 100 微米,宽 30 微米,盖住的黄金小凸起则比斗篷还要小 10 倍。研究人员称,从目前的研究进度看,要想研制出覆盖汽车或更大件物品的斗篷尚需时日。

106. 宜人的宅家物品

有些人喜欢宅在家里，一些宅家所用的物品新奇、宜人、适用，就能给主人的生活增添情趣。

一款透明的茶壶像阴阳八卦那样内里一分为二，一半用来泡红茶，一半用来泡绿茶，造成了"一壶两色"的视觉效果。壶嘴和提手对称，提一边倒出红茶饮用，再提那一边又能斟出绿茶品尝，自是惬意。兔子花器的设计巧妙、俏皮，它标志性的长耳朵处留有孔洞，让人随意插花，今天是"紫罗兰耳朵"，明天又可换为"白百合耳朵"。开坚果的铸瓷也可以人格化，可拿在手里把玩，掰开可见到不同形状的凹槽，适用于为多种坚果去壳。用它夹住坚果用手捏，随着让人愉悦的"咔嚓"声响起，果仁应声而出。

趣味造型的小家电也以新面孔为家庭增添了活力。美的花雾儿加湿器放在案头，似一朵盛开的花，把温馨、舒适、好心情带给了家人。圆滚滚的幸福蛋加湿器摆桌，则让清新、愉悦与主人为伴。新款微波炉打破了方正的造型，以圆圆的身形、个性化的颜色，让厨房电器与艺术品之间画上了等号。而洗衣机也可以当足球踢。把脏衣服放入球状有浮雕螺纹的滚筒，加进水和洗涤剂，合上盖子拧紧螺丝，用脚踢动它就可以了，绿色环保不需要电能。

一些智能化的家电更是成为宅家的神器。太阳能充电桌能够经受住各种天气考验，放在阳光下 4 小时便可充足电。主人可以将它摆放出来，为手机、笔记本电脑或者其他用电设备充电。一款数字化妆镜除用于化妆，还是一个音乐播放器。只需滑开镜子，将 ipod 等放入插口，便可播放出高音质音乐。由于装有运动传感器，可通过手势选择歌曲或者调节音量。擦玻璃机器人使用起来也很简单，只需将它放在玻璃上而后按下电源即可。这个小机器人能够测量出玻璃的尺寸并测绘出清洁路线，它会往玻璃上喷洒清洁剂，用橡皮刷仔细清理，最后将玻璃擦拭干净。一款智能节水型沐浴器，采用触摸式界面，只需轻轻触动便可从喷头切换到喷管，控制水流大小；同时还可对水温进行精确调节，防止水温过冷或过热。使用中如果绿灯亮起，说明用水量没有超标；亮红灯则说明用水过多。科勒马桶采用运动激活系统。人走近时马桶盖会自动打开，使用后会喷出设定水温的水流为使用者冲洗臀部，然后会自行关好马桶盖。这款马桶装有除臭活性炭过滤器、烘干机、暖脚器以及可供夜间照明的发光面板。马桶内还内置了扬声器，可播放主人喜欢的乐曲。

107. 有科技含量的酷玩

　　玩具在过去指的是小孩子爱玩的东西。在电子化时代文化活动日趋丰富的今天，已经有越来越多的玩具多了科技含量，突破了少儿年龄的界限，成为青年人的新宠，被称为酷玩。

　　喜欢宠物，又没有时间照料，可以领养一只智能宠物。一些网站提供的智能宠物，有着和真实动物皮毛样的触感，造型生动传神，可以接受"坐""走""叫"等指令，会向主人乞求食物，吃前还会闻一闻。智能宠物免除了主人要为其洗澡、打扫粪便等麻烦，不需花费太大心思就能获取快乐。

　　喜欢植物可以玩声控盆栽。内置了一种生物金属材料的花盆内，小苗有能听懂人话的"本领"。在遥控指挥下，叶片能根据电流变化扭动、弯曲，做出点头、摇动等动作。它还会向人深深鞠上一躬，表明和主人想法一致。

　　日本玩具公司为学习和工作压力大的人推出了多种解压、解闷的玩伴。一种仿真气泡玩具可反复捏爆，每爆到 100 个气泡时，还会响起狗叫、门铃的音效。"挤毛豆"则能逼真模拟出毛豆的外观和色泽，豆荚内的润滑剂还能重现豆粒出荚时的滑溜触感。用聚氨酯树脂制作的鬼脸人脑袋，可供人拿在手里把玩、挤压、揉搓，于是展露出各种妙趣横生的鬼马"表情"。足有一人高的不倒翁，不仅推它不倒，就算重重打它几拳，它也只是歪歪身子又重新站好。这个沙包人既不记仇，又不要报复，只是给予玩家开心。

　　时下家庭休闲、亲朋聚会之间的酷玩也很多。夜光透明扑克供关灯后使用，亲友之间进行的是一场全新的黑暗交流。在灯下还可以下拼图棋。家人、亲朋之间也可以玩相扑对战游戏，用遥控器分别控制一个充气相扑对手，相扑人在被操控时，还会向对手发出"嘿""吼"的叫声，乐趣迭出。抓海盗游戏也是亲朋聚会时的调味品。摆放在桌面的是一个木桶，里面藏着海盗黑胡娃。大家分别用红、蓝、黑、绿四种颜色各六支箭插入木桶卡口，说不定某一支箭会插到海盗，迫使它头部弹出木桶。在它束手就擒时，也给聚会增添了欢乐气氛。

　　喜爱室外运动的人，也有诸多街头酷玩供选择。街头滑雪板，可以让冬雪运动爱好者一享旱季滑雪的乐趣。踩上一对风火轮，可以上下坡、旋转，还可以横行、倒行。自由滑板、山地冲浪板、超强弹跳器、成人暴走鞋等街头玩具，也都吸引着各自的人群，或造型别致，或速度更快，或跳得更高，成为时尚热门酷玩。

108. 未来的工作

　　2010 年上海世博会成功举办。主题：城市，让生活更美好。这是一个探讨新世纪人类城市生活的伟大盛会，有 200 多个国家和 45 个国际组织参加。世博会举办期间，大量观众通过参观中国馆和外国国家馆陈列的众多最新科技文化展品，聆听高峰论坛上专家的研讨阐述，对于未来 30 年的社会经济发展、人文环境、衣食住行等，都增加了了解，有了预期展望。而在 2049 年前后，人类将怎样工作，也是人们大为关注和感兴趣的问题。

　　专家预测，随着网络和人工智能的发展，未来赋予人类的是机器和机器人无法取代的指挥型、感受型工作。那时所有笨重、消耗体力、肮脏、危险性高的工作，都由机器人担当并完成。就是像长途汽车司机等工作，也交由机器人去处理，因为机器、机器人在运算、简单执行方面效率比较高。

　　在未来的工作中，每个人有专属的 VR 空间。上班族不用去单位上班，只需进入自己的 VR 空间连线公司。上班打卡后，针对上级下达的任务进行操作。每个人就仿佛坐在实体办公楼内，能感知周围坐满了同事。不用坐班，自己的事情做好就可离线。工作量化，目标明确。可随意支配自己的时间和工作，就像网络的中间商一样，每个人都是一个独立的公司。独立接活，独立与其他公司合作，价格市场化而且透明。工作着的人关键是要加强自己的独特技能，成为机器人无法取代的人才。

　　通过各 VR 空间工作人员的协同合作，专业公司从事着工业装配、汽车和轮船制造、建筑工程施工、交通和航空运输运送、环境监护治理、海洋养殖捕捞、无水无土栽培作物、农场果园和养殖场的管理、教育和文化交流及培训等各项事务。在工作者需要开会或集中办公的建筑楼宇，工作和生活都结合在一起。一边是供家人生活的空间，从厨房、卫生间到花园、健身房一应俱全。另一边是工作场所，包括大小会议室、雅致的会客室等。在同一栋楼里，可以完成从工作到生活的转换，不用发愁漫长的上班之路，尽可享受愉悦。

　　工作之余，工作者的各种娱乐设施也虚拟存在于网络中，甚至可以 VR 旅游。连线某处旅游基地，就能参观当地的所有景点，玩遍所有设施。饿了伸手就点击美食。购物可以实现在线选衣选物，试穿试用，包括试吃，点击下单就快速送达。

109. 未来的垃圾

垃圾堆积、围城，一直以来都是城市的危机和公害。其实垃圾是放错了位置的资源。如果实施了科学管理，分类后配以回收利用，垃圾完全可以变废为宝。

上海世博会成功举办，一些场馆展示了垃圾回收利用的精彩方式，有关专家大胆构想、设想：在未来，通过全社会的努力，人们生活中可以实现零垃圾，城市不再有垃圾。人类科技能够极大地提高垃圾回收率，垃圾经回收利用就能灵性十足，华丽转身为能量巨大的发电厂、个性另类的建筑物或化腐朽为神奇的生态园林。

未来的城市街道洁净，弥漫着花香。传统放置垃圾桶的街边，摆放着长方形的机器，上面有红、黄、绿几个按钮。这是城市随处可见的垃圾投放打折机。使用磁卡刷开机器底部，把垃圾分类投放进去，可以获得积分奖励，在交电费、供暖费时，按照积分多少打折。居家的人想清理家中垃圾，会有机器人上门收纳。当主人要倾倒垃圾，机器人还知道提醒倒入它背后的哪个分类桶，告知了重量后，它会将垃圾送往指定地点处理。

未来的社区里见不到垃圾桶和垃圾站，只设有投放垃圾管道。设有两根管子，依颜色可投放厨余垃圾和其他垃圾。管口直径约 25 厘米。垃圾投入就会在气的助推下奔向垃圾场，进行处理和再利用。使用这种垃圾气力输送系统，使垃圾流密封、隐蔽，与人完全隔离，有效地杜绝了收集过程中的二次污染，包括臭味、蚊蝇、噪音和视觉污染，优化了环卫工人的劳动环境，也避免了垃圾运输车辆的穿行。

一个家庭产生的垃圾，几乎有一半是厨余垃圾。在未来的家庭，主人把攒了一天的菜叶和果皮倒进水槽里，启动发动机开关，大片的叶皮立时被打成了碎渣，然后沿着设定的下水道流走，流向垃圾处理厂，再由那里把垃圾变为燃料。据计算，2.5 吨食物垃圾产生的沼气相当于 200 升汽油。一个四口之家一周的食物垃圾产生的沼气，作为燃料可让汽车行驶 7.2 公里。

未来的家庭物品、餐具等都可以用回收垃圾做成，像桌椅、沙发、床、地板、玩具等，有的已循环利用过几次。那时建造一个三居室大约需要 18 吨废旧材料，先建起承重的框架，再在外侧贴上砖石，内侧粉刷涂料就大功告成了。这种由垃圾材料制成的房屋非常坚固，坚固程度几乎是普通水泥房的 4 倍。房屋还有防火、防水、防风、防腐、绝缘及可回收的优点。在解决垃圾问题的同时，还为人们建房提供了好的选择。

110. 未来的医疗

　　人的生老病死是自然规律,患病是难以避免的。在未来,当人有了疾病,会有怎样的医疗救治呢?

　　有关专家预测,在科技有了新的发展,智能设备得到广泛应用的条件下,人们更会注重"防患未然",加强体检,但那时的体检会很轻松。马桶内嵌入了高科技技术,根据对使用者的排泄物进行分析,显示屏"立等可测"便显示出其健康状况。对于糖尿病、肾炎等慢性病患者来说,可以在家里完成尿液检测,随时观察异常反应。体检还可使用小胶囊,它会沿着人体肠道蠕动前行,一路拍摄,检查内脏有无大病,使用方便而毫无痛苦。

　　未来当有人患病需要医治,借助无线网络技术,通过佩戴智能传感器,就能和医生视频对话,让医生实时监测、了解患者的生命体征,然后提出治疗方法。有人在家中或其他地点遇到需要紧急抢救的情况,也不必惊慌失措,只要在手机上按下报警号码,手机屏幕上就会显现急救人员,远程了解病人的状况,并快速赶往现场,实施抢救。整个抢救过程都会实时传输回指挥中心,有专家可通过网络及时指导调度。

　　未来当人患病需要护理照顾时,专业的护理机器人就会上门提供服务。机器人能为患者打针、敷药、换药,帮病人煎药、服药,实时监测病人的血压、心率、呼吸、体温、脉搏等,并负责提醒用药、用餐、定时锻炼、睡眠起床等事项。在解除患者身体痛苦的同时,它还会和卧床病人聊家常,帮助病人在床上无线上网、看新闻、听音乐,把患者照顾得无微不至。

　　在医院,各种高效治疗仪都得到临床应用。一种便携式扫描仪不仅能快速发现体内损伤,而且能立即对损伤进行修复。这种仪器提高了超声波的强度并将波束聚焦于一点,所产生的热能便可以使出血的动脉血管愈合,对治疗脑出血等急症最为有效。

　　在口腔医院治疗室,多功能的治疗台可以将口内摄片系统、根管显微镜、种牙手机、内窥镜等无缝链接,完美控制。甚至把整形外科也植入其中,使人类口腔与面部的治疗融为一体。运用人体工程学技术,未来的牙科治疗椅采用侧悬浮设计,使诊疗更舒适。在治疗完成后,患者靠背仰起,腿部弯曲,漱口盆旋转出来,水杯感应注水,漱口盆冲水等全自动完成。如此完美的设计,让患者能轻松、舒适地接受治疗,将其紧张痛苦感降到最低。

111. 未来的养老

当前,世界很多国家都进入了人口老龄化阶段。生病老人谁来照顾?孤独老人谁来陪伴?老年人的生活质量和精神慰藉谁来关注?这些老年人遇到的实际问题越来越受到关注。而到了2049年前后,那时的养老会是怎样一种状况呢?

专家预测,未来会有众多老年人住进充满人性化设计的"老龄公寓",种种高科技细节设计表现出对老人的关照呵护。一把健康检测椅,坐上去不仅能测出体重、血压、脉搏,通过屏幕显示,使老人对自己的健康状况一目了然,这些信息还会被传递到就诊医院主治医师的监测系统中,为医院的远程监控和及时治疗提供了帮助,让老人免除了去医院排队检查之苦。在这里,所有家具都设计成可以升降的,老人不必攀上蹲下,就能方便使用。连抽屉都是触摸式开关,床柜处、手腕上都有紧急报警按钮,发生紧急情况可随时求助。卧室的床通过遥控,可帮睡卧的人抬起身,还能帮助行动不便的老人翻身。

这里的智能机器人会帮助老人们做所有家务,如收拾房间、洗衣、烧饭,还能搀扶老人行走、遛弯儿等。它们还会陪老人聊天,为老人讲新闻,还能为老人拉小提琴,或唱上一曲,堪称称职的老人护理员。

生活在这里的老人感觉不到寂寞孤单。身体健康的老人可以选择心仪的项目健身、娱乐,不能自理的老人也可在此长期居住。走进敞亮的餐厅,在一排"智能厨房"机器上通过指纹密码识别后按下按钮,不大一会儿,机器就根据他的健康状况制作出一餐食疗美肴。在楼外,有鲜花盛开的草地和潺潺的溪流,三三两两的老人在溪边垂钓。还有老少三代的家庭举行生日聚会,或眺望美景,或闲坐聊天,一派温馨的景象。

德国在上海世博会上展示的"多代屋"养老模式也有了创新推广。未来在养老机构的客厅里,孩子们围着老人,递上咖啡,为老人弹琴唱歌,年轻母亲则忙碌准备着丰盛的晚餐。这其乐融融的一家人并没有血缘关系,而仅仅是一个社区的居民。这样的设置为老人开设了陪护服务,也为儿童提供了看护服务,年轻人来此当义工有了用武之地,体现了人生价值还参与了老少同乐。对于一些"空巢老人"来说,参加这里的活动,可以让精神上的寂寞得到慰藉。一些老人把经常到此的孩子当作了自己的孙子、孙女,建立了祖孙一样的情感联系。

112. 未来的服装

未来的居住区将是集节能、绿色、智能于一体的新型社区,人们的衣食住行都嵌入了新元素,完全颠覆了以往的模式。就服装来说,智能化、个性化、方便、节能、环保,是未来时期的特色。

专家预测,未来的衣柜不只是存放衣物的空间,衣服也不仅仅只有保暖和美化自身的功能。嵌入太阳能芯片的蓄电服装,以转化装置和专用插口可为手机等充电;安装了智能显示屏的衣服,能够让人随时有计算机相伴;带有传感器的衣服,则能通过检测人体温度、脉搏和皮肤的导电性来核定人的情绪,并能够以发声发光警告。

那时的人要外出,站到穿衣镜前选择服装,按下按钮后,一款款衣服连同配饰,都会穿戴在身上显现。衣服的颜色、肥瘦等都可调换,直至"挑"出了主人最满意的一套服装。选购新装也很简单,在穿衣镜前报出存档的服饰信息,就可以从镜面一侧的滚动条上轻松翻阅。轻轻一点,镜面就会有模特穿着被选择的上衣、裤子、裙装、鞋袜显现,各种穿戴效果一目了然。足不出户就可以试穿商店里的新款服装,看中了再下订单。想个性化穿着,选定好衣服的样式、颜色以及尺寸等细节,发给制衣工厂,不到 1 小时一套衣服已制造完毕,并通过高效的物流系统速递到家中。

未来选择穿衣便捷,制衣也有多种工艺。一种"喷罐面料",由棉纤维、塑胶聚合物和可溶解化学成分的溶剂组成,装在小罐里。只要将喷嘴对准身体轻轻一喷,一件衣服就"天衣无缝"地穿到身上。喷制一件衬衫时,液体混合物一接触皮肤立即变干。喷制完成后可以脱下它,而且可以清洗,之后重新再穿。若是穿久厌烦了,就可使其自行溶解。而这种材料还能再次用于喷制新衣,或修改原有的设计,变为新的款式。

到那时每件衣服下边都贴有一个标签,标注着这件衣服的原材料,如报纸、竹藤、家具等,都是以废弃物为材料再加工制作的。经过高新工艺加工,这些衣服都实现了华丽转身,变得耐脏、耐磨损、防雨、防风、吸湿、透气、阻燃、速干。有的衣服还标明具有瞬间降温的效果,当面料接触到皮肤后可以产生降温 1—2 摄氏度的冰凉感。若长时间在日光照射下,凉感温差还可调低 3—5 摄氏度。这让人有了穿在身上的"空调"。制衣的面料经处理都是可降解、易降解的,可以回收再利用,入土也可以成为肥料,或被分解为二氧化碳和水,不会对环境造成任何有害影响。

113. 未来的饮食

　　在上海世博会中外场馆中,展出了不少未来时期饮食方面创新发展的前瞻构想和产品。专家预测,到了 2049 年前后,人们在饮食品质上会有一个很大的飞跃,从而享受到更多的口福。

　　那时人们的住处有开放式的大厨房,还设有微型养殖园,上层种植水果蔬菜,下层水池养殖鱼虾。几平方米的面积可年产叶菜二三百公斤,足以满足一个家庭对蔬菜的需求。蔬菜种植在栽培床上,营养液通过智能检测系统按需供给。因为没有土壤、空气和虫害的污染,蔬菜为绿色食品,释放出的氧气还可以净化室内环境。

　　厨房使用的冰箱有触摸屏幕。点击触摸屏幕的物品选项,即会跳出该食品的产地、购买存放日期和新鲜程度。当冰箱内的存货不足时,冰箱会提示自动补货。从冰箱里取出食材,冰箱的"烹饪指南"功能就会显示出这些食材可以组合出哪几道菜肴,并播放出烹调做菜的视频。有的智能冰箱就是一台全自动做饭机,取代了烤箱、微波炉等。那时当有亲朋来家里做客吃饭,不必赞美厨师,而应该赞美冰箱。

　　在厨房烹饪做饭的可以是机器,也可以是人形机器人。凭借安装的系统软件,机器人擅做国内外名菜,光一个炒就会煸炒、干炒、熘炒、滑炒等十多种技法,让一般厨师也望尘莫及。机器人采用特殊的加热技术,灶上温度瞬间可达到几百度。无论是煎炒烹炸,还是爆焖蒸煮,各式菜肴的制作,都可以在几分钟时间内完成。在机器人烹饪菜单上,标有各式中外菜肴五六百种,一日三餐,半年时间可吃得不重样。

　　那时的人造食品更是大行其道。把骨胶原作为肉质生长点,与从动物身上提取的肌肉细胞对接,这样"肉"就生长出来了。这种人造肉含有丰富的蛋白质、氨基酸和维生素,还有各种酵素。

　　厨房给人美食享受,又是一个环保空间。里面不用煤,不用燃气,而是采用生物能。所有餐厨废弃物全部进入循环系统,被降解为沼气,变成能量为厨房运行所用,从而实现了二氧化碳的零排放。一些人家还制作了饼干盘碗、巧克力筷子,饭后就可以把它们当甜点吃掉。多余的"碗筷"经过处理,第二天又可以作为餐具摆上餐桌。

114. 未来的居住

专家预测,未来很多人会住进"蚁穴大楼"。这样的建筑是模仿白蚁的巢穴结构而造,通过内部通风系统,让大楼处于恒温环境中。一座大楼可住进 10 万人,相当于一个超大型社区。楼体由一层层六边形单元拼成,每一个六边形单元中,都有着不同的户型设计,内置形状各异的家具。在 2049 年前后,人们已经住上了"流水线住宅",可以通过定制的方法,定做一套心仪的住房。房子在工厂里源源不断生产着,在结构稳定的同时,可满足不同人群的需要。

在人们居住的大楼里,有智能住宅管理系统,使用严格的安保技术。以生物特征识别装置,对每一个进入大楼的人严格进行检查并记录。这是没有钥匙的大楼,却可以让人通行无阻或寸步难行。楼房体积庞大,却安装在"软垫子"上。柔软的橡胶水泥灌注在支撑架之间,在支撑楼体的同时,能够吸收地震等灾害带来的冲击,可以抗击 9 级地震。在每个房间四个角落都装有出气口,一旦房屋内发生火灾,就会从出气口喷出高效无毒无害的气体,有效灭火,且不会造成喷水使家中物品受损。

在每家居室里都安装了发电地板,可以在地板上跑步、疾走,也可以蹬踏自行车,在健身的同时产生电能,用于室内照明和为电器充电。居室的内外墙、天花板,采用幻彩技术装饰,墙面使用独特的发光装置,不仅可以变换各种颜色,还可以拼出各种图案。使用壁纸的,可以根据自己的心情改变壁纸的色彩、图形,有"72变",还有"360 选"。

在智能住宅管理系统中,每家住户都是一台服务器。通过控制中枢,可以随时收集居住者的健康情况等信息,并进行需求分析处理。所有用户都可以通过它预约体检、预约各种生活用品,系统会自动将这些信息分门别类地发给不同的部门办理。每户人家还安装有一个碳排放计量表,当发现有的人家排放超标,就会启动资源回收系统的"碳吸附"装置,通过人工叶绿素反应,将二氧化碳转化成氧气,维护大楼的正常"呼吸"。

就像住宅中会有客厅一样,未来家居中都会有一面"生活墙"。10 米长的墙面是超大屏幕,除了能够播放视频,更重要的是能够与使用者的肢体进行智能互动。电脑、电话、音响等功能会各自呈现在这面"墙"的适当位置。这"墙"相当普通,却又几乎无所不能。它可以控制家中各种电器,随时添加更多的桌面应用,可以与远距离的亲友进行高清晰的视频通话,将照片分享到互联网上等。

115. 未来的出行

按照上海世博会中外场馆车联网概念的展示，专家预测在 2049 年前后，人们在出行方面，行车、停车和用车习惯等都将发生颠覆性的改变。车联网指装载在车辆上的电子标签通过无线射频识别等技术，实现在信息网络平台上对所有车辆的属性信息和静、动信息进行提取及有效利用，并根据不同的功能需求，对所有车辆的运行状态进行有效的监管，提供综合服务。未来汽车会实现电气化、智能化和无人驾驶，车与车之间，车与路之间会具有交流功能，交通拥堵、污染和交通事故将成为历史。

那时的人要乘汽车外出，上车后通过"脑机交互芯片"，说出目的地，汽车自动接收到位置信息、交通信息后，就会开始自动行驶。人们开车出行，不必再考驾照。有安全系统监控，也不会发生酒驾、疲劳驾驶等造成的交通事故。行驶过程中，智能自动交通系统启动，汽车会根据其他车辆、行人、交通设施以及其他物体实时发送的运动信息，选择路线并进行安全规避。该减速时减速，该让路时停车，所走路线必是捷径。由于汽车是智能的，可以由盲人驾驶，也可以由老年人甚至是孩子驱动。停车场车位宽裕，车辆还可以在空中停泊。那时拥有一部行驶的汽车，相当于现在人同时拥有汽车、直升机、手机等。那时的汽车不仅是零排放，开车还是一个能够给自然带来能量的环保行为。

人们外出除了乘坐汽车，还有多种交通工具可以选择。超便携折叠自行车可在 20 秒内折叠或打开骑用，折叠后仅有一个车轮大，很方便存放和携带。一款特制的双人座自行车，机器人在前座蹬车，外出者可在后座悠闲赏景。

喜欢冰雪运动的人，可以驾驶一款跑车在冰天雪地里驰骋。爱好水下运动的人，能开动一辆封闭的轿车在水浪中疾驶。太阳能房车则能带领一家人四处游玩，动力充足，想去哪里就去哪里，想开多远就开多远。

在城市里还开通了单轨索道，有车厢，与公园景区的缆车相仿，但它落地，乘坐舒适，上下方便，速度可达每小时 30 公里。还能从城市上空跨越。还有一种火车拖运，通过 GPS 系统与火车头联系后，用户的车可以与火车挂钩，沿火车的路线行驶。临近目的地，可发出信号，要求"释放"，与火车脱离。

未来到太空出行，也将成为可能。专家预测，未来 50—100 年间，个人飞船就会升空。

战争兵器

1. 战史之最

世界上最长的战争,发生在英法两国之间。1337年,金雀花王朝统治下的英格兰王国与瓦卢瓦王朝统治下的法兰西王国,因为国家间经济、国际关系等原因爆发了战争。战争持续打了116年,被称为"百年战争",直至1453年以法国获胜结束。

世界上宣战时间最长的战争,发生在英国南部锡利群岛与荷兰共和国之间。自1651年开始,双方持续了335年一直处于宣战状态,事实上双方没有任何人员伤亡,甚至没动用过一件兵器。直到1986年锡利群岛与荷兰签订和平协议,宣布战争结束。

世界上最短的战争是英国与尚吉巴(现为坦桑尼亚的一部分)之间的战争。它发生在1896年8月27日,英国舰队向自封为尚吉巴苏丹的哈里德发出要他离开皇宫投降的最后通牒。从上午9时零2分英舰开始炮击到9时40分哈里德出面投降,战争历时仅38分钟。

世界上损失最为惨重的战争是第二次世界大战。先后有60个国家和地区的20亿以上的人口被卷入,作战区域面积超过2200万平方米。参战国在这次战争中,死伤军民共达9000余万人,其中死亡人数为5120余万人,经济损失超过5000亿美元。

世界上规模最大的空战是"二战"期间的不列颠保卫战。1940年7月,德国出动2400架作战飞机,企图通过轰炸夺取入侵英国的制空权,英国战机进行了英勇的抗击。至10月份战斗结束,英军击落德机1733架,英损失飞机915架。

世界上规模最大的城市保卫战是"二战"中的列宁格勒保卫战。从1941年9月9日至1944年1月27日,列宁格勒被德军围困。该城的军民仅由于饥饿而死亡的人数即达64万多人。城内军民在防御和反击中粉碎了德军约50个师的进攻,最终保住了城市。

世界上规模最大的坦克战发生在"二战"期间苏联的保卫战中。1943年7月,德军和苏军在库尔斯克会战,双方共出动坦克和自行火炮1200辆。交战中德军损失坦克400多辆。

世界上一次参战舰只最多的海战于"二战"中爆发在太平洋海域。美军和日军于1944年10月22日在莱特湾激烈交锋,其中美军出动军舰166艘,日军出动军舰65艘。这场大规模的海战日军战败,美军获胜。

2. 奇特的战争

战争是残酷无情的。世界上所爆发的战争,有些是因为一些小事或小摩擦引起的,让人感觉奇特和不靠谱。

世界上爆发过两次"辣椒之战"。在古老的欧洲,辣椒是财富的象征。公元408年,西哥特人因向意大利索取辣椒不成,出兵攻占了罗马城。结果,意大利用了3000磅辣椒,才购回了罗马城。无独有偶,1499年,西班牙用庞大的船队从印度运回大批辣椒,荷兰人得知消息后,派出大批舰船进行拦截,从而爆发了一场大海战,数千人为此丧生。

因为胡子的剃留,在欧洲曾引发一场"胡子之战"。1136年,法国国王路易七世与阿奎丹公爵的女儿埃拉诺结婚时,得到法国南部两个省的陪嫁。路易七世有一脸漂亮的胡子,让王后喜欢。但路易七世从十字军中回国后剃掉了胡子,且不愿再留。王后认为国王不再英俊,开始冷落他,最终与他离婚。埃拉诺不久改嫁英国国王亨利二世,并要求路易七世将两个省的陪嫁转交给她的新夫。路易七世不肯交出,亨利二世便对法国宣战。这一战打了301年,直至1453年才结束。

欧洲也曾爆发过一场"马桶之战"。1294年,位于现在意大利北部的博洛尼亚市还是一个城邦。当时有个军人从这个城市逃到了北边的摩德纳,并带走了一个给马饮水用的军马桶。博洛尼亚方面要求摩德纳市归还那只军马桶,但遭到了拒绝,于是两个城市之间爆发了战争,一打打了23年。双方伤亡都很大,摩德纳最终保住了那只军马桶。如今那只军马桶陈列在该市的博物馆里。

在南美洲曾爆发过一场"邮票之战"。南美洲中部有一片面积约80万平方公里的冲积平原,名为"大查科"。20世纪二三十年代,玻利维亚和巴拉圭两国都声称对大查科拥有主权。1930年,玻利维亚发行了一张邮票,上面印有大查科地区的图样,并标注有"玻利维亚的大查科"字样。巴拉圭政府紧随其后发行了一张尺寸更大的邮票,印上"巴拉圭的大查科"字体。很快双方都失去耐心,直接调动军队开战。两国打了3年,都大伤元气,只好签订了和约。

在中美洲曾爆发过一场"足球之战"。1969年6月,洪都拉斯和萨尔瓦多两国的足球队,为争夺世界杯足球赛的资格,在比赛中发生严重的冲突,使早已紧张的两国关系进一步恶化。赛后两国即断绝了外交关系。7月14日萨尔瓦多军队向洪都拉斯腹地推进,揭开了战争序幕。双方交战了8天,死亡近3000人。

3. 战争中的乌龙

战争中敌对双方浴血拼杀,有时在攻击敌方时也会意外地伤到自己,出现乌龙事件。

在 1916 年 12 月第一次世界大战期间,意大利与奥地利军队为争夺杜鲁米达山展开一场激战。当时正值寒冬,连下了三天罕见的大雪,山顶的陡坡处形成了高耸的雪峰。这时双方将领几乎同时想到了炮击雪峰诱发大雪崩,以吞没对方军队的做法。于是双方大炮一齐向雪峰猛烈轰击,刹那间,山上厚厚的积雪铺天盖地向下倾覆狂压。这不仅使敌方军队被雪崩吞没,本方军队也遭到灭顶之灾。事后统计,两天之内双方死于雪崩者达 18000 多人。

第二次世界大战开战后,一场潜艇与反潜艇战在英伦三岛海域展开。1939 年9 月 5 日,英国岸防航空兵驾驶一架"安桑"式飞机,在苏格兰西岸巡逻时发现一艘在水面航行的潜艇。看到潜艇要下潜,"安桑"飞行员瞄准潜艇,投下两枚重磅炸弹。谁知其中一枚炸弹落到海面的一瞬间,好像皮球碰上石板一样立即弹回空中,并在空中爆炸。结果弹片正好击中了飞机"安桑",打穿了油箱。飞机失油后一头栽进大海,而那艘潜艇却安然无恙。更玄乎的是,那艘潜艇并不是德国的,而是英国自己的潜艇,幸亏没被击中,否则又是一场误伤的灾难。

1941 年 12 月,日本偷袭了美国的珍珠港,使美军蒙受重大损失。美国政府决心给日军一次毁灭性的打击,于是秘密制订了一个"蝙蝠轰炸日本"计划。他们捕捉了 200 万只蝙蝠,设计将装满凝固汽油胶体的盒子固定在蝙蝠身上,时机一到,就将蝙蝠投放到日本国土,烧毁大量建筑物,其中肯定有重要的军事目标。然而这项计划在试验中却完全出乎意料,蝙蝠不飞向预定目标,而是返回故里。蝙蝠身上绑的燃烧弹在墨西哥一个军用飞机库爆炸,机库被彻底烧毁。这样的结果是美国人事前绝不能想到的。

1942 年 3 月,天气寒冷。在"二战"期间的欧洲北海,英国战舰"特林涅达号"与一艘从战场上撤下来的德国驱逐舰狭路相逢。交战中德舰弹药耗尽,只好掉头逃窜。"特林涅达号"则杀气腾腾,全速追赶,在距德舰不足 500 米时,发射一枚大威力的鱼雷。鱼雷尾部甩出一道急浪,以每小时 45 海里的速度直扑德舰。舰上的德国人乱作一团。然而不可思议的事发生了,水中鱼雷突然转向,划出一道弧线,掉回头冲向自己的主人。"轰"的一声,"特林涅达号"中部遭受致命重创,半小时后沉入海底。事后经科学家调查得出结论,因为鱼雷的舵盘或舵翼被冻得变了形,才造成了这场英国人的悲剧。

4. 动物参战

在古今中外战争史上，记载了不少有动物参战助战的战例。

在距今5000多年前，中华大地上的黄帝曾利用凶猛的野兽，打败了入侵的蚩尤军。交战中黄帝率兵诈败，躲入丛林。蚩尤不知是计，领兵进入埋伏圈。只听一声暗号响起，经黄帝捕获驯养的大批熊、罴、虎、貔猛然冲出。这些怪兽张牙舞爪，咆哮扑咬，吓得蚩尤兵将魂飞魄散，落得一败涂地。

宋代时毕再遇和金人作战，宋营兵少，毕再遇采取了借羊退却的计策。他弄来一群羊，把羊倒吊起来，让羊的前蹄抵在鼓面上，羊挣扎乱动，蹄子把鼓敲得咚咚响。在一片鼓声中，毕再遇悄悄把军队全部撤走了。当金人发现是羊在击鼓，宋兵早已走得无影无踪。清代道光年间，林则徐在广州查禁鸦片。为挫败英国海军的嚣张气焰，在英舰来偷袭时，林则徐摆了个"黄蜂阵"。清兵用尿壶装满黄蜂，封住壶口，罩上清兵的红缨笠伪装成水兵，退潮时漂向英舰。英军以为清兵进攻，枪炮齐鸣，打得尿壶破碎，成群的黄蜂一齐向英舰扑飞过去，蜇得舰上官兵一个个鼻青脸肿，哇哇怪叫，连忙掉转船头逃跑。

动物在国外战事中也屡立奇功。公元前埃及法老在对外征战中，驯养大批猛狮打头阵。狮子骁勇凶悍，因害怕狮子的血盆大口和拼命撕咬，敌兵无不望风溃逃。公元前376年，印度皇帝波尔与马其顿国王亚历山大在吉达斯普河交战。波尔骑在巨象上，率领200头战象冲锋陷阵，锐不可当。公元前184年，在地中海东部比提尼亚和帕加马两国爆发海战。支持比提尼亚的汉尼在开战前让水兵大捕毒蛇，装在陶罐里。交战中两方船只靠近，汉尼下令抛出陶罐。陶罐在敌船上破碎，毒蛇纷纷蹿出，见人就咬，很多人猝不及防被咬伤中毒落海。比国大获全胜。

在第二次世界大战中，很多动物也成为"英雄"。苏联驯养了很多军犬，它们携带炸药，冲向德军坦克底部防护薄弱的部位，曾炸毁了大批德军坦克。美国的军犬能帮助通信兵架设电报线，甚至学会了接通电话线和打结。在东南亚战场上，大象、骡子成为物资运输的重要工具。英军在北非组建了骆驼突击队。波兰军人曾将一头熊"征召入伍"，在意大利卡西诺战役中，这头熊帮助波兰士兵搬运武器弹药，干得劲头十足。"二战"期间，英国共培养了25万只信鸽，有32只被授予了"迪金奖章"，这是最高等级的动物勋章。

5. 遭遇动物"杀手"

军队与敌交战,有时还会遭遇一些动物的侵害,甚至会被灭掉精锐之师。

1942 年,法西斯德国的著名战将隆美尔,派出一支德军精锐部队长途跋涉,迂回穿越非洲原始丛林,直插英军后方。到了夜间,当德军士兵宿营在丛林熟睡时,受到了非洲黑刺大腭蚁的攻击。黑褐色的蚂蚁数以亿计,黑压压突然涌来,转瞬之间扑到帐篷内士兵身上,疯狂蜇咬。顿时丛林中发出了士兵撕心裂肺的哀号。有的士兵赶紧拿起火焰喷射器向蚁群喷射,但蚂蚁太多了,它们从四面钻到人的身上,凶狠地咬住手、胸、颈部、面颊等处,把浓烈的蚁酸和蚁毒注入人体。当一切复归平静,另一支德国部队进入这片丛林查找,看到在几平方公里的地面上到处是骷髅架,经清点有 1764 具。这支部队出发时为 1801 人,其他 37 人下落不明。在现场还有大批蚁尸。一支精锐之师就这样葬身蚁口。

1944 年秋天一个晚上,在意大利南部山区的铁路线上,一列满载士兵的火车从贝瓦诺车站开往前线。列车开行两小时后,被迫停在了一处 S 形隧道里,而车上的 500 多名士兵已全部死亡。原来隧道内阴暗潮湿,有大批癞蛤蟆趴在铁轨上。列车驶入,车轮上沾满了被轧死的癞蛤蟆黏液,如同涂了润滑油,使车轮在原地打滑。司机拼命添烧煤,想冲出隧道,但车轮始终空转不前。战争期间,列车上烧的是劣质煤,散发聚集了浓度很高的一氧化碳,加之 S 形隧道通风不畅,致使车上的士兵在睡梦中因煤气中毒全部丧命。

在"二战"太平洋战争中,侵略缅甸的日军在孟加拉湾兰里岛遭到英军的猛烈攻击。1945 年 2 月 19 日夜,走投无路的 1000 多名日本陆军官兵被围困在没腰深的沼泽地内。而这一带是鳄鱼的巢穴。夜深之时,潮水退后,这些数米长的凶残食人鳄鱼倾巢出动,向深陷在沼泽里无法移动的日军官兵发动了袭击。呼号、悲鸣和怒号响彻夜空,鳄鱼疯狂撕咬吞食日军官兵,惨叫声整整持续了一夜,包围着的英军也清楚地听到了这种悲鸣。天亮后残存的日军官兵仅有 20 人。这是世界上人类被动物吃掉最残酷的一次记录。

美军"印第安纳波利斯号"巡洋舰在 1945 年 7 月运载原子弹重要部件和浓缩铀,赶往马里亚纳群岛,最终促成了对日本广岛的轰炸。但这艘军舰在完成任务返航途中被日本潜艇击沉,幸存下来的 900 名士兵漂浮在海面上,等待救援。就在这盛夏之际,大批远洋白鳍鲨朝遇难者猛扑过来。它们吞食死亡士兵的尸体,也撕咬活人,一到晚上更加疯狂。很多士兵被吃掉,一些被咬的士兵挣扎惨叫,他们的血让鲨鱼咬得更凶。直到落水后第四天,317 人才获救,其余几百人大都葬身鱼腹。

6. 战场上诞生的美食

战争给民众的生命财产带来巨大的损害。不过在战争期间也催生了不少发明,诞生了一些美食。

锅盔是一种圆形的面食,以麦面揉成面团,放浅锅慢火烘烤,烤得外表斑黄能久放,便于携带。相传锅盔是秦兵征战的随行军粮。那时唤作"墩饼",士兵往往将两个墩饼同时携带,钻孔后用牛皮绳系好,前后胸各搭一个。这一特殊携带方式,让墩饼起到了盔甲作用。当搭在士兵身上的墩饼中了箭,士兵拔出,还可反射向敌军。

炒面是我国北方常见的早餐品种。炒面主要由大米、黄豆、芝麻等磨细,再用油炒熟,吃时可加开水拌开。早在春秋战国时期,行军征战的士兵就随身携带炒面,古时叫"糗粮"。当时的做法是将米、麦、小米、高粱等谷物炒熟,有粒状的,也有碾成粉状的,都便于作战时携带和食用。这是最早出现的军队野战食品。炒面一直被沿用到近现代,抗美援朝时的"一口炒面一口雪",就是当时战争之艰苦的真实写照。

冒菜是成都的特色菜。将各种蔬菜用竹勺装好煮熟后盛到碗里,再舀一勺麻辣鲜香的汤汁即可食用。相传东汉末年时军队由于连年征战出现了多种疾病,军医在饭菜中加入了一些中药,防病治病,口味也佳。后又经改良,将药做成卤料,更受将士欢迎。因蔬菜多为烫熟,故曰"冒菜"。

相传,元代忽必烈亲率大军南下远征,行军路上腹中饥饿想吃清炖羊肉。厨师赶忙烧水、切薄肉片。这时探了来报,敌军逼近。厨师看忽必烈饥饿难耐,便把切好的肉片在沸水锅里涮了涮,捞出,撒了调料端上前去。忽必烈一吃觉得可口,放下碗筷后出营迎敌,不久凯旋。他又让厨师做涮食的肉片,还让麾下的将领们一起品尝,大家吃了也赞不绝口。一道美食"涮羊肉"就这样诞生了。

明代抗倭名将戚继光带兵日夜行军打仗,连进餐的时间也没有。为了不让部下饿肚子,戚继光传令制作一种中间留有孔洞的小饼,穿成一串发给士兵,可以挂在身边,套在颈上,便于随时充饥。这种小饼不软不硬,咸甜可口。四乡老百姓也都学着烙制,明军到来就献饼支援。这种饼被称为"光饼",一直流传至今。

蚵仔煎又叫海蛎煎,是韭菜和牡蛎结合的南方小吃。相传,明将郑成功收复台湾后,节节败退的荷兰殖民者将米粮全部藏匿起来。找不到食物的郑成功军队只好就地取材,将蚵仔、地瓜粉和水一起煎成了饼吃。以后这种吃法经不断变化,就成了福建一带广受欢迎的鲜香美食。

7. 食物也是兵器

食物是果腹充饥之物。但在战争的紧急关头，一些食物竟也能充任兵器。

1532 年的一天，美洲印第安人为抵抗西班牙人侵占村庄，选派了几个年轻人，每人携带一个燃烧的小炉子守卫阵地。当入侵的西班牙士兵靠近，印第安年轻人就掏出一大把常吃的红辣椒面撒在火炉上，只见刺鼻的烟雾腾空而起，顺风势向敌人扑去，呛得入侵者泪流不止，拼命咳嗽，只得仓皇而逃。

1865 年，南美洲巴西和乌拉圭之间爆发冲突，在海上展开连番恶战。在一次交战中，一艘乌拉圭军舰上的炮弹打光了，舰长情急之下想到船舱堆放有大袋大袋奶酪，便命令全部搬上甲板。舰长指示炮手，装填火药，再放入奶酪发射。舰上火炮便又重新怒吼起来。几枚奶酪"炮弹"接连击中巴西军舰，巴西舰长见势不妙，慌忙撤退。乌拉圭人就此取胜。

"二战"期间，美国为向中国敌后战场的军民提供武器，把主意打到了面粉上。战略情报局的特工把一种 C 型粉状炸药带往中缅边境。这是一种将面粉和 TNT 炸药混合在一起的特种炸药，表面上看和普通面粉没什么两样。通过日本哨卡时如果被拦住，可声称是运送面粉，不相信还可吃点下去。C 型粉状炸药对身体无害，不得已时可以食用。运输人员运送面粉过卡交给中方后，把这种面粉制成大饼、面包等形状，插入雷管，就能定时引爆。"二战"时期共有 15 吨这种面粉炸药，被悄悄运到中国战区并投入使用，其间日本人没有发现任何破绽。

美国海军"奥巴农号"驱逐舰在"二战"中战功赫赫。最为传奇的一幕发生在 1943 年 4 月 5 日。那天，奉命在太平洋上执行巡逻任务的"奥巴农号"，突然与浮上水面的日本潜艇"RO-34 号"遭遇。它们周旋中平行于海面，几乎贴在一起。驱逐舰上的大小火炮无法开火，因为舰上的炮口难以调低。这时日本潜艇上的水兵嚣张起来，纷纷跳上甲板，准备用步枪和小炮开火。眼见敌人的枪炮攻击就要招呼过来，美舰上的水兵们瞥见甲板角落堆着大堆的土豆，一拥而上抓起投向潜艇。正在瞄准的日本兵看到黑乎乎砸来的圆状物体，以为是手雷，惊恐万状，扔下武器就往艇内钻。日本潜艇一面迅速下沉，一面加足马力仓皇逃窜，结果一头撞上海下暗礁而葬身海底。一堆土豆竟终结了一艘潜艇。

8. 战场上的火攻

以纵火来作战,古已有之。在古代著作中提到的火攻战例,不胜枚举。仅《三国演义》一书中,就能读到蜀军师诸葛亮火烧博望坡、火烧新野、火烧赤壁等故事。其后诸葛亮还使用了 100 只口吐火焰、鼻喷黑烟的木兽,又用火攻杀败了藤甲军,一次次降伏了孟获。在火烧上方谷一战中,多亏一场大雨才使司马懿父子死里逃生。

火攻,往往能出奇制胜,以少胜多,以弱胜强。在我国古代,借助于动物实施火攻获胜的战例有不少。战国时期,燕昭王以乐毅为将,攻伐齐国,数日内攻取齐国 70 余城,只有莒城、即墨不下。即墨人推田单为主将,田单使反间计,使燕王召回乐毅,复派骄横的骑劫为将攻齐。田单假称向燕投降,暗中集结了城里的千余头牛,做绛色僧衣披于牛身,并画五彩龙纹,在牛角插上短刀,牛尾束上苇草。入夜焚烧牛尾,纵牛出城,牛被火烧痛,发怒冲向燕军。燕军夜见奇物闯来,以为神物降临,军心大乱,夺路溃逃。田单挥师大败燕军,奠定了齐国复兴之基。

东晋时,羌人酋长姚襄兴兵犯境,晋将江逌率兵迎敌。看到羌兵众多,营栅坚固,江逌先派人筹集高大雄鸡几百只,用长绳把鸡拴住,在鸡身上系放很多硫黄等引火物;带至营垒前,以火点燃鸡身。霎时,一群火鸡惊飞,急冲敌营,鸡翅拍击,煽风点火。"火鸡阵"顿时令羌营大乱,江逌乘势率部冲杀,大获全胜。

相传唐代时,名将薛礼率军围攻戈苏文占据的岩州城,攻之不下。薛礼便让部下捕捉麻雀,放笼中饿之,又把城外柴垛烧光。在一个刮风日,薛礼叫士兵把硫黄火药装纸袋系在一批麻雀爪上放出。麻雀直飞城内柴垛上啄食,挣断了装有火药的纸捻。薛礼再令放一批爪上系有香火的麻雀,麻雀入城乱飞乱落,城内顿时火光四起,不战自乱。薛礼乘乱率军破城。

古代的火攻,无非是使用木柴、干草等引火物和硫黄等物品,实在算不得纵火利器。所谓纵火武器,是以燃烧剂为装料,制成具有一定杀伤、破坏威力的武器。现代的纵火武器包括各种凝固汽油、燃烧弹、喷火器、喷火炮等。在越南等战场上已有自动喷火器用于作战,装甲车炮筒一条火龙飞出,车前 200 米内一片火海。目前一些国家武器库内储备有大批纵火武器。据专家分析,未来一旦有战争发生,重型喷火器将发挥出重要作用。

9. 大摆迷魂阵

迷魂阵,比喻使人迷惑上当的圈套、计谋。

我国山东西北部临禹河附近,有个杨斜村。这个村庄与一般村落规划布局不同,所有街道都是和南北方向呈大约40度的平面倾斜,由此使村庄得名。让人感觉奇特的是,这里的大小胡同和街道都是相互交错呈T形分布,有时会感觉是和别的街道不能相连的死胡同,走到尽头才会发现有一条窄巷与别处相通。这个区域曾是黄河故道,大小河流、河汊、河沟众多,地形形态极为诡异。时至今日,杨斜村及周边仍保持着奇特的建筑形态格局。外人进入杨斜村,除看到街道斜曲,斜度不一,定向各异,还会在时空上产生错觉。中午12时日在头顶,却让人有上午九十点钟的感觉;下午三四时,却又觉得是在正午。从方向和时间上都让人分不清东西南北,仿佛进入了迷魂阵。也许这个村的先民在规划村庄布局时,就考虑了战事的需要,专门规划设计了这个迷魂阵村,以预防战乱和外敌入侵。

有史料记载,战国时齐国和魏国在杨斜村附近爆发了一场大战。齐国军师孙膑和千方百计想陷害他的魏将庞涓对阵。孙膑不和庞涓硬拼,他派出一队兵马诱敌深入,然后在杨斜村附近充分利用当地复杂的有利地形巧摆九龙迷魂阵,将庞涓和魏军全歼。

抗日战争时期,杨斜村一带也是八路军充分利用当地复杂地形,打击日伪军的重要战场。敌伪部队只要走入杨斜村,就会迷路而再难走出。一次,八路军在杨斜村附近设伏,日伪军进入了伏击圈,八路军战士的枪弹、手榴弹一齐开火。突如其来的打击让敌伪军乱作一团,八路军从四面八方发起进攻,消灭俘虏了来犯的日伪军,鼓舞了八路军和当地民众的抗日斗志。

迷魂阵是古人的战法,也为现代人所用。不久前,俄罗斯军队举行一次演习,TMC-65U发烟车现身。它"吞云吐雾",短短几分钟内产生了大量浓烟,使满载排水量2万多吨的"彼得大帝号"巡洋舰"消失"在一大团浓雾之中。发烟车是指加装有烟幕发生器的军用特种车辆,这种车辆通过专门设备,对烟雾油和石墨粉进行加温雾化,喷洒到一定空间内形成烟幕,对机场、军港、弹药库等高价值固定目标进行遮蔽。专家指出,由于红外制导弹药大量存在,发烟车作为军队"原始而管用"的隐真示假手段,具有"迷魂阵"的作用和效果,在当下仍然有其重要价值。

10. 中外地道战

在抗日战争时期,中国共产党领导下的华北平原抗日根据地军民,在日寇残酷"扫荡"之下,巧挖地道,四通八达,打得来犯的日伪军魂飞魄散,有来无回,大长了中国人民的抗战士气。然而,地道战这一战斗样式,并非抗日军民所首创,而是在我国古代就已有之。

我国历史上记载最早的地道战,是在距今2400多年前的战国时期。《墨子·备穴》中就有开凿地道进行攻防作战的明确记载。三国时,地道战被用于攻城。袁绍将公孙瓒围困在易京城中,后挖掘地道,一直挖到公孙瓒部队固守的城楼下,用木柱撑住,纵火烧毁木柱使城楼倒塌。袁绍用此法最终获胜。唐代"安史之乱",史思明围攻太原。守将李光弼招募了善挖地道的军工,将地道一直挖至叛军营里的地下,掏空以木柱支撑伪装。当时机成熟,突然使敌军来个"营里地陷"。在叛军惊慌失措之际,官军乘机杀出,大获全胜。宋明时代,北方民间挖深的地窖连通成地道,用以抵御北疆游牧民族侵犯。当地百姓藏于窖中,洞洞相连,地道纵横交错,连绵数里。来犯者不知底细,不敢贸然进入。这大概是比较早的专门用于防御的地道战了。

地道战的战法也用于国外。第一次世界大战爆发,法国面对德国的强大攻势,于1917年在北部阿拉斯雇用了500名矿工,大挖地道。整个地道网络由两个"大迷宫"组成,每个长约20公里,能够容纳2.5万名士兵。英法联军利用地道,从指定的出口冲出地面,奇迹般地现身在敌人眼皮底下,向德军发起突袭,击溃了整个德军师团。阿拉斯地道战也成为世界军事史上的经典战役。

进入21世纪,地道战还在继续。从2007年开始,以色列军队对加沙等巴勒斯坦控制区实行全面封锁,哈马斯武装则将地道用于发动对以色列的"非对称作战"。仅2010年上半年,巴勒斯坦武装人员就至少发动10次地道袭击,给以军士兵造成大量杀伤。以色列军方实施了一系列反地道战策略,开发了地道探测技术,使用了遥控机车、小型机器人、精确制导炸弹、"温压炸弹"等,但这些武器装备对摧毁地道都有难度。地道战与反地道战之斗还将持续进行。

11. 抗日战争中的游击战

游击战即游动攻击,游是走,击是打。它有着合理选择作战地点、快速部署兵力、合理分配兵力、合理选择作战时机、战后迅速撤离等基本作战方式。

"游击"一词见于汉初。汉高祖设置游击将军一职,把游击部队称为"游兵""游骑""游军"。中国历史上较大的农民起义战争,都曾把游击战作为一种重要的作战形式。唐末黄巢、明末李自成、清代洪秀全等领导的农民军,起事之初,处于弱小时期,常采用出没无常、避实就虚的游击战法,灵活与官兵缠斗、周旋。这种战法,曾在反抗和推翻封建王朝中起到重要作用。

游击战在外国也有着较长的历史。在法国抗英的百年战争、美国独立战争、西班牙抗法战争、俄国抗击法国拿破仑入侵之战等,广大民众都进行了游击战,在战胜侵略者丰碑上功不可没。

"二战"期间,在中国战区后方,抗日军民遵循中共中央和毛泽东主席制定的一套具有中国特色的游击战理论和原则,依托根据地,自力更生地坚持长期斗争,使用袭击战、伏击战、破击战、袭扰战、地雷战、地道战、麻雀战、困扰战等战法,建立了水上雁翎队、铁道游击队等,以各种各样的方式,出其不意、神出鬼没地打击日伪军,陷侵略者于人民战争的汪洋大海之中。

中国抗战史上著名的"百团大战",是一次游击战与运动战相结合的重大战役。八路军参战部队的兵力达到 105 个团,故称"百团大战"。自 1940 年 8 月 20 日,打到 1941 年 1 月 24 日,分为 3 个阶段,前后共计 3 个半月时间,进行的大小战斗共计 1824 次。八路军各部和参战民众破坏交通公路,炸毁铁路、桥梁、水塔、矿区,反扫荡围困、伏击、聚歼据点和救援之敌。在整个战役作战中共毙伤日军 20645 人、伪军 5155 人,俘虏日伪军 1688 人,缴获各种枪支 5942 支、炮 53 门,破坏铁路 474 公里、公路 1502 公里、桥梁 213 座、火车站 37 座、煤矿 5 座。"百团大战"的胜利,沉重打击了日寇的嚣张气焰,鼓舞了中国人民的抗战斗志,在国际上也产生了重大的影响。

游击战发展到现在,随着信息技术的发展,新式武器装备大量涌现,对游击武装的生存能力、机动能力、作战能力和指挥艺术都提出了更高的要求。运用好现代化武器,应用空中、海上和陆地的精确打击、立体攻击以及广泛的信息、火力袭扰等战法,加强训练是当务之急。

12."无声杀手"毒气弹

毒气战即化学战。化学武器是指在战场上使用具有毒性的化学物质以攻击杀伤对方的武器。

人类首次实施毒气战是在第一次世界大战期间。1915 年,德国军队与英法联军在比利时的伊普雷一带展开决战。4 月 22 日一早,德军在百余辆军车的掩护下向联军阵地推进,联军用炮火猛烈回击。德军看似招架不住,向后仓皇逃窜,数万联军士兵跃出战壕,倾巢而出,追赶德军至一个空旷地域。这时几十架德国飞机蜂拥而至,在上空投下大批炸弹。炸弹坠地并未发出大的声响,而是腾起无数股黄绿色烟雾,向四周弥漫。联军士兵吸入笼罩的烟雾后,喉咙刺痛,呼吸窒息,紧接着口角流血,四肢抽搐倒地而亡。此时位于西北高地的德国大炮也不停地向该地带倾泻毒气炮弹。很快造成联军的一万多名士兵阵亡。10 公里长的阵地防线被德军轻松占领。这些毒气炸弹就是德国秘密研制出来的氯气弹。面对德国率先使用毒气武器并取得胜利,英法联军也加紧了毒气武器的研制,进而引发了毒气弹的升级竞赛,将芥子气、光气等都用来作战。在"一战"中共动用毒气弹 5 万余吨,直接造成 10 万人以上死亡,90 多万人受伤。

毒气战经不断发展,作为一项大规模杀伤性武器,其化学毒剂有神经性毒剂,如塔崩、沙林、梭曼;糜烂性毒剂,如芥子气、路易式气;全身中毒性毒剂,如氢氰酸、氯化氢;窒息性毒剂,如光气、双光气;刺激性毒剂,如苯氯乙酮、亚当氏气;失能性毒剂,如毕兹等。与常规武器相比,化学武器有其特殊的杀伤特性。它杀伤途径多,染毒空气可经呼吸吸入中毒,毒剂液滴可由皮肤渗透中毒,染毒食物和水可经消化道吸收中毒,一些爆炸型化学弹药的弹片也有杀伤作用。另外,它杀伤作用的持续时间长,从几分钟、十几分钟直至几天,甚至几十天。再有就是杀伤范围广,不仅对于作战士兵造成杀伤,对战区周围许多地方的民众也会产生极大危害。

"二战"后,大多数国家都认识到化学武器的巨大危害性,也在谴责使用化学武器上达成共识,于 1993 年签订、1997 年生效《关于禁止发展、生产、储存和使用化学武器及销毁此种武器的公约》(简称《禁止化学武器公约》)。这是一个全面禁止、彻底销毁一整类大规模杀伤性化学武器的国际军控条约,对维护世界和平和国际安全具有重要意义。

13. 纳粹德国的"闪电战"

"闪电战"是第二次世界大战时期纳粹德军经常使用的一种战术。它充分利用飞机、坦克的快速优势,将奇袭快袭集于一起,如同"闪电"一般,以突然袭击的方式,出其不意,制敌取胜。

"闪电战"最初用于波兰,这是第二次世界大战的开始。1939 年 9 月 1 日 4 时 45 分,德军以 6 个装甲师、4 个轻装甲师和 4 个摩托化师为主要突击力量,在一马平川的波兰西部,势如破竹地撕破了波军 6 个集团军 80 万人组成的防线。德军装甲师与空军构成快速纵深挺进,将庞大的波军分割包围。战至 10 月 5 日,战役结束,波军阵亡 6.6 万人,被俘 69.4 万人,而德军仅伤亡 3 万余人。

在"二战"初期,德军打造的"闪电战"攻势凌厉,似乎无往而不胜。27 天征服波兰,1 天征服丹麦,23 天征服挪威,5 天征服荷兰,18 天征服比利时,39 天征服号称"欧洲最强陆军"的法国。德军使用"闪电战"一举突破法国马奇诺防线,这次战役也使"闪电战"名声达到顶点。"闪电战"确实辉煌一时,堪称战争史上一大经典。在后来的入侵苏联的"巴巴罗萨计划"实施中,德军仅 3 个星期即在苏联境内推进纵深 500 公里左右。其成功的重要原因就是兵贵神速,以尽可能快的机动获得了最大限度的冲击力。

然而,"闪电战"作为特殊时期、特殊条件下的成功范例,只存在于 1939—1940 年间。纳粹进攻苏联不久,"闪电战"就失灵了,突入苏联领土的德军很快就陷入了阵地战。之后随着补给线被拉长,被截留在后方的苏军配合正面苏军的反攻,德军兵力不足,捉襟见肘,从相持、溃败,直至被赶回柏林,无条件投降。大受崇拜的"闪电战"理论在"二战"后也没有被成功实践过,试图仿效的其他国家均遭失败。

"二战"后虽然再没有像"二战"那样大规模的"闪电战"发生,但其实在现代局部战争中仍处处可见其影子。特别是当现代战争插上了信息技术的翅膀后,突如其来的"闪电战"会变得更加可怕。在计算机技术武装下,空中力量的机动力、火力,已远超"二战"时地面的装甲集团,体现出诸多的优势,使地面防御力量几乎无还手之力,对战争命运能起到决定性的作用。对"闪电战"的防范,唯有加速新军事变革,在武器装备、实战训练中励精图治,形成对方不敢轻举妄动的优势,才能防患于未然。

14. 猎猎军旗

军旗,誉称"军魂",既是领军的旗帜,也是国家武装力量的象征。

中国从原始社会后期起,即以旗帜作为聚集族人的标志,在竿头上画有象征性的物件或图形。《尔雅》记载曰:"有铃曰旗。"相传黄帝练兵摆战法,设五旗五麾,"麾"就是古代指挥军队的一种旗帜。北周时期,从军将、师帅、旅帅,至卒长,都举用一麾。明朝名将戚继光率领的"戚家军",还设有主将喝令三军的司命旗、识别将领身份的认旗等。

西方最早使用军旗的是古希腊和罗马军队。他们在一块方布上绘制猫头鹰、狮身人面像、狼等图案,对军队加以区分。在罗马时代,军旗的价值极高,是整个军团的衣食父母。有了军旗,元老院才会下发薪金,同时得到抢劫、拍卖奴隶战争等分红,在退役时拿到养老金。如果军团丢失了军旗,整个军团都会解散,所有战士就会失去饭碗和后半生的依靠。中世纪时军旗是军队集结的标志,把军旗扬起来就能在领地召集民兵作战。贵族往往让最能打仗的士兵充当掌旗官。掌旗官是战场上最荣耀也最危险的职位,他高举军旗必须做到死而不退,激战中往往死于非命。大战过后,统帅会把军旗盖在掌旗官身上。

到了近现代,世界各国军队都有了自己的军旗,有些国家军队的旗帜种类繁多,如武装部队队旗、独立军种旗、部队旗或战旗、海军舰艇旗和辅助船只旗等,甚至还有主管人员旗。可谓琳琅满目。

中国人民解放军的军旗为红底色,靠旗杆上方为金黄色五角星及"八一"两字。五角星代表中国共产党,"八一"表示中国共产党领导人民军队打响南昌起义第一枪。中国人民解放军的军旗是在革命战争时期产生和逐步成型的,在不同的历史时期曾产生过多面。1927年秋收起义,工农革命军举起了第一面军旗。1928年工农革命军改名为中国工农红军,又有了新的军旗。在1949年6月,发布了《关于公布中国人民解放军军旗军徽样式》的命令,从此中国人民解放军"八一"军旗正式在全军使用。如今解放军几大军种也都有了各自的军旗。全军指战员自觉尊重和保卫自己的军旗。

15. 嘹亮军号

军号作为军队用于传递简短命令、发出警报、准确报时,以及振奋本方士气、震撼迷惑敌人的一种喇叭形通信工具,在远古时代已经有之。从人类战争史考察,军号几乎与军队的产生相伴相随。

在中国,军号可说是由古代的"角"演变而来的。中国是世界上公认的出现军号最早的国家之一。早在黄帝时就有了号角。文字记载:蚩尤与黄帝战于涿鹿之野,黄帝乃命吹角为龙吟以御之。在这一行文字中,即勾勒出一幅两军厮杀、号角齐鸣的战争场景。在我国古代边塞诗词中,不乏关于号角的描写。唐代岑参吟道:"轮台城头夜吹角,轮台城北旄头落。"宋代范仲淹诗云:"衡阳雁去无留意,四面边声连角起。"都生动地表达了古代军人抵御外患、卫边保国的壮烈情怀。

18世纪,英国轻骑兵开始使用铜质的号角作为传令工具。到了1858年,英国军队又改进了铜质号角,将其制作成盘绕两圈的喇叭状细管体,使其吹出的声音激越嘹亮。现代意义上的军号就此诞生了。军号便于携带,使用灵活,很快被各国军队所使用。

20世纪初,中国新式陆军也开始配备军号。封建帝制的龙座,就是辛亥革命的炮火伴随着军号声掀翻的。我军在"八一"南昌起义时已有了专门的司号兵,编制在通信兵序列。在战争中流传着不少有关军号的故事。如在抗日战争时的1939年冬,八路军胶东军区5旅15团在栖霞县松山镇战斗中,曾组织司号兵吹号,分多路佯攻日军阵地。日军听到漫山遍野的军号声,误以为被包围,惊慌失措,阵脚大乱。我军瞅准时机猛烈进攻,一举击溃日军获胜。

军号是军队的通信工具。司号兵是指挥员的"传声筒",形象地说明了司号兵的重要地位。在战争年代,军队日常生活、训练、作战,基本都要听从号音指挥。从首长到新兵都必须对军号号谱熟记于心。新兵入伍后,都要进行背诵号谱的训练,记牢什么是集合号、防空号、冲锋号等。在通信手段不发达的年代,连队与上级可以通过约定的号谱用军号联系。有的部队使用军号曾吹出呼唤连长到团部开会等内容较为复杂的号谱。

如今,中国人民解放军有107种标准军号,包括勤务号、联络号、行动号、名目号、连队兵种号、战斗命令号、礼节号等。常见的有冲锋号、紧急集合号、起床号、出操号、开饭号、熄灯号等。

16. 辨识敌我的口令

一场战争爆发后，在交火双方复杂的环境中，为识别敌我，就出现了"口令"。这种"口令"之设定和使用，在中国已有 2000 多年的历史。

据《左传》记载，公元前 525 年，吴国与楚国交战。在一次战斗中，楚军竟把吴王乘坐的大船给缴获了。吴王不能忍受这种奇耻大辱，命人夺回这条船。经策划吴军派了 3 名得力的士兵化装成楚军，潜入楚军营内，探到了吴王船的隐藏地点。他们来到约定的地点，高呼三声"余皇"，有人也回应三声"余皇"，暗号接上了，前来接应的吴军顺利地把船夺了回去。从此"口令"开始在军队中使用，一般在对敌作战的夜晚，视力不佳的情况下，以此来辨别敌我。通常以单词或数字表示，且一直沿袭至今。

"口令"在长期使用中，所用内容并无规律可循。通常会选取己方所熟悉的，如本国的历史名词、山川河流、食品用品、风俗习惯等。既便于本方官兵记忆，又能避免被敌人猜到。有时候选择的内容完全是随机的。比如三国时，曹操与刘备对垒于汉中，将领问曹操晚间用什么"口令"，曹操当时呆望着碗中鸡肋苦思着进退之计，随口说道："鸡肋，鸡肋。"于是"鸡肋"就成了当晚的"口令"。

在近现代战争期间，"口令"一般一日一换，甚至几个小时一换。对一些重要目标，"口令"还分为了几个级别，从外围到核心分别设置。即便能通过第一重防线，也未必过得了二重、三重。这样就避免了外围"口令"泄露，导致入侵者长驱直入到指挥部的事件发生。

在"二战"的炮火中，"口令"战也交锋激烈。美军在诺曼底登陆后，德军派遣一支装甲部队化装成美军深入到盟军后方。德军想方设法探听到了美军的"口令"，加以利用，使美军后方人员人心惶惶，草木皆兵。为解决"口令"失效的问题，美军一方面更换了新"口令"，一方面又创造了"令中令"，除要求对方回答"口令"，还会询问一些美国的风土民情，如橄榄球队、篮球队的比赛、球星名字等，对对方加以识别。

"口令"是识别敌我、夺取战争胜利的有效手段，事关重大。"口令"在我国军队使用至今，字字千钧，在和平年代也绝不掉以轻心，没有丝毫松懈，确保了警卫目标和哨兵自身的安全。

17. 冲杀中的吼声

在战场上两军冲杀中,兵士们不会闷声不语,而会发出怒吼之声。据研究,吼声不仅能壮己方军威,在炸弹巨大的轰鸣中,还能让口内咽鼓管张开,保持耳部鼓膜两侧的气压平衡,防止鼓膜被震破。

在名著《三国演义》中,张飞当阳桥上一声吼,喝断了桥梁水倒流,这当然是对吼叫过于夸张。电影《英雄》中秦军吼喊着"风",冲锋陷阵,那是创作的。古代有《大风歌》,"大风起兮云飞扬",大风让人感到豪迈,遂用到作品里。古时秦军冲杀会喊什么? 有学者据《诗经·秦风》考证,秦人是高喊着"赳赳老秦,复我河山""血不流干,死战不休"的口号,从八百里秦川冲杀出去的。

在欧洲,古代罗马军队习惯在沉默中行军,然而一旦遇上敌人,士兵就会齐声发出战吼,震慑对手。这是一种"尖锐的音调和粗野的吟诵",士兵还会将盾牌举到嘴边,以使吼鸣的回响声更大。这样的吼声可将恐惧灌输进敌阵,让对手不战先怯。

13 世纪纵横欧亚大陆的蒙古军,在进入战斗前,会发出战吼声,蒙古勇士相信这样的吼喊,可以驱逐恶灵。

美洲印第安人也善用战吼,每个部落的战吼也各不相同。可以是部落的旧训,也可以使用新词。

俄罗斯的战吼之声"乌拉",是人们所熟悉的。自沙俄时代到苏维埃,俄罗斯士兵一直使用这一战吼,吼喊了几百年。无论是鞑靼人、土耳其人、波兰人还是法西斯,无不为之夜半心惊。据说这一战吼来自奥斯曼帝国,也有说法是受到鞑靼影响。

我军的战吼在不同的战争时期有所不同。从影视剧中可看到,士兵中喊出:"打倒反动派,冲啊!""为翻身解放,冲啊!""打倒日本帝国主义,冲啊!""为解放全中国,冲啊!"等等。

18. 影响战局的音乐

有史以来,音乐便是战争中不可或缺的一部分。音乐在战争中具有通信联络工具和心理武器的双重职能。

最早关于音乐用于心理战的记载,出自楚汉争霸的"四面楚歌"。公元前202年,西楚霸王项羽在垓下被汉军包围,汉军四面高唱楚地民歌,直接影响到战局,致使楚军军心涣散。最终导致项羽兵败,于乌江自刎。

在战争中使用音乐的最早记载出现在《旧约·约书亚记》第六章,那里面有对7位祭司吹7只羊角,带领民众攻破耶利哥城的详细描述。古希腊和古罗马的军队都曾使用铜管乐器和打击乐器,它们是现代短号和大号的前身。古希腊军队在出征时常常雇音乐家伴奏,朗诵颂诗和唱赞美歌,以激励军士的士气。

中世纪时,十字军东征改变了欧洲音乐只出现在宫廷和教堂的状况。他们把军乐带到了欧洲,而这是他们向对手阿拉伯人学来的。阿拉伯军队利用军乐团为远距离的军队传递即时命令,并赋予军乐"恐惧和恐吓"的使命。这给十字军骑士留下了深刻的印象。十字军中的军乐手回到欧洲后,被不同军队和兵团吸收,军乐乐器经改良,艺术效果更好,激励士气的作用也更大。

到了16世纪中期,欧洲各国的军队都形成了完整的音乐指令系统,士兵手册上列有诸如"行进""靠近""攻击""撤退"等种种调式。每个国家都有了自己的军队进行曲,军人必须记牢。对士兵来说,掌握这套"音乐语言"和熟练使用步枪装填子弹同样重要。欧洲军队中的一些将领还曾利用进行曲来欺骗敌方。在1618年爆发的一场战争中,一支普鲁士军队就曾演奏《苏格兰进行曲》,成功欺骗了对手。在1708年的奥登纳德战役中,英国、荷兰和奥地利联军的鼓手,就敲出了足以乱真的法军撤退曲,导致部分法军撤离战场。

用音乐鼓舞士气的最佳例子,是在苏联卫国战争时的列宁格勒。1941年10月,在敌人猛烈的进攻中,音乐家肖斯塔科维奇创作了第七交响乐,在前线寻找以前交响乐团的乐手,排练后演奏。激昂的乐曲从大量高音喇叭中传出,在苏联军民士气大振的同时,也给纳粹德军敲响了丧钟。

我军自工农红军时期起,就注重以音乐为"武器"。高唱着《三大纪律八项注意》《八路军军歌》《义勇军进行曲》《黄河大合唱》《人民解放军进行曲》《我是一个兵》等战斗歌曲冲锋陷阵,勇往直前。在武器装备落后的条件下,人民军队能够取得一个又一个胜利,音乐是重要的"精神武器"之一。

19. 飘撒在战场上的传单

传单是单页的宣传品。战地传单是战争中印有文字或图画的纸张,通过散发这种信息传递媒介,诠释"用兵之道,攻心为上"的理念,以期达到影响敌方人员的认知、情感、态度和行为等,使战争向有利于己方的方向发展。

飘飞在战场上的第一批传单,是 1912 年 1 月 10 日意大利人用飞机向敌方阵地投放的几千张劝降传单。又一次飞机撒传单出现在 1914 年 8 月 9 日,这是第一次世界大战爆发后的第 6 天。法国空军向普法战争中割让给德国的洛林地区投下的《告阿尔萨斯—洛林人民书》,传单鼓动当地民众立即行动起来,配合法军开展收复失地的斗争。这份突如其来的传单,在当地引起了强烈的震惊和轰动。

"二战"时期是战地传单发挥心理战作用的标志性时期。传单除使用飞机在空中投撒,还制成了各种宣传弹用炮体发射。弹体被抛射到目标上空时,自动裂开,抛出宣传品。1938 年 5 月 19 日,中国空军曾组织一次远航,向日本本土投放宣传单。两架马丁式 B-10 轰炸机自汉口升空飞向日本,在九州岛长崎、福冈、久留米、佐贺上空,投撒了 100 万张用日文书写的反战传单,成功实施了"纸片轰炸"。"二战"中传单传播有越境投送、国际邮路投送、空投、水投、宣传弹投送、遥控飞行器投送等,手段和工具多种多样。至"二战"结束,盟军共向敌方散发了以传单为主的宣传品约 15 亿份,仅印制传单的纸张消耗每月即达 140 吨。

"二战"后在朝鲜战争中,韩国和"联合国军"每周平均向北边散发 200 万张传单,战争期间总共散发了 25 亿张传单。朝鲜也不示弱,对南边散发了 3 亿多张传单。硝烟之战停歇后,"传单大战"却停不下来。2000 年"传单战"曾暂停,几年后又重启交锋,韩方除使用了气球新模式,还研发使用了自行火炮发射传单。

近年来的战争表明,使用传单这种心理战武器,对于冲突地区的信息散播,瓦解敌方作战意识还是十分有效的。

我军也一直重视宣传弹的研发使用,研发了俗称"纸弹"的宣传单撒布器等装备。一款 66 式 152 毫米加榴炮,可用于发射宣传弹,弹丸重 41.3 公斤。发射后飞至距地面 100 米至 200 米高度,由引信炸掉弹底,将宣传品以惯性抛出,散布落地。

20. 特种部队特种兵

特种部队即特种作战部队,是担负着袭击敌方政治、经济、军事目标和完成其他特殊任务的部队。

特种部队初建于第二次世界大战期间。当时英、美、法等国,从作战部队中临时挑选出精干官兵,组成小规模突击部队实施侦察、破坏、袭扰、绑架、暗杀等活动。"二战"后,美国、西班牙、英国等国先后组建了特种部队。越南战争结束后,特种部队得到进一步发展。美国的特种部队已成为一个新的作战兵种。名扬国外的特种部队有美国"海豹"突击队和"三角洲"突击队、英国"SAS"、德国"KSK"、俄罗斯"阿尔法"别动队、以色列"野小子"突击队等。

近年来,美国的特种部队承担着"秘密使命",为谋求扩张,在世界上绝大多数国家开展行动。已被派往120多个国家,从事多线潜入搜集情报、精确定位引导攻击、锁定目标实施暗杀等任务。美国《防务系统》杂志前不久称,军方人士建议组建"月球特种部队",以建立"月球军事基地"、抢占"制高点",控制地球战场。

我国也十分注重特种部队的建设,先后组建了三大王牌特种部队,都以动物命名。"雪豹"突击队组建于2002年,是一支国字号的反恐精锐部队,队员右臂都缀有一枚"雪豹"臂章。对想进入这个突击队的人有苛刻要求,先要进行11个月的军事技能和心理素质训练,进行6轮淘汰。每年参加选拔的几万名武警,最后只有100多人进入候补队伍,再进行末位淘汰才能入列。"猎鹰"突击队也是国家级的反恐拳头部队,由武警总部直接领导指挥。进入的门槛也高,只有在武警部队两年的正副班长和优秀士兵才有资格参选。"东北虎"特种部队属于三栖作战部队,其最主要的作战方式是,通过海陆空三栖进行立体攻击敌方的飞机场、指挥中心等。

特种部队由特种兵组成。每个特种兵在身体和心理素质上都要经过严格的训练,具有超强的耐力和毅力,能熟练掌握刺杀、格斗、渗透、爆破、驾驶、通信、化装、外语等各项技能,拥有沉着冷静、随机应变的能力。特种兵除具有非凡的才能,还要有先进的武器助力。我国的特种部队队员通常配备有国产"五宝":微声冲锋枪、拐弯枪、远程狙击枪、刀枪合一匕首枪、水下手枪等。把一大批装备都带在身上,必须小巧才行。美国推出了一种专供特种兵使用的万能铲,可挖坑,一侧锯齿可断丝网和树木,另侧刀刃可切剖物体,空心铲把能装药品、净水装置等物,并具敲击等功用。这款好用的万能铲仅重300克。

21. 隐蔽绝杀的狙击手

狙击手即是神枪手,通过隐匿自身,射杀敌方重要人员,完成一般士兵难以完成的任务。

狙击手最早出现于 18 世纪。在美国独立战争期间,美军一位名为夏普的少校军官,带领着一支独立机动的枪手队伍作战,以鹿油涂抹子弹,从远距离精确射击,射杀身穿红色耀眼军装的英军军官。在第一次世界大战中,德军挑选猎人出身的士兵,组成自由行动狙击手,对东西两线的英法军队和俄军造成了重大杀伤。英军知道了狙击手的厉害,也组织了己方的狙击手队伍。澳大利亚远征军里有一名狙击手叫沈比利,来自昆士兰州中部的小镇。他在家乡赶过大车,砍过甘蔗,尤喜欢扛枪打猎,是有名的袋鼠猎手。进入军队后他卓越的射击天赋被发现,被派上狙击点。他的狙杀记录一发而不可收,在不到 4 个月的时间里,就狙杀了敌方官兵 150 名,获得了大英帝国杰出行为勋章以及比利时战争十字勋章。到了 20 世纪三四十年代,狙击手成为各国普遍运用的战术并得到推广。有的国家军队还成立了狙击手学校,以培养狙击手和反狙击手人才。

在影视作品中常能看到,一名狙击手单枪匹马趴在草丛中,让一队敌军接连中弹毙命。这在早年战场上或许是奏效的。随着军事科技的发展,现代狙击手再想凭借一己之力,玩转一队敌军,就不是那么容易了。如今的狙击手出马,要带上一堆装备,武器包括专用狙击枪、突击步枪、手枪、军刺等;穿戴包括迷彩服、伪装帽、狙击手套、面部伪装油彩等;辅助设备包括夜视仪、望远镜、反射镜、照明手电筒、通信设备、工兵铲等;生活用品如水壶、食物、药品、驱虫剂、雨具等,以应付完成长时间的潜伏行动任务。

狙击步枪自然是狙击手随身携带的第一要物。枪上一般装有精确度极高的瞄准镜,枪管经过特别加工,精度非常高。普通步枪的有效射程在 500 米左右,狙击枪可达到 1000 米。我国在研制高水平狙击步枪上也有着骄人的成果,在"金鹰—2016"国际特种狙击手竞赛中,将中国参赛狙击队推向冠军宝座的,正是国产的高精度步枪。该枪突破了光学瞄准镜的传统使用模式,避免了重复装夹造成的瞄准误差,使武器射击精度有了质的飞跃。无论从枪体外形还是人机工效来看,该狙击步枪都堪称优秀。

22. 惩罚逃兵

逃兵指未经批准而擅自逃离队伍的士兵。

军队都会有"逃兵"现象。逃兵是人类战争史绕不开的一个话题。据统计,在美国南北战争中,仅北方的3个州就记载了超过18万名逃兵。组织度高些的南军也记载了多达10万名以上的逃兵。在整场南北战争中,美国共有40万左右的逃兵记录。在第一次世界大战中,俄国人对参与战争的准备和心理状态比其他参战国差了很多。俄军军官都是高高在上的贵族,他们把士兵当作炮灰和"替罪羊",引起士兵不满。战争初期的失败,使很多士兵杀死军官,然后集体当逃兵。在"二战"中的欧洲战场,有大量美军当逃兵。截至1945年年底,约有19000多美军开了小差,在法国、德国定居生活,或成为劳工,或成为黑市投机者,也有的当了上门女婿。英国军人当逃兵的也不少,在诺曼底战役中有7022名英军官兵因当逃兵被送上军事法庭。1947年英国政府发布对逃兵的宽大处罚命令,立即有837名各国的前英士兵向英国政府"投案"。

不管出于何种原因,对于作战的指挥领导者来说,逃兵的出现,意味着军队士气的衰落。如不加以制止,会波及更多士兵,导致军队的斗志被彻底摧毁。因此,处罚逃兵成了要处理好的紧要问题。惩处逃兵最有震慑力的自然是死刑。不过既然人已经逃了,再要抓他回来处死也并不好办。于是在我国秦代时,就使用了一种"连坐制度"。它产生的效应是,使人惧怕而不敢逃跑,逃跑后惩罚与其同吃同住的好友,这会使逃跑的人受到深深的良心谴责。使用这一"连坐制度"的,在西方还有古罗马人。

逃兵可以置别人于不顾,"连坐"的效果可想而知。以后随着时代的变迁,对逃兵的处罚也变得轻微。"二战"中英军发生了约10万件逃兵案例,但是并没有人因此而被处决。在"二战"中美军发生的逃兵案例约为5万件,最终判决死刑的只有1人。自伊拉克战争以来,美军伤亡人数走高,逃兵也开始增多。2012年陆军逃兵总数为3301人,这些逃兵中很多人又自己返回了原部队。他们逃走,军方也懒得去抓他们。军方人士披露,他们逃离对军力没什么影响,而派人追捕他们倒是很浪费时间和资源的。

23. 作战依托的工事

自古代起,军队外出作战往往需要临时性的防御设施。中外军队都会砍伐树木,做成栅栏,修筑望台等。古罗马的军队在扎下营寨后,会沿着营寨周围挖掘壕沟,再把挖出的泥土堆积成土墙,形成防御工事。

用泥土修筑工事,从中世纪的封建军队,一直沿用到第一次世界大战中。泥土随处可得,还可以很方便地堆积成形,即使遭到强大的外力冲击,也能吸收大部分动能,给工事中的士兵以保护。但泥土堆积后容易坍塌,还会将士兵掩埋。泥土细碎,搬运也不便利。"一战"中法国军队采用沙袋装满泥土来堆积工事掩体。这虽然只是简单地给泥土加了层"皮",却使工事构筑得到了很大改进。沙袋对泥土有了约束,便更容易使工事成形。有了沙袋的装载,泥土的搬运、调整都更为方便。沙袋以坚韧材料制作,可装入卵石,还能提高整体防御力。沙袋成了一定程度的"模块化",在战场上很快得到效仿和推广。

20 世纪 80 年代,在英国注册的艾斯科公司发明了一种防爆墙,它最初被用于湿地的防洪涝。美军发现了它的潜在价值,将其引入到战场上。艾斯科防爆墙的结构并不复杂,像是可折叠的大型整理箱。它以网状镀锌钢笼子为骨架,内衬聚丙烯塑料布。这样一个箱体重量不大,修筑工事时将箱笼展开,固定住,然后就可以使用大型机械往里面装卸沙石填充,形成厚重的土墙,可作为阵地、营房、哨所、机场的掩体工事。相比传统的沙袋,这种防爆墙在装填速度上大为提高,墙体也大而坚固。军队还可以根据需要向厂家定制。军人则可以依地形、假想敌和工事的规划,用各种不同的网箱,像玩乐高积木一样拼凑出不同的工事。由于这种设备本身技术门槛并不高,中国很快应用了此类设备,并加以创新。2006 年以后,在中国参加的联合国维和行动中,用类似设备搭建的营房已很普遍。

近年来,模块构件式工事大行其道,连集装箱也被用于战场。为使装配式工事适应未来高技术战争机动作战的需要,一些军事大国均在工事构件选材、设计、储运等环节上力求突破,研发使用高强波纹钢、高强铝合金、高强玻璃纤维树脂等材料,在保证工事具备较高抗力的前提下,使工事构件轻型化。可以预见,未来战场将会出现更多装配式工事,像搭积木一样实现野战阵地工程的快速构筑,以有效提升军队在战场的防御能力。

24. 藏身固守的碉堡

碉堡即军事上防守用的建筑物,除圆团形、半地下碉堡,还有城堡、桥头堡等不同样式。

现代意义的碉堡在古代并不存在,因为古代没有混凝土一类的先进建筑材料。在中国古代,为防御弓箭攻击,一般也就筑起高而较为结实的土垒。但古代碉堡也并不是都如土垒一类的临时性构筑物。在四川阿坝羌族人民聚居的自治州,为抵御入侵,早在西汉时期就建有一座座羌寨古堡,称为碉楼。这种碉楼"依山而居,累石为室",一般二至三层,就地取材以片石、黄泥砌成。整体结构匀称,棱角突兀,外形如碉堡,坚固耐用,精巧别致,历经两千多年仍保存完好。2008年汶川发生强烈地震,而位于16公里外的羌族古碉楼却毫发无损。

土垒、碉楼一类的设施对于对抗弓箭等武器的攻击是有效的。随着热兵器时代的到来,机枪等速射兵器问世,很快成了压倒性武器,对传统步兵乃至骑兵一扫一大片。随之而来的是机枪又暴露在阵地之上,不久又让掷弹筒、手雷、迫击炮等成为它的"杀手"。在机枪反制火力提升的背景下,新型碉堡开始出现,以混凝土把机枪和枪手团团围住,只留有几个射击窗口的孔眼。这种碉堡的建造让机枪作用发挥到最大值。

中国抗日战争进行到1940年下半年,日军实施以"铁路为柱,公路为链,碉堡为锁"的"囚笼"政策,修筑了大批圆柱形大型碉堡,派出一队队日伪军驻守。在敌后开展游击战的八路军对日军的碉堡,有智取,更多的是强攻。八路军没有很强的炮火,所采用的战术就是利用神枪手远距离射击碉堡孔内的机枪手,在激战的烟尘中再由战士抱炸药包抵近碉堡将其炸毁。在"百团大战"中,八路军出动20余万兵力对华北地区日伪军展开大规模游击战、破袭战,大小战役进行了1800多次,仅拔除碉堡据点一项就有2900个。"集中兵力,依靠人民群众,实行积极的防御政策",也由此构成了充满东方智慧的反碉堡战术的精髓。

20世纪六七十年代,面临敌方大量结构坚固的碉堡,我军使用火焰喷射器向其攻击,一条条强烈的火龙喷向敌堡,一座座敌碉堡瞬间成为火葬场。我军还大量使用了肩扛式火箭筒打击敌方碉堡,一经锁定碉堡位置,击发出弹体,明碉暗堡无不轰然毁灭。

25. 设施庞大的地堡

地堡是供枪支射击用的掩体,用土、木、砖石、钢铁或钢筋混凝土等材料构筑。用于掩护桥梁、渡口或封锁街道、路面,也可与其他工事相结合构成火力支撑点。

地堡与碉堡的区别,在于它不是孤立的,地堡可以向外连通,具有更大的空间。在第二次世界大战期间,地堡得到广泛的运用,并构筑了一些超级地堡。法国将军马奇诺力主沿法国东部法德边界修筑一条永备工事,构成防线,以抵御德国进攻。防线于1928年修建,1940年基本完工,以"马奇诺防线"命名。这条防线长数百公里,全部以钢筋混凝土建造,内部设施齐全,在装有很多大炮的堡垒里,建有发电厂、工厂、医院等。道路四通八达,还能行驶有轨电车。地堡外壁厚达3.5米,足以承受重炮的轰击。只可惜1940年德军绕道比利时而攻入法国,这座固若金汤的地下堡垒完全没有发挥出预期作用。

在抗日战争时期,侵入我国东北的日本关东军也修筑了一座超级地堡。在中苏边界从1934到1945年修筑了10余年,号称"东方马奇诺防线",建有17处大型要塞,8万个永备工事,无数个地下仓库、发电站、通信中心等配套设施,为巩固防线还修建了多个军用机场和多条铁路。然而这道防线在1945年完全阻挡不住日军的败局,在苏军猛烈的攻击下,东宁等要塞都被摧毁,全线失守。"二战"中希特勒也大造地堡。在柏林总理府坚固的大型地堡里,地下办公场所包括办公室、卧室、会议室、宴会厅、卫兵室等。覆盖有加厚的水泥墙,可防空袭。

在"二战"后的"冷战"时期,苏联的白俄罗斯、乌克兰等地仍在大建秘密地堡。白俄罗斯一处庞大地堡在地下竟有20层,有11个不同用途的出入口。建在东德的地堡占地面积达75万平方米,里面可容纳9万名士兵。位于黑海沿岸的乌克兰小镇开凿出一条长505米的连接黑海的隧道,这里形成的地堡是当时世界最大的潜艇基地。隧道水深8.5米,拱顶高18米,出口处用一扇重达120吨的浮动铁门关住。这座地堡内各项工作和生活设施一应俱全,可安置技术人员、潜艇乘员及家属在内的3000多人。在与外界隔绝的情况下,人们也可在里面独立生活30天。

"二战"期间,时任美国总统的罗斯福下令在白宫东侧地下,建造一个可防核弹袭击的坚固地堡,它位于地底6米深的地方。据说,白宫地下有多条地道与地堡相通。在总统椭圆形办公室旁休息室墙上,按一个面板键,暗门打开,会出现楼梯台阶,走下去直通地堡。

26. 守护要地军火库

顾名思义,军火库是储存枪支弹药的场所。早在16世纪的欧洲海外殖民时代,以英国为代表的欧洲国家在远东、北非和美洲沿海一带,修筑炮台城堡,储存枪炮火药,作为向内陆殖民的桥头堡。这即是热兵器军火库的起源。

在热兵器战争时代,枪炮火药有着举足轻重的作用。有了充足的武器弹药,进可攻,退可守,常能左右战局。若能摧毁敌方的军火库,则能取得"釜底抽薪"之效,更易获胜。这使得军火库成为重点保护之地。

第二次世界大战结束后,冷战随之降临。美苏都生产了大量武器弹药,为了储存海量的武器弹药,就要修建很多超大型军火库。一旦开战,军火库就成为战争的"输血站"。

世界上最大的军火库位于美国内华达州中部偏西的霍桑。军火库面积庞大,占地约226平方英里,拥有5.6万平方米的存储空间,分成3000多个存储库掩体,主要用于存储和处置弹药。霍桑军火库建于1928年,于1930年接收了首批高性能爆炸物,开始执行军火库的存储功能。美国介入"二战"后,霍桑军火库摇身一变,成为整场战争行动中几乎所有炸弹、火箭弹及各种弹药的集结地,有5600多人夜以继日在此忙碌工作。半个多世纪以来,霍桑军火库一直扮演着重要的弹药中心的角色。如今这处军火库不仅具有存储弹药的功能,还经营弹药翻新与修复、质检、标准化集装箱武器联运、提供训练场地等业务。

苏联也曾热衷建设军火库,在荒凉的乌拉尔西伯利亚等地建造了无数庞大的军火存储仓库。一座建造在高尔基城附近的24号军火库,占地面积相当于一座城市。据说,这里存储的弹药之多,足够40万大军在高强度战争中打上两个月。

在特定战略方向上建立的战备火药库被称为战略军火库,可在里面存放重武器或高技术精密设备。美俄都设有多处国内和海外的战略军火库。美国军事海运司令部还订购了6艘新型T-AKE级弹药船,每船可运载2000吨弹药等军火,外加2.35万桶柴油。它们的工作方式是预先布置在主要战略方向上,随时为美国的军事行动提供补给。

27. 大长战斗力的军事训练

军事训练是军队建设的重要组成部分,伴随着军队的建立而产生,并随着战争实践和武器装备的发展而发展。

早在原始社会晚期,氏族首领们向属下传授角斗、射箭等技能,已具有了军事训练的性质。到了古希腊、古罗马时代,军事训练主要是排练阵形,使用剑、战斧、标枪等兵器相搏。火药发明后,中国元代组建了炮手军,有了教习炮法的训练。17世纪前后,欧洲一些国家军队里装备了火枪、火炮,建立了技术兵种,出现了野战、攻城和要塞炮兵的训练。随后欧美等国在陆、海军中建立了一批军事专业技术学校,专门培养军事技术人才。

第二次世界大战期间,坦克、火炮、飞机、舰艇装备大量投入使用,陆、海、空军在训练规模、内容、方法上都有很大增强。英美两国在发动诺曼底登陆等重大战役前,都会按预定计划,选择相似地形、水域,进行一系列实战训练,以使参战的各兵种熟悉作战的预案,演练协同的行动。

人类进入 21 世纪,随着军事科技的快速发展,信息化、电子化武器不断被研发出来,军事训练也不再局限于传统的操场练兵、空中飞行和水下航行。一种虚拟训练技术正得到越来越广泛的应用。目前美军虚拟现实技术应用跨度已非常大,从单兵训练软件、桌面飞行训练仪、沉浸式虚拟现实训练环境,到多场所复杂战术训练仪等,都有虚拟现实技术运用。俄罗斯同样是虚拟训练中的佼佼者,其先进的武器装备几乎都配有相应的虚拟训练系统,并且正在朝着通用化和嵌入式的方向发展。

中国共产党领导的人民军队,从创建工农红军时起就很重视军队建设和军事训练,建立了红军大学等一些随营学校,训练和培养了大批军事骨干力量。在抗日战争、解放战争时期,建立了军政大学和卫生、通信、炮兵等多种类学校,为部队输送了大批指挥和专业技术人才。部队所开展的军事训练,极大地提高了作战能力,对取得革命战争的胜利起到了重要作用。新中国成立后,人民解放军的编制日趋完善,武器装备不断更新,军事训练也转入了正规化轨道,成为平时军队建设的中心任务。近年来,为适应世界新军事革命的发展和打赢信息化条件下局部战争的需要,中央军委和各总部对军事训练做出了新的调整和部署,开发使用了多个大型军训基地,开展多兵种的实战训练和虚拟现实战术训练,组织实施了"强军目标与军事训练"专题集训、"使命行动-2013"跨区域战役演习、海军编队远海训练等一系列重大活动,把我军军事训练推上了一个新的发展阶段。

28. 通往取胜之道的军演

军演是军事演习的简称,是军队在完成训练后实施的近似实战的演习。

军演早在中国古代就是训练军队的有效手段。公元前 633 年,晋文公于晋地举行了声势浩大的军演,通过演习组织起三军,任命将佐。这次演习对晋国取得城濮之战大捷起到了很大作用,反映出春秋时期的军演已具有一定水平。在古代军语中提到的"演习水军""排兵布阵"等,说的也都是军演。

脱胎于战争的军演,是发动战争或阻遏战争的重要手段。1937 年 7 月 7 日,日本华北驻屯军在卢沟桥附近以军演为名,借故要求进入宛平城搜查。日军在形成了包围进攻态势后,突然发动炮击。守卫卢沟桥和宛平城的中国军队奋起抗战。这就是日本假借军演发动全面侵华战争的开始,也是中华民族进行全面抗战的起点。1941 年 9 月,在日本海军大学内举行了一次大规模图上作战演习,以偷袭美国珍珠港为主要内容。通过"图演",日军偷袭"大获成功"。日本海军由此制订了偷袭珍珠港的最佳方案。日军按演习和训练方案,让美国付出了惨重的代价,死伤官兵 3000 多人,除 3 艘航母,太平洋舰队几乎全军覆没。

军演能预测战事的进程,检验军队实力并做出调整,但军演也会造成一定的人员伤亡,甚至发生惨剧。1944 年 4 月,以美国为首的盟军在诺曼底登陆作战前,举行一次 3 万多名官兵和 3000 艘舰艇参加的大规模实兵演习。不料,这次演习中突然遭遇德国快艇鱼雷的攻击,导致 749 名美国军人葬身海底,成为"二战"中死亡人数最多的一次军演。2000 年 8 月,俄罗斯最大的核潜艇"库尔斯克号"在巴伦支海参加军演。艇上人员准备发射鱼雷时,易燃物质过氧化氢从鱼雷上一个微小的裂缝泄漏,鱼雷装置发生爆炸,潜艇沉没。事故造成艇上 118 名人员全部遇难。

近年来,世界一些地方局部战争不断。美国为实施霸权主义,到处穷兵黩武。针对当前局势,我军加大了军演的力度,从实战出发演习陆、海、空、火箭军协同作战,演练联合封控、立体突破、机动歼敌、纵深围剿等战术行动。新武器、新装备竞相研发成功并投入使用,从内陆发射的导弹准确击中远隔千里外的海上预定目标。从一次次演习中展现出我军强大的实力,也给了那些不怀好意的挑衅者以坚决有力的回击。

29. 隐蔽自己的伪装术

伪装是战争中最常用到的战术。士兵们在头上罩起一团树叶、草叶,或者在坦克、汽车上披起带有植物的防护网,不使敌人发现,是军事题材影视剧中常见的场景。

早在第一次世界大战期间,一些欧洲国家就玩起了不少伪装花活。军方不仅让士兵用树叶遮挡头部,还把前沿阵地的侦察点伪装成树干。在比照选定树木的尺寸做出空心金属树木的仿照品后,把原先的树木砍掉,把金属的空壳树放上去。虽然"树"内空间狭窄,但哨兵可以坐在靠顶端的位置,用潜望镜观察敌情。

到了第二次世界大战时,伪装术又进一步发展。日军入侵太平洋地区,美英澳荷的联合舰队惨败,幸存的荷兰军舰匆匆逃往澳大利亚。为避免被日军击沉,荷兰海军的"亚伯拉罕·克里恩森号"扫雷舰舰长想到了一个大胆的计划。他命令船员从岛上弄来大批植物,铺满战舰,并把舰体下方涂成灰色,伪装成石岩的样子。这样一来,55米长的舰船远远看上去,就和一个微型岛礁没什么不同了。后这艘舰船趁夜色开溜,躲过了日军追杀,脱逃成功。

伪装术运用到今天,简单可用的除了绿色植物,还有石头、雪地、泥沙等。在雪地行动时,俄罗斯士兵穿着白色斗篷,潜伏时往地上一趴,立刻和雪地融为一体。中东地区的士兵身穿迷彩服,与沙漠地表的颜色非常接近,士兵匍匐在地,很容易被看作一个小小的土包。

前不久美国军方研制出一种防爆伪装油彩,涂在脸上厚度不及一张纸。这种新型伪装油彩不仅能够躲过敌人的视线,抵御蚊虫叮咬,还能保护士兵免遭爆炸产生的高温伤害。经测试,当600摄氏度高温袭来,这种油彩可保护士兵15秒不被灼伤。

随着现代科技的迅猛发展和广泛应用,一批外表酷似普通植物和动物的智能化微型武器被研发出来。一种"间谍草",外表酷似普通的小草,并能与周围的植物一样,随季节变化而改变颜色。但其体内装有微型电子侦察传感器、音响传感器和照相设备。它可以竖起"耳朵",睁大"眼睛",监听监视周围的动向,并随时将获得的信息,依靠自身的传输系统传送至指挥中心。一种"智能虫",是微型电子智能机器人系统与普通昆虫融为一体的间谍传感器。通过植入昆虫神经系统内的电子智能系统,操纵昆虫飞往敌方的作战指挥所等要害部门,利用其体内传感器窃取情报,也可利用其体内的微型武器对敌发起攻击。一旦这些经过伪装的微型化、高智能化的武器投入战场,未来的战争将会发生重大变革。

30. 迷惑敌方的假目标

侦察和反侦察是人类战争绕不开的话题。自打第一次世界大战时期侦察机升空，战场上似乎再没有什么秘密可以被隐藏起来。一方为了应对敌方的侦察，并造成假象，便制造了一些"假目标"用来迷惑对手。

"假目标"战术在第二次世界大战中大行其道，以廉价的材料制作出惟妙惟肖的"军事设施"，诱使敌方对其打击，耗费敌方军力，或隐藏己方部队的真实动向，产生出其不意的效果。英军从战争一开始就使用假目标欺骗德国人。英国人制作了一系列机场假目标，周围布置了假的机库、油库、汽车等。骄狂的德军战机往往不假思索狂轰滥炸，徒劳地浪费弹药，导致弹药不足，不得不中止空袭英伦三岛。

德国反制而攻之，也使用了"假目标"战术。1943年底，德军在法国北部的莱斯坎精心修建一座假机场，建造了木机棚、木飞机、木油罐、木卡车，甚至高耸的雷达站也是木头做的。德军以假乱真就是想引来英军飞机轰炸，自己把重兵放到其他战斗中。英国人也不傻，派出间谍刺探出这座"机场"的真实面目，只让一架皇家空军飞机飞抵"机场"上空，盘旋一圈后投下一颗大型炸弹，但它没有爆炸。这"炸弹"是木头做的，上面还写有一行字："木头对抗木头。"这原来是喜欢黑色幽默的英国人跟德军开了个玩笑。

美国"飞虎队"投入中国抗日战场后，中国民众曾大展才艺制作出不少假目标。仿照"鲨鱼嘴"的涂装，用木头和竹子制成骨架，外表覆盖麻布或帆布，从外貌看去和"战斧"战斗机差不多。日本情报部门得知进驻战区的美军战机已超过1000架！这让日本人担忧不已，一时不敢轻举妄动。其实当时美国援华的战机只有数十架，假飞机为一度处于不利战局的中美联合空中力量赢得了休整恢复时机。

美英盟军在诺曼底登陆的前几个月，盟军想方设法让德国人相信：盟军将从加莱地区登陆法国。接着便虚构出逼真的部队和装备的集结态势，使用了大量假飞机做幌子，配合人造烟雾、通信信号欺骗，甚至还加上调来部分真装备，最终成功诱使德国战略高层做出错误判断，为诺曼底登陆攻其不备的巨大成功创造了条件。

假目标战术在现代战争中仍然适用，"假目标"的制作也在不断创新。俄罗斯军方购置了大批充气"武器"，无论从造型、尺寸和颜色来看，都与真品一模一样，重量仅几十公斤，可以折叠塞进背包。令人叫绝的是，充气坦克的炮塔可以转动，还能辐射热量，发射无线电波，即使高科技的夜视仪、间谍卫星和雷达也会上当。一架充气坦克的售价为6000美元，要说也是一大笔钱，但一辆同型号真坦克的造价却有近100万美元呢。

31. 功能多样的军服

频繁发生战争后,交战的双方如果没有统一的军服,就会敌我不分,难于指挥,于是出现了戎装。古代中国的西周时期,武士所穿的服装以缣帛夹厚绵制作。春秋以后,兵士除穿起甲胄,也使用青铜铠甲。战国后期又穿上铁制铠甲。唐代时还发明了一种纸铠甲,明代《涌幢小品》有载:"用无性极柔之纸,加工捶软","叠厚三寸,方寸四钉",穿身上"劲矢不能入","如遇水雨浸湿,铳箭难透"。这些古代军服其功能俱是用于防身。

军服的存在和发展,贯穿于人类文明的进程。透过一个时代的军服,可以看到当时政治、军事、经济和科技等方面的状况。军服在兵士们的身上穿到今天,成为标志,穿着威武、舒适,其中一些还具有防弹和令人刮目相看的功能。

英国制作的一款轻便军服,选用了一种导电纱线作为纺织面料。这种面料由于具有导电性而成为导体,只需配备一块小型高性能蓄电池和连接线,就能方便地为对讲机等设备供电了。这省去了士兵携带更换电池的烦恼。

夏季的阿富汗平均气温达到40摄氏度左右,士兵在这种环境下作战苦不堪言。科学家研出一种由自动调温的化学纤维制成的军服,它对周围的环境反应特别敏感,可随温度的变化而变化。酷暑季节,调温纤维自行收缩,使编织物的孔眼张开而通风透气,提高了散热能力;而到了严冬时期,调温纤维又可自行膨胀,使编织物的孔眼闭合而阻止空气流通,从而实现保暖效果。

随着人工智能技术的发展,未来军人单兵作战系统也将智能化。加拿大军方人员研制的一种滑雪军服,被称为士兵的"第二层皮肤"。穿上它能使周围雪地光线产生折射,从而具备隐身功能。此外,身着这种军服还可实现对雷达等探测手段的规避,可有效提升士兵的综合作战能力。

美国的雷神高科技公司发明了一款 XOS2 外骨骼系统,它又被称为"钢铁侠战衣"。穿上它,肌肉最不发达的人也能轻松举起 90 公斤以上的重物。雷神公司希望将这种军装推广到军方使用,令战场上的士兵能随意搬动大型武器。

法国研出一款军服,以传说中的"仙衣"命名。军服中伸出的线路,连接了头盔、瞄准镜和武器在内的各系统。自身则包括一个集成了 GPS 的单兵电台和一个微型的终端系统。这个穿在身上的联络系统,能够显示数据,指挥或接受指令。这款军服还能把一个步兵排的几十号人,组合在一张信息网,每个班的十多名步兵则组成一个子网。由于每名士兵身上的无线电设备都具备定位能力,可以发射和接收信号,这样每个士兵在战斗中既能了解自己的位置和周围情况,也能向指挥中心做出反馈,有利于听从部署指挥。

32. 踏古而来的战靴

战争离不开使用兵器。不过军鞋这种陪伴了士兵几千年的装备,虽不起眼也是不可忽视的。

在考古发掘中,从商代墓穴中出土了一种胫甲,有护住小腿的功用。专家认为,这种胫甲就是军靴的前身,军靴是胫甲与鞋结合的产物。西周时期人们开始用烟火熏烤使皮变成革的材料制作军靴。沈阳周代废墟里曾出土了铜泡钉靴,这是源自我国最早的军鞋实物。到了战国时期又出现了其他式样的履。楚墓中曾出土过"军皮鞋",这种鞋的鞋面采用了近似现代的 3 块皮革相拼的设计造型,浅帮无舌,可称为古代的"三接头"。

从秦始皇陵墓出土了许多兵马俑,那里面每一尊兵俑都穿着与他身份相符的军鞋。这说明秦时的军鞋已按兵种和等级而配发,也是我国将不同鞋饰纳入装备的开始。汉代时军鞋不仅注重实战需要,而且讲究装饰,咸阳杨家湾出土的将军俑,脚上所着的纹饰靴图案秀雅,色彩斑斓。汉代的军鞋除靴以外,种类也多,有翅尖鞋、鸭舌鞋、皮革鞋等,一种履鞋鞋面有孔,可穿系鞋带。唐宋时代足蹬长筒靴是将士的主要特点之一。清代军鞋的材质、工艺及品种都更为丰富,征战时着软战靴,在寒冷地带则穿黑毡靴。民国时期皮制马靴传入我国,军鞋中又多了皮鞋和胶鞋的品种。

说起"解放鞋",人们都不陌生。不仅军人都穿,也是许多民众行走、锻炼离不开的物件。新中国成立初期,解放军装备了这种鞋。当时苏美等军事强国给军人装备在脚上的是皮制军靴。军靴给人威猛坚实的感觉,但它笨重,好看未必中用,多数人一穿上就被"咬脚",真皮鞋帮和硫化橡胶鞋底都硌得脚部受不了。和军靴相比,解放鞋虽显寒酸,但它轻便,松软透气,舒适随脚,就是双运动鞋。更容易让部队发扬传统,徒步急行军,以迅速穿插机动获得战机。而穿着沉重军靴的美苏士兵必须最大程度依靠车辆进行战场机动,很难长途徒步行军。解放鞋的另一优势是制作简单,成本低廉,便于大批生产,补充需要。无论是军工大厂还是小型作坊,有制鞋条件的都能很快成批生产。

解放鞋如今已结束了它的戎马生涯,但它的身影并未完全消失。经过升级换代,现在服役的 07 式作训鞋和上一代 99 式作训鞋,都延续着解放鞋的基因。如今各部队兵种人员所穿的军鞋、军靴性能上都有很大的提升。比如在青藏高原地区,驻地战士装备的山地靴就广受好评,它外观稳重、厚实,但又很轻便,保暖透气性能极佳。

33. 融于自然迷彩服

据统计,世界各国军服的颜色有近 800 种,绝大多数是绿色调的。这有利于军人在丛林地带活动。

以军服着装的颜色,混迹于周围环境,可收到神不知鬼不觉变换活动位置之效。1371 年,明朝大将廖永忠攻打瞿塘关时,令数百名士兵身穿青蓑衣,秘密行军,迂回敌后,成功迷惑了敌方。这是中国历史上最早使用伪装服的战例。

19 世纪末,英国曾和南非布尔人打了一仗。交战中,布尔人身穿绿色军装并潜伏在绿色丛林中,英国人很难发现他们。而英国人一身红色军服,在丛林中极为醒目,便成了布尔人射击的活靶子。正是得到了这个教训,使英国人决定把军服由红色改为了绿色。之后,绿色军服便在各国兴盛起来。

自然界的景色多种多样,随着光学侦察器材的使用,着单一颜色军服的士兵变得难以适应不同颜色的背景。第二次世界大战爆发后,为了适应侦察、伏击等作战的需要,"迷彩服"出现了。德国希特勒的部队当时使用的是三色迷彩服。在迷彩服得到广泛应用后,又出现了四色和六色迷彩服。

由形状各异的斑点组成的多色迷彩伪装称为变形迷彩伪装,将这种斑点涂覆于军服上即成为变形迷彩服,它能使活动人员在各种背景下产生变形效果。这是由于军服上的不定型斑点歪曲了人体的线条轮廓;又由于部分斑点颜色与周围背景色近于一体,部分斑点色与背景色又有明显差别,从视觉效果上分割了人的外形,就此实现了服装与周围环境的融合,实现隐蔽目的。

在军事科技高速发展的今天,不断有新型迷彩服穿到一些国家的军人身上。英国有部队出兵阿富汗赫尔曼德省,军方采用航拍等技术获取到当地的地形特征,将"恰当的颜色和亮度"参数输入电脑,再用电脑模型模拟出"绿区"、沙漠等环境,设计士兵在当地穿着的迷彩服。士兵将这款迷彩服穿上身后,的确收到了减少伤亡的效果。

美国两家军用品公司推出一种被称为"火鸡服"的"复仇女神"多光谱迷彩服。该服装由一件外套、一条裤子、一个兜帽和一个面罩组成。这种迷彩服可以随意分解、驱散身体热量,这样一来在被红外装置扫视后,使用者的轮廓与周围环境相吻合,就不会被发现,从而实现最大程度的隐身。

2019 年,中国国庆 70 周年天安门广场阅兵,展示了 5 套不同色彩的迷彩服。它们是根据不同作战环境制作的,在 07 式迷彩服基础上叠印了和"星空"一样细小、复杂的斑点,由此得名"星空迷彩服"。它包括了沙漠、荒漠、丛林、林地、城市 5 种作战服。

34. 抗击耐打防弹衣

防弹衣从属类上说,是盔甲的一种。到了热兵器时代,意大利人在1538年设计制作出防弹盔甲。100年后的英国,克伦维尔的军队还使用过三层的防弹盔甲。金属盔甲可以防弹,但其重量是人和坐骑难以承受的。

1881年,美国物理学家乔治·顾得佛罗发现致密到30层的丝绸具有一定的防弹功能,尤其是针对小威力的手枪。几年后有人利用这种理论发明了丝制防弹衣。在第一次世界大战中,丝制防弹衣被派上用场,但价格昂贵。于是,钢丝制防弹衣闪亮登场。德国为本国军队配发的防弹衣由硅镍合金制成,4块缝缀在一起,穿在身上状似龙虾,被称为"龙虾甲"。这种防弹衣防弹有效,但重量过大很影响行军和打仗。"二战"爆发后,军用防弹衣的需求高涨,美军装备部门用锰钢制作防弹衣,一件重量仅4公斤。他们还试制了一种更轻的陶瓷防弹衣,防弹效果虽好,但影响身体自如弯曲。苏联军队装备了一种钢制防弹衣,厚2毫米,重3.5公斤,抵御子弹能力强,在斯大林格勒保卫战中发挥出重要作用。

"二战"末期,美军开始研制非金属防弹衣,先是开发出一种硬质塑料纤维防弹衣,性能虽好但重量超标。另一种尼龙防弹衣质地柔软,重量也不大,但防弹强度不足,被视为"鸡肋防弹衣"。20世纪70年代,美国杜邦公司研制出了"凯夫拉"防弹衣,以一种芳香聚酰胺类合成纤维制作,既柔软如棉又坚韧似钢。它的强度是同等质量钢铁的5倍,密度却仅为1/5。

近年来,军事科技进一步促进了防弹衣的研发,美国科学家打造出人造蜘蛛丝,以其制作的防弹衣超过了一般金属和丝织制品。俄罗斯研制的超轻型防弹衣,能防子弹和炸弹碎片,也不惧地雷。更为新型的"液体"防弹衣也被几个大国研制出来并投入使用。美国的这款防弹衣实际是将"凯夫拉"浸入一种被称为"剪切增稠液"的新型纳米智能材料,内含大量硅胶或者电磁微粒。这种液体正常情况下具有柔软性好、可变形等特点,一旦遇到弹体等外力冲击,瞬间转变成为一种硬质材料,从而实现防弹、防刺、减震等功能。在美国率先取得突破之后,英国也相继开发出相似的技术。俄罗斯在液体防弹衣研究上也很超前。他们是在若干层普通防弹织物之间涂上一种胶状化合物,该胶状物是基于氟和刚玉型结构氧化物的纳米粒子结合而成。这看似传统的防弹织物,当受到强力冲击时,其内部的胶状物会在顷刻间变得异常坚固,以防止子弹穿透。防弹衣在不断改良,而枪弹的穿透技术也有新的突破,看来枪弹和防弹衣也有着矛坚还是盾固的问题。

35. 随身"军械库"——背心

穿在士兵身上的特制背心,属于"战术携行具"的一种。它穿戴在躯干外面,可用于携带弹药、辅助武器和其他战术设备。

自古以来,士兵上战场必然要携带兵器。在中国古代,大将的装备常有长、短兵器和弓箭。弓箭背在背上,宝剑挂在腰间,长兵器拿在手里,也可以挂在"得胜钩"上。拴弓的背带、挂剑的腰带和"得胜钩",都是披挂携行具。古希腊、古罗马的军队士兵同样装备了长短兵器,士兵身上也有自己的携具。进入热兵器时代后,士兵除了使用枪械,还会用到弹药、通条等,也都需要各种携具。

在战争中,士兵身上分挂的物品多,穿脱麻烦,还会相互纠缠。士兵自然希望身上的携物重量、位置分布合理,尽量避免影响人体的协调性。在这种思路和需求下,战术背心诞生了。它把各种武器装备安置在背心上,紧贴人体的粗壮部分,空间面积和携带容量都大,而重量带来的阻力力距最小,对士兵动作影响也小。对背心上的物品,两手取用则非常灵活。

欧美等军事强国自 20 世纪初即开始研制"穿"在士兵身上的"一揽子携具",这可以认作是战术背心的雏形。但直到世纪末,美军研发出"模块轻量化单兵携行设备",这才让完整的一大块马甲包裹在士兵身上。这套系统的核心背心上,横向分布着一道道承载条,11 种标准附包可根据需求,采用固定的搭扣方式固定,组成不同的配置方案。美军的模块化战术背心推出后,一些国家的军队也根据自身条件,设计出各自的模块化单兵战术背心。

如今各国担任不同任务的军人,其战术背心的设计都有所区别。对于从事攻击任务的士兵,在行动中要围绕着主要武器携带弹药、手榴弹、短枪、刀具、无线电、个人急救用品等。狙击手需要携带足够的弹药、监视敌情的长距离摄录机、通信器材、个人需要的饮食、急救用品等。特种兵穿戴的背心,要能保证做出灵活的动作,与头盔、防弹衣、手套等互不妨碍,穿脱便捷,还要求背心使用特殊静音扣,掏取装备袋中物品能不出声响。

近年装备于我军的战术背心已有多个品种,颇具特色。一款星空迷彩外观的背心以 1000D 涤纶长丝面料制作,PU 防水涂层,采用背心+双肩背包+腰封组合式、前后片快拆结构,拉动后 8 秒钟快速脱离。内衬使用防刮透气网状材料,以丝带卡定弹夹、手榴弹、防毒面具等,还能插入硬质防弹隔板。

36. 士兵必备的军用水壶

水是"生命之源",也是军人行军、训练、作战时维持战斗力,必不可少的装备。

在中国古代,皮囊是很长一段时间军人使用的携水装备。青铜器、陶器,也都充任过储水设备。宋代瓷器曾被士兵用作汲水器。明代时,大将徐达与北部元军打仗,军士使用陶制古瓶作水壶,古瓶有双耳,可穿挂腰间。这种水壶储水除供士兵饮用,还可放于案上插梅养桃,花开多日不败。

中国共产党领导的人民军队,在过去历次战争时期,斗争条件艰苦,装备落后,战士所用水壶多为缴获的。一些根据地兵工厂制作的水壶也很粗糙。直至新中国成立前后的一个短暂时期,有的部队配发使用的还是几款缴获自国民党军的军用水壶。

在参考了缴获的国内外军用水壶后,军委有关部门重新设计,制作出"50式"军用水壶。这款水壶保留了圆滑的外形设计,有利于减少士兵在行军作战时水壶与身体接触产生的摩擦;去除了原有的布套结构,涂刷橄榄绿色、金边"八一"军徽,并采用了较为经典的"十字"背带式设计。这款水壶在其后十几年间一直是部队的标配装备。新一代"65式"水壶问世后,水壶质量、性能、制作工艺都有很大提高,携带使用方便,又被大规模列装。"78式"军用水壶是一款多用途水壶,由一个带盖饭盒、水壶及外套组成。除了储水,还可用来烧水做饭,可支起或挂起当"锅"用,一个水壶可抵上锅碗瓢盆的用场。"83式"军用水壶,具有大容量、防静电功能,曾在空军地勤人员中广泛使用。"87式"军用水壶壶嘴口径增大,具有很好的抗击性能和耐沸水性能。

目前部队内装备的"10式"军用水壶,科技含量更高。它装有环保软质层滤芯设备,能将野外普通淡水直接过滤成直饮水,可有效提高士兵在野外的生存能力。这款水壶的容量为1L。壶体结构采用了内外双层保温结构设计,壶体与壶口的焊接一次成型,保温效果极佳。据测试,在这种军用水壶里装入60摄氏度热水,在零下5摄氏度进行野外训练,10小时后采用红外温度测量仪检测到的温度为55摄氏度,18小时后检测到的水温是50摄氏度,能极大地满足寒冷地区部队官兵行军作战的需求。

37. 越带越多的军事装备

军事装备简单说就是入伍军人该带些什么。在中国历史上强盛的唐代,兵士也就一身盔甲,标配武器有弓箭、佩刀、长矛。如果是骑兵还有战马披甲。辅助装备有吃的喝的、磨刀石、备用盔甲片、药品等,并备有驮马运载。古代的军事装备也不过就是这些,与今日军队装备相比,实在是原始和落后。

十几年来,美军士兵的装备持续变革,防弹背心升级换代,增强版夜视镜与便携式太阳能电池板自行充电的电子设备也陆续装备前线士兵。装备中防冷枪探测仪可确知打冷枪的狙击手位置。便携式电脑"黄金眼"内置摄像头,辅之以高速通信网,各单位可共享彼此拍摄的视频,并将看到的实时景况发向指挥中心,让指挥官及时掌握部下的处境。装备的战斗裤膝部、大腿内侧都以高弹性纤维制作,抗摩擦强度好,可减轻士兵痛楚。"凯夫拉"防弹内裤能有效增强对下体的保护。现阶段一名美军士兵从衣服到武器的全套装备多达73件。

英国"重拳"士兵系统,在装备中提出了"电子个人武器"的概念。装备中增加了模块化武器,它带有传感器和液晶显示器。士兵对武器的操控也可不用手指,可直接对着语音传感器说话,下达"打开保险""开火"等指令。西班牙的"未来士兵"系统,在装备中除列入了基本模块武器,还增加了一种扩展模块武器。扩展模块由图像增强器或非制冷热成像仪组成,安装在新型突击枪握把上,能极大提高射击命中率,进而增强整体的杀伤力。

近年来,中国军队在军事装备方面有了突飞猛进的发展。由军事科学院军需工程技术研究所研发的防寒装备就有几十种,包括新一代防寒被装、新式防寒单兵帐篷、新一代雪地伪装服、作训大衣、充气睡垫等。防寒服从内到外有6层防寒防护,从轻便作战靴到一体式防寒头套共有20多个品种。多功能野外炊具、折叠固体燃烧炉、单兵炊具等,也都列入部队装备中。在地理环境复杂的边境线上,部队战士操控重型巡逻车、摩托雪橇履带车、新型巡逻艇、直升巡逻机和无人机等优良装备,在不同的地域执行戍边卫国任务。在特种部队等部队中,为战士装备了带有微型摄像机的多功能战术头盔、智能耳机、"平板"模块化显示系统、夜视仪等。世界一流的武器装备让人民军队更有信心:在风云变幻中严阵以待,立于不败之地。

38. 军事妙用卫生巾

卫生巾是女子经期的用品，男士说到卫生巾会感到尴尬。然而让人难以想象的是，卫生巾并不只为女性专用，它在军事上也有作为。

部队战士在长途步行中，脚底与坚硬的鞋底、地面反复摩擦，会导致皮肤表层和皮下组织脱离，充满组织液，即磨出了水泡。伤到皮下深层，还会出现血泡。有解放军战士在训练中想到，卫生巾的吸水功能强，又很柔软，或许有缓解摩擦的作用。于是取一片卫生巾，胶条朝下粘在鞋子里，走路不觉磨脚了，脚底柔软舒服，还没了脚汗。别人听了学着一试，也感觉减少了脚底受到的摩擦，从而减少了水泡的生成。

除湿是卫生巾的强项。部队官兵长途行军一天后，鞋底自是脚汗一片。如果第二天还要穿上这双鞋赶路，脚伸在湿漉漉的鞋窠里肯定不舒服。此时卫生巾又被派上用场，垫一片卫生巾在鞋底，再用一个塑料袋把鞋包住，第二天整个鞋窠都是干松的了。卫生巾除湿的功用也被驻阿富汗美军所发现并掌握。那里的夏季气温常在 40 摄氏度左右，美国大兵穿着厚厚的作战服，背着几十公斤重的装备执行任务，都会大汗淋漓。一名士兵把一片卫生巾塞进头盔里，头顶着吸水的一面。他发现头周围的汗水很快被吸收一空。其他士兵知道后纷纷效仿。

卫生巾可除汗，还有降温的功能。野外单兵作战，突然出现发烧症状，可用冷水浸湿卫生巾，敷在额头上，代替降热贴使用。另外，遇到毒气袭击而缺少防毒面具时，用卫生巾少量浸水，可捂住口鼻迅速隐蔽逃生。止血是卫生巾的第一本事。士兵在战场受伤后，伤口暴露容易造成感染。在缺少医药用品时，卫生巾也可用作紧急止血的敷料使用。清理了创伤面，撒上止血药粉，再将卫生巾紧贴伤口，用绷带固定，不失为救急的有效措施。士兵受伤在野外手术后，手术部位难以用标准纱布覆盖，也可使用无菌卫生巾作为替代，可有效避免换敷料造成的二次污染，并取得良好的恢复效果。

卫生巾在战事中有如此之多的妙用，战士们尽可大大方方地用之，而不必遮遮掩掩。有关军事部门还可以做些研究，将卫生巾加以改进，调整它的尺寸、厚度，以满足部队为行军鞋具、帽盔除汗使用，让"卫生巾"成为部队的一种医疗保健军需品。

39. 兵器浅说

兵器指军事斗争中包含有各种杀伤力、破坏力的器械装置。

在人类原始社会晚期,掠夺战争接连出现。石头、刀、矛、剑等都成为早期的兵器,被用于争夺、杀戮。漫长的几千年间连接着石木兵器时代、铜兵器时代、铁兵器时代。中国在夏王朝建立后,虽仍以石兵器为主,但已能制作刀、戈、戚、镞、矛、匕首等青铜兵器。

中国发明的火药传入欧洲之后,热兵器时代结束了冷兵器时代,滑膛枪取代了短剑、长矛。接着火力更猛烈的滑膛炮也架到战场阵地上。几百年间经对枪、炮不断改进,到16世纪,大炮被搬上战船,远距离交战的炮火从陆地又弥漫到海上。18世纪中期,欧洲开启了自由资本主义时期,英国等国进入到机器时代,武器装备得到大力发展。后装线膛枪、后装线膛炮、榴弹等新型兵器配备到军队。又陆续出现了装甲车、装甲战舰、地雷、水雷等那个时代别出心裁的兵器。

第一次世界大战开战后,陆军已使用了自动步枪、机枪、迫击炮、手榴弹等。海军则有驱逐舰、战列舰、巡洋舰、潜艇、鱼雷艇、鱼雷等供交战使用。飞机、坦克、高射炮和化学武器也竞相在战场上亮相。这些威力巨大的兵器,直接影响到了战争的局势。到了"二战"时期,坦克、飞机、潜艇、航母等,都成为大规模作战方式。德、日法西斯还使用了细菌武器。1945年,美国朝日本的广岛、长崎两座城市扔下了两颗原子弹。

"二战"后半个多世纪以来,世界局部战争一直不断,硝烟四起,大国之间兵器的研发竞争激烈,各种新型火炮、坦克、导弹、作战飞机、战斗舰艇,以及化学武器、生物武器、燃烧武器、核武器、新概念武器等层出不穷。在世界风云变幻中,中国政府大力开展国防科技,在1964年10月自力更生,成功爆炸了中国第一颗原子弹,1967年6月中国第一颗氢弹爆炸成功。在20世纪80年代末又成功试爆了中子弹。这一次次核试验爆炸成功,让我国在大国核武器对峙中取得了主动。近年来我国积极研发电子化、信息化等新型武器装备,让众多兵器位于世界一流水平。中国政府和中国人民深知,我们不要战争,但只有拥有了强大的军事实力,我们才能制止战争。

40. 中国古代的十八般兵器

　　"十八般兵器"之说源于"十八般武艺",它的说法不晚于元代。"十八般兵器"并不是制式武器的组合,也不是正规的兵器组合,不过是各类兵器汇总起来一说而已。

　　"十八般兵器"通常指:刀、枪、剑、戟、斧、钺、钩、叉、镋、棍、槊、棒、鞭、锏、锤、抓、拐子、流星。刀被古人称为百兵之胆,认为刀的灵魂是一个"胆"字。古典小说中以刀作为兵器的多为忠义之士,如关羽、黄忠、庞德等。枪体长而锋利,使用起来轻巧锐利,古人称其百兵之王。古典小说里使枪者多为武艺高强、长相俊朗的形象,如赵云、岳飞、杨延昭、杨宗保等。剑素有百兵之君的美誉,在古代是一种至尊至贵的圣品,剑造型优美并配有长穗,随剑飘舞,给人以潇洒的美感。戟为戈和矛的合体,戈头部装矛尖,具钩啄、刺击双重功能。戟的出现,推动了战国时期的到来。戟曾被封为十大古兵器之首。

　　斧是装在长柄上的大斧,具砍、劈等强大杀伤功用。钺是一种古老的兵器,其形制似斧,以砍劈为主。它虽有杀伤力,但更多时候用于仪卫。钩是一种两面有刃的钩形铜弯刀。唐诗中写到的"吴钩"也指这种兵器。明代时将短柄的月牙钩称为钩刀。叉为长柄兵器,分为两股叉、三股叉,明代又造出马叉,上可叉人,下可叉马。镋是从叉类兵器中演变而来的,形如三股叉,当中一股挺出如矛,左右两股弯而向前,并设有小齿,有利于抵挡敌刃。槊是古代骑兵所用的重型兵器,类似于红缨枪、斧头的武器。《三国演义》中曹操"横槊赋诗",为槊大扬了名声。

　　棍、棒、抓三者的形制相近,棍指木棍,棒为大杖,二者容易相混。棒的种类多,除杆棒、白棒等木棒外,还有装铁件的狼牙棒等。抓头形似爪,缚以长绳或木柄。鞭与锏都是短兵器。驾车赶牛的皮鞭发展成铁鞭,仍保持有竹节形,锏与鞭对比,略方,有四棱。锤源于工具之锤,装有握柄,有瓜锤、六角锤等之分。拐子亦是锤类兵器,因底端装短横柄,形似拐杖而得名。流星指流星锤,将两个六面形锤系在绳索两端,以一锤抛出,一锤握手,反复抛掷击敌。

　　"十八般兵器"荣耀于冷兵器时代,它们在当代也并非完全退出了历史舞台。在难以预料的战事中,有时还会用到砍、刺、劈、砸等冷兵器。如今的刺刀已从早期的短剑式演变成类似匕首的短刀样式,可用于防身,还可断铁丝网、砍树、启开罐头等。工兵铲脱胎于古代剑戟、两股叉,更为顺手好用。棍棒还是原始外形,在紧急情况下不失为防身的好兵器,而且能挑能担,还是拄地支撑行走的好物件。

41. 传奇人物的独特兵器

在中国古典小说和戏剧中,众多武将所使用的兵器五花八门,形态各异,十八般兵器各显神通。许多兵器并不是随便放到某个人物手上的,表现兵器功用时往往与人物紧密结合。兵器会使人物的性格更加鲜明。

在古典名著《西游记》里,令人称奇的魔幻故事与人物所用的神奇兵器密不可分。许多人物所用的兵器给人留下了深刻的印象,如孙悟空的如意金箍棒,重万斤,是太上老君用灵阳神铁打造的定海神针,能随意变化。孙悟空不用时就将其缩小为绣花针,放在耳朵眼里。猪八戒舞动的九尺钉耙,为太上老君用神冰铁锤造。沙僧使的梭罗宝杖是鲁班大师所造,玉帝所赐。太上老君的金刚琢,又称金刚套,是兵器也是法宝,掷出水火不侵,能套诸物。四大天王的兵器分别为琵琶、琉璃(宝剑)、赤索、宝幡。哪吒三太子的兵器有三件:混天绫、乾坤圈、火尖枪。红孩儿也使火尖枪,其枪头能喷三昧真火。其他一些妖魔的兵器也鲜灵古怪,金角、银角大王有紫金红葫芦、玉净瓶;玉兔精有捣药杵;狐狸精用捆仙索;蜘蛛精布蜘蛛丝。这一件件兵器的展现交锋,为故事增色不少。

在古典名著《三国演义》里,一些武将的兵器也极具特色。关羽过五关斩六将,手持的青龙偃月刀重82斤。张飞用的丈八蛇矛以镔铁点钢打造,矛杆长1丈,矛尖长8寸,攻击架势有刺、挑、戳、划等。刘备使双股鸳鸯剑,雌剑锋长3尺3寸,雄剑锋长3尺7寸。吕布所使兵器为方天画戟,一人能敌刘关张三雄。魏、蜀、吴三国武将使用的兵器种类繁多。

古典名著《水浒传》中梁山好汉所使的兵器也很多样。武松手执两把雪花镔铁戒刀;鲁智深舞动一条重62斤的水磨禅杖;秦明在马上挥动的兵器是狼牙棒。有的好汉如"双鞭呼延灼""大刀关胜""金枪将徐宁""轰天雷凌振"等,从其绰号就能知道所使的兵器。徐宁善使钩镰枪,此兵器是破连环马的克星。凌振则擅摆弄火药火炮。张清的兵器是石子,曾以投石连击梁山好汉十五将。李逵使用的兵器是两柄大斧,他性格粗鲁豪爽,总是挥舞着板斧上阵拼杀,板斧与其主人的形象可谓相得益彰。

在其他一些武侠小说、武侠剧中,武士们使用的兵器也是争奇斗艳。挥起扇子、算盘、木桨等都能打打杀杀,一扬袖口会伸出铁爪,甩出袖镖、飞刀。女子的衣袖、绢带,也是搏命的利器。近代传奇人物李小龙爱使双节棍,使起来出神入化,每每打得欺侮华人的恶棍头破血流,难以招架。

42. 古老的兵器——戈

戈是中国古代一种具刺击、钩啄等功能的木柄曲头兵器。其构造一般为平头、横刃前锋,垂直装柄。其端首处有横向伸出的两面短刃,刃锋向内,可用于钩杀;刃锋向外,可推杆、啄击。

戈的出现,最初是受石器时代石镰、陶镰启示,产生了石戈。商代时,制造出青铜戈。戈和干(盾)是商周时期士兵的标准装备。"干戈"一词是战争的别称,或是兵器的统称。戈盛行于商至战国,流行至汉代,是先秦时期的主要兵器,曾被列为车战中五大兵器之首。

支撑戈头的柄称"柲"。标准的戈头包括上下有刃、前有尖锋的"援"和装柲用的"内"两部分。"内"上有穿绳缚柲用的孔,称为"穿"。在援、内之间另设"阑",并在援下近阑处下延成"胡",胡上也有"穿"。这样的设置都是为了把戈头在柲上拴牢,防止戈头翻转、脱落。戈柲多见于木、竹质地。它的长短依战术要求定。从河南安阳侯家庄出土的戈柲可见,一种短木柲,为步兵所用,长 140 厘米;一种长木柲,用于车战,长到 314 厘米。

在商代晚期,戈的形制有了一些变化,改进了戈援的锋、刃,加大了戈头和戈柲的夹角,由此增强了杀伤力。这一时期的戈"胡"加长,"穿"增多,更增强了戈头与戈柲的牢固性。到了西周晚期,流行一种尖锋呈等边三角形的带胡青铜戈头。西周打仗主要以车战为主,戈在这时是重要格斗兵器。春秋前期流行戈的援呈圭首状,慢慢又改呈尖叶状。从战国初开始,戈援由平直变成弧曲状,并在下刃和胡上做出子刺,这样就进一步提高了钩杀的功能。

战国时期,由于冶铁业的发展,许多兵器改用铁质铸造,铁兵器的使用逐渐增多,青铜戈慢慢被铁矛、铁戟取代。西汉时骑兵和步兵大规模列阵,长柄戈的使用已经很少。到了东汉,战场上已难寻到戈的踪迹。出土的这一时期的戈都是玉戈,已成为仪仗用品。

叱咤于青铜时代的戈,在甲骨文、钟鼎文中有不少象形文字,如今汉字中"武""战""戍""城"等从戈,说明戈与战争息息相关。戈这种古老的兵器虽然早早退出了实战舞台,但后人并没有忘记它,而是将其列入民族文化中。至今在人们的文字、口语中还经常会用到"金戈铁马""枕戈待旦""反戈一击""大动干戈""化干戈为玉帛"等生动的词汇。

43. 以防御为主的兵器——盾牌

盾牌是古代作战时的一种手持格挡,是用以隐蔽身体,抵御敌方兵刃、矢石攻击的防御兵械。盾牌多呈长方形或圆形。

盾牌在中国古代称"干",与戈同为战争用品,故有"干戈相见"等词语。《山海经》所描述的黄帝时代就彰显了英雄刑天一手执干,一手操斧,挥舞挺进的雄姿。作为"主卫而不主刺"的盾,虽用以防身,但也不是只消极地防御,在持盾抵挡的同时也配以刀剑进攻,战法有腾、跌、扑、滚、伏、蹿、踔、蹲等。古代将士作战时,可以将盾牌系在一只手臂上,或握住它的把手。一手持盾护身,一手挥兵器搏击,攻防配合而为之。

盾牌在古代称"干",商朝唤"盾",唐代叫"彭排",宋代又名"牌",还有"秉甲"等叫法。地区和使用者不同,盾牌的名称也有差别。吴地大而平的盾称"吴魁",蜀地脊部隆起的盾叫"滇盾";步兵用的盾叫"步盾",车上用的盾则称"孑盾"。盾牌名目多,材质也有不同种类。盾牌有木制、竹制、藤制、革制,商代有了青铜盾牌,战国时期已大量使用了铁盾牌。楚汉战争中,闯入"鸿门宴"的樊哙手里持的盾牌就是铁制的。自殷商时期起盾牌开始装有青铜盾饰,有虎头、狮面等,面目狰狞,对敌方有恐吓作用,会令对手不战而怯。

盾牌是中国古代的主防兵器,在古希腊、古罗马军队中也广泛使用。国外还形成了众多著名盾牌,如罗马大盾、斯巴达阿尔戈斯盾、维京圆盾、诺曼骑兵鸢形盾、祖鲁皮盾、西班牙剑盾等。

中国古人在战事中发现,藤盾牌编制简单,轻巧耐用,加之藤条本身质坚而有弹性,圆滑柔韧,不易被兵器砍刺破入,在军队中广为使用。明代郑成功所率领的军队还组织了"藤牌军",这支部队骁勇善战,屡立战功。明代时,盾牌还与火器并用,发挥出威力。盾牌以生牛皮制作,内藏火器。作战中盾牌兵手执盾牌掩护步兵前进,适时放出熊熊火焰,用以阻挡敌人骑兵的冲击,除起到了防卫作用,又增添了进攻力量。这样一些盾牌还能并连在一起,组成一道"盾墙",阻挡敌军进攻更为有效。盾墙后可隐蔽数十人。

然而,明代这种火器与盾牌的结合很快就成为绝唱了。热兵器时代的到来,让能防御刀枪的盾在四面开花的火药面前失去了招架能力。盾与其他很多冷兵器一起纷纷与战争作别。

44. 古今中外的刀

刀在常说的十八般兵器中为首,以砍杀的方式直取敌人的性命,显示凶猛的威力。早在石器时代已有打磨而成的石刀,早期的石刀,既是工具,也是随身携带的武器。在中国的黄帝时代,石刀被称为"玉兵",一些用珍贵的玉石磨制,用于仪式。

刀比剑的出现要早得多,刀的杀伤力也远高于剑。刀开始成为汉代军队中最常见的兵器。汉代通用的铁制环首刀,长度在 1 米左右,直背直刃,刀背较厚,刀柄为扁圆环状。刀用于大力劈杀,很难招架。唐代时环首刀去掉了汉代尾部的环,并延长了短柄,改为可以双手使用的长柄。刀刃采用来自中亚的钢材制造,要经过30 次左右的反复锻打,锋利无比。唐刀技术传入日本,成为日本刀的鼻祖。

著名的舍施尔弯刀起源于波斯。这种弯刀以产自印度的乌兹钢锭为原料,贩运到大马士革冶炼成特种钢锻造。打造好的弯刀刀身布满花纹,如行云流水,既有硬度又有韧性。柄材选用象牙、鹿角和水牛角等。弯刀的柄首向下弯曲,与刀柄形成约 90 度的夹角。它是单手持握的骑兵武器,骑士们上阵冲杀时不是用弯刀砍劈,而是策马疾驰,将弯刀平持手中,使刀锋平划切抹敌人的首级或身体。

在公元 8 世纪前后,马刀盛行于东欧和中亚游牧民族,用作马上劈刺武器。14 世纪时马刀有了宽脊,增大了刀身的重量和撞击力,更适于大力劈杀。18 世纪后马刀大量装备到俄国等国的骑兵部队,使这种机动性很强的军队具有了近战速决的兵器,大大提高了作战能力。现代一些国家仍装备有马刀、军刀,但大部分作为仪仗使用。

刀这种冷兵器,在现代军队装备中仍占有重要位置。美国海豹突击队携带的突击刀,刀锋锐利,刀柄不打滑,突击队员在双手抹满肥皂泡时依旧能把刀插入横木,做引体向上。美国直升机航空兵使用的一种刀具,对付又硬又韧的树脂玻璃能轻而易举地刺入,并且能像裁纸刀一样割开大洞,帮助士兵逃生。这种利刀以磨碎的钻石细微颗粒制成,能切开树脂玻璃,还能割开直升机的铝制外壳。俄罗斯研制的一款军刀以五硼化钨材料制作,这种材料是中俄两国专家共同开发出的,具有超强的硬度。制作出的军刀可切割降落伞吊索,还可当榔头、斧头使用。名扬四海的瑞士军刀,装有一系列附件,包括电线剥皮器、钢丝钳、螺丝刀、镊子、剪刀、开瓶起子,还有放大镜、手表等。带上一把这样的军刀,简直就有了一个小型随身"军械库"。

45. 形态各异的锤

锤古称椎,是人类最早使用的武器之一。早在远古时代,猿人以木棍作武器,感觉到木棍威力偏小,把石头绑到木棍头上,这样就产生了石质战锤。在新石器时代,早期人类开始在石头上钻孔和磨制石器外形,使石锤造型变得精巧,威力也更强大。我国在距今6000年的红山文化墓葬中,出土了一个石质五个骨朵锤头,中间有大圆孔。可想而知,穿入木柄砸打下去会很有力度。

锤是中国古代十八般兵器之一。锤头沉重,握持硬砸、硬架,威力十足,战法有涮、曳、挂、砸、擂、冲、云、盖等。锤头装上木柄、铁柄,有长、短锤之分。于两锤间系链锁,又称流星锤。在古代各朝爱用战锤的名将不少。三国时曹操帐下大将许褚手使长柄锤;北海太守孔融的部将武安国擅用流星铁锤。隋朝将领裴元庆使一对银锤;使锤最著名的李元霸使的一双锤重320斤。唐代名将薛葵是薛仁贵之后,他使一对八棱紫金锤,曾率兵在两天内连破敌军50多道关隘。以锤交战最脍炙人口的故事是《说岳全传》中"八大锤大闹朱仙镇",说南宋岳飞帐下四位使锤的将领,即岳云、何元庆、严成方、狄雷请缨攻打金军重镇朱仙镇。四将各使双锤,身先士卒冲入敌阵,左挥右打,上挡下砸,杀得金兵鬼哭狼嚎,溃不成军。

在中国古代,八棱锤和瓜锤较为多见。著名战锤还有方铁锤、乌铁锤、混元锤、梅花锤、青龙锤等。两头锤柄长6尺,两端各装一锤。一种骷髅锤,锤形如骷髅,挥舞还能发出狰狞之声。博浪锤为玄铁所铸。相传张良为刺杀秦始皇,派一力士携120斤重的铁锤埋伏路边,秦始皇巡视博浪沙至此,遭掷锤偷袭,可惜误中副车,让秦始皇逃过一劫。刺秦虽失败,一种博浪锤却因此得名。

战锤也广泛用于中世纪欧洲战场。一种晨星锤带有尖刺,砸中敌方盔甲后,尖刺能扎进锁子甲链环,不会滑脱,给敌人造成杀伤。与这种刺锤相类似,中国古代称这种锤为铁蒺藜骨朵或狼牙棒。中世纪末欧洲盔甲换装了大块弧形甲片,足以折断和抵御晨星锤尖刺的攻击,于是一种源于东方瓜锤的多页锤又流行起来,砸打力大有增强。同时期又出现了一种羊角锤,它带着镐头一样的尖头,成为破甲利器。古代中国也曾流行过这种锤与矛结合的兵器,叫作殳,是一种战车用的兵器。

随着热兵器时代的到来,面对着枪炮火药的强大杀伤力,各种挥舞着的本就沉重的战锤也就全都不好使了。

46. 射击兵器——弓箭

弓箭是一种远射兵器,也是古代军队重要的武器之一。

其实远在旧石器时代晚期,人类已开始使用弓箭。在山西峙峪旧石器时代的遗址中,曾出土了一种加工精致的小石镞,以长石片制成,前端尖锐,两侧边缘锋利,底部凹进去,是用来安装箭杆的。由此推测,在两万年前,这里的峙峪人已和弓箭结缘。弓的出土也很多,浙江跨湖桥遗址出土的一把漆弓,长 121 厘米,弓身采用桑木边材制作,弓面涂生漆。经测定,这把漆弓已有 8000 多年的历史。

弓箭发明和广泛被征战使用后,在中国围绕着弓箭流传着很多神话、寓言等故事,如"羿射九日""杯弓蛇影""百步穿杨""李广射虎""纪昌学箭""辕门射戟"等。在外国神话传说中也有"丘比特之箭"等。中国古典名著《水浒传》中有神射手"小李广花荣"的故事。在外国也不乏弓箭高手。如日本的那须与一,距百米外用箭射中一面小扇子。神射手源为朝在交战中,朝冲来的船射出一支大号火箭,竟将船体射出一个大洞,顷刻沉没,吓得其他敌船转舵逃避。

中国古代的箭多为竹制,也有木制的。至明清时期,华南仍用竹竿,华北用萑柳,东北、西北使用桦木。为把握箭的平稳飞行,箭杆尾部还装有羽毛。为增大杀伤力,后汉时期出现了毒箭,这也才有了《三国演义》中关羽中毒箭"刮骨疗毒"的故事。除毒箭,还有在箭杆上缚有纵火物的火箭发射使用。明代在箭镞上加装了一个用兽骨制成的小哨,使飞箭也称"鸣镝"。在中国古代,弓有传统弓、复合弓、反曲弓三种,箭则有三叉箭、大羽箭、无羽箭、无扣箭、木箭、水箭、月牙箭等 20多种。

在古埃及时,弓箭的制作已很精良。一般用圆木条弯弓,中间粗两端细尖,有的在木弓上嵌以羚羊角片,外覆牛筋。这种弓力量大,射程远。箭杆材料有木棍、芦苇等,金属做箭头,用 3 支羽毛做尾翼。13 世纪时一种长弓在欧洲发展起来,这是由单棍弓演变而来的又大又重的硬弓,需要较大的力气才拉得开,射的距离也相当远。弓体由榆木、榛木或紫杉木制成,长达 1.8 米,有效射程达 230 米。英国首先使用这种弓,并组建起弓箭部队。英格兰的长弓手,在 300 米外能射穿敌人盔甲,长弓拉力达 150 磅。

弓箭在热兵器时代到来后,逐渐退出了战场兵器序列,但它所形成的弓箭文化却延续至今。如今射箭是深受欢迎的体育活动,是奥运会正式比赛项目之一。

47. 有扳机的弓箭——弩

弩是远距离杀伤性武器,能有效克制骑兵的攻击。弩也称"窝弓""十字弓",由弩臂、弩弓、弓弦和弩机几部分构成。

相传,弩是在我国战国时期由楚琴氏发明。楚琴氏年轻时精通木工,又喜欢射雁。有一回他在做木器活时灵光一闪,想到要是能在弓臂上设一机关,不是能更准确地发射箭吗?楚琴氏经过反复的试验和改进,造出一种弩机。这弩机十分精巧,外面设有一匣,前面有挂弦的钩,匣下装有扳机。发射时先将弓弦向后拉,挂在钩上,对准目标后,一扣扳机,箭即射出。这种弩与弓箭相比射程远,命中率高,杀伤力强。

也有考古研究认为,弩的出现不晚于商朝晚期,春秋时期列国交战已有使用。春秋末期的著名军事家孙子在《孙子兵法·作战》中,已将弩与甲盾一起列为重要的作战物资。战国时期,弩按战事需要分成夹弩、瘦弩、唐弩和大弩4种样式。夹弩和瘦弩属轻便型弩,发射快,被用于攻守城垒;唐弩、大弩为强力弩,射程远,多用于车战和野战。在出土的秦始皇陵兵马俑墓穴中,发掘到弩的遗迹有数百处,不同形制的弩可大体归纳为3种。其中的青铜弩机机件活动自如,青铜饰件光亮如新。

秦末,由弩的使用还造出一种大型弩车,称床弩。是将一张或几张大弓安装在床架上,绞动其后的绞轴,张弓搭箭,用大弓的合力来弹射长箭,射程可达500米。这种"弩中霸王"发射的箭,以木为杆,以铁枪头为镞,实则是带翎的短矛,也称"踏蹶箭"。攻城时依次发射后,长箭成排钉在夯土的城墙上,有如一部机动云梯,供攻城者攀城。《楚汉传奇》一书写道,项羽在东郡一战中久攻秦城不下,大呼用弩车。弩车将长箭射入城墙,项羽率先踩着长箭"飞"上城头,一举攻城成功。

古希腊时代,弩也在军队中出现和使用。之后十几个世纪,弩兵器广泛应用于欧洲各军事大国。由于使弩无须太多的训练,新兵也能成为用弩高手。英国理查一世在征战中两次被弩箭射中,第二次伤重不治。一个叱咤风云的人物就这样被普通弩兵夺去了性命。

远距离射击的弩虽然有较强的杀伤力,但与热兵器较量仍要甘拜下风。然而时至今日弩并未完全退出历史舞台。与狙击枪相比,弩具有无声无光的隐蔽优势。一款特制的强力弩可穿透15厘米树木或板材,在执行反恐等特殊任务时,可用于突击作战、解救人质等。从2003年起,新一代"弩"已成为中国武警反恐队员的一件"神秘武器"。

48. 驰骋沙场的战车

古代战车是交战中用于攻守的车辆。一般将攻车称为战车，或称兵车、革车、武车等。在中国古代，夏朝时已有战车和小规模车战，至春秋战国时期战车成为军队的主要装备，车战是主要的作战方式。

从河南安阳市殷墟车马坑中曾出土了商代战车，可见并排着的器具、马骨和车内外分布的兵器。车的形制为独辕、两轮、长毂；车厢长方形横宽竖短，宽约150厘米，进深约90厘米，车厢的门开在后方。车辕前端有衡，上缚轭，用以驾马。战车以4匹马驾挽为主，中间的两匹马称"服马"，左右两侧的叫"骖马"。一车所驾的4匹马称"驷"。按当时的配置，每车有左、中、右3名甲士。左方的甲士持弓，负责射箭，称车左，是车首；右方的甲士持戈或矛同敌击刺，称车右；居中的甲士称御，腰挂佩剑，主要负责驾驭战车。战车在交战接敌过程中，主要是车左在舆侧射杀敌人，接敌后则须与敌车接舆近战。车上多装备戈、殳、戟、酋矛、夷矛5件兵器，称作"车之五兵"，分别插在舆侧的固定位置，供甲士临战取用。

商周时期的战车，是中国奴隶社会军事技术装备的集中代表，车上的青铜器兵器装备发挥了当时武器的最大威力。车上还配备了旗鼓铎铙，用以保证军队的战斗指挥和通信联系。交战中甲士站在车上，徒兵跟在车下。每当一方车阵被击溃，胜负便成定局。那时的战争就是战车之间的较量。

西周时期，战车一般采用大型的横阵，在开阔的平原地带一字排开，不做纵深配置，把徒卒部署在战车前方，这样可以相互呼应，避免受到夹击。但这也导致战车的机动性能差，难以迂回作战。春秋时期以后车战阵形变得灵活，战车变为多排的纵深排列，徒卒被部署在战车的四周，加强了向各个方向的机动力量，使战车更能适应多变的战场。

从秦始皇陵兵马俑坑出土的战车可知，秦朝时的战车与先前的在形制上并没有很大的变化。在汉王朝初期的战争中，战车仍发挥着一定的作用。大约在汉武帝年间，朝廷为应对匈奴人的进犯，发展了大量骑兵部队，而战车不利于戈壁沙漠地区展开，便退出了战场的角逐。

在古代，埃及人、亚述人、印度人也都有过大规模战车作战的历史。考古发现，两河流域的苏美尔人也使用了战车。战车为木质，四轮，车厢略呈长方形，前部隆起。战车以4头毛驴驾驭，车上配有驭者和持长斧的勇士。之后马拉双轮战车兴起，在欧亚大陆驰骋不已。中世纪之后战车终因受地形、战斗队形、成本等因素限制，逐渐远离了战争。

49. 策马冲杀的骑兵

　　骑兵在古代主要指由骑马的士兵组成的军队。

　　中国的首支骑兵队伍，出现在战国时期。那时军队以战车为基本作战单位。至今"军"字"冖"下仍是一个"车"字，说明车在军队中的重要位置。战车作战受地形影响很大，另外交战中一匹驾车的马受伤倒下，或是一个车轮损坏，那么整辆车就瘫痪了。战国时期，赵武灵王对赵国的军事进行了一番改革，实行"胡服骑射"，即着胡服，习骑射。胡服为当时北方游牧民族的服饰，紧身窄袖，穿上这种服装，上马射箭，利索了很多。赵国由此组建起骑兵，军威大振。在很短的时间里吞并了中山国，击败了林胡、楼烦等部落，国势变得强盛。之后诸侯各国也都仿效建立起骑兵。

　　中国古代在改朝换代或抵御外族进犯的征战中，曾产生数支精锐的骑兵之师。西汉卫青、霍去病的重装铁骑，在北方多次与匈奴骑兵正面对抗。《三国志》中记载，曹操有一支"虎豹骑"部队，在关键战役中能打硬仗、胜仗。交战中"先以轻兵挑之，战良久，乃以虎豹骑夹击，大破之"。唐朝李世民有一支"玄甲骑兵"，在决定天下归属的虎牢关一战中，李世民以 3500 名玄甲精兵为前锋增援虎牢关，结果大破窦建德十万之众。南宋岳飞组建的"背嵬军"，也是一支精锐的骑兵之师。背嵬军装备有长刀、短刀、短弩、硬弓、铁叶片革甲等。在朱仙镇曾以 500 背嵬军大破十万余金兵。这让金人发出了"撼山易，撼岳家军难"的哀叹。

　　在国外，最早将骑兵用于作战的是公元前 9 世纪西亚两河流域北部的亚述人。军队在连绵不绝的征战中，也产生出一些威震四方的骑兵劲旅。中世纪初埃及一带的马穆鲁克骆驼骑兵，曾称雄广大沙漠地区。10 世纪拜占庭的重骑兵、12 世纪欧洲富有的圣殿骑士团、14 世纪法国组建的龙骑兵、德国境内使用火器的黑衫骑士等，都赫赫有名。

　　在历史上曾是陆军作战主要兵种的骑兵，如今随着军事技术的发展和作战的需要，在很多国家已不再作为独立的兵种入列。但骑兵在一些特殊方面仍然发挥着很大的作用，承担着执行巡逻、侦察、警戒等任务。

50. 攻防重器抛石机

抛石机在古代是一种攻守城池的有力武器,被称为火炮的鼻祖。它依靠木制的弹射杆弯曲时产生的张力抛射石头,给敌方以沉重打击。

相传抛石机发明于我国周朝,当时叫"抛车"。春秋时期,抛石机已用于战争。楚汉相争时,只要攻城交战,必有抛石机的身影。它能抛石头,还能抛火球,射程又远,总能展现出强大的威力。公元200年曹操和袁绍两支军队在官渡交战。曹操为击溃袁绍军的坚固工事,集中了一批能工巧匠,造出有4个轮子的抛石车,利用夜色发动突袭,大量石弹飞入袁营,将一个个营橹砸毁,让守卫的弓弩手丧命。曹军掩杀过去,大获全胜。

唐代以后,抛石机除用于攻守城池,还用于野战,并被装置到大船上。南宋时期,成吉思汗之孙蒙哥御驾亲征,率10万大军进攻四川钓鱼城。城内宋军顽强抵抗,用抛石机不断向元军发射石弹。元军搭建的望楼成为打击目标。交战中蒙哥在望楼下擂鼓鼓舞士气,被飞来的抛石击中,不久去世。这一抛石造成的意外,使南宋的危局得到缓解。1275年忽必烈率大军再次南进,南宋贾似道领步军13万人,船2500艘,与元军决战。宋军在陆地摆三叠阵,长江中把船连环。水上交战后,元军船上的抛石机大而威猛,抛出的巨石砸向宋船,一砸一个大洞。连环的船一艘沉没,其他没有机动能力,乱成一团。陆地三叠阵也被抛石砸得七零八落。南宋军大败,再没有兵力与元抗衡。

古希腊、古罗马人在很早也制造出抛石机用于征战。公元68年,罗马人围攻犹太人的约塔帕塔城。此城三面是悬崖峭壁,难以攻打。罗马人苦战了5天后才逼近城下,士兵们建起掩体,接着用160台抛石机向城头发射石头、箭和燃烧物,进行掩护,架起云梯攻城。最终罗马人借助抛石机的威力,粉碎了犹太人的抵抗,占领了城堡。

古代战争中频繁使用、颇有威力的抛石机,如今只能安放在历史博物馆了吗?也不尽然。据英国《每日邮报》报道,墨西哥一伙毒犯为贩运毒品,想到用古罗马抛石机的抛物装置把毒品弹射到美国境内。美国亚利桑那州国民卫队称,他们远程监测系统观察到几名男子利用装置把一些包裹抛射到美墨边境的美方一侧,边境警察赶到现场,毒犯仓皇逃离,留下的证据包括15.8公斤大麻和安放在拖车上的抛射机,机高2.7米。毒犯本想对抛石机"古为今用",却玩砸了。

51. 古老的喷射火枪

　　火枪是火药发明后,用竹筒装入火药,绑缚在长矛枪头下方,与敌交战时先发射火焰烧灼敌兵,再用长矛刺杀。严格地说,这只是一种喷射火器,因为没有弹丸,还不能称为枪。但它却可以称之为枪的鼻祖。

　　到了中国宋代,山东一带出现了一种"梨花枪"。在这种枪枪首上缚有一节铁筒,里面灌有火药。开枪时只要点着火药捻,待火药快要喷射时,把枪头指向敌人就行了。在南宋末年,安徽寿县人制造出一种"突火枪",它已经是一种比较接近现代枪的管形火器,点燃火药后,竹管中先喷出火焰,接着飞出"子窠"——硬物颗粒,这可以说是子弹的雏形。

　　在黑龙江曾出土了一把元代时的青铜枪,这支枪有 1 尺多长,8 斤重,是世界上已知的最古老的金属管形火器。随着成吉思汗率军西征,中国发明的火药、火器传入了中东,阿拉伯人仿照突火枪造出了木管射击火器。14 世纪时欧洲人和阿拉伯人展开激烈交锋。战争中阿拉伯人使用中国发明的火器,使欧洲人吃了大亏。欧洲人开始学习研究制造火药、火器的技术。

　　中国明代时,发明了金属管形射击火器——火铳,并装备到军队中。这是一种火门枪,它有一个铸铜或熟铁制造的枪管,使用时将黑色火药从枪的膛口装入,然后再装入石弹等弹丸。枪管的下端有一个火门,用来点燃火药。14 世纪欧洲也有了从枪管后端火门点火发射的火门枪。德国的黑衫骑士是最早装备和使用火门枪的军队。1331 年,德国黑衫骑兵与法国步兵在巴黎郊外一片树林里交战。黑衫骑兵用绳子把枪吊在脖子上,左手握枪,右手点火,打完一次重新从膛口装填火药和弹丸,枪声大作。法国兵头一次看到这些马背上会闪火的武器,惊恐万状,吃了败仗。

　　15 世纪时,欧洲又造出一种火绳枪,从枪口装入黑火药和铅丸,转动一个杠杆,用硝酸钾浸过的燃着的火绳头移近火孔,即可用手点燃火药发射。著名的西班牙"穆什克特"火绳枪,弹丸重 50 克,射程可达 250 米。16 世纪西班牙人又制造使用了一种枪口装弹的滑膛燧发枪,利用燧石与铁砧撞击迸发火星来点燃火药。德国钟表师基弗斯把钟表上的旋转轮与能够产生火花的燧石相结合,制造出了转轮打火枪。他的成功引起了德国军方的关注,这种枪很快就装备到德军的骑兵和步兵中。1544 年,德国与法国交战,德军使用了转轮打火枪,而法军使用的还是老式火绳枪。激战中突然风雨交加,火绳枪难以点燃和发射,转轮枪却点燃火药顺畅,德军越战越勇,将法军打得落花流水。

　　进入 19 世纪后,随着一些枪械使用无烟火药制造的枪弹出现,用以装填火药击发的火枪风光不再。

52. 近战自卫的手枪

手枪是近战和自卫所用、能单手发射的短枪。

中国宋元时期,军队已装备了手持火铳。欧洲原始的手枪出现在 14 世纪,是一种单手发射的火门枪。19 世纪初,出现了一种击发式后装弹多枪管旋转手枪。1836 年,美国人柯尔特对转轮手枪加以改进,并广泛得到应用。这种新型转轮手枪的转轮上通常有 5—6 个既做弹仓又做弹膛的弹巢,枪弹装于巢中,旋转转轮,枪弹可逐发对正枪管,处于待击发状态。常见的转轮手枪,装弹时转轮从左侧摆出,故这种手枪又称左轮手枪。左轮手枪重量在 1 公斤左右,可杀伤 100 米以内的活动目标。

到 19 世纪末,奥地利等国研发出自动手枪。自动手枪采用弹匣供弹,弹匣通常装在握把内,容弹量可达 20 发。射击可达到每分钟 30 发,有的能达 40 发。德国的毛瑟兄弟研制出一种自动手枪,威力大,性能可靠,木制枪盒可兼做枪托,抵肩射击时有效射程达到 150 米。开始为 10 发弹匣供弹,后加装式弹仓可装弹 20 发。很多国家都在仿造这种手枪,在中国得名"驳壳枪""盒子炮""20 响"等。另一种著名的手枪"勃朗宁",由美国枪械设计师勃朗宁设计。这种手枪外观精美,构造灵活,扣动扳机射出第一颗子弹的同时,弹壳退出,第二颗子弹自动上膛。每扣动扳机一下,就能射出一颗子弹,可快速射出 10 发子弹。这种手枪几十年间曾广泛在世界各国使用。

微声枪是 20 世纪初由英国人马克西姆制造出来的。美国军方对此枪加以改进,制造出消音手枪。他们在枪口装上了消声筒,使枪膛内的高压火药气体通过消声筒将压力减弱,这样,手枪射击的声音几乎听不到。无声手枪多用于间谍谋杀。苏联克格勃使用的一种"无声手套手枪",没有枪柄,它附着在皮革手套的背面,用小指扣动扳机击发,抬手之际可杀人于无形。

长期以来,各个国家设计制造出多种手枪,名牌手枪就有几十款。近年生产的手枪从材质、形态、性能等方面又有新的改进。美国研发的 M500 转轮手枪口径达到 12.7 毫米,被称为"手枪中的大炮",发射出的子弹威力大而强悍,据说一枪能打死一头非洲大象。俄罗斯军方研制出一种手枪,三发连射时具有高精准度,在无擦拭和润滑的情况下保证 1 万次射击不卡壳,在极端温度下保持性能稳定。有关专家指出,现代手枪的基本特点是:变换保险、枪弹上膛、更换弹匣方便,结构紧凑,自动方式简单等。重量轻,便于携行和操作,弹药在 50 米内要有致命效果,是今后手枪发展的主要要求。

53. 单兵发射的步枪

步枪是一种单兵肩射的长管枪械,主要以发射枪弹杀伤敌军,有效射程一般为400米。短兵相接时,也可用刺刀和枪托进行白刃格斗。有的步枪具有发射枪榴弹和反装甲能力。步枪按自动化程度可分为非自动、半自动和全自动三种。

非自动化步枪是很古老的一种传统兵器。在火枪发明几个世纪后,1520年德国纽伦堡的铁匠戈特发明了直线式线膛枪,采用了圆形铅球弹丸。由于"膛线"一词的英文译音是"来复",所以线膛枪也被称为来复枪。以后膛线由直线改为螺旋形,铅弹出膛后飞行更加稳定。到了18世纪,新式的来复枪射程已达200米左右,每分钟可发射4—6次。1830年法国爆发了"七月革命",起义者就是手持着来复枪推翻了波旁王朝的。1867年德国毛瑟兄弟研制成功了世界上第一支发射金属外壳子弹的步枪,之后又经改进设计,这种枪成为德军的制式步兵武器,并被世界各国所仿造。

在两次世界大战中,步枪是配备各国士兵的最主要兵器。为国人所熟知的日本三八式步枪,是1905年(日本明治三十八年)由日本友坂兵工厂生产的一种步枪。该枪口径6.5毫米,枪重4.3千克,枪长127.5厘米,有效射程为600米,单发射击,枪口可装39.5厘米的刺刀。三八式步枪在侵华日军中大量使用,因枪上方有一防尘盖,能随枪机前后运动,在中国俗称为"三八大盖"。

抗日战争时期,八路军、新四军除缴获日军大批三八步枪等武器外,也艰苦奋斗研制自己的军工武器。晋冀鲁豫根据地设计生产出一种八一式马步枪,枪身短,重量轻,只有3.36千克,装有可自动展开的三棱刺刀,很适合开展游击战、运动战所用。抗战期间共造枪7918支,数量虽不算多,却是革命军队制造的第一种自制制式步枪。

在长期的战争和兵器演变中,步枪又研发出半自动和全自动等类别。按用途分又有普通步枪、卡宾枪、突击步枪和狙击枪等。我国在20世纪60年代已用国产半自动步枪装备部队,之后又研发出81式、95式、03式自动步枪系列。2016年又一款国产自动步枪亮相,枪架上有标配的光学瞄准镜,设空仓挂机功能,插上新弹匣即可实现子弹上膛,是近战状态非常实用的功能。枪上还加装了信息化小握把,设有微处理器及按钮,成为步枪设计制造中的首创。

近年美国、俄罗斯等国所研发的新型步枪也受到关注。全球军队使用最多的步枪AK47由苏联枪械师卡拉什尼科夫设计,1947年定型。这款自动枪有了折叠枪托型,可折叠放入背包。美国研制的一款智能步枪能尾随目标、自动瞄准射击。俄罗斯研制的新型步枪水陆两用,在30米的水下可准确击中25米以外的目标。

54. 密集扫射的机枪

机枪是一种全自动、可快速连续发射子弹的枪械。它带有枪架或枪座,以杀伤有生目标为主。通常分为轻机枪、重机枪、高射机枪等,口径 20 毫米以上的机枪称机炮。

当步枪成为军队的主要武器之后,步枪的射击速度太慢,成为亟待解决的难题。1862 年美国人加特林发明一款手摇式机枪,将 6 支口径为 14.7 毫米的枪管安放在枪架上,射手转动曲柄,6 支枪管依次发射,每分钟可射出枪弹 300 颗以上。这种新型枪械在美国南北战争中一举成名。

世界上第一架以火药燃气为能源的机枪,是英籍美国人马克沁发明的。他研究解决了枪的自动发射、抽壳、抛壳和供弹等细节,制作了 16 米长的弹袋。1884 年他发明的机枪取得专利,全枪重 27.2 千克,后人称其为马克沁重机枪。几年后马克沁携自己的机枪在俄国圣彼得堡表演,他一扣扳机,半分钟内就打光了 333 发子弹,让在场的人都目瞪口呆。不久,英美等国军队相继装备了马克沁的机枪,并尊称马克沁为"自动武器之父"。在第一次世界大战的索姆河会战中,英军向德军发起进攻,德军用马克沁重机枪向密集队形的英军猛烈持续地射击,造成英军一天内伤亡近 6 万人。这让世界看到了这种重型机枪的巨大威力。

1902 年,丹麦人麦德森设计了一种有两脚架带枪托可抵肩射击的机枪,全枪重 9.98 千克,最大射程为 2000 米,称为轻机枪。之后各国就以马克沁重机枪和麦德森轻机枪为母型,开始装备到飞机、坦克和舰船上,成为仅次于火炮的压制式武器。

在两次世界大战中,轻重机枪以其强大的杀伤力,广泛为各国军队装备使用。"二战"后各国研制的新型通用机枪竞相出现。全枪一般重 20 千克左右,枪身轻重两用,枪架高平两用,很多改装到坦克、步兵战车、直升机上使用,在各地局部战争中大显身手。近年机枪的最主要性能射速更有提高,有的机枪一分钟能射出 4000 发子弹,甚至更多。

中国早在 1888 年就仿造了最初的马克沁机枪,直到 20 世纪 40 年代,这种重机枪一直在军队中使用。新中国成立后,50 年代中国曾仿造苏联机枪款式,生产了 53 式 7.62 毫米轻、重机枪,57 式 7.62 毫米重机枪和 58 式 7.62 毫米连用机枪。之后装备部队的就是中国自主研发的 67 式 7.62 毫米的重机枪、81 式班用轻机枪(配备步兵班)、W95 式 12.7 毫米重机枪。95 式轻机枪还装备到驻港部队。前不久,中国 QJZ171 型"山地机枪"在军事演习中亮相。它的重要部件以钛合金制造,重量轻,射程远,可摧毁敌方重型装甲车,也可对空打击直升机。

55. 古灵精怪的枪

在枪械发展之初,突发奇想而设计制造的枪五花八门,虽然一些怪头怪脑的枪很快就被淘汰,但它们在兵器发展史册中,也留下了印记。

19世纪时英国出现了一种掌中枪,这是一款用于自卫的转轮手枪。50毫米长的枪管连在圆形枪体上,握在手里后可以通过位于枪体后方的推杆扳机发射子弹。这种枪准头不够,装填弹巢也不方便。美国人艾伦设计制造一种胡椒盒手枪,这是一种多管旋转的击发手枪,具有圆柱形如胡椒盒的多根枪管。然而这种可连珠发射的手枪体积大,重量沉,端着吃力,不太好用。一种小巧的钥匙枪,有钥匙的形状,握在手里很是便当。但它的机件结构过于复杂和敏感,稍有不慎就会走火,甚至伤到持枪者,人们只好对它敬而远之。

第一次世界大战后,枪械的研发形成热潮,一些功能独特的枪装备到军队中。欧洲芬兰人研制出一种M39秘密枪械,这种枪的枪管长1.393米,射速每分钟50发。它被称为"象鼻枪",在100米距离前后可垂直穿透30毫米钢板,是专打坦克的兵器。

20世纪后,一些国家在枪械设计制作技术上愈加成熟。很多精巧实用的枪支争相出世,在间谍用枪方面更是别出心裁,造出了香烟枪、烟盒枪、烟斗枪、打火机枪、钢笔枪、腰带扣枪、伞枪、头盔枪等常见常用物品形状的杀人利器。一种公文箱枪,提手下装有铜指环,一经扣动触发杆就会启动扳机,子弹会从箱子小孔射出,声音极微细,难以觉察。有的枪不使用常规子弹,击发后以喷射强电子流杀人。或喷射氢氰酸,两秒钟雾化,出现死于心脏麻痹症状,杀人不留痕迹。

P90是一种被称为"四不像"的枪械。它由比利时人于1990年研制成功。它既不像手枪、冲锋枪,也不像卡宾枪和步枪。这种单兵自卫武器没有传统的小握把,而是设计了一个可伸进大拇指的带孔握把,枪托与射手的前臂成一条直线,握持舒服。既可双手射击,也可单手射击,机匣和击发器都装在枪托里。机身长500毫米,携带方便。发射时每分钟可打出1000发枪弹,包括普通枪弹和可穿透48层"凯夫拉"材料制成的头盔的子弹。

有专家预测,一种电热枪正在研发中。这种枪是由外电源提供能量,通过放电产生高温高压气体来发射的枪械。电热枪能大幅度提高枪弹的初速,可望达到每秒5000米,其发射威力可想而知。目前这种枪的研制还有一些技术关键尚待解决。

56. 呼啸击发的枪弹

枪弹是枪械在战斗中用来攻击或防御,致使目标遭受杀伤、损害的弹药。

早期的火枪,要先将火药填入枪膛里,再放入弹丸,点燃引爆火药,使弹丸飞出。16世纪欧洲人发明了转轮火枪和燧发枪,扣动扳机燧石撞击火星,点燃底火盘的火药,将弹丸射出。18世纪初英国人把雷酸汞用于发射枪弹,只要直接用枪上的撞针撞击,就能使雷酸汞爆炸,进而引燃枪弹中的火药,使弹头飞出。1855年英国制造出了金属弹壳,装火药密封性好,引爆后弹头速度更快。至此,现代枪弹初步成型,大体包括弹头、弹壳、火药和底火4个部分。其中弹头是飞出去用于杀伤的部分,火药是爆炸产生推力的能源,弹壳是装火药的容器,底火则是引燃火药的开关。

不同枪械击发的枪弹威力有所不同。手枪子弹大多数口径较大,弹体较粗,有效射击距离在50米以内,击中人的要害部位即可使人毙命。步枪射出的子弹拥有较高的速度和较大杀伤力,经过长距离飞行,贯穿力下降,若击中人体,仍会造成伤害。枪弹高速射击人体头部会"爆头"无救,击中躯干如未打伤骨骼,多为软组织贯穿伤,抢救及时可保命。子弹若伤到腿部大动脉,血管会收缩,失血迅速,止血困难,则很难救治。

在长期的枪械发展中,研发出的枪弹种类洋洋大观。燃烧弹的弹头内部前端装有燃烧剂,射出后内藏的"火种"可以点燃易燃物质,诸如敌方阵地的杂草、油箱等。穿甲弹的钢芯由高碳钢制成,弹头前端装燃烧剂,外包铅套,可击穿轻型装甲、引爆车辆油箱。空爆弹弹头装置炸药,击发后可在敌掩体上方爆炸,喷射出致命的金属碎片,给敌军造成杀伤。空包弹是一种没有子弹头的子弹,多用于演习。为便于枪弹的使用管理,枪弹及包装上常标有弹种识别标记。我国规定:普通弹弹尖不涂色,弹头涂红色表示燃烧弹,黑色表示穿甲弹和穿甲燃烧弹,绿色为曳光弹,紫色为穿甲燃烧曳光弹。

近年一些新型枪弹被研发并投入使用。美国的XM25型步枪使用了一种由无线电控制的"智能子弹",这种子弹能够按照编制程序,在发射超过一段距离后仍能准确定位目标并爆炸,有效攻击目标可达700米。美国一家军火公司设计制造的一款新型子弹,发射后可分裂成4个连接的部分,即1个核心和3个"花瓣",4部分连接在一起形成一个直径30多厘米的圆形攻击范围,使命中率大大提高。

57. 人民军队的土造兵器

中国人民解放军这支人民军队在漫长的革命战争中,是由小到大、由弱变强中发展壮大起来的。他们作战中面对的无一不是装备着精良"洋"兵器的敌人。人民军队不断摸索着"以土抗洋"的战术,创造出众多威力巨大的"土兵器"。

早在红军时期,根据地的兵工厂就以土法造枪炮,但以修械为主。当时弹药消耗很大,制造大批量子弹成为当务之急。由于制外壳的铜稀缺,只能多生产复装子弹。那就是捡拾收集发射过的子弹壳,用手动冲床将膨胀的弹壳冲压收缩成合格弹壳,焊接好裂缝再装火药。这些复装子弹的火药不够标准,打到敌军身上却会产生很大的创口,医治困难,倒提高了杀伤力。敌人称这种子弹为"开花弹",是特种弹药。

在抗日战争时期,延安和各根据地因陋就简,大力开展设计制造枪支武器。黄崖洞兵工厂的军工人员吸收了捷克式、三八式、汉阳造等步枪的优点,使用拆毁的铁路钢轨,制造出灵巧的八一式马步枪。八路军携带着这样的新式武器,在战场上出奇制胜,越战越勇。为克制日军的碉堡,兵工厂还大造掷弹筒。他们把1米多长的钢轨加热,锻成圆棒,用车床加工成炮筒,加装炮箍,安装支架。经不断改进,这种炮筒拉动扳机就能发射,既能曲射又能平射,射程达1000米。它被定名"50小炮",每月可造出200门。

人民军队的土兵器可由兵工厂制造,也可由战事的发展巧妙运用实施。1940年,八路军在攻打鲁豫交界一日军据点时,发现据点用钢筋混凝土浇筑,很难炸毁,便使用了"土坦克":在四轮车上放桌子,上面盖上厚被子再浇湿,战士钻到桌子下面,推车而进。湿棉被顶住了猛烈的机枪火力,"土坦克"逼近到敌炮楼下,点燃的炸药包把炮楼炸上了天。这种"土坦克"在解放开封的作战中还被用到。

在解放战争的初期,人民军队攻坚缺少重炮,便使用"土飞机"摧毁其城防。在著名的山西临汾攻坚战役中,先下挖地道,再埋入炸药。攻东关时,埋放的炸药达1.6万斤,一举炸开了城墙。总攻当天,坑道中安放的黑色炸药更有12.4万斤,黄色炸药6000斤,随着震天巨响,临汾城墙被炸出两处40米宽的大豁口,解放大军次日便胜利结束了战役。刘邓大军率十几万将士跃进大别山时,把重武器都丢掉了。当作战急需重火力支援时,战士们使用了一种"土飞雷":把汽油桶箍上钢圈当发射筒,里面放上炸药包,点火便飞上天空,落地之后爆炸。"土飞雷"的射程在100米左右,射程虽短,但其几十公斤的炸药量造成的破坏力极大,不光能摧毁工事,爆炸产生的冲击波对人员也有惊人的杀伤力。在后来的淮海战役中,"土飞雷"仍频频飞落到国民党军阵地上,为他们敲响丧钟。

58. 遍地开花的地雷

地雷是一种造价低廉、埋于地表下或设于地面的防御性武器。

地雷以火药的发明为基础，最早出现于我国。南宋时出现的一种"震天雷"，被认为是地雷的雏形。有关地雷的文字记载见于明代。《明史纪事本末·燕王起兵》记载，白沟河之战时曾"藏火器地中，人马遇之，辄烂"。那时虽造出了地雷，但构造较为简单，多为石壳，内装火药，插入引信后封埋于地下，有敌人接近踩踏，引信起火就会引爆。明代中期后雷壳改为铁铸，引信也有改进。万历年间戚继光镇守蓟州时，使用了一种"钢轮发火"引爆装置。它是在机匣中安装了一套传动机关，当敌人踏到机索，匣中会有坠石下落，带动钢轮转动，与火石急剧摩擦发火，将地雷引爆。这种装置提高了地雷发火的准确性和可靠性。到了明朝末年，地雷的种类样式更多，从引爆方式分，就有燃发、拉发、绊发、机发等。除单发雷，还有引信控制爆炸的群发雷，一个母雷爆炸引爆若干子雷的"子母雷"等。根据作战需要，还可将地雷设置在车上、建筑物内或用运载地雷冲阵。

地雷制作成本低，技术门槛也不高，在两次世界大战中都被各参战国大量埋设使用。在中国抗日战争中，活跃在冀鲁地区的八路军、游击队，开展游击战、地雷战，给日伪军造成重大杀伤。敌后军民集思广益，制造出形态各异的石雷、陶罐雷、挂雷、水雷、箱雷、慢雷、梅花雷、连环雷、长蛇阵雷等几十种地雷，及各种埋雷用雷方法。在冀中，土制的地雷杀伤力不大，于是借用古代在火药中掺杂毒性药的做法，买了药铺的砒霜、狼毒、巴豆等掺进地雷火药里。踩上这种地雷的日伪军受伤虽不重，但创伤面会发生溃烂、奇痒、发黑、坏死，难以治愈，造成日伪军减员和人心恐慌。八路军还研制出埋设电动控制的氯酸钾地雷，用这种地雷屡屡炸翻日军的战车和火车车头。敌后方军民开展的地雷战大显神威，遍地开花，炸得日伪军经常心惊胆战，寸步难行。

"二战"结束后，世界上仍多次爆发局部战争，地雷的埋设被广泛应用。这给很多地方民众的生命财产带来巨大威胁。据统计，"二战"后至今70多年间，有超过100万人因地雷爆炸失去生命。全球至今仍有1.1亿枚地雷埋藏在100多个国家和地区。有关专家指出，大部分地雷采用了全封闭的壳体，因此在野外放置数十年后，还可以触发引爆。一些表面已经锈蚀的地雷，内部保险机构失效，很可能在受到轻微触碰后就会爆炸，排除难度更大。早年埋设的地雷，事关地区民众的安危，切不可掉以轻心。

59. 投向目标的手榴弹

手榴弹是一种结构简单的小型手投弹药,它既能杀伤有生目标,又能破坏坦克、装甲车等。

手榴弹一般由弹体和引信两部分组成,有的有手柄,有的没有称手雷。手榴弹从用途分,可分为常规手榴弹、发烟手榴弹、照明手榴弹、干扰手榴弹、防暴手榴弹等。辅助手榴弹有教练手榴弹、训练演习手榴弹等。

手榴弹的发明可追溯到中国古代,在唐朝末年战乱中,开始用火药做成多种形状的火器,用于杀伤敌军人马。宋代时军队中有了手投弹药。在火药传入欧洲后,15 世纪军队使用了有助城堡要塞防御的手榴弹。17 世纪时欧洲有的国家将手榴弹配备到军队,出现了专业的"掷弹兵"。在第一次世界大战中,手榴弹作为攻击堑壕内和隐蔽物后目标的武器,被普遍使用。英国人发明了一种菠萝形手榴弹,可以一把握在手中,携带、投掷都很方便。德军的长木柄手榴弹性能好,杀伤力大,成了被多个国家军队选用的手榴弹型式。"二战"中反坦克手榴弹、发烟手榴弹等特种手榴弹,都取得不俗的战果。在苏联自卫战争中,反坦克手雷成了德军坦克的克星。当这种手雷供应不足时,苏军士兵制作了一种简便的手雷:在酒瓶里灌入汽油、水、黄磷的混合物,并附一块胶皮。胶皮在挥发油作用下,能生成一种黏性物质。当瓶体掷出击中坦克装甲,破碎后流出的黄磷就会黏在铁甲上自燃,使挥发油迅猛燃烧,浓烟滚滚让坦克乘员失去战斗力,造成坦克瘫痪。一批土造的手雷竟烧毁了大群坦克。

20 世纪 50 年代后,手榴弹已发展为种类繁多的单兵近战武器。80 年代后电子手榴弹引信研制成功,使更多性能优良的手榴弹投入到局部战争中使用。如今的杀伤手榴弹主要分为两种,一种是破片型,以破片杀伤目标,其壳体用铸铁或冲压钢板制成,壳内衬钢珠、钢针等预制破片。弹体轻的仅重 0.12 千克,重的可达 1 千克左右,杀伤面积为 5—15 米;另一种是爆破型,弹壳用铁皮、塑料等材料制作,炸药占弹体总重的一半左右,掷爆后有很好的杀伤和震慑作用。美国军方研制的一种小型手榴弹,仅乒乓球大,重 0.12 千克,甩出去可投到 70 米开外。爆炸后能产生大量高密度的小破片,具较强的杀伤力。中国研制的 79 式火箭手榴弹,是一种用火箭推进的杀伤手榴弹。它由火箭手榴弹、发射具和瞄准器组成。发射时无后坐、声响小,可准确击中 2000 米以内的目标。

60. 白刃格斗拼刺刀

刺刀又称枪刺,是装于单兵长管枪械前端的刺杀冷兵器,用于白刃格斗,也可作为战斗作业的辅助工具。

1640年,法国军官皮塞居率领部队作战,交战中法军因弹药供应不上,有士兵捡起一把刀头,塞进燧发枪口,同敌人展开了白刃战。皮塞居灵机一动,发明了装有刺刀的步枪。装在枪上的早期刺刀直形双刃,刃部长30厘米,刺刀是直接插入滑膛枪口内的。1688年,法国陆军元帅沃邦对步枪上的刺刀加以改进,将刺刀套在了枪口外部。这样,刺刀就不会影响到枪的射击功能。俄国著名将领苏沃洛夫很重视刺刀战,他的步兵团在刺刀格斗中训练有素,成为俄军战斗力最强的师团。在第二次俄土战争中,苏沃洛夫奉命攻打伊兹梅尔要塞,他率部登上城墙,与敌展开刺刀拼杀,攻城大获全胜。

在第一次世界大战的堑壕战中,刺刀战达到了鼎盛时期。炮火虽然可以摧毁敌方的堑壕阵地,但是只有步兵才能真正有效地清除战壕内的敌军,只有近战才能最终解决问题。于是刺刀作为一种重要的进攻性战术突击武器备受重视,从而衍生出让人眼花缭乱的变形刺刀,同时发展演化出多种刺刀战术、技术和训练方法,有些一直沿用至今。常用的刺刀格斗招式有突刺、刺、磕挡、再刺等。一名合格的刺刀战士必须做到好斗、无情、勇猛、凶狠,这些就是克敌制胜的关键。

刺刀在几百年的战争演变中,也在不停地换代。早期的刺刀不具备刀的功能,加工简单,穿刺性较强,不具备既能刺又能作刀的要求,"一战"后即被欧美国家淘汰。二代的刺刀多了刀的功能,格斗是利器,还能用刺刀割断电线、剁开丝网、刺入沙地探查地雷等。第三代刺刀即多功能刺刀,成为现代刺刀的发展潮流。美国、俄罗斯等国军队配备的新型刺刀多为折叠式开关,刀身缩短,在保留拼刺功能的同时突出了刺刀的多用性,除了刺、切、割、锯外,还增加了剪钢丝、开罐头、起螺钉等功用。英军一款步枪配发的刺刀,不仅可以用来剪断绳索、铁丝网,还能当锤子敲砸,刀柄上附加了锯条和磨刀石,堪称士兵的"随身工具箱"。

在我国抗日战争时期,革命根据地设计生产了一款"八一式马步枪",性能良好。枪上配备有高强度的三棱刺刀,平时折叠在枪口下方,用按键扣合,白刃战时可迅速甩出。三棱刺刀不易变形,刺中敌人便能放血,使其丧失战斗力。新中国成立后,我国设计制造的56式、63式步枪,仍然采用这种颇具威力的刺刀。如今在步枪上配备的95式多功能刺刀以含碳镍不锈钢打造,硬度高、质量轻、耐腐蚀,是国际一流的军用刀具产品。

61. 攻击猛烈的火炮

公元 13 世纪末,滑膛火炮在中国首先出现,称为火铳。世界上现存最早的两尊火铳制造于中国元代。一尊是元代至顺三年(1332)铸造的盏口铜铳,由炮管和药室两部分组成,铳口直径 105 毫米,全长 353 毫米,重 6.94 千克,这尊火铳被认为是火炮的初始原型。另一尊火铳是元代至正十一年(1351)铸成,铳口直径 30 毫米,长 435 毫米,重 4.75 千克,它是目前世界上已发现的最大火铳。

虎蹲炮是中国明代抗倭名将戚继光研制和使用的。它的炮口下安装了支撑架,因形似虎蹲而得名。该炮以熟铁打造,长约 590 毫米,重约 21.5 千克,炮筒外加 5 道箍,发射时不易炸裂。虎蹲炮炮身短,机动性好,可作岸炮,也可船载作战。交战中曾多次重创日军。明末清初时,明军和清军都使用了从西洋购买的新式火炮,称"红夷炮",在关外大打炮战。清天聪年间,清军还仿制"红夷炮"制成了"红衣炮",随清军征战。

19 世纪中叶,线膛炮先后在欧洲意大利、英国制造出来。线膛炮发射的是卵形弹,由铸铁制造,弹丸侧面有两个斜行凸起,装填时将凸起嵌入火炮的膛线,膛线为螺旋形,发射时弹丸向前运动就会产生高速旋转。与当时同口径的滑膛炮相比,线膛炮的射程、弹丸重量都增加了约 1.5 倍,射击精度提高了 4 倍。同时,由于不再从炮口装弹,而是改为后装,线膛炮发射的速度也快多了。

线膛炮的问世使炮火更为猛烈,威力更大。欧洲一些国家纷纷生产重炮。1935 年,大力扩军备战的希特勒下令兵工厂研制最大口径的大炮,作为攻克法国的马奇诺防线之用。大炮造出来了,口径为 800 毫米,炮膛内可蹲下一名士兵。全炮总重 1329 吨,使用的炸弹每枚重约 5 吨。安装这样的重炮需使用大型龙门吊车,还需要 1500 人工作约一个月。这种大炮得名"多拉火炮",曾在入侵波兰和苏联时使用过。战争结束后,该炮被盟军解体化为废钢铁。"二战"结束后,苏联基辅兵工厂于 20 世纪 50 年代末推出了一款苏军装备史上口径最大的火炮——2B1"奥卡"自行火炮。这款长 20 米、口径 420 毫米的火炮安装在履带式底盘上,成为真正的"小车拉大炮"。大炮全重 55 吨,靠小小的发动机行走实在吃力,更不用说跋山涉水抢占阵地了。但这门大炮的威力还是让人肃然起敬,它能将 750 千克重的高爆炮弹发射到 45 千米以外。然而每 5 分钟才能打出一弹。这尊有"冷战魔兽"之称的大炮于 1960 年被苏军打入冷宫。

火炮发展到今天,除了人们熟知和军队使用的榴弹炮、火箭炮、电磁炮、激光炮等炮种,一些军事科技人员正在研制更新型的火炮并受到人们关注。

62. 偕行步兵的迫击炮

迫击炮是一种炮身短、射角大、弹道弧线高，以座钣承受后坐力、发射带尾翼弹的曲折火炮。这种火炮体积小、重量轻，可以伴随步兵隐蔽行动。

最初的迫击炮出现于 14 世纪中期。1342 年，西班牙军队围攻阿拉伯人所盘踞的阿里赫基拉斯城。阿拉伯人在城垛处支起一根根短角铁筒，筒口翘起朝向城外，从筒口放入火药后，再放入铁球，一点药捻，夹杂着火光黑烟的铁球就射向攻城的西班牙士兵。大队西班牙士兵有的倒在血泊里，有的慌乱溃逃。这种被称为"摩得发"的原始火炮，所采用的就是现代迫击炮的设计原理。其构造为先用铁片焊接或制成圆筒，以木棒支撑便于发射。铁筒部留有小孔，用以插入药捻连接火药，发射时可上下左右调整角度。这种使用方便的铁筒炮堪称迫击炮的始祖。

真正意义上的迫击炮出现在 1904 年。在爆发的日俄战争中，两国为争夺中国的旅顺口展开激战。俄军占据着旅顺口要塞，日军挖筑堑壕逼近到距俄军阵地只有几十米的地方，俄军难以用一般火炮和机枪射杀日军。情急之下，俄军将一种老式海军臼炮改装在带有轮子的炮架上，以大仰角发射一种长尾形炮弹，结果有效杀伤了堑壕内的日军，并挫败了日军的多次进攻。这种在战场上应急而诞生的火炮，就成为现代迫击炮的前身。

第一次世界大战爆发后，堑壕战的开展，使欧洲各国开始重视迫击炮的研发和使用。英国研制的迫击炮能将性能优异的炮弹和附加药包一起从炮口装填，击发后能产生更大的杀伤力。在第二次世界大战期间，各种型号的迫击炮装备到军队，并得到广泛使用。中国抗日战争全面爆发后，日本"名将之花"阿部规秀中将，就是在冀北黄土岭被八路军架设迫击炮击毙的。

自 20 世纪 60 年代以来，由于各国采用了新材料、新技术、新结构，迫击炮性能有了很大提高，也由人背马驮发展为牵引、自行和车载，机动性和近程攻击力都有所加强。中国曾先后研制出 53 式、63 式、67 式、86 式、89 式、93 式、W99 式迫击炮型，并装备到部队。前不久，在马来西亚航空展上，展出了中国新款机载迫击炮。它采用半自动激光制导方式，射程达 7.5 公里。升到百米以上空中后，能自动搜索地面坦克等目标，并实施强火力攻击，足以击穿主战坦克的顶部铠甲。

63. 肩扛射击的火箭筒

　　火箭筒是一种步兵个人肩扛的反坦克攻坚武器。

　　火箭筒是美国上校军官斯克纳，在1940年研制发明的一种肩射式火箭发射装置。这种火箭的发射器是一个圆铁筒，火箭弹装有折叠式尾翼。作为反坦克武器，它质轻，可肩扛发射，但威力却不大。一个偶然的机会，斯克纳看到一种使用空心装药的M-10型枪榴弹，他大受启发，便把这种枪榴弹的弹头构造用在自己的火箭筒上。在试验场上，斯克纳肩扛火箭筒，接连击毁两辆坦克靶车，获得成功。小小的火箭筒发射的火箭弹为何能摧毁披满钢甲的坦克呢？原因在于火箭筒携带方便，能近距离发射；其弹头是能产生高速、高压、高温金属射流的破甲弹，所装炸药多，威力大，破甲深度可达近30厘米。以后斯克纳把火箭筒的直径扩大到60毫米，制作了整体式的发射筒，安装了肩托、手柄和电池击发结构。由于肩扛这种兵器射击时的姿势与当时美国著名喜剧演员鲍勃·彭斯吹奏自制管乐器"巴祖卡"时很相似，于是这种火箭筒就有了"巴祖卡"的名字。

　　肩扛火箭筒在第二次世界大战中成了反坦克和攻坚的利器。"二战"后各国都大力开发这种武器并配备到军队。88.9毫米M20式火箭筒，是美国在"二战"后研制的又一款火箭筒，又称"超巴祖卡"火箭筒。火箭筒由空心装药部、火箭发动机、引信、尾翼几部分组成，全重9.45千克，携行状态长803毫米，应战状态长1549毫米，初速为每秒104米，有效射程200米，最大射程1200米，反坦克战距离110米时破甲厚度为280毫米。美军在朝鲜战场和越南战场曾大量使用这款火箭筒攻击轻型装甲车和障碍物。在20世纪六七十年代，苏联、法国、德国、意大利、瑞典、西班牙等国，也都研发了不同款式的火箭筒，用于装备部队和军售。

　　新中国成立后，志愿军在抗美援朝战争中缴获了美军M20型火箭筒，仿制了51式火箭筒，当年即生产4800多具，摧毁了大批美军坦克。中国的56式40毫米火箭筒简称"老40"，69式称"新40"，"新"的在射程上是"老"的3倍，采用光学瞄准镜，可测定目标距离。中国研发的89系列火箭筒更具有世界先进水平，轻型品种多，威力大，与后来的98式重型火箭筒一起，形成轻重结合、近远结合的连续火力打击模式。如今中国空降兵在演习中使用的08式火箭筒，具有微光、微声、微烟等优点，单兵携行，人手一具，还是一次性使用的肩射武器。发射时筒壁被火焰"烧"得通红，这是因为筒壁材料采用了品质好、耐热高、重量轻的玻璃钢，所以是透光的。

64. 覆盖轰炸的火箭炮

　　火箭炮是炮兵装备的多管火箭发射装置,机动性强,可对远距离大面积目标实施密集攻击。

　　早在 1827 年,俄国就组建了火箭分队,装备有单弹式火药火箭发射架。现代意义的火箭炮是苏联于 1933 年研制成功的 BM-13 型火箭炮,这种自行式火箭炮安装在载重汽车的底盘上,可联装 16 枚 132 毫米尾翼火箭弹,最大射程达 8500 米。装备到部队后,1941 年 8 月在斯摩棱斯克的奥尔沙战役中首次投入使用。当时苏军列阵的火箭炮以一次齐射,摧毁了纳粹德军的铁路枢纽和大量军用列车。火箭炮猛烈齐射时,如火山喷发熔岩,铺天盖地倾泻在敌目标上,不仅消灭了德军大量有生力量和军事装备,而且给敌人精神上以巨大的震慑。战斗的胜利使苏军战士兴奋地唱起当时的流行歌曲《喀秋莎》,并用这心爱姑娘的名字来称呼火箭炮,以后"喀秋莎"就成了火箭炮的代名词。在抗美援朝战争中,中国人民志愿军使用苏制火箭炮一次次重创美军。上甘岭战役阵地争夺惨烈,志愿军火箭炮团英勇奋战,在一次战斗中 23 门火箭炮同时怒吼,8 秒钟打出了 368 发火箭弹,创造了一次歼敌 600 余名的战绩,并最终取得了战役的胜利。

　　第二次世界大战后,火箭炮的战术性能不断得到提高。发射火箭弹用的定向器装弹数目多的已达到 40 枚,弹口直径达到 240 毫米,射程达到 45 千米,两次装弹间隔只有半分钟。20 世纪 60 年代以后,各国装备的火箭炮均为多管联装自行式。主要型号有苏联的 BM-21 和 BM-27、美国的 MLRS 等。这些火箭炮火力极为猛烈,1 个 18 门制的 122 毫米 40 管火箭炮营,20 秒内可发射 720 枚火箭弹。美国的 MLRS 火箭炮被公认为 80 年代最高水平的代表,一次齐射 12 发 M77 式双用途子母弹,可打出 7728 枚子弹,饱和杀伤区域达 20 万平方米。

　　新中国成立后,中国先后研制了 63 式、73 式、90 式等多种型号的火箭炮,并装备到部队。近年来在火箭炮的研发上更有了快速的发展。前不久,外国媒体评选出了全球最强 5 款火箭炮,其中上榜的有俄罗斯"龙卷风"多管火箭炮,它全重 44 吨,最大射程 34 千米。上榜的美国 M270 火箭炮,射程 32 千米,命中率达到 40%。其他 3 款火箭炮均为中国制造。排第一的"卫士-2D"火箭炮,是世界上射程最远的火箭炮,为 480 千米,杀伤力也极强,可将几百平方米内的目标瞬间击毁。这款火箭炮还能发射小型无人机,携带弹药,可对敌方地面雷达等目标执行自杀式攻击。另一款神鹰 400 火箭炮,作战能力已接近导弹。PHL03 款火箭炮,可一次发射 144 枚火箭弹,一旦用上战场,会给敌以毁灭性的打击。

65. 架设长炮管的加农炮

加农炮是一种炮管较长、弹道平直低伸的野战炮。

加农炮最早于公元 14 世纪出现并应用于战争中。16 世纪时,有的国家将身管长 20 倍左右口径的火炮称为加农炮。19 世纪中叶,加农炮改装球形爆炸霰弹,之后又发射了尖头圆柱形长弹。第一次世界大战时加农炮炮管长到 40 倍左右口径,射程达到 20 千米。

1918 年 3 月 23 日,法国巴黎突然遭到重炮轰击。炮弹是德国建造的一门超级加农炮发射的。它从 120 千米之外打来,炮弹主要在同温层中飞行,最大弹道高达 4 万米。发射炮弹的加农炮口径为 210 毫米,炮管长 37 米,若竖直起来,炮口要高过 10 层大厦的楼顶。这样长的炮身,一般炮架难以支撑。因此炮身后半部用很粗的钢杆搭筑了支架。这门巨炮的全重达 750 吨。该炮的一发炮弹重达 120 千克,先后向巴黎打来 300 多发炮弹,导致巴黎市民伤亡 1000 余人。虽然挨炸的是巴黎,但这门巨炮还是被称为"巴黎大炮",成为历史上极为著名的火炮。

第二次世界大战前后,口径在 105—108 毫米之间的加农炮有了很大的发展,最大射程可以达到 30 千米。中国在 20 世纪 50 年代研制的 59 式 130 毫米加农炮,装备部队后立下了汗马功劳。80 年代又研发了 86 式 152 毫米加农炮,这是中国自行设计的大口径远射程加农炮。其身管长 8060 毫米,全重 9.7 吨,射程达到 45 千米,能有效摧毁敌主战坦克、野战防御工事。

冷战时期,军事上讲究同级火力压制,加农炮射程远,火力猛,备受青睐。但随着军事科技的发展,很多攻击目标都由坦克、轮式突击战车或战术导弹完成,这让加农炮再难大展身手。一些国家相继停止了加农炮的发展,加农炮更多地转移到海防守备部队使用。各军事大国开始研制既能遂行大射角射击又能遂行小射角射击、集中了加农炮和榴弹炮两方优点的加榴炮。

近年,中国在加榴炮的研发上不断取得突破。2014 年在珠海航展上亮相的 AH-4 式 39 倍径 155 毫米超轻型加榴炮,重 3.75 吨,射程 25 千米,射速每分钟 5 发。被外媒评议为性能最好、火力最猛、售价最贵的超轻型加榴炮。中国的另一款 PLZ-05 重型自行加榴炮,在新疆军区一次野外军演时投入使用。这款 155 毫米自行火炮,从前沿阵地发现目标、信息传递,直至发射,整个过程自动完成,用时不到 60 秒。它的最高射速为每分钟 10 发,发射的制导炮弹射程可达 100 千米,命中率误差小于 40 米。射程和打击精度都达到同类火炮的最高水平。

66. 射角弯曲的榴弹炮

榴弹炮是一种身管较短、口径较大、弹道弯曲,适合于打击隐蔽目标和地面目标的野战火炮。

16 世纪中期,欧洲出现了一种木制炮管的大炮,发射的是球形爆破榴弹,能破坏坚固的防御工事。这是世界上最早的榴弹炮。17 世纪时英国人研制出球形榴霰弹,杀伤面积加大,给步兵造成了很大威胁。17 世纪晚期,法国人发明了无后坐力炮,使榴弹炮的发射速度大为提高,炮弹旋转着沿抛物线飞出,使榴弹炮成了高速发射的装置。

在第一次世界大战中,为摧毁构筑的野战工事,欧洲各国竞相装备榴弹炮。当时榴弹炮的炮身长为口径的 20 倍左右,最大射程为 10 千米,最大射角为 45 度左右。第二次世界大战中的榴弹炮,炮身长为口径的 30 倍左右,最大射角提高到 65 度,最大射程达到 18 千米。到了 20 世纪 70 年代,各军事大国对榴弹炮的研发热情不减。各种型号的榴弹炮通过加长炮身、增大膛压、提高初速和配用底部喷气弹、火箭增程弹等技术,最大射程已达到近 40 千米,可更有效地打击敌纵深目标。

近年来,不仅美国、俄罗斯、英国、法国、意大利、西班牙等国在大力研发榴弹炮,连南非、埃及、新加坡、叙利亚也都设计制造出自己的榴弹炮。现代榴弹炮配用的弹种更是空前多样化,除了高威力的杀伤爆破榴弹之外,还有反坦克布雷弹、反坦克子母弹、末制导炮弹和核炮弹等。现代榴弹炮可以在短时间内发射出更多的炮弹,有的还实现了装弹和射击操作的自动化。法国的 GCT 型 155 毫米自行榴弹炮,射速为每分钟 8 发,一个炮兵团的 50 门榴弹炮,1 分钟就能打出 20 吨炮弹。如今的榴弹炮已经做到了一炮多用,几乎可以对付地面战场上的任何目标。

对于一路以"小米加步枪"走来的中国人民解放军,在以往的战争中经常面对敌方火力的压制,也就有了对于使用自己火炮的渴求。20 世纪 50 年代,中国仿照苏制榴弹炮研制了 54 式 122 毫米榴弹炮。这是新中国生产的第一款大口径火炮,就此拉开了研发 122 毫米榴弹炮的序幕。在研发了 60 式、70 式两款榴弹炮后,1984 年定型了 83 式榴弹炮,其射程提高到 15.6 千米,射速达到每分钟 8 发。在榴弹炮的研发走上正轨后,W86 式和 96 式榴弹炮生产后,已成为解放军空降兵、师属炮兵团的当家火炮之一。07 式、09 式 122 毫米自行榴弹炮的研发成功,更呈现了中国榴弹炮家族的兴盛。2018 年国产 AH4 型 155 毫米超轻型榴弹炮,交付使用。这款榴弹炮以钛合金等轻型材料制作,全重约 3.5 吨,配备了全部自动控制系统,射程达 38 千米。这款火炮配备到部队可大大增强战场战斗力。

67. 对空作战的高射炮

高射炮是从地面对空中目标进行攻击的火炮,其特点是炮身长、射速快、火力密集。这种火炮也可用于对地面或水上目标进行射击。

高射炮的发明,是由气球引起的。1870 年 7 月,德国重兵包围了法国巴黎。法国政府派内政部长坐气球飞出巴黎城,赶赴 200 千米的图尔城,组织兵力援救巴黎。内政部长抵达图尔很快组织起作战部队,并不断派人乘坐气球飞到巴黎联系。德军发现这一秘密联系方式后大为恼火,下令将天空往来的气球击落,于是制造了一种射击气球的火炮。这种专打气球的火炮就是高射炮的雏形。

1906 年,德国的爱哈尔特公司在原来气球炮的基础上,研制出了世界上第一门真正意义上的高射炮,用它来对付飞艇。第一次世界大战爆发前,工业技术先进的国家相继制造了高射炮,装备的有 75 毫米、76.2 毫米和 105 毫米的炮型,并出现了自行高射炮。到了 20 世纪 30 年代,高射炮有了新的改进,小口径高射炮配备了自动瞄准具,瞄准发射精度提高,射高达到 6000 米。中口径高射炮配备了射击指挥仪,装有手摇瞄准系统,射高超过了 1 万米。在第二次世界大战中,随着飞机飞行高度的提高,出现了 120 毫米、128 毫米等大口径高射炮。可以发射嵌有钢珠的榴弹、穿甲弹、燃烧弹等,使射击精度和毁伤率都进一步提高。

20 世纪 50 年代出现了防空导弹综合系统,大中口径的高射炮地位开始下降。60 年代后,由于地空导弹在低空存在射击盲区,故小口径高射炮仍得到发展,组成了炮瞄雷达、光电跟踪、火控计算机与火炮结合为一体的高射炮系统。此外,发射出的导弹都会按照预定的路线行进,使用高射炮火力网,可以有效地实现对导弹的拦截。

新中国成立后,人民军队在 20 世纪 50 年代仿苏研制出 55 式 37 毫米、59 式 57 毫米、59 式 100 毫米三种高射炮,组成了对低空、中低空和中高空目标的火力配系。50 年代末转入自行研制,重点发展小口径高射炮,成功研发出 55-1 式、65 式、65-1 式、74 式、74SD 式等高射炮。65 式双管 37 毫米高射炮,在援越抗美防空战斗中,以其猛烈的炮火多次重创超低空飞行的美机,被广大指战员誉为"铁扫帚"。继 85 式 23 毫米、87 式 25 毫米高射炮研发后,中国又研制了 89 式双管 37 毫米自行高射炮。这是我国第一代三位一体的高射炮,单管射速每分钟 360 发,有效射高达 3000 米。如今装备部队的 PGZ95 型 25 毫米 4 管高射炮和 PGZ09 型 35 毫米双管高射炮,依靠先进的雷达瞄准器和光电火控系统,能远距离发现空中目标,一举摧毁来犯的固定翼飞机、直升机、巡航导弹,甚至是超音速导弹。

68. 种类繁多的炮弹

火炮发明后,所有早期发射的炮弹都不能爆炸,而是靠冲力破坏或摧毁单个目标。18 世纪时,欧洲火炮口里打出一种榴霰弹。当时的人们爱把炮弹称为"枪榴弹",这个词原意指"石榴",因为弹壳内的炸药看起来像很多石榴籽,炸开霰射出去很有杀伤力。1784 年英国人施拉普内尔发明了子母弹,用足够的炸药炸开弹壳后,激活弹壳内其他子弹继续向前飞,从而实现"一石几鸟"的效果。1891 年,欧洲出现了无烟火药,各种发射后爆炸开来的炸弹竞相投向战场。

第一次世界大战爆发,1917 年 7 月德军进攻英法联军据守的伊普尔地区。德军用大炮轰击,声音却很沉闷,弹壳落地裂开喷出黄褐色的油烟。原来,这是德国人发射的毒气弹。很快大批联军士兵皮肤出现红斑、灼痒,随即糜烂。中毒严重的,气管剧痛,因肿堵而导致死亡。这种毒气弹弹壳很薄,炸药很少,却能散发出毒性强烈的芥子气。

在越南战争期间,美国军队也曾发射了一些非常规炮弹。他们在弹体内装入碘化银、干冰等填充物,制成一种降雨弹,投放 4 万多枚,造成了周围地区大雨不止,途经车辆装的弹药全部受潮,影响使用。

各种火炮发射的炮弹演变至今,种类繁多,功用不同,多达上千种。战场经常使用的有杀伤弹、爆破弹、穿甲弹、混凝土破坏弹、纵火弹、化学弹、发烟弹、照明弹、曳光弹、干扰弹、侦察弹、宣传弹等。如今的高科技智能化炮弹,又在不断被研发成功并装备到军队中。

在空战中,战机一旦被导弹锁定,十分危险,这时就要释放干扰弹解脱危机。当前战机上装备的干扰弹,以接近战机光谱特性为诱导,以假乱真,已成为摆脱导弹打击的重要装备。在攻击方面,末敏弹是一种智能炮弹。它发射出去后,经长距离飞行接近目标,会启动自带的"敏感器系统",在确定目标并准确定位后实施攻击。美国、德国、法国、瑞典和俄罗斯等国一直都在对末敏弹进行着研发。我国在 10 年前研发末敏弹也取得瞩目成果,包括核心技术和多模复合探测识别系统。在测试中,国产末敏弹一次次准确击毁"坦克"天灵盖,成为不折不扣的"坦克杀手"。相比起反坦克导弹而言,末敏弹的制造成本只有导弹的 1/5。

69. 遭禁的凝固汽油弹

凝固汽油弹是装有凝固汽油的炸弹,通常以飞机进行投掷。它爆炸后会形成一层火焰向四周喷射,发出 1000 摄氏度的高温,并能粘在物体上长时间燃烧。

第二次世界大战爆发后,美国的一些著名化工企业和知名学府参与了对燃烧弹的开发。1942 年情人节这天,哈佛大学的化学家路易斯·费瑟把凝固汽油弹发明出来。这是一种全新的武器,它本身是一种黏糊糊的胶状物质,很容易粘住物体表面,一经燃烧很容易摧毁木质建筑和肉身。它的原材料是棕榈酸和环烷酸,这两种材料本身并没有杀伤力,混合汽油后,它们形成的凝固汽油弹的燃烧速度比纯汽油慢了很多,由此赋予了这种武器潜能。

为了测试凝固汽油弹的威力,美军在犹他州试验场搭建了模仿德国和日本的民房,使用不同的弹体向下投掷。其中对日袭击用的半空爆炸的集束炸弹效果尤佳。1945 年 3 月 9 日和 10 日,日本东京遭受了凝固汽油弹的轰炸,B-29 轰炸机投下了约 2000 吨的凝固汽油弹,城市变成一片火海,火灾产生的烟雾蹿到了 5000 米的高度。东京 360 平方千米的密集区被夷平,10 万平民死亡,100 万人流离失所。调查显示,凝固汽油弹的受害者粘上燃烧的啫喱后,血压会迅速降低,失去意识,加之汽油燃烧时产生的大量一氧化碳,死亡会发生得很快。空气中通常含有一氧化碳 0.4% 就是致命的,但在凝固汽油弹燃烧的地方,空气中一氧化碳浓度可达 20%。在一年多的时间里,美军对日本的 67 座城市共抛投了 4 万吨凝固汽油弹,直接造成了 33 万多人死亡。1945 年对德国城市德累斯顿的凝固汽油弹空袭,则造成了 2.5 万人死亡。在"二战"后的朝鲜战争和越南战争中,美军也肆意投掷凝固汽油弹。

对凝固汽油弹的使用,在国际间一直存在着争议和质疑。为逃避指责,美国在伊拉克战争中使用了一种马克-77 型燃烧弹,它不是凝固汽油弹,它是煤油的混合物。凝固汽油弹是汽油和苯的混合物。专家指出,这种新型燃烧弹的威力与凝固汽油弹相似,所以它不过是凝固汽油弹的变种。1980 年联合国讨论通过了《特定常规武器条约》,禁止对平民使用包括凝固汽油弹在内的燃烧弹武器。

70. 战场上的自行车

1886 年,英国工程师斯塔利制造出第一辆现代自行车,使用橡胶轮胎,装有车闸。相对于当时的马车,以自行车代步,外出骑行灵活,不用喂草料,也不必担心马匹受惊失控,很快被军方看好。

瑞士的自行车部队组建于 1891 年,在多山的瑞士,这支部队能够迅速穿越崎岖不平的山路,可以在大部分地形作战。遇到敌机空袭,士兵会把自行车推倒,快速散开,使敌机难以发现目标。瑞士这支作为特种兵的自行车部队,组建百年来对装备不断更新。列装的当代自行车重 22 千克,配备了军用肩扛式发射筒支架,总共可承载 150 千克负荷。车辆涂刷了特殊隐形涂料,敌方雷达难以探测。瑞士自行车特种兵的编制为 3 个团,共 7000 人。2003 年瑞士取消了专门的自行车部队,但部队在演练中还经常会用到自行车。军方新推出的一款车为盘式刹车,仅重 15 千克。

德国早在普法战争中就把自行车用于传令兵。"一战""二战"中更是使用了大量自行车。德军的自行车部队在装备机枪或轻型火炮下进行战斗,担负侦察、联络、警戒或小规模袭击等行动。"二战"后期,德军的几个自行车大队利用复杂的地貌,曾击毁了大量英美联军和苏军的坦克。太平洋战争初期,日本的自行车部队行动诡异,他们把车轮涂成银白色,因此也被称为"银轮部队"。在日军发起的马来战役中,他们装备了 1 万多辆自行车,士兵依靠这些车子携带军粮和弹药,轻易穿越丛林小道,急速挺进。人数占优的英军却行动迟缓,被截断后路后溃败,损失惨重。

20 世纪 50 年代,越南共产党进行抗法战争时,新中国提供了大批武器弹药军需物资。当时越南北部多山地小道,汽车运输不便。中国改造了两万辆自行车,每辆能负载 200 千克以上,把弹药物资及时运往前线。依靠着中国自行车的强有力补给,越军越战越勇,终取得奠边府大捷。60 年代时美国出兵越南,越共在丛林运输中又遇到困难。1965 年上海研制出永久 26 型军用自行车,车架使用锰钢,负重可达 350 千克。这批车投入到越南,立马把越南军人的运输效率提高了几十倍。在美军飞机的狂轰滥炸下,自行车相对于汽车更为机动灵活,隐蔽实用。中国先后援助越南约 20 万辆自行车,将人员和作战物资源源不断输往前线。越共在持续的游击战中最终获得越南统一。

美国的自行车部队组建得也很早,"一战"中国防部专门订购了 1.7 万辆自行车,"二战"中使用了 6 万辆。自行车除用于通信兵、传令兵短途骑用,还为伞兵配备。如今新款的自行车已成为伞兵的标准配置,伞兵带着折叠车自空而落后,可以立刻展开车辆,骑上飞速行进。

71. 独具风采的吉普车

吉普是越野车的一个品牌。1940 年 6 月,美国政府邀请到 135 家汽车制造厂,请他们展开竞争,设计生产一种灵活而又结实的全轮驱动军用车,这种车定名"GP",是 GENERAL PURPOSE(多用途车)的缩写。美国漫画家施格于 1937 年创作的漫画形象中有一种神通广大的小鸟,"GP"的发音与小鸟飞行时发出的"吉普吉普"叫声很相似,因此美国士兵把这种越野车称为吉普车。

美国的威利斯公司最终在美国政府的招标活动中中标。他们研制的吉普车搭载了 2211 毫升发动机,最大马力 60Ps,车重 590 千克,有效荷载 300 千克,能轻松容纳 4 名乘员及随身武器。配备的全时四轮驱动系统,是当时同类车型动力的 3 倍。车速快、自重轻,陷入泥泞也能让士兵推车脱困。它的前挡风玻璃可向前推倒,无车门,从缺口处方便上下。这款性能强悍的吉普主要用于步兵营装备和运送轻武器,也作为长官的代步工具和指挥、通信、侦察用车。至"二战"结束,威利斯公司共生产此款吉普 60 万辆。"二战"后美国给蒋介石政府的军援也包括大批量的威利斯吉普,在解放战争中有相当一部分落到解放军官兵手里。

与威利斯吉普几乎同时出现在"二战"战场的是苏联的嘎斯 67,这款车性能也很好,"二战"后曾提供给中朝军队,参加了抗美援朝。苏联嘎斯 69 型吉普在 20 世纪 40 年代末开始生产,然后大量装备到苏联军队。中国在 50 年代进口了大批嘎斯 67 型及后来的嘎斯 69 型吉普,并配备到县级以上部门。自 1961 年开始,中国自主研发吉普车,先后制作了 210、211、212 车型。BJ212 于 1965 年诞生,市场畅销 30 年不衰。

近年来,我国接连对国产吉普进行升级改造,研发出多款性能优越的吉普车型,成为现役装备。"猛士"起初代号是东风 EQ2050,由东风汽车研发。二代"猛士"涵盖 1.5—5 吨级,搭载 112 千瓦四缸增压中冷柴油发动机,配备的轮胎在被击穿仍可行驶 30 千米。第三代"勇士"改进型,于 2016 年列装部队,依用途不同,有指挥版、通信版、电子版和加装不同武器版等车型。"枭龙"吉普车可在行驶中充气放气,扩展性强大,可在 1—5 吨不同吨位车型上组装变化,以满足不同用途车辆的使用。"沈飞猎鹰"吉普车越野性能卓越,具跨越壕沟、60 度爬坡能力,加装保护可通过 1500 毫米水深河流,并能应对各种复杂路况。

72. "陆战之王"——坦克

坦克是具有强大直射火力、高度越野机动性和坚固防护力的履带式装甲战斗车辆。

坦克是英国随军记者斯文顿在第一次世界大战期间发明的。在战地采访中，他看到英军士兵因没有防护在进攻中大批死去，想到可以给拖拉机安装钢甲，便建议将一种"霍尔特"型履带拖拉机改装成战车，投入战场。英国政府采纳了他的建议，于 1916 年研制出"游民"I 型坦克。为了保密，研究人员称这种武器为"水柜"（Tank，中文音译就是"坦克"）。它安装了火炮和机枪，装甲厚度约 10 毫米，开动后时速为 5 千米。英法联军在康布雷和亚眠两次战役中，分别出动了 474 辆和 604 辆坦克对德军实施攻击。德军官兵在这种突然现身的"大怪物"面前惊恐万状，不战自乱。坦克成了导致战争结局的重要因素，以后就有了"陆战之王"的称誉。

到第二次世界大战前夕，各国都认识到了坦克是改变战争规模和作战方式的重器，争相研制并装备了各种型号的坦克。坦克普遍采用装有一门火炮的单个旋转炮塔，中型、重型坦克的火炮口径能达到 80 毫米和 120 毫米，主要弹药是榴弹、穿甲弹、破甲弹等。"二战"中爆发了大规模的坦克战，如莫斯科坦克战、斯大林格勒坦克战、苏德库尔斯克坦克战、英德北非坦克战等，交战方共出动了 30 多万辆坦克上阵，一次次交战场面壮观而惨烈。

"二战"后，苏、美、英、法等国相继投入到新一代坦克的研发制造中。20 世纪 60 年代出现的一些中型坦克，其火力和装甲防护力与重型坦克相仿，机动性却很强，从而形成了一种具有现代特征的单一作战坦克，即主战坦克。主战坦克一般全重约 35—54 吨，火炮口径 105—120 毫米，最大时速 48—65 千米，最大行程 300—600 千米。火力、机动力和防护力是新型坦克战斗力的三大要素。现代坦克一般采用先进的计算机、红外、微光、夜视、热成像等设备对目标进行观察、瞄准和射击，除一般炮弹还可发射炮射导弹。

新中国成立后，军工企业先后研发出多款坦克，有 59 式、62 式、69 式、79 式、ZTZ-88 式、99 式等。在"和平使命—2014"演习中，解放军高配型 99 大改主战坦克惊艳亮相，各项性能已跃居世界一流。2016 年珠海航展上展出了中国又一款 VT-4 主战坦克，这型坦克装备有一门 125 毫米口径主炮，可以发射高爆榴弹、穿甲弹等多种炮弹，可贯穿厚度达 1000 毫米以上的钢装甲。配备了强大的火控系统与信息电子作战模块，整个 VT-4 坦克集群都可以通过数字化的通信装备实现集群作战。这款坦克除出口到尼日利亚，还卖到了泰国和巴基斯坦。泰国一口气就下单 100 多辆，并将该坦克视为泰国陆军装甲部队的绝对主力。

73. 攻防强悍的装甲车

装甲车是装有武器和拥有防护装甲的一种军用车辆,可分为履带式装甲车和轮式装甲车。

1899 年,英国人西姆斯在四轮汽车上安装了装甲和一挺机枪,不久便投入英国—布尔战争中使用,这是世界上最早的以钢铁防护的装甲车。它不但拥有较强的防护力和机动能力,还有一定的战斗能力,成为战斗中的厉害角色。1905 年英国制造出了全履带拖拉机,装上装甲和枪械后,又出现履带式装甲车。

第一次世界大战后,坦克的威力被各国认知,防护性和火力支援都弱于坦克的装甲车,不再用于一线作战,而转作他用。一是发展为装甲输送车,为步兵和作战物资提供装甲保护;二是利用它机动灵活的特点,发展为指挥车、装甲侦察车等。"二战"爆发后,德国的坦克专家认识到,只有支援坦克的其他兵种能够跟上坦克速度,坦克才能充分发挥威力。于是德军坦克师的步兵开始装备半履带式装甲输送车。这种车有较好的机动性能,对步兵的作战能力有很大的提升。很快,美、英、日的军队便装备了大量的装甲输送车辆,仅美国生产的半履带式装甲输送车就有4 万多辆,在战争中发挥了重要作用。

到了 20 世纪 60 年代,装甲输送车的重要作用被越来越多的国家所认识。美、苏等国基本实现了装甲车的标准化、通用化和系列化。最大时速达到 80 千米,最大行程为 500 千米。与早期的装甲车相比,机动能力、装甲防弹性能大为提高。如今现代的装甲车最大时速已达 100 千米,最大行程可达 1000 千米,还可以空运、空投到局部战场。装甲车上配备安装射速高达每分钟 1000 发的机关炮,有效射程为2000 米,能在核、化条件下作战,性能极其强悍。无人装甲车、透明装甲车等新型装甲车也相继被研制出来。

20 世纪 60 年代,中国研制了 63 式履带装甲车装备部队。后军企加以改进,于1981 年研发出 63-1 型装甲车。改革开放后,军企研发出第一代轮式装甲车,1988年定名 551 式。1992 推出了更出色的 WM7551 型装甲车,最高时速 90 千米,水陆两用,6 轮驱动,三防和夜视功能齐全。之后升级的 97 式履带式装甲车,配备 100毫米低压线膛炮和 30 毫米机炮,可攻击 7000 米内目标、4000 米内直升机。几年前,外媒评选的世界十大轮式装甲车中,中国的 ZBL-09 位列第四。这款 6 轮正在军中服役的装甲车配一挺 30 毫米机关炮,发动机功率 330 千瓦,越野平均时速 40千米,最大爬坡 30 度,公路最大行程 800 千米。车厢可容 16 名乘员,覆盖整个车身的装甲,足以抵御小口径武器和一般炮弹的攻击。

74. 硝烟中的多种战车

装甲战车在兵器中是一个大家族。除坦克、坦克歼击车、装甲输送车、自行突击炮等,还有着多种不同功能的战车在战火硝烟、枪林弹雨中出出入入。

德国莱茵金属公司研制出一款 KF-41"山猫"履带式步战车,它能与坦克协同作战,配备有高射速的 35 毫米口径的火炮,还能选装反坦克导弹发射器、无人机相关控制设备等。这款步战车机动时速可与主战坦克相比,在战场上更像是坦克的"打拼伴侣"。

德国在 1986 年研发出一种撒布雷车,这款履带式装甲战车旋转平台上装有 6 个发射雷箱。战车以规定速度前行时以 5 枚 AT2 反坦克地雷为一组向车辆斜后方抛撒。布雷间距 0.5 枚每米。该车一次可装载 600 个反坦克地雷,在 5 分钟内可布设一个宽 150 米、纵深 60 米的反坦克地雷场。

日本在 1982 年定型投产一款指挥通信战车。车上除架设了 12.7 毫米机枪,还装备了先进的通信设备,调频电台装有 F6 和 F7 型收发报机,调幅电台装有 N1 型收发报机和 N4 型接收机等。车内还装有可拆卸的三防装置,能水陆两用。

近年来中国在各类装甲战车研发中也接连取得成果。一款 UGV 装甲无人战车在央视节目中亮相。这种新型无人战车由 2 人操控,一人负责驾驶,一人掌管武器或观察系统荷载的操作,类似于无人机的使用。目前国产无人战车有 3 种型号:装机枪遥控塔的突击车、装反坦克导弹的火力支援车,以及带光电侦察材料的侦察车。这类无人战车正越来越多地装备到部队中。

中国研发的装甲救护车 YW750 车型,用于战场救护,也是抗灾的重器,广受部队和业界的好评,并出口到伊拉克等国。这款救护战车可输送卧姿重伤员 4 人或坐姿轻伤员 8 人。救护室配备供氧器、药品箱、器械箱、清洗消毒水箱等,医护人员可在车内进行包扎止血、输氧、输液、骨折固定等急救和小手术。车内还配备了 7.62 毫米班用机枪,用于紧急情况下自卫。

在中国国庆 60 周年天安门广场阅兵式上,一款国产 ZBD-05 装甲两栖突击车亮相。它是世界现役唯一的滑板结构两栖装甲车辆。车上装备有 30 毫米机炮和反坦克导弹,最高时速 40 千米。在水上航行时,两侧各 6 个负重轮收起,以折叠履带减少水面航行阻力。同时使用两台喷水推进器,可轻松在水面上转向和倒车。这款两栖突击车的出现,大大提高了部队的两栖登陆作战能力。

75. 早期的海上战船

　　海战要使用战船,战船的发展有着几千年的历史。在古代西方,生活在地中海沿岸的腓尼基人于公元前2600年已造出一种平底战船,是世界上有记载的最早用于海战的战船。这种船有两层划桨手,备有辅助风帆。船首还装备了撞角,可以在海战中冲撞敌方船只。当时的海战主要靠接舷战,水兵用钩具钩住敌船船舷,手持利刃跃上敌船展开白刃格斗,并以殊死拼杀决定战局。公元前7世纪前后,古希腊人对腓尼基人的战船加以改进,制造了一种三层桨帆战船,舱首装有一个3米长的金属撞角,锐利无比,在海战中可将敌船拦腰撞毁。

　　中国人发明的火药传到欧洲后,西方一些国家相继发明了可以发射弹药的火炮,并装到船上,用于海战。公元1588年,英国与西班牙因争夺海上霸权爆发了一场大规模的海战。西班牙出动了130余艘舰船,沿用的是射程较近的大炮和靠士兵跳船格斗作战的古老战术。英国却把皇家舰船改装为快速舰队,配备了远程重炮,可发射4000—8000克重的圆形铜炮弹,命中率高,射程超过2000米。在激烈的交战中,一半的西班牙舰船相隔很远就被英国战船的火炮击中,很快沉入大海。这一仗的惨败,使西班牙的海上霸主地位被英国人取代。这也是一次单凭舰炮攻击取胜的海战,它改变了2000多年来的海战方式。

　　公元16世纪以后,以桨为动力的桨帆并用战船称霸地中海。著名的桨帆战船有意大利"加利"型桨帆战船、西班牙"卡里翁"型风帆战船、北欧的"海盗"战船、英国的火炮风帆战船等。1805年,在特拉法尔加海战中,英国舰队一举击败了法国、西班牙联合舰队。英国的旗舰"胜利号",3层火炮甲板上共装备了102门铁筑加农炮;另有两门巨型短炮,可发射30千克的炮弹。这样的战船,远远望去,俨然是一座火炮构筑的城堡。当时为了防止作战中船体变形,曾在船身装置了厚重结实的纵肋骨,肋骨之间大量使用了铁肋材和交叉牵条。特拉法尔加海战是木制战船最后一次大规模的海战,这场大战除了让人们看到火炮的巨大威力,还清楚知道木制的战船已不能适应以后的海战需要了。

　　工业革命的到来,加快了蒸汽机、螺旋桨、铁甲在战船上的出现和应用,木制战船开始了向铁甲舰的转型。1860年英国建成并下水了世界上第一艘铁壳装甲舰"勇士号"。这一铁甲舰的最高航速为14.5节(节为航海速率单位,1节速度为每小时1海里,即1.852千米),机帆合用速度可达17节,是当时世界上速度最快的战舰,甲板上共安装了各式火炮40门。1987年英国对这艘健在的老舰加以整修,让游人登舰,一览早年铁甲舰的雄姿。

76. 近代称雄的战列舰

战列舰是以大口径火炮攻击与厚重装甲防护为主的高吨位海军作战舰艇,又称战斗舰、主力舰,是"巨舰大炮主义"的象征。

公元 15 世纪末,产生了最初形态的战列舰。当时航海技术的发展,开辟了"大航海时代"。人们开始建造较大的船只,以风力而不是人力航行。造出的盖伦帆船 4 桅,长约 50 米,排水量达 1000 吨,有几层统长甲板,续航能力强,是当时世界上最大的船。17 世纪时出现了真正意义上的战列舰,船重 1700 多吨,装有近 100 门火炮,排水量增至 2000 吨。到了 19 世纪中叶,战列舰越造越大,排水量已达 5000 吨,装有 130 门从炮尾装填爆炸弹的火炮。由于炮塔不能旋转,作战时战列舰要纵向一字排开,用舷侧炮进行轰击。又过了 20 年,战列舰排水量猛增到 9000 吨,炮塔已能做 360 度旋转,舰炮采用螺旋膛线,攻击力增强。中国北洋海军"定远号"铁甲舰可说是那一时期战列舰的代表。

1906 年 2 月,英国建造的"无畏号"战列舰下水服役。这是真正意义的新型战列舰。它的排水量为 17900 吨,航速 21 节,装备 305 毫米炮 10 门,76 毫米炮 24 门,还有 5 具 457 毫米水下鱼雷发射管。它的主要部位装甲厚度达 279 毫米。该舰首次采用蒸汽轮机作主机,有 4 台螺旋桨推进器。与其他战列舰相比,"无畏号"主炮的数量和口径大大增加了。这种火力强大的战列舰成为各国制造战列舰的标杆。几年下来,英国共建造了"无畏"级战列舰 8 艘,德国建造了 7 艘。1916 年英德两国在北海日德兰爆发大规模海战,双方共出动战舰 250 多艘,其中包括 44 艘"无畏"级战列舰。双方相距达 18 千米,以强大的炮火互相轰击,战事历时 12 小时。结果德国宣称击沉英舰 14 艘,己方损失 11 艘获胜。这场海战使战列舰的海上威力几乎达到了顶峰。

在第二次世界大战中,日本建造的"大和号"战列舰是世界上吨位最大的战列舰,满载排水量为 72800 吨,航速近 30 节,装有 460 毫米重炮 3 座,侧舷防护装甲厚 410 毫米,可搭载水上飞机 7 架。在"二战"参战国激烈交锋中,航母的舰载机和潜艇的成功使用,使战列舰成为海、空袭击的显著目标,先后有参战国的 28 艘战列舰被击沉,占各国战列舰总数的近 40%,包括"大和号""武藏号""俾斯麦号""威尔士亲王号"等著名战列舰。"二战"后各国都不再建造新的战列舰,战列舰也失去了主力舰的地位。

77. 多面手的巡洋舰

巡洋舰是一种排水量大、火力强,用于远洋作战的大型水面舰只。在没有航空母舰的舰艇编队时,巡洋舰是编队的核心。

在 18 世纪初的帆船时代,巡洋舰装备的火炮较少,口径较小,主要执行巡逻及护航任务。交战时巡洋舰常排在战列舰的前后,有效地掩护主力舰作战。19 世纪中期英国制造了多桅帆船"阿拉巴马号"。该舰装有蒸汽机,用螺旋桨进行辅助推进,排水量超过了 1000 吨。

第一次世界大战期间,巡洋舰得到了快速发展,出现了满载排水量 4000 吨的舰只。新型巡洋舰以燃油取代了燃煤,舰炮口径达到 127—152 毫米。重型巡洋舰垂直装甲厚度最高达 203 毫米,水平装甲厚度最高为 127 毫米,排水量可达 2 万吨,航速 34 节,续航力为 1.2 万海里。舰上还装有几架水上飞机。在第二次世界大战时期,巡洋舰为彰显威力,更向大吨位、强火力、高航速方向发展。美国建造的"阿拉斯加"级重巡洋舰排水量达 3 万吨,装有 3 座三联装 304 毫米口径舰炮,俨然在海面形成了一个钢铁堡垒。

"二战"后随着战列舰退役,巡洋舰成为仅次于航母的大型战舰。在航母编队中,巡洋舰位于航母一侧,更多地扮演了警戒、防空、防潜、救护等"多面手"的角色。20 世纪 50 年代,美国海军率先在巡洋舰上加装了导弹武器。1957 年美国海军建造了世界上第一艘核动力巡洋舰,该舰舰长 219.9 米,宽 22.3 米,排水量 1.554 万吨,航速 30 节。苏联的"基洛夫"级核动力巡洋舰是世界上最大的巡洋舰,开建于 20 世纪 70 年代。该舰排水量达 2.8 万吨,是世界上第一艘采用垂直发射装置的舰艇,最多可装载 500 枚防空、反舰和反潜导弹,还可携带 3 架直升机,被认为是巡洋舰中火力最猛的"武库舰"。

如今世界上最先进的导弹巡洋舰,被认为是美国的"提康德罗加号"。该舰于 1983 年服役,舰长 172.8 米,宽 16.8 米,满载排水量 9600 吨,航速 30 节,续航里程 6000 海里。为美国海军首次装备"宙斯盾"系统的舰艇,是一种具有对空作战、反潜作战和对海作战的多用途舰艇。近些年来,随着导弹技术的发展,驱逐舰功用的加强,曾耀武扬威多年的巡洋舰的价值在逐渐淡化。目前美军还有 20 多艘巡洋舰服役,俄罗斯有 7 艘,意大利和秘鲁各有 1 艘,其他国家均没有巡洋舰。

78. 功能出众的驱逐舰

驱逐舰是一种高速度、多用途的中型军舰,也是现代各国海军装备中数量最多的舰艇。

驱逐舰是伴随着鱼雷艇的出现而发展起来的一个舰种。19世纪60年代,出现了一种以鱼雷为武器的快艇,它艇小,速度快,能给敌方大型舰艇造成巨大威胁。为了对付它,便建造了鱼雷艇驱逐舰,简称驱逐舰。舰上装备了火炮和鱼雷武器,专门用来打击鱼雷艇,也可攻击其他舰艇。世界上最早的驱逐舰是英国在1893年建造的"哈沃克号"和"霍纳脱号"。两舰的排水量都是240吨,航速27节,是当时最快的舰艇。

1899年,驱逐舰上旧式的蒸汽机被新型的蒸汽轮机取代,航速提高到30节,排水量增至1000多吨,已具备了随舰队远洋作战的能力。在"一战""二战"中,驱逐舰都成为舰队的重要组成部分和强大作战力量,其火力、装甲和续航能力不断提高,除了担任护航和鱼雷攻击,还广泛被用于侦察、防空、反潜、救护、警戒等方面,成为战列舰、航母等大型舰艇的得力"带刀侍卫"。"二战"中各参战国投入海战的驱逐舰总数达1800艘之多。

"二战"后驱逐舰有了更大的发展。美国、苏联、英国、法国、德国、日本、韩国等国先后建造了导弹驱逐舰。现代驱逐舰满载排水量最高达9000多吨,最高航速38节,最大续航力为1.4万海里,能适应复杂海况下的作战,并配有较完善的三防能力。如今,驱逐舰已成为大多数国家海军的主力舰种。

中国海军自1954年从苏联获得两艘6607型驱逐舰,至2019年共计入役装备过10型51艘驱逐舰,其中9型38艘为海军主要水面作战力量。2021年3月6日,中国第二艘055大驱"拉萨舰"在海军正式入役。这一款型大驱满排水位高达1.2万吨,采用全燃动力,"中华神盾"相控阵雷达系统,配备112单元通用垂直发射系统。在055型万吨级驱逐舰上,中国先后突破了大型舰艇总体设计、信息集成、总装建造等一系列关键技术,装备有新型防空、反导、反舰、反潜武器,具有较强的信息感知、防空反导和对海打击的能力,是海军实现战略转型的标志性战舰。有外媒称,"拉萨舰"的隐身性也有进一步强化。它采用全封闭式舰艏,上层建筑外墙采用内倾的多面体设计,与舰体过渡部分也较平滑,有利于雷达波的散射;一体式主桅杆外形简洁,也提升了隐身性。舰上112个发射单元,连同前甲板安装的130毫米舰炮、1130近防炮和24联装的近防导弹,其战斗力在全球驱逐舰中都首屈一指。

79. 海防利器护卫舰

护卫舰是当代各国建造数量最多、分布最广、参战机会最大的一种中型水面舰艇。

护卫舰是一个古老的舰种。早在16世纪时,人们就把一种三桅武装帆船称为护卫舰。这初期的护卫舰排水量在300吨左右。第一次工业革命后,西方各国为保护自己殖民地的利益,建造了一批排水量较小、装备了武器、适合在殖民地近海活动,用于警戒、巡逻和保护己方商船的中小型舰只,这也是护卫舰的前身。

在20世纪初日俄战争期间,日本舰艇多次闯入我国旅顺口的俄国海军基地,进行布放水雷和炮火袭击。为解决海面和港口防护薄弱问题,日俄战争后俄国建造了世界上第一批专用护卫舰,排水量为500吨左右,用于近海防卫活动。第一次世界大战爆发,德国潜艇肆虐海上,给协约国舰艇、商船造成极大威胁,协约国为保卫海上交通线的安全,大量建造了护卫舰,舰上装备中小型口径火炮、鱼雷、深水炸弹。大型护卫舰的排水量为1000吨,航速16节,已具有一定的远洋作战能力。"二战"中德国潜艇故伎重演,使盟军护卫舰需要量加大。"二战"期间各参战国的护卫舰总建造量达2000余艘。大型护卫舰的排水量已达1500吨,航速30节,装备了主炮、高平两用炮、防空机炮等高强武器,备有数十枚深水炸弹,用以执行防空、反潜、护航等任务。

"二战"后护卫舰除了为大型舰艇护航,主要用于近海警戒、巡航或护渔护航。20世纪70年代以来,护卫舰装备了各种导弹,并向大型化、电子化、指挥自动化方向发展。现代护卫舰满载排水量可达4000吨,航速可达35节,续航能力最大600海里。主要武器有导弹、鱼雷、火炮等,还可携1—2架反潜直升机。

中国的053H型护卫舰系列在海军中服役已久,舰龄较长,战术技术指标较低,武器设备较落后。2012年,056新一代多用途轻型护卫舰下水。这款护卫舰采用深V、长桥楼船型,可提供较大的舰体空间。隐身设计,舰体外飘。舰面上的鱼雷发射管等做隐蔽处理,雷达隐身效果良好。舰上还配备有全封闭式隐身舰炮,射速高,火力强,对海、对空都有较强的作战能力。舰舯主桅杆与烟囱之间设置有反舰导弹发射器,舰尾楼上方装有防空导弹系统。以056护卫舰命名的"蚌埠舰""三门峡舰""宁德舰"等先后入列海军舰队服役。056系列的护卫舰在2020年服役的已多达14艘。海警改型的056护卫舰命名"中国海警44104舰"。出口改型的056护卫舰,已在孟加拉国、尼日利亚等国军队入役。

80. 攻向陆地的两栖舰

两栖舰是指专门用于运送登陆部队、装备物资，以及在登陆过程中进行指挥和火力支援的海军舰艇。两栖舰系列包括两栖登陆舰、两栖运输舰、两栖指挥舰、两栖攻击舰和各类两栖登陆艇等，小到十几吨，大到数万吨。

两栖舰最早出现在第二次世界大战中，并于20世纪50年代后成为各国大力发展起来的新舰种。早期的两栖舰为其他舰船改装而来。1959年美国建造了世界上第一艘两栖攻击舰"硫磺岛号"，该舰排水量1.8万吨，可运载一个加强陆战营（1746人）及装备，航速46千米每小时，续航能力1850千米。

两栖舰中最主要的舰种是两栖攻击舰，它是在敌方沿海的战线后方提供空中与水面支援的军舰，可提供大量舰载机起飞降落，在海军的地位仅次于航母。两栖攻击舰的作战类型有两栖佯攻、两栖包围、两栖袭击、两栖夺占、两栖试探、两栖进攻、两栖撤退等。

近年来两栖舰进入了全新发展阶段，呈现的大型化、通用化、系列化趋势明显。美国于2001年建成7艘"黄蜂"级多用途两栖攻击舰，满载排水量达到4万吨以上，舰长257.3米，宽42.7米，是世界上最大的两栖战舰。舰上装有远、近程航空导弹发射装置和火炮系统等，可容纳42架直升机或6架战斗机起降。意大利于1994年建造了3艘"圣·乔治奥"级船坞登陆舰，可载运30辆中型坦克、3辆车辆人员登陆艇、3辆机械化登陆艇、1辆大型人员登陆艇，并可投送兵员400人，载重能力1000吨。

前些年，在中国海军服役的两栖舰约有60艘，两栖登陆艇约有400艘。2006年2万吨级的071型两栖登陆舰首舰"昆仑山号"下水，至2012年初，071型两栖舰已有4艘建成，使我国两栖舰的研发有了突破性的进展。2019年9月，中国自主研发的075型两栖攻击舰下水。这艘新型两栖舰长230米，宽33米，排水量约4万吨。可搭载20架直升机，设有坞仓，还可作为两栖车辆、气垫登陆艇的母船，具较强的两栖作战能力和执行多样化任务的能力。075舰不仅是两栖登陆作战的登陆平台与空中火力支援平台，它还是执行远海机动作战的大型水面舰艇编队的重要组成部分。在反潜作战和提供物资保障等方面，075舰都是人民军队未来登陆作战不可或缺的装备。继075一号舰下水仅半年，二号舰又下水，2021年1月又传来三号舰下水的消息。两年建造3艘4万吨级的两栖攻击舰，这种惊人的建造效率所反映的是中国日益强大的国力。

81. "海上霸主"——航空母舰

航空母舰是一种以舰载机为主要作战武器的大型水面舰只,它攻防兼备,作战能力强,威慑作用大,有"海上霸主"之称。现代航空母舰及舰载机已成为高技术密集的军事系统工程,航空母舰的建造,已被认为是一个国家军事、工业、科技水平与综合国力的象征。

1919 年,英国皇家海军将一艘轻巡洋舰"竞技神号"改装为水上飞机母舰。水上飞机利用浮筒下可脱落的轮子起飞,降落时则可落在舰旁海面,再吊回舰上。这是最早出现的飞机与舰船的联动。1917 年,英国海军将"暴怒号"巡洋舰前甲板上的主炮塔拆除,铺上木制跑道尝试让飞机起飞。皇家海军航空队的邓宁中校驾驶飞机,成为成功降落在航行中舰只甲板上的第一人。1922 年,日本历时 4 年建成一艘"凤翔号"航空母舰,这是世界上第一艘不是用旧船改装,而是专门设计建造的航母。"凤翔号"满载排水量 1 万吨,最大航速 25 节,可搭载飞机 21 架。

20 世纪 30 年代,为应对世界经济危机,西方国家大力建造第三代航母。美国的"企业号""大黄蜂号"就是在这样的背景下产生的。美国这时的"约克城"级航母,载机数量达到了 90 架,甲板中部装有 3 部升降机,航速达到 33 节,排水量达到 2.5 万吨。日本这一时期开工建造了排水量达 1.88 万吨的"苍龙号"航母,接着又建成了"飞龙号""翔鹤号""瑞鹤号"等航母。英国也有"皇家方舟号"等航母建成下水。在"二战"的"偷袭珍珠港""会师珊瑚海""决战中途岛"和"大西洋海战"等海战中,这些大名鼎鼎的航母都粉墨登场,成为一幕幕海战"大戏"的"主角"。

20 世纪 60 年代,美国建成了世界上第一艘核动力攻击型航母,再命名"企业号"。在这艘航母上装一次燃料可航行 3 年。70 年代美国的"尼米兹号"核动力航母问世,装上燃料可连续航行长达 15 年。1991 年美国的"罗斯福号"航母参加了海湾战争,舰载机每昼夜起飞 150 余架次,共击毁伊军舰艇 57 艘、重创 16 艘、摧毁陆地目标数十个,大出风头。海湾战争让人们注意到,强大的航空母舰编队移动,在未来很长一段时间里,仍然是一种影响战争的重要力量。

中国现有大型航空母舰 2 艘。"辽宁舰"是从购自乌克兰的"瓦良格号"航母改建而成,于 2012 年入列。中国第一艘自主研发的国产航母"山东舰",于 2019 年 12 月在海南三亚军港交海军使用。"山东舰"长 315 米,宽 75 米,排水量为 6.5 万吨,航速 27 节,舰上可搭载歼-15 舰载机 45 架。据悉,中国第三艘航母 003 型正在紧锣密鼓建造中,排水量可能在 8 万—10 万吨之间,将成为亚洲有史以来最大吨位的航母。

82. 协同一体的航母战斗群

航空母舰一直被视为海军兵力结构的核心与支柱。但因其本身自卫能力有限,故航母一般都是以战斗群编队的形式展开行动。少则几艘,多则十几艘各类水面与水下舰艇,上下联动、前呼后拥地为其保驾护航。

航母战斗群的编成,通常根据作战海域和任务类型加以确定。航母在一般情况下出动时,战斗群即由 1—3 艘巡洋舰、2—4 艘驱逐舰或护卫舰、1—3 艘攻击型潜艇、1—2 艘后勤保障舰,共计 5—12 艘舰艇组成。进入威胁区域作战时,就可能投入双航母战斗群或 3 支以上的航母战斗群。

航母战斗群是美国海军主力舰队最基本的编成方式。它以大型航母为核心,集海军航空兵、水面舰艇和潜艇于一体,是空中、水面和水下高度联合的一体化机动作战部队,可以在远离军事基地的海域实施全天候、大范围、高强度的连续作战。美海军航母战斗群的编成,除单航母战斗群、双航母战斗群、三航母战斗群,还有一种混合编成战斗群。根据作战任务,航母战斗群另可与水面舰艇战斗群再混合编成。这是在 1987 年美国海军为海湾商船护航,显示武力威慑时就采用过的作战编成方式。

法国是继美国之后第二个拥有核动力航母的国家。该国"戴高乐号"核航母战斗群根据作战任务,配编 1—2 艘卡萨尔级防空驱逐舰、1—2 艘乔治·莱格级驱逐舰、1—2 艘拉斐特级护卫舰、1 艘红宝石级攻击型核潜艇,以及 1—2 艘迪朗斯河级综合补给舰。

中国首艘航母"辽宁舰"海试以来,一艘舷号为"88"的白色大舰总是伴随其左右。"88"舰是中国海军最新型大吨位辅助舰,从开工到下水用了不到一年的时间。全舰分为居住、膳食、办公、医疗、文娱、服务六大生活保障系统和安全保障系统,是航母的综合保障舰。"辽宁舰"在一次执行南海巡逻任务时,编成战斗群包括 051C 型导弹驱逐舰 1 艘、052D 型导弹驱逐舰 1 艘、054A 型导弹护卫舰 2 艘、901 型综合补给舰 1 艘,在直-18、直-19 反潜直升机和舰艇声呐系统指引下,使用鱼 8 等反潜鱼雷,可为舰队消除 50 千米范围内的水下威胁。航母"山东舰"战斗群在执行任务时一般由 055 型导弹驱逐舰、052C/052D 型导弹驱逐舰、054A/054B 导弹护卫舰、战略核潜艇、常规潜艇及 901 型综合补给舰组成。有外媒报道,052C 型导弹驱逐舰有"中华神盾舰"之称,中国建造 052C 型导弹驱逐舰数量,取决于航母战斗群的规模。未来几年内中国海军可能会再造 12—16 艘 052C/052D 型舰,部署 3—4 个航母战斗群。

83. 水下杀手——潜艇

潜艇亦称潜水艇,它可以在水下机动灵活地运动,用于攻击敌方水面的舰船和水中的潜艇,也可以打击陆地的军事目标,具有很好的隐蔽性和突然袭击能力。

人类一直希望能在水下航行。1620 年荷兰物理学家德雷布尔制造了一艘潜水船,外包牛皮,在船内装有羊皮囊,打开流入海水可让船体下沉,并能摇桨前进,挤出皮囊里面的水又能让船上浮。这虽不能称其为潜艇,却证明了水下航行的可能性。

1900 年,世界上第一艘现代意义上的潜艇"霍兰号"在美国下水,并进入海军服役。它长约 15 米,装有一台 45 马力的汽油发动机和以蓄电池为动力的电动机。水面时速 7 海里,水下时速 5 海里,具有水上航行平稳、水下能发射鱼雷、下潜上浮迅速、机动灵活等特点。德国没有拿到第一个装备潜艇国家的头衔,却把潜艇战变成了真正意义上的海军战略战术。在两次世界大战中,德国使用"无限制潜艇战",除攻击敌方舰艇,还大肆袭击为英军提供后勤物资支援的运输船队,甚至不加区分地对中立国非军用船只实施攻击。德国潜艇因此也被斥责为"最嗜血的潜艇"。在"二战"的太平洋战场,美国对日本也曾大打"无限制潜艇战"。日本海军偷袭珍珠港不宣而战在先,这是美国对日本战争犯罪的报复行为。先后有 55% 的日本运输船只葬身于美国潜艇的攻击之下。

1954 年 1 月,世界上第一艘核动力潜艇美国的"鹦鹉螺号"建成下水。排水量 4040 吨,长 98.6 米,宽 8.4 米,水下最大航速 20 节。两年后它成为第一艘在北极冰下航行的船。之后各国潜艇的研发不断推陈出新。潜艇发展至今,常规潜艇在静音、航程、侦测能力等方面都有明显提升。攻击型核潜艇拥有了近乎无限的能量供应和续航能力。弹道导弹核潜艇打击的目标大多为对手的战略目标,携带核弹头,且不少为分导式多弹头,射程超过 8000 千米,可以潜行于水下几个月不露面,是大国"三位一体"战略核打击力量的重要组成部分。

中国海军装备的新一代国产常规潜艇代号 039,于 1994 年建成下水。舰体为水滴线形,采用单轴七叶高弯角螺旋桨推进器,以获得较高水下航速和减少噪音;使用数字化声呐和显示技术,实现指挥控制自动化。中国 094 级战略核潜艇于 1999 年开始建造,目前已有 5 艘服役。它的排水量为 1.1 万吨,潜深 300 米,水下航速 21 节,武器系统为 6 具 533 毫米鱼雷发射器和 12 枚巨浪 1/2 潜射战略导弹,射程达 8000 千米,可反潜、反舰、攻击陆地目标,还可进行核反击,拥有真正的水下战略威慑力量。

84. "水下煞星"——鱼雷

鱼雷即能在水下自航、制导、攻击水面或水下目标的水中武器。早期的鱼雷在水中游速慢，又有鱼的样子，故得名"鱼雷"。

鱼雷诞生前，海军攻击敌舰曾使用一种"撑杆雷"。小艇将一根长杆固定在船头，杆头绑上炸药。交战时点燃炸药冲向敌舰，但这一作战方式很难奏效。1864年，奥匈帝国海军舰长卢庇乌斯把发动机装到撑杆雷上，用高压容器中的压缩空气推动发动机活塞运动，进而带动螺旋桨使雷体在水中潜行。这就是鱼雷的雏形。1887年俄国改进研发了这一技术后，战舰在与土耳其交战时，向60米外的舰船发射鱼雷，在海战史上第一次用鱼雷击沉了对方的舰船。

鱼雷的潜在威力，促使各国加大了对它的研究。1899年，雷头安装了用于定向直航的陀螺仪，命中精度大为提高。1904年，使用了蒸汽动力，鱼雷的时速达到65千米，航程达2740米。在1905年的日俄海战中，日舰在不到300米距离处施放鱼雷，连续击沉俄军"苏沃洛夫大公爵号"等5艘大型战舰。为了更好地发挥鱼雷的作用，英国从1918年开始尝试把鱼雷挂上飞机。直到1935年终于研制出鱼雷攻击机，并在不久后以鱼雷攻击机奇袭了意大利塔兰托军港，大获全胜。据统计，在两次世界大战中，交战各方共发射鱼雷4.5万枚，击沉舰艇2598艘。在一次次海战中，鱼雷大显神通。

在"二战"后冷战时期，苏美等国大力研发重型鱼雷，并不断升级。目前美国的MK48新型鱼雷具有智能化的先进制导，长5.85米，直径533毫米，重1582千克，时速达110千米，航程46千米。鱼雷的战斗部可装药150千克，演习中将3000吨级的护卫舰直接炸成两段。俄罗斯研制的核鱼雷，长约24米，以核反应堆提供动力，携带100吨的核弹头，射程可达数千千米。与其说它是鱼雷，不如说它更像是水下的洲际导弹。

新中国成立后，海军初创时便把"两艇一雷"作为装备发展的重点，"一雷"即鱼雷。从20世纪50年代开始，以引进苏联的鱼雷技术开展自己的国产鱼雷研制，经反复设计，于1971年让鱼-1正式定型。80年代中期，中国鱼-5研发成功。这是中国海军柴电潜艇装备的第一种反潜鱼雷。20世纪末中国开始研制鱼-9、鱼-10重型鱼雷系统。鱼-10高速鱼雷是全球第一款声学相控阵智能化鱼雷，已于2019年列装舰艇。这款鱼雷在火控技术和雷头复合制导等领域有跨跃式提升，实现了50千米最大射程、无极变速等各项指标。总体性能与俄、美最先进的鱼雷技术基本相当。

85. "浪间霹雳"——水雷

水雷是一种布放在水中、用于摧毁敌方舰船等水上目标的爆炸物。

水雷最早是在中国发明使用的。明代嘉靖年间为防御倭寇沿海侵扰,明军制造了一种"水底雷":用油布将大木箱封裹,箱里装入黑火药,以箱底铁锚将箱体固定在一定水深位置。再以绳索延伸岸上,看到有倭寇船驶来,就拉动绳子操纵击发装置发火,使"水底雷"起爆炸毁敌船。

美国独立战争爆发后,一天,一艘英国军舰看上游漂来一个啤酒桶,便捞上甲板。英军本想品尝桶内的佳酿,哪里知道北美民兵在桶里装了火药,结果触发了桶内的弹簧发火装置,引发了爆炸。

水雷在西方国家投入使用后都是漂浮在水面上的,显眼而易于被舰船避开。美国的发明家富尔敦制造出一种"自动定深锚雷"。为了使水雷能浮在水中,雷体上半部设计成空的,下半部装炸药,并装有用于引爆的电雷管。在雷体半球形的雷头上,装有5个羊簧似的触角,触角只要碰触到舰船,雷体内电池和电雷管的电路就会接通,引起水雷爆炸。世界上第一次大规模使用新式水雷作战,是发生于20世纪初的日俄战争中。日本海军联合舰队在中国旅顺口俄军港口外布满新式水雷,俄军舰队难以突围外逃,只得投降。

在第一次世界大战中,交战国在水域共布设了31万枚各型水雷,击沉各种舰船788艘。在第二次世界大战中,水雷的使用达到高峰。各国共布设了110万枚水雷,炸毁舰船3700余艘。20世纪80年代,一些阿拉伯国家在红海、波斯湾布设一批新型鱼雷,致使过往的商船、油轮被炸毁,连护航的美国军舰也被炸伤。这表明在现代海战中,水雷仍是不可缺少的武器。一枚所费无几的水雷,足以致一艘造价数千万至上亿美元的现代化军舰毁于一旦。

近年来随着国际风云变幻和战事需要,各国运用高新技术,先后研发出了多传感器水雷、自航水雷、自控水雷、定向攻击水雷等。另有面向21世纪新概念的子母锚雷、软体水雷、线控水雷、声呐浮标水雷、模块水雷、重力引信水雷等也纷纷面世。俄罗斯研制的一种巨型水雷体大,可在近千米深水中自动潜行近万千米。

中国是目前世界上研发新型水雷最多的国家,水雷数量也居世界第一位,至少有10万枚,一半具有随时作战能力。中国海军有4种布设水雷的平台,包括水面舰艇、潜艇、轰炸机及民用渔船。一艘主力布雷舰可运布水雷300枚。另有30万艘渔船,每艘船带2枚水雷,就是60万枚。

86. "水中耳目"——声呐

声呐是利用声波发现水下目标的设备。有了它,舰艇就如同有了"水中耳目"。

声呐的发明和制造有一个相当长的过程。1490年,意大利科学家、画家达·芬奇把一根管子放到水中,管子另一头贴到耳朵上。他好奇地发现,能听到远方船只航行时螺旋桨发出的击水声。1827年两名欧洲人为了测出水中的声速,把一只大钟放在水下,进行敲击。试验发现,声音在遇到水中物体时会反射回来。每秒振动在2万次以上的超声波,由于能量集中,反射回来的声波也更强烈。

1880年英国物理学家焦耳发现了磁致伸缩效应。过了40年,英国科学家居里突破了这一点,找到了一种天然的压电晶体,制造出换能器,实现了电、声信号的转换。它能将电波变成声波,在海里发射遇到物体后,声波反射回来,换能器又能把声波变成电波,在特制的仪器上显示出来。第一架声呐就这样被制造出来。使用声呐后,根据发出超声波信号到接收回波所需的时间,就可以准确测出与目标的距离或者海底的深度。

装了声呐,军舰就如同有了"耳目"。在第二次世界大战期间,美国的军港和驻军海岸,在航道上都装设了声呐,使得许多日本的潜艇稍一靠近就遭到攻击。德国人实施潜艇"狼群"战术,神出鬼没。当英国人有了声呐后,这些"狼"艇再难遁形,一只只都难逃覆灭的命运。

在第一代声呐的基础上,几十年来各国的水声专家又进行了许多改进,使之更加完善和灵敏。如今,声呐在民用方面已得到广泛应用,用于鱼群探测、海洋石油勘探、船舶导航、水下作业、水文测量和海底地质地貌的勘测等领域。在军事上,声呐已成为各国海军进行水下监视使用的主要技术。用于对水下目标进行探测、分类、定位和跟踪,进行水声通信和水下导航,实现水面舰艇、潜艇间相互通信和交流,保障舰艇、反潜飞机、直升机的战术机动和水中武器的使用。此外,声呐技术还可用于鱼雷制导、水雷引信等方面。近年一些高科技声呐还具有极高的分辨率,能够识别"蛙人"和水下可疑航体。

中国在声呐领域的研究一直进行着艰苦的探索。20世纪70年代中国研制的091型核潜艇海试,声呐系统受本艇噪音和海洋的双重干扰,对抗中较难辨识对方潜艇的存在。中国军工在90年代经不懈努力,研发出与新一代核潜艇相匹配的多线阵声呐系统。一款H/SQC-207声呐将传统的声呐一维信息提至三维。这款声呐具备直接引导鱼雷打击目标的能力,为世界首创。

87. "蛙人"及其运载器

"蛙人"是担负着水下侦察、爆破和执行特殊作战任务的部队。因他们携带的装备中有形似青蛙脚的游泳工具得称。"蛙人"骑坐的运载器是潜水状态下的推进设备,能帮助"蛙人"在水中灵活快捷地行进。

从世界海战史上看,海军军舰最难以防范的并非敌方的军舰、导弹或潜艇,因为这些都可以侦测到。最难侦测也最容易在毫无防备下遭到攻击的,反而是单兵作战的"蛙人袭击"。水中单人独骑的"蛙人"来无声,去无踪,声呐探不出,雷达扫不到。可这"海底幽灵"却能用一颗炸弹,轻而易举把军舰龙骨炸出大洞,要了军舰的命。

意大利的"蛙人部队"在世界上最为著名,"一战""二战"中都有上佳战绩。他们驾驭一种载人鱼雷,在特制座位上操纵,悄悄靠上敌舰,将雷体与雷头分离,并将装有大量炸药的雷头固定在目标上,将其摧毁。"一战"时,意大利"蛙人"从水下秘密潜入波拉港,炸沉了奥匈帝国2.1万吨的"乌尼提斯号"战列舰。"二战"时,意大利"蛙人"故伎重演,潜入亚历山大港,用人操鱼雷炸毁了"伊丽莎白女王号"战列舰。

"蛙人"战术在"二战"中得到了更好的发展,更多国家组建了"蛙人部队",并在海战中大显身手。1944年,德国"蛙人"驾驶人操鱼雷多次攻击盟军,先后击沉盟军战列舰、巡洋舰、驱逐舰、护卫舰、万吨轮船等舰只。"二战"期间,"蛙人"运载器共出击42次,击沉击伤舰船22艘。在后来的越南战争中,越南北方两名"蛙人"潜入西贡港口,在美国的"卡德号"护航航母上安放了80千克炸药,引爆炸出一个长8米的大洞,船只大量进水沉入港口底部。

"蛙人"在水下行进,早期的运载器是一种自爆型武器。发展至今,"蛙人"坐骑已有小型"蛙人"推进器、湿式"蛙人"运输艇、干甲板隐蔽舱以及大型干式"蛙人"运载器等多种。如果说小型"蛙人"推进器像是一辆水下摩托车,湿式"蛙人"运输艇就是水下吉普了。由于采用封闭结构,运输艇可以一次运载多名"蛙人"及设备,更便于形成战斗力,执行团队任务。干式"蛙人"运载器堪称水下豪华大巴,投放距离大幅度延长,舱室舒适,接近目标区域后,"蛙人"再穿上潜水服出舱执行任务。但这种运载器造价昂贵,有些国家干脆采用微型潜艇完成"蛙人"投放。

前不久,在中国海军陆战队公布的征兵宣传片中,出现了"蛙人"跨出潜艇,并使用运载器潜行的画面。"中国人民海军两栖蛙人队",是当代中国武装力量体系中一支最年轻的部队。中国"蛙人"身怀绝技,对各种射击、爆破、敌后渗透,无不精通。水下本领和训练强度毫不亚于外军特种部队。

88. 威震四方歼击机

歼击机也称战斗机,是用于与敌方的歼击机进行空中格斗,夺取制空权的机种。它具有火力强、速度快、机动性好等特点,也可用于空袭其他机种飞机和执行对地攻击任务。

1903年美国莱特兄弟制造的动力飞机飞行成功。6年后美国陆军便装备了世界上第一架军用飞机,准备用它参与战场侦察。以后便发生了飞机驾驶员在空中用手枪相互射击、给飞机装上机枪、再用航炮取代机枪等空战行为,战斗机就这样诞生了。

第一次世界大战爆发前,德国已装备了232架军用飞机。"一战"开战后,德国战机对英国军队进行了100多次轰炸。德国在整个战争期间共生产了4万多架飞机。当时战机的最大飞行速度已经达到200千米每小时,升限高度达6000米,飞机重量达1吨,机上装有活塞式发动机7.62毫米机枪。"二战"爆发前,德国已拥有作战飞机4000多架。德国在整个"二战"期间共生产了11.5万架战斗机。日本也制造了数量众多的战机。此时战斗机的最大飞行速度已达700千米每小时,飞行高度达到11千米,重量达到6吨,机上配备了陀螺光学瞄准具的20毫米机炮和火箭弹。

"二战"后,军事大国的歼击机快速向喷气式和后掠翼布局发展。到20世纪60年代,歼击机飞行速度已超过3马赫,飞机重量超过30吨,上升高度可达23千米。而发展到今天的歼击机,已成为一种喷气式超声速全天候导弹载机,采用推力大、重量轻的加力涡轮风扇发动机,使用数字式电传操纵系统及主动控制技术,配备大口径机炮、高性能导弹和集束式火箭弹等。美国的F-22、F-35,俄罗斯的T-50,都是新型歼击机中的佼佼者。

歼系战机一直是中国空军的主力战机。自1949年以来,共引进、仿制、自主研制生产了几十种战机。歼-5是20世纪50年代仿苏制造的第一种喷气式战斗机。歼-6是中国自主研发生产战斗机,于1964年交付空军使用。歼-10是中国第三代战机,2004年服役。歼-20是中国首款具有自主知识产权的四代机,于2011年首飞。这是一款隐形机,身长23米,翼展13米,起飞重量37—46吨,武器承重量10—15吨,最大飞行速度2马赫,航程8000千米,一次空中加油后可达1.2万千米。歼-20是真正意义上能和别国抗衡的一型飞机。而令人期待的是,比歼-20更好的中国歼击机正在新一轮研发中。

89. 雷霆万钧轰炸机

轰炸机是用于对地面、水面目标进行轰炸的飞机,具有突击力强、航程远、载弹量大等特点。

在飞机用于军事后不久,就有了用飞机轰炸地面的尝试。1911 年意大利和土耳其为争夺北非利比亚的殖民利益爆发战争,意大利的一架单翼机在空中向土耳其军队投掷了 4 枚重约 2 千克的榴弹。1914 年俄国研制成一种装有 4 台发动机的轰炸机,机上装有挂弹架,专用炸弹挂在上面,按动装置炸弹脱落,不必再用手往下抛弹了。

第一次世界大战爆发后,最快的轰炸机时速已达 180 千米,飞行高度 6000 米,还有了轻型轰炸机和重型轰炸机之分,最大的轰炸机可载炸弹 2 吨。但这一时期的轰炸机都是木质结构的双翼机。到了第二次世界大战期间,各国轰炸机大都改为金属结构的单翼机,最高时速可达 600 千米,航程可达 7000 千米,载弹量多达 10 吨,机上增装了雷达瞄准具和导航系统设备,能进行全天候轰炸。"二战"中德国对波兰的轰炸,美英联合轰炸德国汉堡、德累斯顿,美军轰炸日本东京等,将一个个城市变为废墟,都是轰炸机的"杰作"。

20 世纪 50 年代,喷气式轰炸机在苏联、美国、英国相继研发出来。最大起飞重量已达 200 吨以上,载弹量 25 吨以上,航程可到 1.6 万千米。60 年代超声速轰炸机开始服役。70 年代前后美苏两国继续研制远程超声速轰炸机。90 年代美国有了 B-2 隐身战略轰炸机。如今的现代轰炸机正朝着超声速变后掠翼和隐身方面发展,装有先进的自动导航系统和电子对抗设备,以空地导弹和巡航导弹为主要攻击武器,能在复杂的气象和地形条件下隐蔽地进行突防,对战略目标实施远距离精准攻击。

中国的轰炸机主要有轰-5、轰-6、轰-7 等机型。轰-5 是仿苏研制的亚音速轻型轰炸机,可在复杂的气象、地理条件下执行战术轰炸及攻击任务,1966 年试飞后投入批量生产。轰-6 有轰-6 甲、轰-6F、轰-6K、轰-6H 等机型,在 20 世纪 90 年代前后装备部队。其中的轰-6K 经 20 年不断改进研发,可携带 6 枚大型巡航导弹,作战半径达 3500 千米,导弹攻击范围达 5000 千米。目前这种新型轰炸机已突破了 200 架,被外媒定义为战略轰炸机,具有巨大的战略威慑力。在中国空军"20系列"飞机家族中,"轰-20"在宣传片中亮相,有专家认为,它的最大航程在 1.2 万千米左右,最大起飞重量可达 150 吨,载弹量达 20 吨。这款轰炸机有良好的隐身效果,能携带"长剑-10"等空射巡航导弹、"飞腾"系列精确制导炸弹等,可极大地提高中国空军远程打击能力。

90. 扫描探测预警机

预警机是把地面雷达装到飞机上,用于搜索、监视空中或海上目标,并可指挥引导己方飞机执行作战任务的飞机。这种飞机外观上的显著特点是,机背支架托装着一个圆盘形雷达天线罩。

雷达作为探测飞机等目标的装备,在第二次世界大战中已被普遍使用。但雷达很难发现超低空移动的目标,固定在地面又很容易受到攻击。为弥补它的缺陷,美国人在1945年把雷达装到一架飞机上,之后就有了预警机。

预警机在测定飞机和舰船的位置、引导战机作战等方面,有着良好的作用。它居高临下,能发现300千米以外的低空目标,甚至能探测到水下的潜艇。20世纪70年代是预警机大发展的时期,它已经不是简单把雷达搬上飞机,而是把指挥机构挪到了空中。随着预警功能的加强,在其投入实战后,很快便显示了巨大的威力。1982年英国与阿根廷之间爆发了马岛战争,尽管战争以英国获胜告终,但英国舰队却遭到重创,阿根廷空军不但使用"飞鱼"导弹击沉了英国的"谢菲尔德号"驱逐舰,而且使用低空轰炸的手段击沉了多艘英国舰船。英国人在总结教训时认识到,缺乏预警机是他们的短板。在马岛战争两个月后,中东地区爆发了贝卡谷地之战。以色列使用了空中预警机,每当叙利亚战斗机一离开跑道升空,以色列预警机就盯住了它,并引导以色列战斗机将它击落。

如今的现代预警机续航时间长,在9000米高空飞行时,其监视覆盖面积可达60万平方千米以上,相当于30部地面雷达的作用,可搜索600个目标。它还可同时引导数十架战机同敌机作战,是空中的"指挥部"和"高级参谋"。目前全球总共装备有预警机200余架,分布在近30个国家。

中国空军的"空警-2000"预警机在国庆60周年亮相阅兵式,飞过天安门。这款预警机是一种大型宽体飞机,顶部加装可旋转的圆盘状雷达,能够探测300多英里外的飞机。主要用于把中国的监督网络从陆基雷达的覆盖范围向外拓展,将东海与南海包括在内。这一"力量倍增器",能有效探测敌方飞机,并指挥与控制中国战机灵活应对。中国的这款新型预警机,不仅壮大了国防力量,也显示了成体系向国外输出先进空军装备的能力。

91. 俯瞰搜寻侦察机

侦察机是专门用于从空中获取情报的军用飞机,是现代战争的主要侦察工具之一。

在第一次世界大战初期,各参战国投入战争的飞机约有 500 架,几乎全用于空中侦察。到战争后期,约有一半的飞机用于战争侦察,并使用了照相手段。第二次世界大战期间,空中照相侦察更是大量应用。有些侦察机安装了高空航拍照相机,可进行垂直或倾斜拍照,有的还装有雷达侦察设备。"二战"末期已出现了电子侦察机。

20 世纪 50 年代,侦察机的飞行速度已超过音速,机载侦察设备也大有改进。拍摄目标后即可用无线电传真传送到地面,并印出照片。一些专用的侦察机也研制出来。美国的 U-2 侦察机是一种喷气式高空侦察机,飞机长 15.11 米,翼展 24.38 米,最大起飞重量 7064 千克,实用升限超 2.5 万米,最大航程为 7240 千米,续航时间达 10 小时。该机装备 8 台能全天候工作的高分辨率全自动照相机、4 部实施电子侦察的雷达信号接收机等。摄影设备可在 2.4 万米高度拍摄,照片能区分出步行的男人和女人。美国洛克希德公司又研制推出了 SR-71"黑鸟"高空侦察机。它全身黑色,飞行速度能达到音速的 3 倍多,能飞到 25 千米的高空,使用机上高分辨率的照相机和侧视雷达进行侦察。20 世纪 60 年代,苏联研制了"米格-25P"型侦察机,最高时速 3440 千米,最大升限达 3 万米。80 年代美国又研发了"TR-1A"侦察机,它能不分昼夜、全天候和连续观测对方境内纵深目标,以支援地面和空中部队作战。

发展到如今的现代侦察机,隐身技术正在得到更好的应用和发展,大量高性能的光学、电子、红外、激光和雷达等侦察设备的运用,使侦察机可以及时、准确地获得战场上的情报。实战证明,侦察机独特的优势和未来在战场上的作用,仍是其他侦察设备所无法替代的。

中国正服役的"歼-侦8",是在"歼-8"战斗机基础上研发的新型高空高速战术侦察机,机身挂架上安装了照相侦察吊舱,内装先进的航空光学侦察设备,在预警机的指挥下可发挥侦察、攻击的双重作用。几年前有卫星图片显示,中国的"翔龙"战略无人侦察机在西藏日喀则机场亮相。据介绍,这款侦察机长 14.3 米,翼展近 25 米,高 5.4 米,使用涡喷发动机,起飞重量 7.5 吨,时速 700 千米,作战半径 2500 千米,高度 1.8 万米,能持续飞行 10 小时以上。它的挂载能力为 600 千克,挂 100 千克光电侦察设备后,还可挂 AR-1 专用导弹或两枚 250 千克的制导炸弹,具有很强的实战能力。

92. 载送军备运输机

军用运输机是用于空运武器装备、兵员并能空投大型军事装备和伞兵的飞机。

第一次世界大战期间，大量运输机被用于军事。货舱变为多层，容量增大；上单翼的布局机翼可从机身穿过，增加了货舱高度，便于货物装卸；精心设计舱门和装卸装置；为作战所需，装备火炮，重要部位加装装甲。在第二次世界大战中，军用运输机更是由民用运输机改装而成，大批投入战场，用来空降伞兵和空投军用物资。这时的运输机已是全金属结构，航程 3000 千米以上，起飞重量可达 50 吨，载全副武装士兵 50 名。

20 世纪 50 年代时，涡轮螺旋桨式军用运输机问世，起飞重量达到 250 吨，最大载重量为 80 吨，巡航速度为 700 千米每小时。到 60 年代后期，出现了涡轮风扇式军用运输机，最大起飞重量提高到 400 吨，最大载重量提高到 120 吨，飞行时速提高到 900 千米，航程达到 5000 千米。80 年代末，苏联制造了当时世界上最大的战略重型运输机"安-124"，它粗大的机身呈梨形截面，翼展 73.30 米，创下了载重 171.219 吨、飞高 10750 米的纪录。它的起飞重量为 405 吨，上层舱可载运 88 名士兵，下层主货舱容积 1000 余立方米，空间宽大，曾一次装运 3 架"枭龙"飞机外运。

中国现有各型军用运输机 200 余架，其中重型机 40 余架。"运-5"是中国在 20 世纪 50 年代第一款自行制造的运输机，机长 12 米，翼展 18 米，起飞重量 5 吨，有效载重 1.5 吨，只能运载十几人。中国在 60 年代开始研发"运-8"，至 80 年代已产生多种机型。起飞重量已在 60 吨以上，可载重 20 吨，航程 5600 千米。最新一批"运-8"上装备了新型电子系统，用于执行电子对抗、电子侦察、海上巡逻、反潜、空中指挥、预警、航测等军用和民用任务。此外军企单位还启动了"运-9"至"运-12"轻型多用途运输机的研发。

代号"鲲鹏"的"运-20"重型战略运输机，由中航工业西安飞机工业集团研发制造，2013 年首飞成功。该机机长 47 米，翼展 45 米，机高 15 米。最大起飞重量 220 吨，最大载重 70 吨，实用升限 1.3 万米，航程大于 7800 千米。它的研制成功，大幅增强了中国兵力战略投送的能力，可将装甲车、坦克，甚至武装直升机等重型装备迅速输送到一线战场，与其他运输机合理搭配，完善国产军用运输机体系。2020 年初，新冠疫情暴发，2 月 13 日，包括"运-20"在内的 11 架运输机搭载 1400 名部队医护人员和物资抵达武汉。这是"运-20"首次参加非战争军事行动，也是空军首次成体系大规模出动现役大中型运输机执行紧急空运任务。这一"战疫"行动，也被外界视为观察中国军事实力的窗口。

93. 助力续航加油机

空中加油机是给飞行中的飞机补加燃料的飞机,大多由大型运输机或战略轰炸机改装而成,其作用可使受油飞机增大航程,延长续航时间。

世界上首次空中加油的纪录在美国诞生。1923 年 8 月的一天,加州圣地亚哥湾上空两架飞机编队飞行,从前上方飞行的飞机上垂下一根 10 多米长的软管,后面飞机后座的飞行员站起,用手抓住飘曳不定的软管,把它接到自己飞机的油箱上。在前后 37 个小时里,两架飞机互相共加注了 678 加仑汽油和润滑油。这是航空史上第一次空中加油试验。

20 世纪 40 年代中期,英国研制了插头锥套式空中加油设备。40 年代后期,美国研制了伸缩管式空中加油设备。到了 80 年代,美英等国又研制了新型加油机,伸缩主管长 8 米多,套管长 6 米多,总载油量可达 160 吨,飞行半径 3540 千米。

早期的飞机空中加油,完全是手工操作,犹如进行惊险的空中特技表演。使用了软、硬管锥筒嵌接设备后,受气流等影响,稍有不慎,就会发生碰撞事故,造成机毁人亡。为此有亲历者将空中加油形容为"危险的天空穿针引线"。就像用一根以数百英里时速飞行的线,去穿一个同样以数百英里时速飞行的针眼,同时周边不时会有气流刮过,其加油难度可想而知。

1949 年 3 月,美国一架 B-50 轰炸机经加油机 4 次空中加油,完成了环球一周不着陆飞行,航程达 37532 千米。此举标志着空中加油技术已达到一定水平。在海湾战争中,美军为实施空中打击,频繁进行空中加油。仅美军就投入加油机 308 架,共实施了 5.1 万次空中加油行动。

中国的加油机研发起步于 20 世纪 80 年代。"轰油-6"是中国研制的第一代空中加油机。这款加油机起飞重量有限,载油量较低。军工企业在 1994 年研发了"轰油-6(HU-6/-6DU)"新型加油机,并通过定型审查。服役后为战机加油作战半径达到 1200 千米以上,可以有效覆盖南海大部分海域,达到了研制的初衷。2018 年年末互联网曝光一张卫星图片,上面显示,在中国"运-20"运输机下方挂有空中加油吊舱,这表明由"运-20"已发展出新的大型加油机。有专家判断,改装后的加油机最多可装载 130 吨航空用油,这种加油水平已与世界主流大型空中加油机的装载能力不相上下。投入使用将大幅拓展空军各机种的续航时间和值勤效率,成为"空中战力倍增器"。

94. 甲板起落舰载机

舰载机通常指在航空母舰上起降的飞机。舰载机大多有着1000千米以上的作战半径,并能在完成攻击后回到航母装载弹药,再度起飞执行攻击任务。舰载机数量越多,其航母战斗力也相对越强。

在第一次世界大战中,舰载机还只是作为辅助作战力量。第二次世界大战爆发后,舰载机的威力和作用一下子有了极大的提升。特别是日本偷袭美国珍珠港事件,在两波攻击中,从日本航母上起飞了353架舰载机,炸沉炸伤美军战舰23艘,毁伤飞机251架,伤亡人员3581人。日本海军就此夺得了西太平洋的主动权。

"二战"后,舰载机的发动机由活塞时代转变到喷气时代。随之而来出现了斜角甲板、弹射器、助降装置等。之后逐渐实现了主要武器导弹化、设备电子化,形成了能够独立执行作战任务的装备体系,用于攻击水面、水下、空中和地面目标,以及遂行预警、侦察、巡逻、电子对抗、垂直登陆、目标指示、补给、救护等保障任务。在1991年的海湾战争中,美国动用8艘航母对海湾进行封锁。在此后的38天空袭中,美军航母上的舰载机日出动500架次,与空军协同作战,有效地夺得了制空、制海权,使伊拉克完全没有了还手之力。

航空母舰及其舰载机的战略地位在今天愈加突出。如今能建造合格航母的国家凤毛麟角,而美国一家独大,垄断了全球舰载机90%的产能。2014年在美军服役的F/A-18舰载机,搭载了不同模块后,既可防空巡逻,又能执行对地攻击,装上电子战吊舱还可进行电子战。其后美军又研发了舰载机5代机F-35,使舰载机总数达到1000架。法国的核动力航母"戴高乐"舰,可搭载飞机40架。俄罗斯如今只保留有一艘航母,装备着"苏-33"舰载机50架。

中国的第一艘航母"辽宁舰"于2011年服役,在引进了"苏-33"原型机基础上,研发了"歼-15"舰载机,在舰上装备了30架。随着中国003型航母加速建造信息的传出,舰载机的研发也格外引人关注。前不久,外媒网站报道,中国一款"FC-31"原型机出现在"武汉航母模拟训练平台",这展示中国正在加紧研发隐身舰载机。它尺寸较小,一旦上舰搭载数量会加大,更有作战优势。

95. 近地的武装直升机

武装直升机是一种具有高度机动能力和强大杀伤力的作战武器,有"空中飞行坦克"之称。

载人直升机于 20 世纪 30 年代中期问世。进入 40 年代,一些国家军方批量生产直升机,用于救援、机降、运输、救护伤员等。在 60 年代的越南战争中,美军在运输直升机上加装了武器,用于空中机动作战。1967 年美国研发出 AH-1G"眼镜蛇"武装直升机,装备到越南参战部队。有统计称,用于作战的"眼镜蛇"共飞行 1344967 架次,被地面炮火仅击落 22 架,即每飞行 10778 架次才损失一架飞机。这是因为在树一样高的空间,属于超低空,也被称为"第五空间"。警戒雷达探测不到,地面武器多用于对付中、高空飞行的目标,要从地面攻击低空隐蔽、高速飞行的武装直升机相对困难。而可以超低空飞行、可快可慢、迅捷灵活的武装直升机则能在作战中抢得先机,施展威力。

随着大纵深、空地一体作战理论的形成,武装直升机的用途得到更多拓展。许多国家相继组建了陆军航空兵部队。20 世纪 70 年代后,武装直升机已发展到第四代。一些直升机上装用涡轮轴发动机和复合材料新型旋翼,最大时速达 350 千米。著名武装直升机有美国的 AH-64"阿帕奇"、苏联的"米格-28"、法国的 AS-355"松鼠"等。近年来,新型的武装直升机装备了轻型机载毫米波雷达和旋翼轴瞄具,武器系统包括高初速机炮和激光制导的空对空导弹,对空战性能有了更大的提升。曾经被认为是直升机短板的航速低、载重小、航程短等,正在被补足,尤其是航速的提高,正在使一些直升机型飞得更快更远。

1988 年,中国自行研制的第一架"直-9"武装直升机成功试飞。这款飞机作为多用途武装直升机在国庆 50 周年阅兵式上,飞过天安门广场上空。2003 年,中国"直-10"首飞成功。2012 年在珠海航展上正式亮相。这款武直机长 14.15 米,旋翼直径 13.0 米,高 3.85 米,最大起飞重量 7000 千克,最高时速 300 千米,机上装备有机炮、90 毫米多管火箭发射器,并可携带 16 枚各式导弹。它能在全天候、复杂的战场环境条件下精确打击地面、海面和空中目标,实现陆军"立体攻防"的重大战略转型。近年中国军企致力于武装直升机的研发,相继推出了"直-9WE""直-10ME""直-11WE""直-19E"等武直机型。前不久,"直-20"武装直升机又在雪域高原地区试飞成功。这款 10 吨级中型通用直升机,有效荷载 5 吨左右,一次可运送 12 名士兵或 6 副担架,外部可吊载 4 吨外挂物,正好可一次装载一个全副武装的战斗班。这样的机型,为加速建设陆军空中突击部队提供了强有力的支持。

96. 新型的军用无人机

军用无人机是由遥控设备或自备程序控制操纵的不载人飞机,在军事上可作为靶机、侦察机、轰炸机等使用。

军用无人机始于1917年。第一次世界大战爆发后,英国的一个科研小组发明了世界上第一架无人轰炸机。试飞中起飞后不久,发动机突然熄火,飞机因失速坠毁。尽管如此,这次试验仍被认定为无人机的"处女航"。10年后这个科研小组参与研制"喉"式单翼无人机,并试飞成功。该机携带113千克炸弹,以322千米的时速飞行了480千米。

"二战"期间,军用无人机被大量使用。美国陆军航空队将大批无人机用作靶机,并在太平洋战场上操控携带了重型炸弹的活塞式发动机的无人机对日军目标进行轰炸。"二战"后,随着计算机技术、自动驾驶技术和遥控遥测技术的发展,军用无人机的研发使用进入了鼎盛时期,应用也更为广泛,被誉为"空中多面手"。

如今,军用无人机作为现代空中军事力量中的一员,具有无人员伤亡、使用限制少、隐蔽性能好、造价低廉等特点,在现代战争中的地位和作用日渐突出。目前从事军用无人机研究的有美国、俄罗斯、英国、以色列、伊朗等30多个国家,型号已多达200个以上。军用无人机的研发使用正朝着智能化、微型化、隐身化方面发展。2020年9月,里海之滨的亚美尼亚和阿塞拜疆爆发了战争。双方都倚重无人机作战,这是由于两国空军规模都非常小,且主力机型老旧,难以进行传统意义上的空战对抗。双方便在战场上投放各型无人机,使这场冲突成为第一次大规模使用无人机的战争。

近年来,中国在军用无人机研发方面一直居于世界先进水平。在第20届中国国际海事会展上,中国首次公布一款"SG-60"舰载固定翼侦察无人机,该机采用平直机翼+双尾撑气动布局,体积较小,发射方式为弹射。这款无人机可执行长时间对海空目标的信息获取,提供目标火控数据;能外挂电子干扰载荷执行制电磁战任务。机鼻下装备有光电转塔,内置多光谱成像器材,可全天候昼夜工作。由中国航天科工集团等部门研发的"WJ-700"无人机,聚焦未来国内和国际市场的使用需求,集高空、高速、长航时和大载重能于一身,具备防区外对地攻击、反舰、反辐射等精确打击和广域侦察作战能力,是目前国外少有的无人机优良机型。据中国电子科学院公布的视频显示,一款可全域部署的小型察打一体固定翼无人机也研发成功。从视频看,这种小型无人机的发射装置犹如蜂箱,能够装填48架无人机。发射出的无人机就像火箭弹,它体积小,很难被发现和击落。但它们一波又一波扑向敌方目标,其摧毁能力绝不容小觑。

97. 遁形有术的隐身军机

隐身飞机就是利用各种技术减弱雷达反射波、红外辐射等特征信息,使敌方探测系统不易发现的飞机。

苏联在 20 世纪 20 年代制造出一种"波-2"教练机。在 40 年代卫国战争期间加以改进,成为"乌-2VS"型轻型夜间轰炸机。该机为木质机身,体型小,加装了发动机消音消焰器,达到了很好的隐身效果。在距离目标很远的时候就关闭发动机,滑翔飞临到目标上空,屡屡偷袭成功。被誉为最早的隐身轰炸机。

在第二次世界大战期间,美国军方大力研究减少飞机被敌方雷达发现的隐身技术。当时一些飞机采用了经大量试验的迷彩涂料,以降低飞机与天空背景的对比度。这是最简单的隐身技术。20 世纪 60 年代初,美国研发了一种隐身侦察机"SR-71",它的奇特之处是全身涂黑,像一只大鸟,得称"黑鸟"。机上所涂材料能有效吸收照射上来的雷达波,将电磁能量转化为热能散发掉。这种侦察机能飞上 2.6 万米高空,达到 3 倍音速。

"F-117"是美国于 1975 年开始研制的隐身战斗机,几年后试飞成功服役。这款飞机黑色,楔形,后缘呈锐锯齿状,尾翼呈燕尾形,最大时速 1037 千米。机内两个武器舱可带 900 千克的激光制导炸弹等。它的座舱和机体,就像由许多块倾斜的平板拼接而成的锥形体,其隐身效果极佳,可将大部分雷达电波吸收或散射掉。1989 年 12 月的一个凌晨,4 架"F-117A"隐身轰炸机偷袭巴拿马,飞机轻而易举便避过了巴拿马防空系统的监视,在里奥阿托上空投下炸弹,继而伞兵从天而降,不到一小时,美军就占领了这一军事重镇。在 1991 年的海湾战争中,美军大肆轰炸伊拉克阵地,先后出动"F-117"隐身战斗机 127 架次,出其不意地摧毁了伊拉克许多重要的军事目标,自身却无一损伤。

近年来美国、俄罗斯等国研发的隐身军机种类型号不断增多。中国经 10 多年自主研发,先后研制"歼-20""歼-31"、"利剑"无人机、"天鹰"无人机等隐身军机。"歼-20"的升力体边条鸭式布局,采用的是典型的隐形外形,设计完全满足了隐形、超机动、超音速巡航等四代机的设计需求。"天鹰"无人机起飞重量 3 吨,主要用于高威胁的前线战场环境,对重要目标实施渗透、攻击或抵近执行战略战术任务。它体积小,其雷达反射截面小,具较高的隐身性。外界评议,中国服役的几款隐身军机,增强了中国军队的作战实力从陆地到天空的提升,从守势到攻势的飞越。

98. 搜索探测目标的雷达

雷达是英文 Radar 的音译，即用无线电的方法发现目标并测定它们的空间位置，是一种利用电磁波探测目标的电子设备。

雷达的发明有一个过程。1886 年，德国的海因里奇首先发现电磁波有反射和散射的特性。英国的瓦特用无线电探测装置对大气层搜索时，看到了大楼反射回来的电波信号。他在装置上加装了天线，搜索空中的飞行物，这套装置遂被称为"雷达"。

第二次世界大战激战正酣，英国军方将大批雷达架设在防地上。1941 年 8 月，德国出动 800 架战机偷袭英国伦敦，远在 100 千米之外，伦敦即得到雷达预警，早早拉响了警报，让人们及早钻进防空洞。英军高炮部队严阵以待，战斗机提早升空，居高临下俯冲拦截。这一仗让德国损失惨重。德国人就此知道英国人使用了雷达，并领教了雷达的厉害。雷达善于捕捉空中目标，在海战中也能发挥奇效。一艘德国"伦普号"潜艇将潜望镜浮上海面窥视，立即被远方英舰的雷达发现。英舰发起攻击，投下深水炸弹。"伦普号"被炸得遍体鳞伤，只好上浮当了俘虏。

"二战"后，雷达发展了单脉冲角度跟踪、脉冲多普勒信号处理、合成孔径和脉冲压缩的高分辨率组合系统。之后随着微电子等各个科技领域的进步，雷达的探测手段由原来只有一种探测器，发展成了红外光、紫外光、激光以及其他光学探测手段的融合协作。当代雷达的多功能效应能对战场不同的搜索、跟踪目标进行扫描，并对干扰误差自行修正。今日预警机等具有战场敌我识别能力的综合雷达系统，实际上已经成为未来战场上的信息指挥中心。

20 世纪 60 年代，中国开始着力建设第一代反弹道导弹系统，作为反导系统远程预警体系的一部分，"7010"雷达于 70 年代研制，10 年后投入使用。这款雷达采用相控阵体制，凭借其数千千米探测功能，多次参与监测国内外卫星及导弹发射试验，成效显著。2016 年中国天波超视距雷达经联试交付使用。这款雷达部署内地后，其探测范围可覆盖整个东南亚区域。2021 年 4 月，第九届世界雷达博览会在南京开幕，中国推出的多款新型雷达引人瞩目。一款"YLC-8E"型三坐标警式雷达，天线面积有两个足球场大。这巨大的天线代表着雷达有极高的功率水平，具备探测目标的类型多样、探测距离远、分辨率高、抗干扰能力强等优势，能完好适应当下和未来战场上的作战需要。

99. 黑暗之"眼"——夜视仪

夜视仪是以像增强器为核心器件的夜间外瞄准具。它最早被用来在夜间对敌方目标进行定位,目前在军队系统仍有大范围的使用。

夜间可见光微弱,但人眼看不到的红外线却很丰富。尽管科学家很早就发现了红外线,但是直到 1940 年德国人才研制出硫化铅等红外透射材料。德国军方就此制成红外探测仪器,并用于夜战。几乎在相同的时间,美国也研制了红外夜视仪。1945 年夏,美军进攻日本的冲绳岛,把安有红外夜视仪的枪炮架到藏有日军的岩洞附近,只要有日军往洞外跑出,立即会被清晰看到,并且击倒。初上战场的夜视仪成为肃清岛上顽抗日军的利器。

20 世纪 60 年代时,夜视仪发展为被动式热像仪,不发射红外光,也就不易被发现。这时期的夜视仪已不受自然条件的影响,具有透雾、雨、雪进行观测的功能,实战作用更大。1982 年英国、阿根廷爆发马岛之战,英军所有枪支、火炮都配备了红外夜视仪,能够在黑夜中清楚发现阿军目标,进行火力控制。而阿军缺少夜视装备,看不到英军动向,被动挨打,最后招致 1.4 万人投降。在 1991 年海湾战争中,美军坦克装备了先进的红外夜视器材,能先于伊拉克坦克发现对方,并开炮攻击。而伊军是从美军坦克开炮的炮口火光中才得知在劫难逃。夜视仪为使用方获胜立下了大功。

微光夜视仪是 20 世纪 60 年代以来发展起来的一种夜视器材,到 80 年代已有 3 代产品装备到外军。第三代微光夜视仪的工艺基础是超高真空、双近贴、双铟封、高灵敏度、高寿命,夜视的目标视距有了更大的延伸。中国也是自 60 年代开始研发夜视仪,产品经几代人改进创新,新型微光夜视仪已装备到陆海空等各兵种。如单兵携带的双目或单目夜视眼镜、头盔瞄准具和中距离的武器瞄准具等,作为士兵夜间超视力"眼睛",执行远、近距离观察、搜索、跟踪和识别等任务。前不久,央视军事栏目播出空军"雷神"突击队在风沙天组织夜间翼伞携装渗透训练的节目,参训队员个个佩戴头盔式双目夜视仪,形象令人赞赏。这款获赞的夜视仪是装备到空军的第三代微光夜视仪,有重量轻、结构紧凑、成像清晰、灵敏度高等优点,能在极短的时间内适应战场的突变光线,具备在恶劣天气条件下的传感融合能力和独特的全息显示效果,让部队在夜幕下总能保持"火眼金睛"。

100. 战机的"单座"与"双座"

飞机用于军事后,开始阶段都是飞行员"单座"驾驶飞机侦察,之后有了"空战",也是由飞行员单身开枪、投弹,独自"招呼"。在第一次世界大战开始后,出现了用于作战的战斗机。当时一些型号的战机上设置了"双座"——安排一名观察员兼机枪手,以使驾驶员控制飞机显得从容。到了"一战"后期,很多战机上加装了机枪射击协调器,一名飞行员操纵飞机、用枪扫射目标得心应手,战机普遍又成为"单座"。

第二次世界大战爆发后,各主要军事大国的战机都以"单座"飞入战场。随着欧洲战事的发展,夜间空战频发,英、德两军研发的夜间战斗机又普遍采用了"双座"构型。究其原因,主要在于这时的早期雷达设备操纵复杂,单凭飞行员一个人又开飞机,又操控雷达,实在困难。

20世纪50年代,战机进入了"喷气式时代",新型便于操控的雷达显示器开始运用到战术飞机上,战机再度进入了"单座"时期。60年代后,雷达设置更为先进和复杂,新型战机如美国的"F-14A"、苏联的"米格-31B"等,又增加了后座飞行员,专事操纵雷达系统与用于远程攻击的空空导弹。80年代时,激光制导等武器的应用,加大了战机对地攻击任务的强度,美军的"F/A-18大黄蜂"攻击机等都采用了"双座"构型。

近年来当第三代、第四代综合化航空电子系统出现后,原本需要两名飞行员操作的大型相控阵机载火控雷达,又变成了一名飞行员足以担当。在高智能战机上,似乎只凭"单座",就可平步青云。而如今战机的"单座""双座"又有了变数。一种"忠诚僚机"的新战术功能被应用,即靠一架有人战斗机带着多架无人战斗机作战。一名飞行员既要操控自己的有人战斗机,还要掌控无人战斗机,会难以胜任。使用"双座"则会有分工协作:前座飞行员只管负责有人战斗机的作战,后座飞行员专心统领无人战斗机御敌,会形成强大的战斗力。

2021年初,在中国"歼-20"首飞10周年之际,航空工业发布的《横空》纪念视频中,出现了4架双座型"歼-20"编队飞行的画面。这说明双座型"歼-20"是真实存在的。"歼-20"是一款重型隐身战斗机,它的主要任务是制空作战,夺取制空权。它不可能携带大量弹药,专门用于地面攻击。若能指挥带领无人战斗机作战,将会使作战威力极大增强。2019年国庆阅兵,天安门上空首次飞过了"攻击-11"型隐身无人战斗机。有专家认为,这款飞翼布局的无人战斗机与"歼-20"搭配起来正好。当然也不排除更先进更好的无人战斗机正在研制或已经研发出来。

101. 战机的弹射座椅

弹射座椅是当飞机遇难时可将飞行员弹出机舱逃生的动力装置。

当载人飞机飞上天空,飞翔的快乐和失控的风险一直如影随形。飞机发生不测时,让飞行员安全返回地面,成了飞机设计师研究的重要课题。18世纪末,法国人使用降落伞从1000米的高处跳下并安全着陆,于是降落伞成为早期飞机飞行员的保命要件。1917年法国首先提出让飞行员背着降落伞包上飞机的想法,很快,为战机飞行员配备降落伞成了各国空军的共识。在第一次世界大战期间,降落伞还真是挽救了大量飞行员的生命。

第二次世界大战爆发后,随着战机速度的快速提高,飞行员出舱时的迎面气流陡然增大,降落伞已不好用。研究表明,当飞机时速达到360千米,飞行员出舱跳伞的存活率仅约2%。而"二战"时战机的时速已在600千米以上。就在这样的背景下,德军掩体内一个不当操作引发的爆炸,将几名士兵炸到七八米高。这给设计师带来灵感:能否研制一种爆炸装置,把飞行员"炸"出机舱。德国人尝试并失败多次后,于1940年在喷气式飞机上装配了以压缩空气为动力的弹射座椅,并飞到2370米高空成功实现弹射座椅"首秀"。

第一代弹射座椅诞生于"二战"后,它以弹道式弹射为原理,借助火药的威力,把人和座椅作为"炮弹"射出飞机座舱。但其弹射动力不足,无法满足低空弹射要求。第二代弹射座椅引入了"零-零"弹射概念,在零高度、零速度的条件下也能弹射。第三代弹射座椅采用了座椅稳定系统、方向感知系统等设计,安全性有显著提高。在几十年的研发中,弹射座椅逐渐集合了空气动力学、流体力学等数十个学科,科技含量逐渐提高。

战机上装备了这把"椅子",当需要弹射逃生时,飞行员只需拉动弹射手柄,点火机构和火箭发射器在0.4秒时间就能依次完成启动。座椅上的束缚装置会将飞行员的身体紧紧"绑"在座椅上。与此同时,战机会将舱盖整体抛离或爆破粉碎,为飞行员打开逃生通道。实现这一系列动作都依托弹射座椅的程序控制系统。该系统能实时发出修正飞行轨迹的指令,确保人椅弹离到安全高度,释放稳定减速伞,选择最佳的人椅分离时机,安全打开降落伞。截至2014年,全世界约有1.5万名飞行员借助弹射座椅死里逃生。

如今世界各国的战机几乎都配备了弹射座椅,并普遍采用抛盖式弹射,即利用火箭先将座舱盖整体抛掉,再启动弹射座椅,但这还是存在一定风险。中国研发的新型穿盖弹射座椅,穿盖和弹射几乎同时完成,并在"歼-20"等机型上采用。这表明中国已完全掌握了世界顶级弹射座椅技术。

102. 飘飞而下的降落伞

降落伞亦称展开式空气减速器,主要由柔性织物制成,是使人或物从空中安全降落到地面的一种器具。

相传降落伞最早起源于中国。《史记·五帝本纪》就有降落伞原理应用的记载,讲述上古时代称舜的人,为躲避大火,手撑两个斗笠减缓下降速度,从粮仓顶部跳下,安然无恙。另有资料表明,在飞机发明前1000多年,阿拉伯人用木材和斗篷制作了自高而落的飞行器,被认为是降落伞的雏形。18世纪30年代热气球问世,一种绸布质、硬骨架降落伞被放置在气球吊篮外面,以备气球发生意外时乘员使用逃生。飞机飞上天空后,出现了能将伞衣、伞绳折叠包装起来的降落伞,放在机舱内,以适宜飞行员使用。

随着运输飞机的运行,降落伞有了很大改进,并成为军事物资,出现了空降兵这一兵种,继而有了空降作战这一作战方式。伞兵,又称空降兵,许多国家先后建立了伞兵部队。其部队特点是装备轻型化、高空机动化、兵员精锐化。1927年苏联军队使用运输机在中亚细亚地区空投伞兵,一举歼灭了巴斯马赤匪徒,这是世界上第一次空降作战。在第二次世界大战期间,英、美、苏、德等国都建立了一定规模的空降兵部队,并多次投入实战。

降落伞投入军用差不多100年至今,除用于飞行员救生,还有着十分广泛的用途。在1991年的海湾战争中,美军在空降、投物、投弹、电子干扰等军事行动中,直接大量用到了降落伞,这足以说明降落伞在现代战争中虽不起眼,却是作用巨大的"兵器"。

中国于1950年9月,组建了人民解放军空军陆战第一旅伞兵部队。作为重要的国防军工产品的降落伞,中国军企业一直在积极研发中,并使中国的降落伞家族跻身世界强国之列。在汉水之滨,有一个中国降落伞设计、研究、生产基地。几十年来,从这里研发、装备到部队的空爆核试验伞、低空高速救生伞、高原救生伞、空中加油机稳定伞、航弹伞、阻力伞等各种型号用途的降落伞已达60多万具。1967年6月的一天,8吨重氢弹在罗布泊高空由轰炸机投下,就是随这里研制的空爆核伞下降到距地面2900米时爆炸成功的。几十年来,该基地的战机弹射救生伞已挽救了500多名飞行员的生命。这里研发的用于空投的航弹伞配装到歼击机、轰炸机上,投下的航弹有水雷、鱼雷、照明弹、燃烧弹、反坦克子母弹、低空爆破弹、干扰弹、深水炸弹等。巨型装备坦克、大炮等牢牢系在1—4具巨型降落伞下端,也都能稳稳向地面目标区降落。在现代战争中无人机作用日趋显著,这里研发的无人机回收伞也有多种。回收伞面积从几平方米到几千平方米,回收重量从几千克到几千千克。

103. 飘于战地的气球

气球也可称为"浮力航空器",是一种利用浮力可以飞上天空的器具。

相传,最早的气球出现在中国三国时期,由诸葛亮发明,俗称"孔明灯"。据说是用于夜间通信的,也有说是一种火攻神器。西方发明气球后,也是很快投入到军事领域。1794 年法国政府建立了人类历史上第一支空军,为侦察敌情,把一个军用气球升上数百米高空,观察奥地利军队的阵地。奥方炮火打不到,气急败坏而又无奈。立体战争初步展现了威力。

依靠浮力飞行的飞艇也是气球的一种。在第一次世界大战中,德国制作了大批飞艇,对协约国轰炸。但这种体积庞大、行动迟缓的武器,在英国灵活快速的飞机面前毫无招架之力,自然被弃用。不过气球并没有从战场消失。第二次世界大战期间,大量防空气球在英国投入使用。他们将多个巨大的气球编组,以细钢索相连,用缆绳放到保护区域 1000 米高处,摆下"气球阵"。德国飞机飞来,触碰到气球钢丝上,就会造成机毁人亡的下场。英军还将气球钢索的一端系在卡车上,需要移动时将气球钢索收拢,然后开车快速到达指定设防区,像放风筝一样再将气球施放出去。在"二战"后期,日本曾试图以"气球炸弹"轰炸美国本土,半年时间总共向美国释放了 9000 多个"气球炸弹"。气球受长距离风向影响,大部分未能到达美国本土,在美国仅引发了一些森林火灾,对战争的影响近乎为零。

"二战"后,气球作为已经应用了两个世纪的独特兵器,依然在军事领域发挥着特长。在 20 世纪 50 年代,美国大约生产了 3500 个间谍气球,每个直径 39 米,有 20 层楼房高,下面悬挂着 180 千克重的吊篮,里面装有先进的摄像器材,主要用于秘密侦察苏联。直至 2001 年爆发的阿富汗战争,英军仍启用气球作为侦察设备。英军的硕长气球长 18 米,投放到 600 多米的空中。气球装有摄像头和雷达,在 18 英里外就能对敌军的手机、无线电进行监听,并拍摄 6 英里以外的影像,获得敌方各方面的详尽资料。

除了用于现代化侦察,气球在军用上还有着很多开发。一种系留气球上安装了预警雷达等监视探测装备,与预警机相比,研制难度小,使用费用少。美国、俄罗斯、以色列等国都在进行研发、使用。几年前中国空军列装了自主研发的预警系留气球系统,以浮空雷达系统实现了对低空、超低空目标的监测。前不久,中国电科38 所研发出一种"JY-4000"型系留气球,它能够搭载预警雷达、雷达侦察、电子对抗等军用载荷设备,用于戍边防务。一些设置还可民用。

104. 竞相"入伍"的机器人

　　半个多世纪以来,机器人经历了三代发展,在工业、医疗、文化等诸多领域都发挥出重要作用。机器人不会疲劳、不会窒息、隐蔽性好,在战场上具有天然优势,让机器人"入伍",走上战场是大势所趋。各国在机器人军用领域的研究也一直在持续发力。

　　军用机器人可以是一个智能武器系统,如机器人坦克、机器人侦察机、扫雷机器人等;也可以是武器装备上的一个装置,如舰船作战管理系统等。美国军方计划研究的军用机器人有 100 多种,还想组建"机器人军队"。美军在训练中出动一批机器人巡逻艇来护卫战舰,发现"可疑船只"便上前将其包围,加以控制,以确保战舰安全通过该水域。这种机器人巡逻艇长 11 米,有多达 20 艘,只需一名海员操控就能执行完成各项海事军务。美军中服役的机器人已具备联网、通信和协作能力,甚至具有仿生特征。机器人可执行站岗、侦察、布雷扫雷、攻击等任务,大幅减少战争伤亡。美军的战地救护机器人拥有一双有力的液压手臂,可抬起 227 千克的重物长达 1 小时,足以抱送一个全副武装的美国大兵;其机械手则能完成止血、缝合等精细手术。

　　几年前,在俄罗斯莫斯科军事技术论坛会上展出的军用机器人也让人耳目一新。"战友"机器人拥有履带式底盘,配备 AK-74M 自动枪和狙击步枪。可以采取远程人工控制,也可以升级到全自动化。"天王星-9"攻击型战车机器人,可以在 3 千米距离外进行遥控,导弹射程可打到 10 千米。"旋风"战车侦察机器人重达 14.7 吨,活动半径达到 600 千米,是一款对地空目标进行侦察、攻击的威力强大的智能战车。

　　目前中国也有多型多款机器人定型"入伍"服役。一种战车机器人专为城市、小范围山地作战设计,它会伴随步兵前进,在人员难以抵达的狭小空间、有毒有爆炸物等危险环境,完成作战任务。也可担当侦察员,提供信息保障和打击能力。一款服役的机器"大狗",拥有 5 种步行姿态,可用于山地和丘陵地带的物资背负、驮运,及执行修路、侦察、爆破攻击等任务。一种弹药销毁机器人,专事完成引爆炸药的放置、未爆炸弹的销毁等任务。排爆"灵蜥"机器人系列,包括 A 型、B 型、H 型、HW 型等型号,具强大的侦测、排爆功能。有关军企正研发"钢铁侠"机器人,结合机械、电子、控制、生物、传感、信息融合等技术,打造这种有着坚硬外骨骼的"大力士",使其在未来的对敌战场上跑得更快,判断更准,力量更大,下手更狠。

105. 刀枪不入的轮胎

轮式军用车辆因其轻便灵活、机动性强、便于部署等特点广受青睐。而轮胎作为直接影响机动性能的关键部件，在复杂战场环境下又极易受损。强化轮胎的安全保护性，便成为军事装备研发的重要课题。

早期的军用轮胎设计较简单，只是把普通民用轮胎尺寸放大，胎体加厚。这样的轮胎虽提高了耐磨性，一旦碾上尖锐之物，仍会爆胎。德国曾在战车轮胎上使用一种模式，即在 4 个辖辘处都设一组 3 个轮子，两个着地，一个备用；当一个损坏，直接转轮让好的着地就可以继续开动了。

更多一些国家军队的科研人员对原有轮胎材料重新进行了设计改进。在研究中，把轮胎的橡胶材料替换为复合材料，胎侧加厚，胎体帘线采用特殊的钢丝结构，使其成为防爆轮胎。近年来服役于军队的防爆轮胎大致有 3 类：一是自我修复技术，在轮胎的内面加涂一层质地软、密度高、黏性强、能流动的密封胶，当轮胎被异物刺穿时，流动的密封胶会将扎进的物体紧紧包裹住，确保轮胎不漏气。二是自支撑技术，通过提升轮胎的支撑能力，即便在轮胎被击中漏气后，依然能够通过胎壁提供支撑力，确保轮胎继续行驶。三是填充物技术，在轮胎中填充特种材料，用以提升抗打击能力和承载能力，只要轮胎不走形，不被整体破坏，就可继续前行。这种具备了防爆、防弹、防穿刺的轮胎已被称为"泄气保用轮胎"。

此后，轮胎设计师又研发出了无气轮胎，一种是弹簧胎，内层是橡胶，用弹簧做支撑，承担缓冲和减震作用。另一种是蜂窝胎，内部就像蜂窝，通过网状结构提供支撑力。这种无气轮胎不存在泄气"趴窝"的问题，是未来轮式战车的发展趋势。

"万力"轮胎厂是中国合肥的一家中企智能产品制造企业。这里生产的防爆轮胎，胎体帘线的强度是普通钢丝的 5 倍以上，胎面以特殊配方材料设计，其耐磨度、硬度、强度都在一般防爆轮胎之上。测试中，在经受多种口径子弹密集射击后，越野车下沉量很小，轮辋与轮胎贴合紧密，车辆最高时速仍能达到 100 千米，并可延续行驶 4—6 小时。用 50 克 TNT 炸药对轮胎起爆，轮胎虽遭"毁容"，但仍可长距离行驶，并顺利通过复杂特殊的强化路面检测。如今"万力"轮胎在具备了防爆、抗击打、可空投等多功能应用前提下，仍在进行升级改造，并将凭借着越炼越强的"钢筋铁骨"驰骋在未来疆场。

106. 有战斗力的涂装

军机的涂装是在飞机的表面涂上一层特殊材料,以达到某种防护目的。当代军机涂料的种类大致可分为隐身涂料、迷彩涂料、耐温涂料、阻燃涂料、抗静电涂料等。涂装不仅能为军机带来美观,还有隐真示假、增强防护、反射日光照射等实效功能。个性化的喷涂图案还具有振奋士气的作用。

军机涂装已有100多年的历史。20世纪初的军用飞机,以木质为主,暴露在户外经日晒雨淋容易腐朽。为延长飞机寿命,飞机上常被涂抹油漆。五颜六色的油漆是军机的最早涂装。在第一次世界大战期间,一些军机涂成绿色,飞机停在地面,与丛林田野同色,降低了被炸的风险。涂装的功能开始显现。

"一战"中有些飞行员喜欢在军机上涂抹猛兽等图案,充分张扬个性。德国人里希特霍芬率领的联队飞行员把军机全部涂成了血红色,号称"红男爵"血战长空。这种涂红的军机大大增加了对敌方飞行员的心理压力。"二战"期间,过于鲜艳的军机涂装少见了,但为了凸显个性,提高士气,许多飞机的机头都涂有自己独特的标识。"鲨鱼嘴"是使用较多的,其牙齿、嘴巴、眼睛等各不相同。中国抗战时期,美国陈纳德援华"飞虎队"战功显赫,他们的机头上也涂有龇着大牙的鲨鱼嘴标志,一些人没见过鲨鱼,认为是一种老虎,便称之为"飞虎",也使"飞虎队"名扬一时。"二战"期间鼓舞士气的还有涂有美女及家人画像的美军战机,以"孟菲斯美女"最负盛名。"二战"中苏联军机涂装有三变:春夏为绿色,秋天呈黄色,进入冬季则涂成白色。这种变色龙般的涂装,在战争中,德国军机很难发现苏军飞机的准确位置。

"二战"后,军机的涂料已不再是普通的油漆,而是往多功能发展。为减少阳光反射,涂装暗色调;为满足温差变化,使用隔热涂层;为抵御海风、含盐水汽侵蚀,在舰载机上涂防腐涂料。近年来军机涂料已不满足于多色,而是向迷彩方向发展。如今服役的军机都有一身隐身涂料,常用的隐身涂料主要是磁损性涂料和电损性涂料。前者系铁氧体系列材料,雷达吸波涂层大都使用这一材料。后者涂层可使雷达反射降低80%。此外,近年来使用的隐身材料还有陶瓷吸波、纳米吸波等材料。中国空军根据中央军委的规定,贯彻"涂装也是战斗力"的要求,对空军各型飞机的涂装和标识提出了明确的要求。"东北虎""金鹰""飞鲨"等,已成为一些战区部队军机的独特标志。当然,不仅是军机,陆地、空中、海上一应大中型武器装备,也几乎都离不开涂装。尽管涂装的功能不尽相同,但都与作战环境相一致,追求战场的低可视,适应实战要求,把提升战斗力放在了第一位。

107. 装有"眼睛"的导弹

导弹是能自主发射、自寻目标,被称为有"眼睛"的炮弹。

在第二次世界大战期间,德国人占领了法国,准备攻打英国。由于隔着海峡,大炮难以轰击到目标,德国人想到给炮弹装上动力,增加行程。经研究,他们把涡轮喷气发动机安装在炮弹上,在弹体装上了弹翼和尾翼。又设置了像滑雪板一样倾斜的平台,铺设了轨道。1943 年 1 月,一枚新式炮弹试验成功,它装有 700 千克炸药,并安装了自动控制设备,炮弹偏离预定弹道时可自行修正。德国人把它投入使用,在 3000 米高度飞行了 240 千米后,在离预定英国目标不远处炸响。德国人把这种炮弹称为"V-1"。也有人认为它是一种"会飞的炮弹",便叫它"飞弹"。后来就被称为"导弹"了。

一年后,德国人冯·布劳恩在火箭中装进液态燃料,又装进助燃的液态氧,造出了"V-2"导弹。试飞时它升上 96 千米的高空,然后转弯,以 6 倍于音速的高速,与地面平行飞行了 190 千米,扑向地面目标爆炸。以后人们就把采用火箭发动机发射的导弹称为弹道式导弹,将采用涡轮喷气发动机发射的导弹称为飞航式导弹。

"二战"后,导弹逐渐发展出多种类型,成为战争的主角,也是双方用以杀伤敌人的利器。美国武器专家从响尾蛇感应红外线强烈得到灵感,用导弹追踪飞机的热气喷射系统,研制了空对空导弹。又研发出先清除地面雷达,再行轰炸的空对地导弹。在 1973 年第四次中东战争中,埃及人使用的苏联"萨格尔"反坦克导弹,在交战中一举摧毁了以色列的精锐坦克之师。导弹发射后,射手只要把瞄准具对准目标,导弹就会按仪器发出的指令将其炸毁,尽显作战威力。

如今各军事大国无不积极研发、部署以及外销各类型导弹,包括地地弹道导弹、潜地弹道导弹、近远程弹道导弹、地空导弹、航空导弹、巡航导弹、多弹头战略导弹等。美国服役近 40 年的"毒刺"导弹,曾经提供给阿富汗,在 340 场战斗中共击落近 270 架各式飞机。"毒刺"曾是美军"最危险"的便携式导弹,目前美军正寻找新一代便携式防空导弹将其取代。俄罗斯最新研发的"集装箱导弹",可以被机载、舰载和车载。据介绍,在一个标准集装箱里,可以装载 4 枚导弹,形成一个独立机动的"发射井",可以通过公路、铁路或者轮船,运输到随便一个地方发射,对敌方重要目标进行出其不意的攻击。包括远程带有核弹头的导弹等,已成为最具科技含量的现代化武器之一。

108. 人类的梦魇——核武器

核武器是利用能自持进行的原子核裂变或聚变反应瞬时释放的巨大能量,产生爆炸作用,并具有大规模毁伤破坏效应的武器。

1938 年,德国物理学家哈恩发现,铀核在中子的轰击下会产生分裂,大量的铀核被分裂后会释放出巨大的能量。德国在 1940 年前后加紧进行了制造原子弹的研究,但直到第二次世界大战结束,他们的原子弹也没能造出来。美国的原子弹制造则在秘密进行,自 1942 年起,陆续建成了核反应堆、实现了人工控制的链式核反应、建造了生产裂变材料铀–235 的工厂等。至 1945 年 7 月,美国制出 3 枚原子弹。在新墨西哥州阿拉莫戈多试验场试爆中,装药 6.1 千克,TNT 当量 2.2 万吨的核爆炸,产生了上千万摄氏度的高温和数百亿个大气压。在半径为 400 米的范围内,沙石被熔化成了黄绿色的玻璃状物;在半径为 1600 米范围内,所有生物全部死亡。这枚原子弹的威力,要比科学家们原估计的大 20 倍。8 月美国在日本广岛、长崎各投下一颗原子弹,爆炸后强烈的冲击波、光辐射、电磁脉冲及随后的放射性污染,造成的杀伤和破坏力巨大,共造成 30 余万日本平民死亡和 8 万多人受伤。

核武器的出现,对现代战争的战略战术产生了重大影响。继美国制造使用原子弹之后,苏联于 1949 年、英国于 1952 年、法国于 1960 年,先后制造原子弹并爆炸成功。中国的原子弹研制始于 20 世纪 50 年代。1955 年,中国地质部门开始了铀矿的勘探。1959 年,中国调整了核研制计划,代号"596"工程。组织了 30 多个研究所,200 多个工厂投入研制。科研人员在克服了技术上的道道难关后,1964 年 1 月 16 日 15 时,在西南罗布泊试验场,巨大的蘑菇状烟云腾空而起,中国第一颗原子弹爆炸成功。

如今拥有核武器的国家还有印度、巴基斯坦、以色列、朝鲜。发展到现在,一颗核弹头的爆炸威力通常有数十万吨、数百万吨,乃至数千万吨 TNT 当量,远超第一颗原子弹 2.2 万吨当量不知有多少倍。截至 2019 年 6 月,各拥有核弹头的国家,俄罗斯以 6500 颗为第一位,美国 6185 颗为第二位。中国排名第四,约为 290 颗。核弹头有保护期,后续处理也很棘手。我国不是霸权主义国家,奉行防御性国防战略,290 颗核弹保持战略威慑足以满足需要。中国政府多次郑重承诺:中国不会首先使用核武器,也不会向无核国家使用核武器。各国人民期待,有核国家都能做出这样的承诺。

109. 超级原子弹——氢弹

氢弹是利用原子弹爆炸的能量点燃氢的同位素氘、氚的核聚变反应瞬时释放出巨大能量的核武器，又称聚变弹、热核弹。相比原子弹，爆炸威力巨大，堪称"超级原子弹"。

在第二次世界大战期间，美国科学家研制原子弹时，发现氢的同位素氘、氚聚变所需要的点火能量较低，已有了制造氢弹的设想。1949 年苏联实战性原子弹爆炸成功打破了美国的核垄断地位，促使美国人加紧了氢弹的研制。1951 年 5 月，美国在太平洋上的恩尼威托克岛试验场进行氢弹试验。1953 年 8 月，苏联的氢弹在北极圈的弗兰格尔岛也爆炸成功。

冷战时期，美苏主导的核军备竞赛不断升级。1961 年 10 月的一个早上，苏联进行了代号"沙皇氢弹"的 5000 万吨当量氢弹爆炸试验。当这枚 26 吨重的"大伊万"氢弹投在新地岛试验场，恐怖通红的蘑菇云高达 70 千米，并迅速膨胀盘旋上升。热核反应所产生的电磁搅动接连 3 次传遍全球。4000 千米内的所有通信均受到影响，苏军整个通信失联一个多小时。这是世界上最剧烈的爆炸。通常地球火山爆发的最高温度不过几万摄氏度，太阳核心的温度却能达到 1500 万摄氏度，而氢就是太阳的主要物质。由此可知，氢弹核聚变的威力足以摧毁一切。

中国继原子弹爆炸成功后，于 1966 年 12 月成功进行了氢弹原理试验。1967 年 6 月 17 日，中国"轰-6 甲"战机在新疆罗布泊上空投下了伞降氢弹，伴随着巨响和蘑菇云绽开，中国第一颗氢弹空投爆炸成功。

1968 年，法国也拥有了氢弹。美国从爆炸第一颗原子弹到爆炸第一颗氢弹，用了 7 年 3 个月；英国用了 4 年 7 个月；苏联用了不到 4 年；法国是 8 年 6 个月；中国仅用了 2 年 8 个月。

核威慑已经成为世界和平不可或缺的因素，正是因为核武器掌握在多个国家，某个单边大国才不敢发动全面战争，让世界止于毁灭的边缘。

110. 禁用的残忍武器

在战争史上，为赢得战争胜利，曾出现了一大批残忍的武器。除了核武器，另有很多种武器因太过血腥、残酷，而被各国立法禁止使用。

贫铀弹最先由美国研发出来。"贫铀"只是相对于原子弹而言的"贫"。美军主要将其用于坦克穿甲弹等装备上。但是伴随着强悍的性能，是弥漫无尽的核污染，其破坏性会持续相当久。一旦贫铀弹残骸落入环境之中，就会形成难以处理的核污染伤害，在战区平民中造成大量畸形、白血病等衍生病症。

与凝固汽油弹同样惨无人道的还有白磷弹。它是以白磷为主要燃烧剂的炸弹，其燃点低，具有强大的燃烧性，燃烧温度可达 1000 摄氏度。白磷弹屑一旦沾到人体皮肤上就很难扑灭，热焰会把人的软组织一直烧尽，再将骨骼烧毁，伤口惨不忍睹。

温压弹是一种爆炸后能产生高热高压的炸弹。它有 3 个"毁伤层"，处于"中心"一层的人员装备会被全部摧毁；"损伤"一层的人员会完全失去战斗力；"外围"一层的人员也会陷于半瘫痪状态。爆炸产生的 2000 摄氏度热量和高压形成的真空环境，造成的是无火却严重的"烧伤"。

高爆霰弹也是一种非常厉害的炸弹。弹药内填充了陶瓷和镁片，由于镁片有易燃性，接触空气便自动燃烧，陶瓷片会加大杀伤范围，进入人体迅速撕裂肌肉组织，让人在痛苦挣扎中死亡。

云爆弹弹体内所装的不是炸药，而是高能燃料。炸弹起爆后，云爆剂被抛洒开，与空气混合会发生剧烈爆炸，被称为"云雾爆轰"。所产生的冲击波能破坏大面积军事目标并致人窒息死亡。1975 年美军在越南战场上投下了 100 多枚云爆弹。地面先是被一团团白雾笼罩，猛然大地震颤，人片地面树倒房塌，成为废墟。地上人员或烤焦，或窒息而死。

一种被称为"龙的呼吸"的霰弹枪子弹，由镁丸或碎片构成，在射击时会喷发出长长的火舌，长度达 30 米，所造成的伤害远超火焰喷射器。达姆弹俗称"开花弹"，进入人体一瞬间便翻滚扩大，给伤者带来难以承受的痛苦。一种集束炸弹，爆炸后会蹿射出雨点般的钢球钢珠，杀伤范围大，非常血腥，也在禁用之列。

111. 走俏的"绿色武器"

战争是人类的灾难,会带来大量人员伤亡,还是地球环境的杀手。大规模杀伤性武器带来的核辐射、核污染,各种武器弹药中含有的有毒成分,都会危害无辜的平民,污染自然环境。

以子弹为例,弹头通常以铅为主要原料,而铅是毒性很强的污染物之一。据统计,在美国每年新兵训练都会消耗上亿发步枪子弹,虽然每发子弹含铅量只有 2—3 克,但累加起来总量惊人。美国环保署有调查显示,弗吉尼亚州阿林顿靶场的员工血液中,含铅量比官方规定的健康底线高出 10 倍以上。在美国许多被废弃的试射靶场里,土壤和植被都被 TNT 污染,一片荒芜。

国际社会一直非常关注军事活动对环境的破坏问题,许多军备控制条约也明确提出以保护环境为出发点。迫于国际社会的压力,各国军火商为标榜自己的环境意识,也纷纷研发"绿色武器"。有专家指出,尽管不少人对"杀人武器还会环保"产生质疑,相对那些极不人道而残忍的武器,研发和使用"绿色武器"还是让人称道的,也能走俏未来战场。

自 2003 年开始,美国军火承包商阿连特公司研发生产无铅子弹,以钨为弹头的主要材料,逐步用环保型子弹取代常规铅制子弹用于训练。几年前,德国慕尼黑大学的一个科研组研制出"绿色炸药",起爆后在空气中造成的污染很小。这是在对约 50 种用作"绿色引信"的化学物质测试后,配制而成的,已投入使用。

作为全球最大的军火商之一,英国航天系统公司开发出一种节能和可回收炸药装置,把爆炸废料和废旧炸药变作农作物肥料。目前可以制成肥料的爆炸物项目已进行了多次技术试验,并获得初步成功。英国 BAE 公司制造了一种"混合发动机",可同时使用电池和柴油驱动坦克、装甲车,以降低二氧化碳排放量,减少对环境的污染。

一些军火商研制的新型弹药也颇显"人道"。胶粘弹药发射后,胶雾会导致坦克发动机停车,让坦克"定身",并不伤害人员。乙炔弹中装有水和二氧化碳,爆炸所产生的混合物也只是摧毁战车发动机,用于对付集群坦克。另有一种腐蚀剂弹,弹体内装有腐蚀性极强的化学药剂,只要投放到道路上,撒布一层结晶药粉,就可使过往的车辆轮胎全部报废。更有意思的是一种泡沫弹,命中坦克后,会产生大量泡沫,不仅阻挡驾驶员的视线,还会涌入发动机内部,使其熄火,兵员只得"休战"。

112. 强势的激光武器

激光武器是用高能的激光对远距离的目标进行精确射击或用于防御导弹等的武器。激光与原子能、半导体、计算机一起被称为 20 世纪的四大发明。由于激光有方向性好、单色性好、亮度高、相干性好等特点,作为武器应用有着广阔的发展前景。

相传,公元前 212 年希腊科学家阿基米德用镜片聚光,烧毁了入侵的敌船。但这并不能算作使用了激光武器。1960 年 1 月,美国人梅曼在加州制出了世界上第一台红宝石激光器,才使激光作为武器成为现实。激光器能将光束高度集中,一束激光射到 1000 米,其光斑直径仅为 10 厘米左右;射到 10 千米远,光斑直径也只有 1 米左右。可知激光产生的冲击能力强度之大。激光的亮度比太阳表面的亮度高出 400 亿倍以上,把这种高强度的光投射到物体上,物体受照部分的温度可上升到 1 万摄氏度以上。无论是金属还是非金属,都会熔化和汽化。自 20 世纪 60 年代初,美、苏、法等国,都对激光武器开展了系统研究。1973 年,美国研制出激光炮进行试验,成功打落靶机。1975 年 11 月,美国两颗卫星飞抵苏联西伯利亚导弹发射场上空侦察,被苏联反卫星激光武器击毁。1978 年,美国研制出激光枪,在 1500 米远距离内,能使人致盲或烧损人员及物体。

激光作为武器,能以每秒 30 万千米的光速飞行,任何其他武器都没有这样的速度。它可以在极小的面积上、极短的时间里集中超过核武器 100 万倍的能量,一旦瞄准就能击发射中目标,且能灵活改变方向,不会造成任何放射性污染。美国、苏联、英国、德国、法国、以色列等国,一直在积极研发激光武器,历经 30 多年研究,他们的激光武器日趋成熟并投入使用。

中国自 20 世纪 60 年代也大力进行了激光武器的研制,近年更取得了长足进步,先后研发出"低空卫士""沉默猎手""国荣一号"等中小型高能激光设备。2016 年中国首台全自主研发的 2 万瓦光纤激光器正式进入装机阶段,这一成果直接打破了国外技术垄断。中国新研发的车载 LW-30 激光防御系统,其跟踪、定位性能已领先各国。可使隐形战机的红外导弹发射装置完全失灵,并可将其瞬间击毁。中国新型"99A"主战坦克上,安装了激光炮。有了这个"杀手锏",炮手只需在火控系统发出射击信号,按动击发按钮,火控系统就会自动解算诸元,自动瞄准,以定向发射的激光束直接摧毁目标,整个过程高度自动化。

113. 厉害的微波武器

微波武器是采用高能高频电磁波,用以摧毁敌方的电子通信设备或杀伤有生目标的尖端武器之一。从某种意义上说,微波武器比核武器还要厉害,故又有"第二原子弹"之称。

微波肉眼看不到,杀人于无形。早在第二次世界大战期间,德国和日本就试图研制这种武器。德国曾竖起大型聚焦天线,汇聚起电磁波,试图烧毁盟军的战机。但他们的研究直至战败也未获得成功。"二战"结束时,德日有关的微波资料及科研人员分别落入美、苏之手,之后就展开了研制微波武器的竞赛。

微波武器威力巨大。当微波炸弹爆炸,通过高增益定向辐射天线,能发射出频率为 300 兆赫至 30 万兆赫的高功率电磁脉冲,以很窄的脉冲波束辐射出去,干扰或烧毁敌方的电子设备,使军事指挥、通信、计算机系统完全瘫痪。高功率微波武器与激光武器一样,都是以光速或接近光速传输的先进武器技术。这两种武器作用机理相似,但杀伤方式各有特点。激光武器杀伤破坏方式为"硬摧毁",而微波武器是以干扰或烧毁武器系统的电子元件为特点的"软杀伤"。激光武器专注于"枪挑一条线",微波武器做的则是"棍扫一大片"。相比之下,高功率微波武器的造价和技术难度,比激光武器低些,但有利于实现武器小型化。

近年来,美、俄、英、法、德、日等国都加大了对微波武器的研发和投入使用。1999 年,美军在对南联盟轰炸中,使用了尚在试验中的微波炸弹,造成了南联盟部分地区通信设施瘫痪了 3 小时。在海湾战争中,美军使用电磁脉冲弹空袭了伊拉克国家电视台,造成其转播信号中断。有专家分析,海湾战争中伊拉克所以被动挨打,很大原因是丧失了电磁环境控制权,指挥、防空设施遭到破坏所致。

近年来,中国的微波武器研发不断取得突破性进展。中国科学家历经 6 年的努力,研发出的新型微波武器装备,在 2016 年获中国国家科学技术进步奖。英国《每日星报》称,"中国的这一最新射线武器技术,可以在不射出一枪一弹的情况下,使对手的坦克集群瘫痪,击落空中机群,甚至摧毁整支舰队。"专家认为所言不虚。这一微波武器如果投放到敌方城市上空,下方所有电力、电子设备、通信联络系统就会完全瘫痪。在现代战争中,电子装置、作战指挥平台被毁,就基本丧失了战斗力,不战而败。中国研发的这款微波神器,爆炸威力大形体却足够小,有多种部署,可装在无人机上,也可用导弹携带,在大面积摧毁坦克、舰艇、战机、电子系统攻击中,开辟了新的战场攻防作战方式。

114. 真实的科幻武器

　　在科幻小说、电影及美国好莱坞大片中,经常会展现一些科幻武器。它们威力巨大,看得人眼花缭乱,留给人的印象深刻。

　　美国军界大量借用科幻电影的灵感。最典型的是美国"战略防御倡议"的庞大军事战略计划,直接以科幻电影《星球大战》来命名。美军研制的士兵"外骨骼"技术,其研发灵感也是源于科幻电影《异形》。

　　《蝙蝠侠》作为美式动漫的"超级英雄",已有 70 多年的历史。作品伴随着时代的发展,它的汽车开始具有各种神奇的功能和强大的武器装备。在《蝙蝠侠》三部曲中,它的被称为"不倒翁"的战车,已是兰博基尼与坦克的"混合体"。在接到自毁命令后,可以从车内弹出供"蝙蝠侠"骑行的特种摩托。这种摩托由"不倒翁"两个前车轮组合而成,装备有抓钩、加农炮、机枪、护盾等装置。有专家指出,影片中的车辆和武器,类似于现在一些特种部队装备的机动战车。与"不倒翁"的设计截然不同,现实中的战车武器集成度非常高,出现故障的几率也很大,实战效果与"不倒翁"仅能说挨上点边儿。

　　在一些科幻电影中,三体舰在海洋里固若金汤,难以造成伤损。美国在 2012 年下水的 LCS-2 濒海战斗舰,外形即十分科幻。这艘战舰由 3 个密封舰体组成,中间为主舰体,两侧各有一个大小相同的辅助舰体。舰长 127 米,航速在 45 节以上,模块化设计,隐身性能好,形似太空战舰。外形具有科幻色彩且酷的这艘三体舰航行在大海之上,似乎证明着美国军事技术的先进,但它背后存在着本身吃水较深、不利于浅水区作战,铝合金舰体强度和耐水性差,研发经费超支过多等问题。美国目前加紧研究的科幻武器还有电磁轨道炮、空中激光炮、战场机器大狗、外置骨骼等。

　　近年除美国外,其他一些国家也纷纷加大了将科幻武器变为现实的步伐。英国研制的声控头盔,有如《星球大战》影片中的科技,头盔内有微型感应器,用声控就可发射导弹,对敌机进行全方位的攻击。俄罗斯科学家正在研制"僵尸枪",这种枪专门用来攻击敌方人员的中枢神经系统,以电磁辐射影响脑细胞,用以改变人的心理状态和行为。中国海军在 2018 年进行了电磁炮上舰实验。这是一款科幻级的武器,这一实验的成功,使中国成为世界上第一个完成电磁炮上舰的国家。中国研发成功的反"蜂群"无人机、无人机干扰枪等,也都属于科幻武器。中国装备到部队的"11 式战略步枪",既可用作突击步枪,又可发射榴弹;既有强大的火力,又有尚佳的精准度,如同影视剧中的外星人武器,同样具有科幻色彩。

115. 尖端的未来武器

未来武器即未来战场上将出现的大批智能型武器。有关军事专家对今后20—30年可能会用到的武器,做出了前瞻性的估计和分析。

随着纳米技术的成熟,未来战场将出现各种袖珍侦察机、攻击机,纳米卫星也将布满天空。还有形如昆虫的微型导弹会神不知鬼不觉地潜入军事目标内部,择机进行摧毁。眼球大小的机器人探测器,会按指令溜进敌方阵地、指挥所,由传感器采集信息,向外输送。它也能安装化学或生物传感器,用以探测生化武器。

激光武器、微波武器会有更多应用。电磁武器或将主导21世纪的战争,它不会造成血流成河的场面,但其攻击的效率却更高,所造成的破坏性也更强。聚焦太阳光、利用热源中心数千摄氏度的高温、毁灭目标的太阳武器也将诞生。使用微观粒子定量能量束,用来对付远距离飞行的洲际弹道导弹的粒子束武器也将研究出来。

隐蔽型的飞机、舰艇、坦克、导弹等,朝着多兵种、多方位、高度隐身的方向发展并装备部队。高超音速的飞机、导弹、飞行器,会把战争带入到“读秒”的时代。

神经系统武器也会用在战场上,通过向人的颅骨输出直流电刺激,可以有效提高人在执行多种任务中的表现,用意念控制武器,提高战斗力。针对敌军的药物设计也有全新的突破,施用后能使敌方士兵昏昏入睡,让俘虏供出更多敌情。

通过人工影响天气和气候的气象武器,将进一步得到深入研究并在军事上应用,致使敌对国遭受水灾、旱灾、飓风、地震等。

核武器杀伤破坏威力巨大,是现代战争的战略战术的最重要威慑力量。但核武器的发射地点和飞行轨迹易被侦察,遭到打击的国家很快可以确定并实施报复措施。

基因武器是通过基因重组,把特殊的致病基因移植到微生物体内而制造出的新一代生物武器。基因武器的杀伤效果甚至大于核武器。比如,将超级出血热菌的基因毒素投入敌方水域,能使整个流域的居民全部丧失生存能力。但使用方也会难以掌控局势,造成两败俱伤。基因武器所具备的特性,会对未来战争产生深刻的影响。

在未来一个时期,世界各国各地可能会爆发一些怎样的战争,规模会有多大,难以预料。但持续研发、使用大批高尖端、智能化的新型武器是肯定的。

宇宙航天

1. 宇宙的诞生

天文学认为,宇宙是所有的空间、时间、物质及其所产生的一切事物的统称。

大爆炸宇宙论是现代宇宙学中最有影响的一种学说之一。大爆炸理论认为,宇宙是由一个致密炽热的奇点于约 137 亿年前一次大爆炸后膨胀形成的。

天文学家一直以来认为宇宙是静止的。1929 年,美国天文学家爱德文·哈勃根据他观测到的"红移现象",总结出一个具里程碑意义的发现,即不管你往哪个方向看,远处的星系正急速地远离我们而去,而近处的星系正在向我们靠近。换言之,宇宙正不断膨胀。所以哈勃的发现暗示存在一个叫作大爆炸的时刻。

1964 年,美国贝尔电话公司的工程师彭齐亚斯和威尔逊等人,在工作中发现了宇宙微波背景辐射。这一发现使科学家获得了更多大爆炸早期的直接信息。2014 年美国科学家宣布,首次发现宇宙原初引力波存在的证据,有助于人们追溯到宇宙创生之初极短的急剧膨胀经历。2019 年事件视界望远镜从美国、比利时、智利、中国和日本,同步发布首张基于观测事实的黑洞照片,给大爆炸理论又增加了一个强有力的依据。

天文学家们相信,宇宙及其内部的物质和空间,都是在大爆炸极短的一瞬间产生的。"大爆炸之前"这个概念几乎是没有意义的。现在的天文学家一般是从大爆炸后的百分之一秒开始描述宇宙的演化过程。它的温度为 1000 亿开氏度(开氏度,热力学温度,单位为开,常用符号 K 表示)。随着大爆炸的发生,诞生的宇宙急速地膨胀和冷却。经过约 10 亿年的时间,形成的数量巨大的氢原子和氦原子由于引力而凝聚起来。这种凝聚而成的团块有千千万万个,每个团块后来又形成了宇宙中巨大的天体,典型的是整个星系。当引力作用使原子被压缩得越来越紧密,星系中的恒星也开始形成,它们发出光和热,走上自己的生命周期。当恒星上核聚变在生成越来越重的重元素时,按照恒星质量的大小,恒星的归宿会有所不同。有的恒星会发生一次超新星大爆炸,足够多的物质聚集在一起,会形成一颗新的恒星。但如果没有发生新的聚变反应,就有可能形成一颗类似于我们地球的行星。在合适的条件下,生命可能得以在地球上进化。这就是我们人类所以能来到这个宇宙的原因。

2. 宇宙的构成

宇宙在物理意义上被定义为：所有的空间和时间，普通物质包括行星、卫星、恒星、星系、星系团和星系间物质等，各种形式的所有能量如电磁辐射、暗物质、暗能量等，还包括影响物质和能量的物理定律如守恒定律、经典力学、相对论等。

宇宙作为由空间、时间、物质和能量所构成的统一体，从地球的位置来看，它的构成最近的可见物是行星。地球本身就是太阳系的一颗大行星，另外还有水星、金星、火星、木星、土星、天王星、海王星等7颗大行星。除了大行星，还有为数众多的小行星、60多颗卫星和难以计数的彗星和流量体等。这些是人们了解较多的构成宇宙的天体。稍远一类的天体是恒星和星云，夜空中闪闪发光的星星大都是恒星，它们是和太阳一样本身可以发光发热的星球。地球所在的银河系，就有1000多亿颗恒星。不少恒星是"群居"的，或者成双成对靠近在一起。两颗恒星按一定规律互相绕转称双星，三四颗恒星聚到一处的称聚星，十颗以上，以至千百恒星形成的大团星就是星团，也称星系。构成宇宙再远的一类天体是河外星系，它们的存在让人们在越来越大的尺度上对宇宙的结构建立了立体的观念。当人们把观测的尺度再放大，还会发现远方的星系团在大尺度上的分布呈波沫状，即存在着看不到星系的"空洞"区。星系仅聚集在"空洞"的壁上，呈纤维状或片状结构，这一层次的结构叫超星系团。总之，若把星系看成宇宙物质的基本单元，那么星系的分布状况就是宇宙结构的可观表象。

构成星系、超星系的是难以计数的恒星，而构成恒星的物质是小得看不见的粒子，包括质子、中子、电子等。宇宙中除了星体，看似空荡荡的空间，还有着暗物质、暗能量的构成。据天文学家估算，过去20亿年中，包括粒子、行星、恒星、星系和生命在内的普通物质仅占宇宙质能总量的4.9%。暗物质是一种尚未被确认的神秘物质形式，它却占到宇宙总量的26.8%。暗能量是来自虚无空间的能量，它导致着宇宙的膨胀和加速，竟占到宇宙总量的68.3%。

天文学家发现在宇宙构成中有黑洞，还有"黑色裂缝"。前不久美国宇航局使用红外天文望远镜在距离地球1.1万光年外的人马座星座拍摄到一组"宇宙黑色裂缝"照片。据分析，这个蜿蜒的"黑色裂缝"由宇宙中的灰尘所形成。它的面积足有数十个太阳系大，裂缝中极有可能在孕育着新星体。浩瀚宇宙连同它的构成，还有着众多尚难解开的谜团。

3. 宇宙的未来

绝大多数天文学家相信,宇宙由大约 137 亿年前的大爆炸创造;恒星和星系在大爆炸后约 3 亿年形成;太阳诞生于大约 50 亿年前;约 37 亿年前地球上出现了生命。

在人们的观念里,宇宙无限大,没有边际。而在 10 年前,英国伦敦大学的一个研究团队在研究了宇宙微波背景辐射图后,得出了一个惊人的结论,即人类所在的宇宙很久以前曾受到其他平行宇宙"挤压"。研究团队称,他们在图中发现了 4 个由"宇宙摩擦"形成的圆形图案,表明人类宇宙可能 4 次进入过其他宇宙。这一发现基于现有宇宙的永恒膨胀理论。认为我们所在的宇宙只是更大宇宙中的一个"泡泡"。其他宇宙在物理学方面与我们的存在差异,但它们同时与我们的宇宙共存。如果这一发现能得到证实,连接起来的宇宙将是无比的广阔,再说到宇宙也会有"我们的宇宙"和别的宇宙之分。

天文学家认为,在大约 100 亿年之后,宇宙中的大多数恒星都将把燃料耗尽,星系及星系周围的大部分物体最后都会落进非常巨大的黑洞中终结。那么宇宙会有怎样的未来呢? 出生于英国牛津的斯蒂芬·霍金于 1991 年在剑桥大学演讲,他探讨了宇宙未来的两种命运:一是继续膨胀下去;一是收缩以至于坍缩成一个点。膨胀和收缩完全取决于宇宙的平均密度。

美国加州大学一个研究小组宣称,宇宙不可能是无限膨胀和永恒的。根据模型理论,膨胀的泡沫出现后会持续膨胀,也会崩溃,消失。根据他们的计算,宇宙将在 37 亿年内毁灭,短于地球的寿命。美国国家地理杂志评选出 2010 年最受欢迎的五大太空发现,首条是依据一种涉及宇宙起源的理论预测,宇宙时间将在 50 亿年内结束。而同时太阳也会耗尽核心燃料,成为一个行星状星体。

英国物理学家彼得·希格斯在 20 世纪预言的玻色子,是物质的质量之源,它难以寻觅又极为重要,被称为"上帝粒子"。2012 年希格斯玻色子被发现并成为最重要的科学进展之一。不过美国科学家表示,基于相关发现中所获数据的计算产生了一个坏消息,即宇宙可能会在数百亿年后面临一场灾难。一个会成为"替代宇宙"的小空泡将在某处出现,并以光速出现,随后逐渐膨胀并最终将宇宙破坏。

好在宇宙的存留最少也要到距今几十亿年后才能知晓。当代人大可不必在今天为非常遥远的未来宇宙的事多伤脑筋。

4. 空间庞大的银河系

银河系是太阳系所在的棒旋星系(漩涡星系的一种),呈椭圆盘形,具巨大的盘面结构。银河系拥有 4 条清晰而相当对称的旋臂。星系的恒星数量约在 1000 亿至 4000 亿之间。

在晴朗的夜晚,银河像一条发出淡光的白练,跨越天空,看上去如同一条流过天空的大河,自古被称为"天河"。牛郎织女每年七夕鹊桥相会,就是我国家喻户晓的有关天河的神话故事。其实辽阔太空中的所谓大河,是由无数大大小小的星体所组成。它斜置在天上,在地球上看,随着地球的自转和公转,银河时时在改变着它在天空的位置。例如,夏天的傍晚,银河朝向南北方向;而到了冬天的夜里,银河又会横过来变成接近于东西方向了。

据天文学家研究报告,银河系的年龄约为 100 亿岁。银河系自内向外由银心、银核、银盘、银晕和银冕组成。天文学家根据观测认为,银河系中央区域多数为老年状恒星白矮星,外围区域多为新生和年轻的恒星。银河系通过缓慢地吞并着周围的矮星使自身得到壮大。银心是银河系的几何中心,研究表明,中心区域存在着一个巨大的黑洞,它能吞噬周围的大量物质。这些物质会在落入黑洞的过程中摩擦生热,转化为能量释放出来。银盘是银河系的主要组成部分,是由恒星、尘埃和气体组成的扁平盘。银河系中大部分的质量是暗物质。太阳系处在银河系猎户星座旋臂靠近内侧边缘的位置上,距银河系中心约 2.64 万光年,逆时针旋转,绕银心旋转一周约为 2.2 亿年,可称一个"银河年"。

近年来,天文学家在观测中,以探测器对银河系进行"称重",认为银河系质量大约相当于 1.5 万亿个太阳。由此可知,银河系属于宇宙中比较重的星系。欧洲盖亚太空望远镜最新观测发现,所了解的银河系恒星数目已达到 18 亿颗,天文学家不仅绘制了这些恒星的精确位置,还掌握了其中大多数恒星与地球的距离,以及它们运行的状况。

有关专家在观测研究中发现,银河系恒星中有不少活动缓慢,有沉闷之态,遭遇了"中年危机"。如若能与其他星系合并,可能会带来生命的"活跃期"。从观测中可知,邻近的仙女星座(M31)正以每秒 300 公里的速度向银河系运动,在 30 亿—40 亿年之间可能会和银河系发生碰撞。研究认为,两星系相碰,太阳等恒星并不会受到很大影响。这两个星系触碰后,会花上数十亿年合并成一个椭圆形星系。

5. 有关暗物质

　　暗物质是理论上提出的可能存在于宇宙的一种不可见的物质,它可能是宇宙物质的主要组成部分,但又不属于构成可见天体的任何一种已知的物质。大量天文学观测中发现的疑似违反牛顿万有引力的现象,可以在假设暗物质存在的前提下得到很好的解释。现代天文学结合宇宙微波背景辐射等观测,可确知宇宙中暗物质占全部物质总质量的 85%,占宇宙总质能的 26.8%。

　　最早提出暗物质可能存在的是荷兰天文学家卡普坦,他于 1922 年提出,通过星体系统的运动可以推断出星体周围可能存在不可见的物质。1932 年,荷兰的天文学家奥尔特对太阳系运行着的星体进行了暗物质存在的研究。天文学界真正积累了暗物质证据的时代是 20 世纪 60 年代。美国女天文学家罗宾与同事福特发现,多数漩涡星系的转动速度大于理论计算的数值,一个最简单的原因是这些星系含有很多不可见的质量。得到的结论是,星系平均含有高于可见物质 6 倍的暗物质。1980 年,出现了一大批支持暗物质存在的新观测数据。暗物质存在这一理论已逐渐被天文学和宇宙学界广泛认可。暗物质的几方面属性也被了解,即暗物质参与引力相互作用;在宇宙形成的不同阶段暗物质高度稳定;暗物质不发光,不参与电磁相互作用;它是运动速度远低于光速的"冷暗物质"等。

　　在新一期美国《天体物理学杂志》上有报告说,在银河系总质量中,约 2000 亿颗恒星及银河系中心一个超大质量的黑洞仅占很小的比例,其余大部分质量来自暗物质,后者是一种看不见的神秘物质,它就像宇宙的无形"脚手架",把恒星设置在运动着的星系某个位置。美国宇航局的科学家通过哈勃望远镜观察了在 130 亿光年外的 Abell1689 星系团,观测发现,在暗物质具有的暗能量作用下,那些遥远的星系不断地发生弯曲,或呈现弧形的图像,这意味着在暗物质作用下,宇宙是处于一种不断膨胀的状态。而这反过来也佐证了宇宙的确存在暗物质。

　　今天,研究星系以及星系尺度之上的天文学不用暗物质几乎是不可能的。界内外的人当然都想看到暗物质的踪影。有关人员使用了直接探测、间接探测和对撞机探测等方法寻找暗物质,希望能一睹尊容。在地下实验室直接探测暗物质的实验已经进行多年,尚无具有说服力的结果。目前探测宇宙空间中暗物质的相互作用的间接探测,观测结果也不够精确。美籍华人丁肇中主持的阿尔法磁谱仪在寻找暗物质研究中获得进展,离获得暗物质粒子又进了一步。假以时日,暗物质之谜的破解将不再遥遥无期。

6. 认识恒星

恒星是由发光等离子体构成的巨型球体。

宇宙中每个星系多由恒星组成，数量可多达亿计。相对均匀分布的恒星有明有暗，颜色也不尽相同，或泛红，或泛黄，或泛白，或泛蓝。比如，天狼星、织女星是白色的；离地球最近的恒星南门二是黄色的；猎户星座有七颗亮星，其中六颗呈蓝白色，还有一颗参宿四是红色的。天蝎星座中最亮的一颗星叫心宿二，色泽红艳，所以又有个名字叫"大火"。

夜空中观测到的最亮恒星是天狼星。这颗蓝矮星的体积是太阳的 5 倍大小，质量是太阳的 2 倍多，但它的光度是太阳的 25.8 倍。

现今观测到的最大恒星是斯蒂芬森 2-18，它的直径是太阳的 2150 倍，接近 30 亿公里，相当于太阳到地球距离的 20 倍。就是说，这颗恒星可以装下 100 亿颗太阳。

英国剑桥大学一个天文研究小组前不久宣布，他们发现了宇宙迄今最小的恒星，名为 EBLM J0555-57Ab。太阳的半径是这颗恒星半径的 11.7 倍。小恒星的质量仅为太阳的 0.081 倍。研究人员认为，恒星虽小却不必自卑，恒星家族有一条规律：大恒星燃烧得快，死得也快；而恒星质量小则能活得长远。

恒星并非如其称谓那样，是永恒存在的。如同世间万物，它也有诞生、成长及死亡的生命周期。当恒星的聚变过程变得剧烈迅速，物质内的核能储备消失殆尽，恒星的生命也走到了尽头。恒星的死法多有不同，像太阳这样质量一般或较小的恒星，在能量耗尽后，围绕它的行星便都脱离了轨道，随后被挥发掉。没有了能量的恒星，光线微弱，缩成一团，仅具恒星的残骸，被称为白矮星。据天文学家观测，在银河系里就有 10% 的恒星成为白矮星，毫无生气地游荡在宇宙里。

大质量恒星的死亡则是"壮烈"的。它不是缓慢地释放，而是来一场耀眼的大爆炸。在很短的时间内，恒星坍缩，造成一种可怕的爆发。闪电瞬间喷涌，其闪光有如上亿个太阳。整个恒星轰然塌落，残余物凝聚留存下来，其密度高达每立方厘米数亿吨重。由此形成了中子星。

当恒星生命结束时，它们的归宿并不是只有白矮星和中子星这两种残余物，在某些情况下，它们还可能生成"黑洞"。

7. 探知黑洞

依据爱因斯坦的广义相对论,当一颗垂死的恒星崩溃,它会向中心坍缩,这里将成为黑洞,吞噬邻近宇宙区域的所有光线和任何物质。

黑洞的观念在 20 世纪 60 年代一经提出,立即引起了全社会的广泛关注,并成为科幻小说和电影的热门题材。天文学家在观测和研究中认为,宇宙中大部分星系,包括地球所在的银河系的中心,都隐藏着超大质量的黑洞。黑洞的质量大小不同,大约在 99 万—400 亿个太阳质量之间。黑洞通过吸积方式吞噬周围的物质,这可能就是它的成长方式。

黑洞并不是实实在在的星体,而是一片空空如也的天区。但黑洞又是宇宙中物质密度最高的地方,物质集中在天区的中心。这个中心具极强的引力,任何在它周围游弋的物体,稍有越界,就会被它强大的引力拽向中心,并被分解。有研究认为,假如人掉进黑洞,是一头栽进去的,黑洞中作用在头部的重力比脚趾上的更强,头部的加速度比脚趾更快,加速度的差异可将人体拉伸直至撕成碎片,从身体最薄弱的部位,直至骨腱,会被快速分解为一串不连贯的原子。因此,黑洞可以说是毁灭一切于无形的太空"魔王"。

2015 年,北京大学吴学兵教授等人在一个发光类星体里发现了一个超大黑洞,质量为太阳的 120 亿倍。德国天文学家则报告也发现一个超大黑洞,体量相当于太阳的 400 亿倍。美国航天局的"罗西 X 射线计时探测器"在位于天蝎星座方向的一个星系中,发现一个迄今最小的黑洞,它的质量不足太阳的 3 倍。欧洲天文学家利用 X 线望远镜观测到距地球 5000 万光年的一颗超新星,那里的黑洞自 1995 年一直保持稳定,持续吞噬着由超新星提供的物质。这一黑洞年轻得只有 30 多岁,却为科学家提供了观察黑洞从婴儿期发育成长的过程和细节。

尽管黑洞最终的存在还没有完全确认,但这种把握现在已增加到 95%。对于黑洞的研究,还远未达到目的。或许有朝一日,通过对它的研究能够超越爱因斯坦的理论。2020 年诺贝尔物理学奖揭晓,该奖项迎来了有史以来第四位女性获奖者——美国加州大学洛杉矶分校的安德烈娅·盖兹教授。她和另外两位获奖者的成就,都与宇宙中最奇特的现象"黑洞"密切相关。盖兹女士在获奖后接受电话采访时谈道:"黑洞推动了我们对物质世界的理解。"

8. 地球所在的太阳系

　　太阳系是一个以太阳为中心,受太阳引力约束在一起的天体系统,包括太阳、行星及其卫星、矮行星、小行星、彗星和星际物质等。若以海王星轨道作为太阳系边界,太阳系直径约为 60 个天文单位,即约 90 亿公里。

　　太阳系的形成,大约始于 46 亿年前一个巨型星际分子云的引力坍缩。即将变成太阳的中心星云球体获得热量引起核聚变。可以想象,那时候的太阳系很像一个热闹非凡的大工地,在靠近太阳的地方,年轻的太阳产生的高温将周边易气化的气体和物质一概熔去,只容留不会气化的铁和硅酸盐等,它们是形成内行星的基础物质。在太阳系年轻时期,也就是行星形成后的 10 亿年左右,太空中到处是宇宙碎块。它们不断地撞击着行星,使行星表面伤痕累累。月球表面巨大的陨石坑便是那个时代碰撞的产物。迄今为止,太阳系还远远不能说完全趋于平静,不过它已处于较为稳定的状态。正是在行星形成的过程中,在恰当的地方形成了地球,并让地球在适当的条件下产生了智慧的生命,创造了一个奇迹。

　　太阳系的主宰是太阳,它是一颗 G2 主序星,占据了太阳系所有已知质量的99.86%。剩余质量由远距太阳的 4 颗大行星占有,而木星和土星又合占了其中的90%以上。环绕太阳运转的大天体都位于地球轨道平面(黄道附近)。所有行星等天体都以相同的方向绕着太阳转动。也有逆向的,如哈雷彗星。

　　太阳系的八大行星与太阳的距离由近到远为水星、金星、地球、火星、木星、土星、天王星、海王星。八大行星按其物理性质可分为两类,一类为类地行星,为水星、金星、地球、火星,这四颗行星体积小而平均密度大,自转速度慢,卫星不多。另一类为类木星,有木星、土星、天王星、海王星,这四颗星体积大,平均密度小,自转速度快,卫星也多。太阳系的另一类星体自身引力足以克服其固体应力而使自己成为球形,但不能清除其轨道附近的其他物体,被称为矮行星,有冥王星、谷神星、阋神星、鸟神星、妊神星等。太阳系还有一类小行星,包括彗星,是太阳系数量最多的天体,小行星的总数至少有 120 万颗。此外,活动在太阳系空间的还有太阳释放的电子流(等离子),也就是所谓的太阳风,来自太阳系外的宇宙线和宇宙尘埃等。

　　太阳系在整个银河系中只占据了极小的空间,和宇宙相比,它更是一个微不足道的距离尺度。目前人类制造的探测器已越过了最远的冥王星轨道,但想飞出太阳系仍是一个不可逾越的距离。

9. 光耀千古的太阳

太阳是太阳系的中心天体,也是距离人类居住的地球最近的一颗恒星,它和地球的平均距离是 14960 万公里。太阳的直径为 139 万公里,是地球的 109 倍,体积是地球的 130 万倍,质量是地球的 33 万倍。从化学组成来看,太阳质量的大约 3/4 是氢,剩余的 98% 是氦,另外的 2% 包括氧、碳、氖、铁和其他重元素等。

据国外媒体报道,天文学家使用 3D 计算机模拟显示揭秘了太阳的起源。经进行的"亲子鉴定"表明,一个直径 100 光年的球状星团 M67 就是太阳的出生之地。该星团存在着类似太阳的温度、年龄和化学特征的恒星,并于大约 45 亿年前将太阳弹射了出来。

这漂移出来的太阳发射着耀眼的黄色光芒,是一个炽热的气体大火球,它的外层主要由光球、色球和日冕三层大气组成。通过望远镜观测到的太阳圆面称光球,厚度约 500 公里,明亮耀眼的太阳光,就是从这层发出的。色球位于光球上面,是太阳大气的中间一层,温度从摄氏几千度上升到几万度。在月全食发生时,光球的强烈光线被月球遮掩,暗红色的色球会变得清晰。日冕是太阳大气的最外层,这层可以延伸到几个太阳半径的距离,主要是由高度电离的原子和自由电子组成的。日冕气体因高温膨胀不断向外扩散,抛出粒子流,由此形成了"太阳风"。

太阳每时每刻无不辐射出巨大的能量,其能源来自何处,先前一直让人难以理解。1938 年科学家发现了原子核反应,终于解开了太阳的能源之谜。太阳之所以能持续发出惊人的能量,根源来自组成太阳的无数原子核内部。太阳上含有极为丰富的氢元素,在太阳中心的高温高压下,这些氢原子核相互作用,结合成氦原子核,同时释放出大量的光热。太阳上氢的贮藏至少可以供给太阳释放光热数十亿年。即使太阳上的氢全部燃烧完毕,也还会有别种核反应继续发生。

太阳是光谱为 G2V 的黄矮星。黄矮星的寿命大约为 100 亿年。目前,太阳大约 45.7 亿岁。与自然界很多事物一样,太阳也要经历生死轮回。天文学家认为,在以后大约 50 亿—60 亿年后,太阳内的氢元素会消耗殆尽,它的核心将发生坍缩。这以后太阳会膨胀成一颗红巨星,并有着极端高温的碳核。它的红色外壳不复存在,变成体积只有几千公里直径的致密球体,相当于地球的大小。但这太阳的残骸,可能会成为一颗硕大如地球的钻石。

10. 周期性的太阳风暴

太阳风暴是指太阳在黑子活动高峰期产生的剧烈爆发活动。太阳黑子是太阳光球上的临时现象,它们在可见光下呈现比周围区域黑暗的斑点并爆发耀斑,黑子的形成和消失要经历几天到几个星期不等。太阳风暴的爆发活动是太阳大气中发生的持续时间短暂,却是规模巨大的能量释放现象,主要通过增强的电磁辐射、高能带电粒子流和等离子体云等三种形式释放。

检测研究发现,太阳风暴最为突出的特点是周期性、突发性和地域性。它具有11年左右周期变化特征,以11年为一个活跃期。而每次爆发又具有随机性和突发性。由太阳风暴引起的某种空间环境扰动,又与太阳直射的区域有所不同。剧烈的太阳风暴会给日地空间带来强大的干扰。

1859年9月2日午夜后,地球上遭受了一场超级太阳风暴的来袭。美国落基山的露营者被明亮的极光惊醒,甚至可以借助极光看书。赤道附近的哈瓦那天空也被"神秘的火焰"烧得通红。当时与电相关的设施较少,受到影响的是有线电报,邮局发现从其电报机中收到了大量的混乱代码,空中不时迸发出点点火花。这正是地磁场波动所激起的感应电流所造成的。模拟计算表明,那次的太阳风暴速度超过了3000千米每秒。

随着科技的发展,太阳风暴对地球上的损害也明显加大。1972年爆发的太阳风暴使大气平流层中的臭氧减少了15%,而臭氧层对人类和生物是起着至关重要作用的。1989年的一场太阳风暴,致使美国GOES-7卫星的太阳能电池损失了一半的能源,卫星寿命锐减。1998年太阳风暴频发,致使多颗太空飞行器发生异常或失效;无数通信线路中断,导致金融交易陷入混乱。2012年,太阳风暴进入了又一个活跃周期,强电磁波、大量高能粒子、风暴所裹挟的太阳日冕物质,接二连三扑向地球。这使伦敦奥运会组织方也很紧张,他们开始密切关注太空天气状况,与合作伙伴和利益相关方协作,为一切可能发生的状况制订了紧急方案。

如今又一个太阳风暴活跃期即将到来。中国气象局国家空间天气监测预警中心的专家指出,太阳风暴是可报、可防的。太阳距离地球约1.5亿公里,太阳风暴爆发要花上十几个小时才能到达地球。而耀斑发生后,只需要几分钟地球人就能观测到,所以有足够的时间进行判断和准备。当然现在能做的,只是对超级太阳风暴的预报和警报,如何应对则是一个复杂的系统工程问题。

11. 数说行星

我国古人认为天上的星辰是不动的,给其中五颗亮星各自命名为金星、木星、水星、火星和土星,加上太阳、月亮,称"七曜"。古希腊人称天空中最明亮的五颗星星为行星,意思是漫游者。这也是"行星"一词的由来。

太阳近 46 亿年以来,以几乎稳定不变的形态产生和发射着能量。与此同时,围绕着它运转包括地球在内的行星也以各自独特的方式演进。现代天文学提出的模式认为,太阳在成为中心星云球体获得足够的热量引起核聚变之前,行星的形成过程也已经开始。原始尘云团中的微小尘埃相互吸引,碰撞粘连,逐渐聚拢在原始太阳周围形成一个碟形旋涡。太阳升温,尘云团中的超大颗粒集结成了岩石块。岩石在不断的吸聚中,碰撞粘合,将更多的物质吸引到自己的表面,质量越来越强,最终成为行星。如今太阳系内有 8 颗大行星,2000 多颗已计算了它们的运行轨道,而且有正式编号的小行星。其实小行星的数目远不止这些,估计它们的总数超过了 50 万颗。

在这总数 50 万颗以上的小行星中,直径在 140 米以上、运行轨道接近地球的小行星约有 2 万颗。其中有超过 1000 颗有撞击到地球的可能,给地球带来潜在的威胁。天文学家研究发现,直径在 1 公里左右的小行星,撞击地球造成的相对危害比较大。它大约几百万年会出现一次。直径十几公里量级的小行星撞击地球,后果更为严重,是 1 亿年发生一次的概率。比如一般认为 6500 万年前直接导致恐龙灭绝的那次撞击,就是一颗直径 15 公里的小行星。目前,分布于世界各地的观测站的特种望远镜,如同一个个仰望星空的猎手,密切监测着来自太空的致命威胁。

小行星虽然能给地球带来威胁,但它们也是人类待开发的"聚宝盆"。据统计,近地轨道上具备勘探价值的小行星超过 200 颗。它们含有极其丰富的铁、镍、铜等金属,铂属贵金属和稀土元素。利用引力小的优势,从小行星开采矿石比从月球开采在成本上更划算。在宇宙科学领域,小行星在地质运动中,保存着太阳系形成时的大量珍贵信息,探测小行星能更好地研究太阳系的形成和演化。

太阳系的大小行星日复一日、年复一年按自己的轨道运行着,另有众多系外行星在太阳系出出入入。美国航天局开普勒太空望远镜项目前不久发布说,新发现了 1235 颗天体,尚未确认都是行星,但预计其中行星数量占到 80%。在这些行星中,有 54 颗是"宜居区段"天体,其中还有 5 颗大小接近地球,可能适宜生命生存。这为人们提供了想象的空间和进一步的观测期待。

12. 邻近太阳的水星

在太阳系围绕着太阳运行的八大行星中，距离太阳最近的是水星。

水星轨道距太阳的平均距离为 5791 万公里，和其他行星的轨道相比，水星的轨道更接近于椭圆。其轨道平面和黄道面的夹角达 7.2 度，是行星中最倾斜的。据天文学家测算，水星的直径是 4878 公里，它的体积只有地球体积的 5%，所以它比地球小得多。而它的密度却与地球不相上下。天文学家由此估计水星具有一个巨大的铁质内核，内核有一部分是液体状态的物质。水星的内核与地球的液态核心较为相似。

水星与地球最靠近时的距离也有 7700 万公里，与太阳的角距不超过 28 度，因此水星几乎经常被黄昏或黎明的太阳光辉所遮掩，想观测它很困难。人类在 1974 年发射探测器，飞往水星附近，并在距水星表面 756 公里的空中拍摄了大量照片，发回地球，这才了解到水星表面的更多细节。

水星的表面与月球的表面十分相似，也是大大小小的环形山星罗棋布，还有山脉、盆地、平原和悬崖峭壁等。科学家发现了它们，并一一为它们确定了名字。一个直径 1300 公里的盆地，当阳光直射时，是太阳系所有行星表面最热的地方，为此取名"卡路里盆地"。一条西北走向长 100 多公里、宽 7 公里的峡谷，得名"阿雷西博峡谷"，这是为纪念南美洲波多黎各阿雷西博地方的巨型雷达天线而命名的。这个半球形的大天线直径 305 米，1965 年利用它作雷达天线测出了水星的自转周期是 59 天。而在此之前，人们一直以为水星自转周期等于它的公转周期 88 天呢。

另一个有趣的发现是，水星表面的大气非常稀薄。水星上的大气压力还不到地球大气压力的 100 万亿分之一。由于没有大气起调节温度的作用，所以水星上的日夜温差极大，白天的温度最高可达 400 摄氏度以上，夜晚却降到零下 172 摄氏度。

水星这个名字，容易引起误会，以为它离不开水，其实水星只是我国古代阴阳五行的习惯叫法而已。在过去，人们也没有从水星光谱中发现水蒸气的痕迹。从水星昼夜温差来看，也很难让液态水存在。然而不久前，据美国航天局"信使号"探测器发回的数据推测：水星北极地区贮存着数十亿吨水冰。研究人员分析，这些水冰来自撞击水星的天体，即携带着混合物的彗星和小行星。虽然水星大部分地区表面温度很高，但由于旋转轴心几乎与太阳平行，太阳的高热射线基本无法到达两极地区。若真是这样，水星也就名副其实了。

13. 熠熠闪光的金星

　　金星晶光闪耀,是夜空中很明亮的一颗行星。在我国古代,当它在黄昏出现的时候,被叫作"长庚星"(长庚是长夜来临的意思);而当它在黎明前闪耀时,又叫作"启明星"(象征天将黎明)。金星之所以明亮,全在于包裹着它的厚厚云雾。这层云雾可以把 75% 以上的太阳光反射回来。也正因为这层厚云,地球上即使用最好的天文望远镜也难以看到金星表面的特征。

　　金星是距离地球最近的大行星。天文学家在观测中发现,金星离地球最近时,只有 4000 万公里。在物理性质上金星可以说是地球的孪生兄弟。它的质量为地球的 81.5%,赤道直径为 12104 公里,和地球的 12742 公里相差不多。金星围绕太阳的公转周期为 224 天,自转周期为 243 天。它的自转方向与地球相反,为逆向自转。

　　自 20 世纪 60 年代开始,人类至今已向金星发射了 30 多个空间探测器。1989年美国发射的"麦哲伦"金星探测器,能透过厚实的云层,对金星地表拍摄出清晰的地形图片,获知了金星地表的真面目。从发回地球的图像上可见,金星上有着高耸的山脉和广阔的高原。一座现已命名的"麦克斯韦"山峰高出金星表面 10590米。绵亘于金星赤道上的高原长达 9600 公里。北半球另一个高原东西长 3200 公里,南北宽 1600 公里,比南半球的表面高出了 5000 米之多。此外,金星表面还有众多撞击形成的陨石坑、大量的火山熔岩流等。

　　笼罩在金星上面的厚重云层,达到了 95 个大气压,几乎是地球气压的 100 倍,相当于地球海洋深处 1000 米的水压。这么大的压力,会使人在踏上金星表面的一瞬间被压成薄饼。金星的大气中含有 98% 的二氧化碳,而氧气仅占 0.4%。据观测,金星的大气层有 3 个层次,上层为稀薄大气,距星面 50 千米—100 千米为浓密的中层云气,它主要由硫酸液滴组成,还有少量盐酸、氢氟酸和氟硫酸等。距星面50 千米以下为下层,它除有二氧化碳和水蒸气外,还有氟和氢氟酸。

　　1982 年,俄罗斯科学家宣称,苏联探测器拍摄的金星表面照片显示金星大气层有生命活动的"迹象"。而欧洲和美国研究人员则认为,金星大气层所含水汽太少,不可能存在生命。他们分析探测器观测到的金星有关数据以及地球上最耐旱、最耐酸的微生物生存环境,发现即使是有些微生物也难以在恶劣的金星大气层中生存。研究人员笑言,退一步说,如果金星大气层真的存在生命,那一定是人类未知的生命形态。

14. 地球这个星球

地球是与太阳第三近的大行星，是人类和其他所有生物的家园。关于地球是怎样诞生的，有着种种说法。

18世纪时，德国科学家康德通过观测和推断，提出了地球是由星云构成的"星云假说"。认为在没有太阳系之前，空间充满了由气体组成的星云，由于温度升高和引力作用，星云之间相互碰撞，逐渐融为一体。大约在46亿年前，因温度降低，气体收缩，星云开始运转起来，慢慢变成了圆盘状。在不断的气体收缩过程中，由于周围物质的离心力大于中心的吸引力，周围物质有的会脱离，形成独立的天体。就这样，较强的收缩中心形成了太阳，而脱离了太阳的天体中有一个就是地球。

地球诞生的另一个流行说法是"银河系大爆炸说"。经推算大约在66亿年前，银河系发生了一次大爆炸，爆炸分离出的物质在宇宙间到处飘荡。经过漫长的时间，这些物质逐渐冷却、凝固、聚合。到了约50亿年前，一团庞大的气体星云按逆时针方向旋转、收缩，形成太阳系的初步形态。主体星云太阳在旋转的过程中，将一些质量较轻的物质甩了出去，地球就是被甩出的天体中的一个。

有关地球的形成，还有种种说法。如认为太阳系本来有两颗恒星，其中一颗裂变为各个行星，其中就包括地球。还有一种说法是，有颗彗星靠近近日点时，受太阳引力吸引，彗头被太阳吞噬，地球是由"彗星碰撞"而生成。

地球从原始星云演化而来的早期，并没有大气和海洋，只是一个混沌而且没有生命的天体。地球上早期的水以结晶水等形式存在于地球内部。后来由于地球运转，地壳运动，发生地震、火山喷发，地幔处的岩浆向上喷涌，同时喷出的还有大量二氧化碳、水蒸气等。这些气体上升到空中，水蒸气遇冷形成云层，有了降雨；雨水顺着地势流到低洼地区，就形成了最初的河流。

对于地球上生命的起源也有着多种说法。有说法认为地球上的生物可能来自星外天体，如火星等。有科学家认为由于彗星等撞击地球，给地球带来了氨基酸。氨基酸等有机物出现后，经长期积累，在一定条件下会转化为原始的蛋白质分子和核酸分子，它们的团聚体是可以表现出生命现象的，并会孕育出生物。另外对生命的起源还有"热泉生态系统说""自然发生说""化学进化论说"等，每种说法都有道理，但又都存在疑团。

至今，对于地球是如何形成的、地球上的生命是怎样起源的等问题，都难以找到令人信服的答案和做出明确的结论。不过随着科技的发展和对宇宙、地球等星体认识的研究逐步加深，这些谜团是能够揭开的。

15. 地球的天敌

地球是人类和动植物的家园。地球在宇宙空间运行,看似招不着谁,惹不着谁,但也存在着很多可以毁掉它的天敌。

有科学家研究认为,地球在围绕太阳旋转中,若受到某个天体撞击,产生了反作用力,地球在强大吸引力的作用下,就会快速冲向太阳,以致化为烟云。还有学者研究表示,即便不发生强烈碰撞,太阳在四五十亿年后也要发生巨变,会迅速膨胀发飙,将水星、金星、地球、火星等行星一一吞噬,这一灾难发生,地球就会解体,成为宇宙尘埃的一部分。

宇宙间的一些不稳定的红巨星,有的位于人马座,与地球的距离可达 8000 光年,是地球质量的几十倍。它们也会爆炸,释放出伽马射线暴,这是宇宙中最暴虐的能量,能让地球表面一无所有。

木星的体积是地球的 1316 倍,把它掏空,可装入 1300 个地球。如果有一天木星这大块头偏离了它原来的轨道,向太阳靠近,就会穿越地球轨道。一旦它逼近地球,就会以强大的万有引力将地球撕碎。

小行星曾导致地球上恐龙的灭亡。小行星或是大陨石撞上地球,都会对广大区域造成严重的破坏,导致大消亡的发生。即便一个足够大的小行星并未撞上地球,只是从地球旁掠过,它也会改变地球的轨道,使人类遭殃。另外,星际行星也会进入太阳系,它们凭借着超能量能把地球推向一个极限、荒凉的轨道,或者与地球相撞,毁掉地球。

银河系游荡着数百个已知黑洞,它们能吞噬包括光线等沿途遇到的一切物质。黑洞的质量是地球的几百倍,地球如果遭遇到一个四处游走的流浪黑洞,且能量巨大,就会难以逃脱。

太空中充满了数量巨大的尘埃云团,它们虽不能直接伤害到地球,但如果太阳与这些尘埃云发生互动,气候就会发生巨变。这会导致地球大面积结冰,迎来又一个冰河时代,天气异常寒冷,让生命难以存活。

能毁灭地球和人类的天敌还有很多。对有些来自空间的灾难,人类难以解决,也无能为力。有些灾难的发生可能又在亿万年之后。所以人们也不必杞人忧天,而是要发展包括航天在内的科技,只有足够强大的科技才能帮助人类抗击未来将会发生的灾难。

16. 寻找新的地球家园

　　地球在太空中围绕着太阳旋转,它位于金星和火星之间。地球上有充裕的水源、适宜的空气和日照温度,从而诞生了生命体,并从简单的生命形式发展到系统的生命方式。如今地球上有海洋、江河、山地、森林、草原等不同的地貌,矿产资源丰富,满足着人和动植物的生活。除了地球以外,别的天体上还有没有生物和生命存在,这是自古以来人们就关心的问题。

　　地球是人类和其他生物的家园,家园再好,也不会是永恒和一成不变的。地球与自然界其他物质一样,也有生老衰亡,也会寿终正寝,甚至也会发生灾难。未来的人如何离开地球,开辟新的家园,这是过去、现在,以至以后很长一个时期人们总会萦怀的命题。

　　天文学家在对太阳系天体做了一番巡视后发现,太阳是炽热的火球,表面温度高达6000摄氏度,上面不会有生物。水星表面冷热交替,死气沉沉,找不到生命痕迹。金星气层中充满了硫酸雨滴,也难存任何生命。在火星寻找生命的希望也日益渺茫。木星、土星、天王星和海王星四大外行星,共同的特征是没有岩石结构的表面,而是液态或固态的氢和氨,上面是几千公里厚的云层,温度在-140℃至-220℃,完全没有生物的生存环境。其他卫星等小天体更不适于作为生物生存的基地。看来,太阳系中,地球是生物繁荣昌盛的唯一家园。

　　天文学家很早便将寻找"新地球"的热情投向了外太空。他们认为,仅银河系就有上亿颗恒星,随同恒星运转的不计其数的行星中,有的应该存在生命。一些科学家还相信,在太阳系形成初期,曾经有与我们现有太阳系物质相当的星云尘埃被抛出太阳系,它们中的某些物质可能会以同样的方式形成行星。如果气候适宜而且温度足够,也可以支持生命的存在。近年来,不断有发现"新地球"的报告传来。美国科学家宣称,在一个星系的可居住带发现一颗"Gliese581g"行星。观测发现,这颗行星的温度不太高,也不算低,可能存在液态水和其他可能维持生命存在的条件。专家解释说,在我们致力于在宇宙中寻找其他生命的过程中,水是一个至关重要的标签。在地球上只要有液态水的地方,生物就容易存活。这个发现的"新地球"位置所在、生态环境究竟怎样,有待科学家做进一步的观测研究。好在目前人类飞往其他星体安家的事情并不是那样急切。

17. 地球的卫星——月球

卫星是围绕行星转动的天体。月球是地球的卫星。

据测算,月球与地球的平均距离为 38.44 万公里。月球的直径为 3476 公里。月球的大小约为地球的 1/4,就卫星与行星母体的比例而言,它远远大于太阳系中的任何其他卫星。

月球的历史可以追溯到大约 46 亿年前地球的形成时期。最流行的理论认为,地球遭到了至少与火星般大的天体的撞击。撞击使地球整个表面熔化,并深及地表以下 1000 公里处。飞来的天体完全毁灭,熔化和融入大片液态岩中。如果飞来的天体有一个重金属核,就会与地壳涌出的熔岩水融合,在"大溅落"中被抛离地球,进入围绕地球运转的轨道。之后灼热的碎块环绕地球形成一个圈,上面的水和易挥发物质被蒸发、消散到太空中,冷却下来的物质相互吸引粘接在一起,就形成了月球。

观察月球,会看到月球上有明暗不同的成片区域。古代的天文学家把那些黑暗的区域当成海洋,把明亮的区域当成陆地。其实月球上的"海洋",完全是遭受彗星和小行星碰撞形成的。那里有大面积的陨石坑。在太空中,有很多天体飞来荡去,到处乱撞。由于地球有大气层,极大减轻了碰撞的危害。月球则不然,它吸附不到大气,只能听任天体撞上来。撞击之下月球的岩石也会向外飞溅,但它们不同于水,只能成为凝固的涟漪,留下无数陨石坑。

长期以来,月球给人的印象是一颗干旱荒凉的寂寞星球。10 年前,美国宇航局月球陨坑观测与传感卫星发现,月球有 40 多个陨坑蕴藏着冷冻水,水量还很大,总量达到 6 亿吨。这些水资源对未来探月具有潜在的应用价值,若能将这些水资源转化为火箭燃料,那么人类就可以把月球变成一个火箭发射基地。科学家在月面扬起的尘埃中,还发现了银、水银、一氧化碳、二氧化碳、氨等物质。近年来,科学家在对月球观测研究中报告说,月球表面藏有很大的地下洞穴,也会有"火山爆发"。也有研究指出,在过去 10 亿年间,月球外壳上增加了裂缝,从陨坑的瓣状陡坡变化上测算出月球已收缩了 100 米,表明月表在收缩,月球在变小。当然这对月球来说是微乎其微的。还有研究表明,月球正"逃离"地球——每年向外挪移 3.8 厘米。照此"逃逸"趋势发展,月球渐远,引力减小将削弱地球上的潮汐现象。不过这要发生在 10 亿年以后。

月球是唯一留下人类足迹的星球。月球的宏观世界和微观世界都有着众多的谜团,等待着天文学家一一解开。

18. 假如没有月亮

一轮明月或一钩弯月挂在天空,人们已司空见惯,月亮看似无关紧要,其实它对于地球和人类的生存来说,真不是可有可无的星体。

月亮的大小约为地球的1/4,地球与月亮以强大的引力互相吸引,月亮按既定的轨道围绕地球运转,组成了独一无二的地球—月球系统。地球物理学家研究认为,地球之所以会出现大陆板块,在深层地幔发生漂移,全在于地球和月亮的引力作用。强大的引力造成了板块的碰撞,于是产生了山脉,如喜马拉雅山脉就是印度板块和欧亚板块拱翘所耸起的。如果没有月亮,漂移和碰撞就不会发生。地球可能会像金星那样,具有厚而光滑的地壳,且连成一整片。

太阳系的各个行星按照各自的自转轴和角度有序运转。地球和月亮之间的相互作用也使地球自转轴得以始终保持安全平衡。假如没有月亮,地球的自转轴就会发生完全的偏转,不会有季节的变化。北极点会直接对着太阳,北半球要经历持续的白昼,阳光将使北极变得和赤道地区一样炎热。随后北半球的冬季降临,成为冰冻的世界,以上地区陷入长达6个月的黑暗。南半球则与北半球轮换交替。如果这样的气象灾难自生命在地球上诞生每每出现,细菌或许能熬过来,植物和动物可经受不了。

自月亮诞生,它巨大的引力逐渐减缓着地球自转的速度。对5亿年前珊瑚化石的研究证实,那时每天只有22小时,而不是24小时。而在45亿年前地球刚形成不久时,地球自转一周的时间还不到10小时。如果没有月亮为地球自转减速,地球的大气层会产生持续的风暴,风速可能达到200公里每小时。在这种恶劣环境下,地球上就别想长有草木了。

古人类出现后,假如没有月亮,夜晚真的是伸手不见五指。正是靠了月光照明,人类祖先的双眼才逐渐进化出了"夜视"能力,能扩张瞳孔使更多的光线进入,而视网膜细胞中出现了视紫红质,可感知微弱的光线。还有研究认为,2亿年前庞大的恐龙是地球的统治者,古人生活艰难。若没有月光,日落后等同于瞎子,在强势的恐龙面前难有活路。其他一些哺乳动物也难得存活。

月亮在早先是人类的恩物,在今天也极有价值。人们都知道:万物生长靠太阳。其实月光对植物的生长也有重要作用。长期得不到月光照射的树木,木质松软,树干细弱且易断。南美一些国家的民众早就了解月光的妙用。人们在新月(农历初一)时播种茄子、洋葱、山药等,满月时播种土豆、黄瓜、大蒜等,下弦月时采摘水果、收割庄稼,都会有明显好的收益。

19. 遥望火星

在太阳系,火星轨道在地球轨道之外,它离太阳的平均距离是 2.279 亿公里。火星只有地球的一半大,直径为 6779 公里,密度也不高,为每立方厘米 3.93 克。火星的表面温度很低,通常处在 -20℃ 到 -140℃ 之间。由于表面温度低,且气压也只有地球的 1%,所以液态水不会在火星表面存在。

在天幕上遥望火星,可看到它是一颗火红色的固态行星。观测可知,火星自转一周是 24 小时 37 分钟,比地球上的一天只长 41 分钟。火星上同样有四季变化,两极覆盖着皑皑白色物,称极冠,随着季节会收缩和扩展。但这极冠上并非是坚冰和积雪,只不过是一层冰屑。以前人们想象,科幻作品上也说,火星上有聪明的人类和宏大的建筑。自 20 世纪 60 年代航天飞船对火星表面做实地考察,传送回的图像和信息表明,火星上并不像人们所曾想象的那样美好,那里遍地荒凉,全是赤红色的不毛之地。

火星上有许多环形山,南半球更多些,大多是在火星形成的初期,由大陨石的撞击产生。北半球的死火山更多一些。科学家推断,在火星地质史上火山活动活跃,喷发的水蒸气和二氧化碳气体数量庞大,凝结在火星表面的尘埃灰屑厚达 20 米以上。笼罩在火星之上的大气,95% 为二氧化碳,其他还有氮气、氩气等微量气体 30 多种,氧气成了一种稀罕的稀有气体。

火星是地球的近邻。人类在登月后,把更多的目光投向了火星这个"新大陆"。近年许多科学家对火星加大了观测和研究。有专家研究指出,30 亿年前,地球上几乎没有氧气,火星上却有。地球上的生命是被陨石或火山喷发带到地球上来的,可以说地球生命源于火星。据测算,35 亿年前,火星的气候比现在温和,大气层密集,还有河流浅海分布,适宜生命存活。美国研究人员在对探测器采集的火星土壤样本分析后发现,含盐的土壤样本提供了存在微生物生命的有力证据,这为人类在火星上继续寻找更多的生命增强了信心。

前不久,由国际行星学会领导的一个研究小组发现,火星地壳分布着数十米的浅坑,里面蕴藏着液体水。在火星南极冰盖之下,直径约 20 千米,还有着一个锁在冰层下的液态湖。这都是潜在的可加以开发利用的水资源,将很大程度地减少未来人为勘测和建设宜居之地的成本。

20. "移民"火星的畅想

对于将火星改造成"绿色星球"的惊人设想，许多科学家都认为至少需要2万年到10万年左右的时间。近年随着人类对火星了解越来越多，美国航天局的研究专家已开始探索人类未来移民火星的可行性。美国一家"火星协会"甚至已制订出一套"千年改造火星"计划。计划宏观地描述了将一个毫无生机的火星逐步改造成一个绿色星球的进程，表达了地球人对移居火星的畅想。

"火星协会"推出的"千年改造火星"计划共分六步走。

第一步，人类宇航员首先需要登陆火星，对火星进行长达数年的一系列勘测考察工作，建立小型的火星生活基地。第二步，在100年左右的时间里，科学家设法让火星释放出冻结在土壤中的二氧化碳，形成一个大气层，让火星"全球变暖"。方法有利用太空镜给火星表面加温，反射太阳光使地表释放出冷冻的二氧化碳和水；更改小行星轨道，使其撞击到火星上，产生巨大能量，让地表下的冻冰融化成水；在火星上人为制造温室气体等。计划实施的第三步，200年后，火星逐渐变暖，地表有液态水流动，水分蒸发，火星出现雨雪天气现象。人类可以将南极洲极端气候中仍然存活的细菌、苔藓等带到火星上繁衍。第四步，600年后，当微生物在火星表面制造出足够的有机土壤，并向大气中释放出一定的氧气后，人类可以向火星移植一些开花植物、针叶树等。植物的生长，会使更多的二氧化碳变为氧气。第五步，900年后，人类将在火星上建造居住点，建起核电站、风力发电站等，为来访者提供源源不断的能源供应。第六步，也就是在1000年前后，人类将可以移民到火星上生活。这时火星赤道的平均温度达到4摄氏度，大气中包含50%的二氧化碳、40%的氮气、5%的氧气和5%的其他气体。火星上会建有很多带穹顶的封闭型建筑。不过空气中氧气含量仍然很低，人们外出散步，还是需要像在水下潜水一样佩戴氧气面具。

"千年改造火星"计划看起来很靠谱，但分为六步走，每迈出一步都不会轻松。到目前为止，所有发射到火星上的探测器都没有实现返航。对火星的土壤和岩石样品所进行的分析，都是由小型的自动化仪器在火星上就地完成的。"移民"火星之路漫长而坎坷。将火星建为"绿色星球"的实践，还是应该扎扎实实多观测、多了解，在各国科学家通力合作上下功夫。

21. 身形硕大的木星

　　木星是太阳系中最大的一颗行星。木星的直径为 14.3 万公里,是地球直径的 11 倍多,体积是地球的 1300 多倍。它占据了除太阳外太阳系剩余质量的 2/3,质量是地球的 318 倍。正是由于它有如此高的质量,它才能够在离太阳足够远的距离上形成,并使它在对太阳系中其他天体的引力影响方面具有相当重要的作用。

　　木星的质量虽高,但它的平均密度仅为 1.33 克/立方厘米,是地球平均密度的 1/4,这是因为木星由很轻的物质构成。空间探测显示,构成巨大木星的主要是液态氢。木星有一层厚达 1000 公里的大气层,大气中 82% 是氢,17% 是氦。在木星云顶之下氢在高温高压之下就会变为液态氢。该层有 2 万多千米厚,形成液态金属氢。科学研究认为木星中心有一个质量约为地球质量 10—30 倍的致密岩石核。

　　科学家在研究中还认为,木星之所以巨大,是因为它具有吞噬小行星的能力。当小行星碰撞到木星,稠密的大气层使得普通小行星难以达到木星表面,即使抵达表面,由于碰撞产生的高温,那些金属元素也会被蒸发和气化,进而成为木星大气层的成分。几十亿年间,木星就是在吞噬、消化小行星的过程中不断成长壮大的。

　　观测木星,能发现它的顶部云层有一条条色彩斑斓的彩带,这是由于大气环流形成的。在木星的南半球表面,还有一块醒目的标记:形状像鸡蛋,时而棕红,时而鲜红,为此得名"大红斑"。实际上它是一个巨大的旋涡式风暴,在木星上已盘旋了 300 多年。它南北宽度经常保持在 1.4 万公里,东西方向上不时变化,最长时达 4 万公里。也就是说,这看似不起眼的"斑",从它的东端到西端,可以并排放进三个地球。它所掀起的风暴威力绝不可小觑。

　　木星的公转周期为 4332.71 天,它的自转周期仅 9.8 小时。自转周期是所有行星中最短的,这也使得它的赤道地区格外鼓。木星给人最深的印象是它拥有一个很大的卫星家族成员,它有 4 个较大的卫星和至少 12 颗较小的卫星。其中较大的木卫二在木星的位置有点对应着地球在太阳系的位置。美国宇航局 1989 年发射的探测器监测到,木卫二冰冻的表面下存在着一个液态水构成的海洋。2008 年又一个探测器进入木卫二轨道,用装有能够穿透冰盖的遥感器探测木卫二是否真的有水。如果木卫二上真的有水,那么那里将为生命的存在提供一个家园。哪怕目前上面只存在着较低形式的生命,也表明了人类在太阳系乃至宇宙并不那么孤单。

22. 带有光环的土星

土星以它特有的光环成为太阳系中外观最为美丽的行星之一。外太阳系的几颗行星其实都有光环,只不过木星、天王星和海王星的光环,有的细,有的暗,都不够醒目;而土星光环却宽大、明亮而壮观。

从天文望远镜里可见,围绕着土星的有三圈薄而扁平的光环,仿佛戴着明亮的项圈。土星的光环很宽,它延伸到土星以外辽阔的空间,最外环距土星中心有10—15个土星半径,宽达20万公里。在其光环面上足以并列放置十几个地球。土星的光环又很薄,最厚处也不会超过150公里。所以当光环的侧面转向地球时,远在地球上的人望过去,土星环就形同一张薄纸,"消失"不见了。土星在围绕太阳旋转一周的时期内,由于它朝向地球位置的不同,大约每隔15年,它的光环就会"消失"一次。另外的时间它会像"草帽",像"圆饼"。

土星的结构成分与木星相似,它的直径是地球的9倍。公转周期为10759.50天,自转周期仅为10.6小时。它所特有的光环是由大小不等的碎块颗粒组成,这些颗粒个头相差悬殊,大的可达几十米,小的只有几厘米或更小。它们外层包着冰壳,由于太阳光的照射,会反射出五颜六色的光芒,形成悦目的光环。虽然现在它绕太阳运行形成的夹角,造成光环侧面变化使光环会从人们视线中消失一阵子,但天文学家认为,土星的光环可能会在某一天真正消失。这是由于土星的卫星一直在持续不断地拖曳土星环,当构成光环的大量物质颗粒缓缓向内旋向土星,光环也就不复存在了。另外,彗星尘粒频频轰击土星光环的物质颗粒,致使后者大量被削弱,能量迅速流失。据估算,这个作用的时间是1亿年左右。

土星与其他行星相比,除带有光环,另一个特色是它的卫星大家族。土星的卫星很多,其中的土卫六是太阳系中唯一有浓密大气的卫星,与地球早期生命起源的环境极为相似。土卫六的直径是5150公里。自1665年荷兰天文学家惠更斯发现土卫六以来,它一直是人们关注的天体。观测研究表明,土卫六很像一个冰冻的、小型的早期地球。尽管目前尚未发现土卫六上有生命及其痕迹存在,但专家认为,在遥远的未来,它能成为地球的替代者。约50亿年后,太阳内核的多余热量发生外层膨胀,太阳变为红巨星,地球等内行星都将烧毁。相反,土卫六却可能因祸得福,从太阳上获得足够的热量而变暖,从而成为太阳系中第二个有生物栖息的地方。可以想象那时地球上人类的文明或许会更为发达,会早早将土卫六开发成宜居的家园。

23. 远观天王星

　　天王星是太阳系八大行星之一,是太阳系行星中由内向外的第七颗。论体积,天王星在太阳系的八大行星中排行第三,是地球的 65 倍多。

　　天王星是第一颗使用望远镜发现的行星。1781 年 3 月,英国天文学家威廉·赫歇尔在自家庭院里用望远镜捕捉到了它。在望远镜里,天王星呈现出苍蓝色的盘状与明显的周边昏暗。阳光强度只有地球的 1/400。经后世科学家不断观测发现,天王星主要是由大气构成的气态巨行星。它的大气主要成分是氢、氦、甲烷和氘。其中氢气占到 83%,氦气为 15%。据推测,天王星核内部可能含有丰富的重元素,甚至是由碳在高压下转变成的金刚石构成。地幔由甲烷和氨冰组成,可能含有水;内核由岩石和水冰组成。天王星有着太阳系行星中最冷的大气层,最低温度为 −226℃。

　　天王星的直径为 50724 公里,是地球直径的 4 倍,质量为地球的 14.5 倍。天王星与太阳的平均距离是 30 亿公里。它的公转周期为 84.0205 年,自转周期仅 17 小时 14 分 24 秒。天王星围绕太阳公转,自转轴几乎平躺在轨道平面,倾斜角度高达 97.77 度。这使得它的季节变化完全不同于太阳系的其他行星。当天王星在至日前后时,一个极点会持续指向太阳,另一个极点则背向太阳;每一个极点都会被太阳连续照射出现 42 年极昼,而在另外 42 年则处于极夜。

　　科学家观测推测,天王星上可能有一个由水、硅、镁、含碳分子、碳氢化合物及离子物质组成的液态海洋,温度达 6650℃,深度可达 1 万公里。沉重的大气压力阻止了高温海洋的蒸发,同时又避免了将海洋压缩成固态。海洋从高温内核延伸到大气层底部,覆盖了整个天王星表层。专家对此强调说,天王星上的这种“海洋”,与我们所理解的地球上的海洋是很不相同的。

　　1986 年,美国宇航局发射的“旅行者 2 号”对天王星开展了近距离的探测。观测了天王星的独特气象,并进一步观测到天王星上暗淡的行星环系统,它由直径约 10 米的黑暗粒状物组成,包含了 13 个已命名的小环,环中物质可能是星体碰撞形成的碎片,另有一些是冰块,直径从几米到几十米不等。天王星至今共发现拥有 27 颗已知卫星,其中 10 颗也是“旅行者 2 号”此行发现的。

24. 闲看海王星

　　海王星是太阳系八大行星之一,是距离太阳最远而环绕太阳运行的行星。海王星是利用数学预测,而非观测意外发现。1846 年 9 月,法国天文学教师奥本·勒维耶经数学推算将这颗行星发现,由此海王星也有"笔尖上的行星"之称。

　　据天文学家测算,海王星与太阳的平均距离是 45 亿公里。海王星直径为 49244 公里。它环绕太阳公转周期是 164.8 年,自转周期仅为 16 小时 6 分 36 秒。由于海王星不是固体星球,大气层会发生差速旋转,宽赤道带自转周期为 18 小时,在极性区域自转周期为 12 小时。海王星的质量是地球的 17 倍,却仅为类木星的 1/18。海王星虽属类木星,但其密度、组成部分、内部结构与类木星有显著区别。因此海王星、天王星一起归为类木星的一个子类:冰巨星。

　　由于海王星距离太阳很远,它从太阳照射得到的热量很少,这颗冰巨星大气层顶端的温度只有-218℃。它的大气占总质量的 5%—10%。大气层 80%是氢,19%是氦,还有微量的甲烷。海王星的内部构造与天王星相似,核心部分可能是由铁、镍、硅酸盐和冰构成的混合体,里面虽含冰,却是高度压缩的过热流体,核温可达 7000℃。海王星的地幔相当于 10—15 个地球质量,富含水、氨和甲烷,也是致密的热的流体。专家推测,在海王星大气 7000 米的深度,甲烷会分解成钻石晶体,像冰雹一样向下降落。地幔底部可以形成碳的海洋,上面漂浮着固态钻石。

　　海王星接受太阳光照虽然比地球微弱 1000 倍,却能从内核释放巨大的能量,保持温度稳定上升。海王星天气的特点是极端活跃,风速可达 2100 千米每小时。在海王星表面南纬 22 度,有类似木星"大红斑"的气旋,以大约 16 天一周期逆时针方向旋转,称"大黑斑"。"大黑斑"每 18.3 小时左右绕行海王星一圈,比海王星的自转周期还要长。海王星上刮起的强风暴,由于来源于内部热能推动,难以受到阻碍,总能保持极高的风速。

　　据天文学家观测,海王星上有 5 条光环,但都很暗淡。环绕着海王星的卫星至今发现有 14 颗。海卫一是仅有的一颗大型卫星,发现于 1846 年,直径 2706 千米。它原是一个特立独行的天体,在缓慢经过螺旋形轨道时,接近了海王星,结果被海王星的巨大引力强力撕开,只能随其旋转再难脱身。海卫一逆行于轨道就是其被俘获的最好证明。从海卫三至海卫八的 6 颗卫星,是由"旅行者 2 号"于 1989 年发现的。第十四号卫星是 SETI 协会于 2013 年发现的,它的直径为 19 千米,距地球约 48 亿公里。

25. 冥王星降离行星行列

冥王星曾被列为太阳系九大行星之一。

海王星被发现后,天文学家发现海王星的引力影响并不能完全解释天王星轨道的变化,进而推测应该还有其他天体在外围活动。不少科学家也想到通过计算复制海王星后下一个"笔尖上的行星"的传奇,公众也期待着新行星的出现。1930年2月18日下午,冥王星被美国24岁的天文学爱好者汤博发现。他使用自制的"闪烁对比器"天文设备,反复对比拍摄的两张照片底片,找到了一个当时正位于双子座中移动的小亮点,这便是后来被命名为冥王星的第九大行星。

这颗被发现的冥王星,在位于太阳的最远点时,它比地球距太阳的距离要远50倍。据观测,冥王星的直径仅为2376公里,体积只有月球的2/3,质量只是地球的0.3%。冥王星是如此之小,美国海军天文台在1978年却又发现它携带着一颗比它稍小的卫星卡戎。卡戎的直径1300公里,比冥王星直径的一半还多,在距冥王星19400万公里的轨道上围绕冥王星运转。冥王星以很小的质量、体积,却拥有一颗很大的卫星,与其他巨型行星相比,很是精灵古怪。

自从冥王星被发现并列为行星后,争议不断。1992年,一个海王星外的"1992QB1"冰质天体被发现,这个天体的运行位置在著名天文学家杰勒德·柯伊伯预言的区域内,成为人类第一个柯伊伯带天体。之后陆续发现的柯伊伯带天体有多达1000多颗,其中发现的阋神星、鸟神星和妊神星个头都和冥王星差不多大。如果这些天体也都定义为行星,太阳系的行星岂不是要多到四位数?

国际天文学联合会经过两年多的委员评议,专门成立了"行星定义委员会"。会议通过最新的行星定义由三条核心内容组成:一个天体要围绕太阳运行,有足够质量能使自身接近于球形,并且能清空其邻近轨道上的其他天体,才可以被称之为行星。而处于柯伊伯带的冥王星,其轨道上布满了其他冰球,与新的行星定义不符。经在场的424名参会人员表决,冥王星被正式剔出了行星的行列,降级定义为"矮行星"。尽管不满表决的大有人在,反对的理由也五花八门,冥王星还是失去了在太阳系中的行星身份。专家就冥王星跌宕起伏的经历评议说,对于未知领域的研究探索,往往都是在不断修正中前进的,人类不可能一下子认清整个宇宙的全貌。勇于质疑,不迷信固有的知识,仔细求证后得出科学严谨的结果,才是推动科学进步的原动力。

26. 再寻大行星

200 多年以前,人们一直认为太阳系里只有水星、金星、地球、火星、木星、土星 6 颗行星。

1781 年,人们从天文望远镜里发现了新行星的存在,它就是天王星。天王星是一颗很大的行星,直径 50724 公里,是地球直径的 4 倍,质量是地球的 14.5 倍。它与太阳的平均距离为 30 亿公里。公转周期为 84.0205 年,自转周期是 17 小时 14 分 24 秒。天文学家在对天王星观测时发现,天王星在轨道绕太阳运行,并不安分,老是偏离它应走的路线。根据太阳和行星、行星和行星相互引力的关系,再经反复观测认证,天文学家认为在天王星外面一定有别的行星干扰着天王星的运行。

1846 年,经数学推算,海王星被发现。海王星的体积与天王星大小相仿。直径为 49244 公里,与太阳的平均距离为 45 亿公里。公转周期是 164.8 年,自转周期是 16 小时 6 分 36 秒。海王星发现以后,天文学家本以为寻找新行星的工作可以告一个段落了。可是随后发现,海王星也和天王星一样,它在轨道上的运行痕迹也相当古怪。这让天文学家想到,在海王星外可能还有一个行星存在,并激发了很多人寻找它的热情。

1930 年冥王星被发现。它的直径仅 2376 公里,位于太阳最远点时,比地球距太阳的距离远 50 倍。天文学家认为它的体积和质量都太小了,不足以影响到天王星和海王星在轨道上的运行。自 20 世纪 50 年代,一些天文学家经观测计算,认为冥王星以外应该有一颗大行星,还指出它离太阳的距离是 77 天文单位。前不久,美国加州理工学院的研究人员发现,一些柯伊伯带天体的轨道异常,为此这里应该存在着后冥王星时代未被发现的"第九行星",其质量为 5—10 倍的地球质量,其与太阳的距离是日地距离的 500 多倍,公转轨道倾角为 15—25 度。这便是"第九行星假说"。由于距离太阳遥远,"第九行星"可能会很暗弱,截至目前还没有存在的证据。也有的天文学家认为,引起轨道异常的可能并非单个大质量的行星,也许是一大团天体。

近年从地球上曾经多次发射过空间探测器,远赴冥王星之外,但并未察觉到大行星的踪迹。有人质疑大行星的存在,但也不能以此为据给出否定答案。在太阳系远端,空间存在着巨大的虚无,渺小的探测器与未知的行星远隔几百万乃至几千万公里遭遇,概率是很低的。

没发现不等于不存在。随着航天观测的进步和新型探测器的应用,相信也许用不了太多时间,太阳系有无新行星的真相就会揭开。

27. 拖有尾巴的彗星

仰望暗蓝色的天空，人们有时会看到一种拖着尾巴的星星，它就是彗星。我国一些人形象地称其为"扫帚星"。

严格地说，彗星算不上是一颗星。它不过是夹杂着冰粒和宇宙尘的冷气团。观测发现，彗星里含有氧、碳、钠原子，甲烷、氨基等原子团和乙腈、氰化氢等有机化合物分子。但它也是一种天体，大部分彗星会环绕着太阳沿着扁长的椭圆轨道运行。典型的彗星分为彗核、彗发和彗尾三部分。彗核由比较密集的固体质点组成，周围云雾状的光辉就是彗发。彗核和彗发合称为彗头，后面长长的尾巴叫彗尾。彗尾不是生来就有的，而是在接近太阳时，受到太阳光照射的压力才形成的，所以会背着太阳的方向延伸出去。

彗星的尾巴形状多样，有的细长，有的短粗；有的为扁形，有的呈针状。多数彗星只有一条彗尾，也有的有两三条。1744 年 3 月出现的塞索大彗星竟有 6 条彗尾，像孔雀开屏。看到彗星从天幕一掠而过，感觉它没有多大。其实彗星的庞大体积，是任何大行星都难以相比的。著名的哈雷彗星，它的彗发部分直径就有 57 万公里。有记录的最大彗星，彗发部分直径达 185 万公里，彗尾长度达几亿公里。

彗星是如何形成的呢？一种假说认为，在很远的太阳系边缘之外，有一种彗星云团，它是彗星的冷储库。该云团也围绕着太阳运转。在木星和其他大型行星引力作用下，一些冰体物质会坠入内太阳系，形成彗星，并有着自己的运转"周期"。每隔一定时期，它们运行到离太阳和地球比较近的轨道部分，人们就有机会见上它们一面。彗星绕太阳转的周期很不相同，周期最短的"恩克彗星"，周期为 3.3 年。"哈雷彗星"探访地球的周期却长达 76 年。彗星在宇宙间的存在期，并不如一般星体那样久远。它每接近太阳一次，就有一次挥发损耗，次数多了就会走向分崩离析，化为流星群和宇宙尘。1910 年 5 月 19 日，哈雷彗星造访地球时，长长的彗尾曾在地球上扫过，人们并没感觉到有什么异样。专家指出，巨大的彗尾尘粒稀薄，自然不会给地球带来危害；但若是彗核部位正面向地球撞将过来，它造成的破坏绝不亚于岩石小行星。有一种说法是，导致地球恐龙毁灭的撞击，就是彗星所为。

彗星拖着尾巴从头上掠过，留下的并不仅仅是一道风景。有天文学家研究指出，彗星即使没有撞击到地球上，但它蒸发所产生的大量细尘在内太阳系弥漫，也足以减少太阳抵达地球的热量，这或许就是地球曾出现冰川期的直接原因。

28. 流星和"流星雨"

流星是闯入地球大气层的一种行星际物质在大气层摩擦发光的现象。这些行星际物质又可叫作流星体，当它们和地球相撞的时候，速度可达到每秒钟十几公里至几十公里，与大气里的分子激烈碰撞，使空气加热到几千至上万摄氏度。在这样高温气流作用下，流星体就会气化发光，以一道弧形的光在天空划过。

有些体积过大的流星体，来不及烧完而冲破大气层落到地面，这是些陨星。由于地球大气稠密，落到地面的陨星并不多，很少会带来灾害。落到地面的陨星有石陨星、铁陨星、石铁陨星等。据化验，陨星的成分多半是铁、镍，有些干脆就是岩石。

晚间人们仰望星空，难得看到有流星划过。实际上微小物质颗粒撞击地球大气层，每时每刻都在发生，一昼夜会有上亿次。但它们大部分质量很小，不能成为看得见的流星。当然也有很多发生在白天，一般人也难以看到它们。

天空中单独的流星被称为"偶现流星"，有时也会出现整阵的"流星雨"。"流星雨"由大群的宇宙尘粒所形成，多与彗星有关。拖着尾巴的彗星在运行时，受太阳的压力，内部气体爆炸，瓦解过程中抛出的尘粒在接近地球时就会形成冲闯大气层的流星群，下一场"流星雨"。

在 19 世纪下半叶，天文学家已掌握了测定"流星雨"的轨道运行方法，发现每一次出现"流星雨"都与一个已知的周期彗星轨道相合。如 10 月 22 日前后的"猎户流星雨"，就是沿着哈雷彗星的轨道随同运行。太阳的辐射作用会使彗星挥发和遗撒出细碎物质颗粒。彗星的遗撒物在轨道上的分布并不均匀，碰上密集的遗撒粒子，就会显现"陨星如雨"的壮观天象。最著名的 11 月 18 日前后出现的"狮子流星雨"，它是图特尔彗星的遗撒物。该彗星的轨道周期是 33 年，地球每隔 33 年就会接近这个彗星轨道遗撒物的密集区，见证"流星雨"的盛况。1966 年的最盛期记录到的流星总数高达 50 万个。

人们肉眼看到的流星大多感觉是白色的，但在相机等专业设备中，流星则呈现出多彩的倩影。观测发现，速度快的流星能量较高，可以电离钙、镁、钠等金属元素，而分别发出紫色、蓝绿色、橘黄色的光；在慢速流星中，较常出现含有铁元素的黄色光。此外，高速运动的流星还可以激发大气中的氮元素和氧元素，发出红色的光芒。

一般流星都在 120 公里左右高空开始发光，划至 80 公里左右消失。根据对流星的观测，就可以研究这一层大气当时的结构和物理状况，如大气密度、温度、风向、风速等。这对地球大气层的研究是很有意义的。

29. 日食和月食

月球是地球的卫星,围绕着地球旋转。同时,月球还随同地球围绕着太阳旋转。日食和月食就是由于这两种运行所产生的天文现象。

当月球转到了地球和太阳的中间,这三个天体处在一条直线的情况下,月球挡住了太阳,就发生了日食。当月球转到地球背着太阳的一面时,地球挡住了太阳,就发生了月食。因观测者在地球上位置的不同和地球与太阳距离的不同,所看到的景象也不相同。日食有全食、环食和偏食;月食有全食和偏食。

月球比太阳要小很多,随着月球沿着轨道公转,它在地球上的阴影以大约3200千米每小时的速度运行。发生日食时,如果人站在阴影经过的路径里,就可以看到日全食。如果人站在阴影以北或以南的地方,那就只能看到日偏食,也就是看到太阳只有一部分被遮住。月球公转的轨道是椭圆形的,离地球足够远时,就不能完全遮住太阳,这时看到的太阳光像一个圆环围绕着月球,这就是日环食。发生日全食整个时间段很短,一般只两三分钟。

发生月食时,当月亮部分进入地球阴影时,叫月偏食;而当月亮全部进入地球阴影时,就叫月全食。月全食阶段可能会持续1个小时到1小时30分,是一个缓慢的过程。

通常,一年至少发生2次日食,也可能发生3次,最多会发生5次。月食每年会发生1—2次,如果第一次月食发生在这年的一月初,那么这一年可能会发生3次月食。没有日食的年头是没有的,没有月食的年头却常有,每隔5年左右,就有1年是看不到月食的。日食总是发生在新月朔日(农历三十、初一),而月食常常发生在满月望日(农历十五、十六),这也可以算作是一条规律了。

对整个地球来说,每年发生日食的次数比月食多,但是对于地球上的某个地方而言,见到的月食机会却比日食多。这是因为每次发生月食时,半个地球的人都能见到。而发生日食时,只有位于狭窄月影下面的人才得以目睹。日全食尤难得一见,对某些地方来说,大约平均二三百年才能轮上一次。据查算,在北京想再看到日全食,要等到2035年9月2日。

发生日全食时,月影周围会显现出色球层、日珥、日冕的清晰影像,具有极佳的观测景象。每逢有日全食发生,科学家总会携带仪器,远程赶去进行观测。发生月食时,科学家也会前往观测,研究月食过程中月球的亮度和颜色变化,以便找出地球和月球运动中的更多规律。

30. 指示方位的北极星

北极星又称北辰、紫微星，指的是最靠近北天极（地轴和天球于北方相交的一点）的一颗恒星。它位于地球地轴北端，因地球自转，而北极星又处于天球转动轴上，所以北极星相对于其他恒星是静止不动的。

北极星距地球约 433 光年，直径约 5200 万公里。现阶段的北极星被认为是"勾陈一"，由北极星 Aa、北极星 B 和北极星 Ab 三个天体组成。北极星的主星北极星 A 是一个巨大、明亮而年迈的黄色超巨星，质量是地球的 4.5 倍，亮度是太阳的 1260 倍。

属于小熊座，在天空北部明亮闪耀的北极星，几乎正对着地轴。从地球北部看，它的位置几乎不动。人们自古就以它来辨识方向，是古代人航海、野外活动确知方位的重要指路标志。夜间外出和航海的人迷失方向，即使没有罗盘，看到北极星也能明确它所在的方位是北方。

在夜晚北方天空寻找北极星，先要找到两个著名星座：大熊座和仙后座。这两个星座都不难辨认，大熊座有 7 颗主要亮星：天枢、天璇、天玑、天权、玉衡、开阳、摇光，一般叫作北斗七星，它们组成一把勺子的形状。仙后座的 5 颗主要亮星组成一个字母 W 的样子。这两个星座在天空的位置，恰好隔着北极星遥遥相对。在我国黄河流域以北的地区，一年四季都可以看到这两个星座同时出现在空中，而江南地区，有时只能看到一个星座。利用北斗七星来找北极星，先找到勺头处天璇、天枢两颗星，它俩被叫作指极星，用一条假想线把这两颗星连起来，并朝天枢的方向延长出去，在相当于这两颗星之间距离约 5 倍远的地方，就能看见并找到北极星。

天文学家根据观测研究告诉人们，小熊座的北极星并没有永久的"宝座"，它的北极指北"职务"是"暂时"的。这是因为地球是一个扁球体，赤道半径比极半径要长出 21 公里多，赤道周围会鼓出一个"物质环"。在太阳、月球对物质环引力作用下，地球的自转轴并不是老指向天空的同一点，而是有规律地改变着，大约 2.58 万年转一周。至于哪一个年份自转轴指向天空哪一点，是可以计算出来的，这一点附近的某颗亮星就叫作北极星。现在的北极星代表着正北方向，随着地球自转轴的持续运动，以后就会有新的星取代它。当然这是几千年以后的事了。

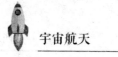

31. 发展空间科学技术

自古以来,人类就向往着宇宙空间。在漫长的岁月里,天文学的先辈学者倾注了极大热情和精力,研究宇宙间的自然现象,如天体运行、极光、彗尾、太阳耀斑和超新星爆发等,对陨石进行化学分析,这些研究积累了人类认识宇宙的宝贵知识和重要资料。

1957 年,苏联首次发射了人造地球卫星,这标志着人类进入了空间时代。从此许多国家和团体发射了大量的空间飞行器并进行了广泛的多学科研究,促进了空间科学技术的发展。

空间科学技术是现代的先进技术之一,包括空间科学和空间技术两大部分。空间科学是研究和实现空间活动的基本科学。空间技术是研究、生产和发展各种科学实验卫星、应用卫星、载人飞船、空间试验室和深空探测器,进而研究和发展空间站、空间太阳能电站等大型人造天体的工程技术,以及将它们送入各种空间轨道的运载技术。空间科学技术在分类上有空间物理学、空间天文学、空间化学、空间地质学和空间生命科学等学科。

如今,空间科学技术已形成了一门综合性的现代尖端科学技术,是当代发展神速、应用极广的新兴科学技术。它渗透到自然科学的各个领域,涉及国防、国民经济、工业生产和生活的各个部门,服务于现代工业、农业、交通运输、国防和科技的方方面面。空间科学技术所涉及的科学技术领域之广,需要投入的人力、物力、财力之多,研制规模之大,都是没有先例的。例如,美国在 20 世纪 60 年代所搞的"阿波罗登月"探险计划,先后有 120 所大学、2 万家工厂和 400 多万人参加,耗资 250 亿美元,历时 10 多年。近半个多世纪,空间科学技术在发射飞行器、探测月球、探测火星、研发航天飞机、建立空间站等方面所取得的成果,无不是科研人员协同努力的结晶,并以经济等综合国力为后盾。

近年来,随着宇宙空间科学技术的快速发展,通信、导航、测地、气象观测、遥感等技术,都得到了很好的实际应用。在空间环境中,对于研制和生产高质量的单晶、多晶、合金和非晶态材料,以及高精度电子、光学元件和特殊药品等,将产生巨大的经济效益。现代空间科学技术已发展到有可能在地球同步轨道的高度建立太阳能卫星发电站,以获取用之不竭的洁净能源。空间的开发利用已向人类展示了美好的前景。

32. 飞出地球

在我国民间,很早就有嫦娥奔月的传说;在古代希腊,也流传着伊卡洛斯飞向太阳的故事。这些神话故事,反映了人类自古就有飞出地球、飞到别的星球上去的愿望。但是直到20世纪50年代末期,人类才开始利用火箭发射卫星、飞船进入到宇宙空间。

妨碍着物体飞向宇宙空间的主要因素是地球引力。地球上所有的物质都被引力吸向地心。不仅地球有引力,任何物质从微小的尘埃到巨大的星球都有引力,并相互吸引。假如地球没有引力,一切物质都将离开地球飞向广阔的宇宙空间。从地球上发射的人造卫星同样会受地球引力的制约。如果人造卫星运转的速度小,那么引力供给的向心力不仅迫使它绕地球运转,而且会把它拉回到地面。只有当人造卫星以很快的速度绕地球运转,使向心力完全用作圆周运动,人造卫星才不会掉落下来。

根据科学计算,人造卫星所需要的运行速度是每秒钟7.9公里,以水平方向把人造卫星抛射出去,就能使它环绕地球运转。这个速度叫"环绕速度",也叫"第一宇宙速度"。如果小于这个速度,它就会被地球引力拉回地面。不过人造卫星即使有了这个速度,受到地球外围稀薄空气的阻力,速度也会渐渐减慢,最后也要坠入稠密的大气层烧毁。人造卫星如果能以每秒11.2公里的速度发射升空,就可以完全克服地球的引力,围绕太阳运行,或飞向太阳系的其他星球。每秒11.2公里的速度,是物体能够脱离地球的速度,所以叫"脱离速度",也叫"第二宇宙速度"。人造卫星或其他飞行器如果要飞离太阳系,飞到更远的星系去,那么速度必须达到每秒16.7公里,这个速度叫"第三宇宙速度"。

为克服地球引力并使人造卫星达到"环绕速度",科学家使用了多级运载火箭。发射人造卫星和飞船的火箭,是现代先进科学的重大标志。在运载火箭发展的过程中,弹道导弹具有十分重要的地位,弹道导弹就是多级运载火箭的前身。导弹武器的发展为运载火箭的研制提供了广泛的技术基础。就在洲际导弹研制成功的同一时期,第一颗人造卫星也发射入轨。自第一颗人造卫星进入太空后20年间,已有2350颗人造天体飞出地球,小的仅几公斤,大的重近百吨,都是搭载在2—3级液体火箭上升空的。多级火箭在早期发射人造卫星时为各国普遍采用。

33. 美国实施"阿波罗"计划登月

　　"阿波罗"计划是美国在 1961—1972 年组织实施的一系列载人登月飞行任务。目的是实现载人登月飞行和对月实地考察,为载人行星飞行和探测进行技术准备。这是世界航天史上具有划时代意义的一项成就。

　　"阿波罗"是古代希腊神话传说中一个掌管诗歌和音乐的太阳神,传说他是月神的胞弟。他用金箭杀死了巨蟒,为母亲报仇雪恨。美国政府选用这位太阳神来命名登月计划,足见其破釜沉舟、一心求胜欲望之强烈。

　　为实现登月计划,美国科研人员进行了一系列辅助准备。1961—1968 年连续发射探测器,在不同的月球轨道上拍摄了月球表面状态照片数万张,对 40 多个预选着陆区拍摄高分辨率照片,据此选出 10 个预计的登月点。此外,先后发射 10 艘各载两名宇航员的飞船,进行医学—生物学研究和操纵飞船机动飞行、对接及进行舱外活动的训练。

　　1969 年 7 月 16 日,"土星 5 号"超重型运载火箭载着"阿波罗 11 号"从美国卡纳维拉尔角肯尼迪航天中心点火升空,开始了人类首次登月的太空之旅。美国宇航员阿姆斯特朗、奥尔德林、柯林斯驾驶飞船跨过 38 万公里航程,承载着全人类的梦想,完成了登月创举。通过他们实地对月球的考察,揭示了月球表面的特性、物质化学成分、光学特性,并探测了月球的重力、磁场、月震等。

　　"阿波罗 11 号"飞船的登月之行吸引了全世界的目光。飞船顺利升空,第三级火箭熄灭时,将飞船送至环绕地球运行的低高度停泊轨道;第三级火箭第二次点火加速,将飞船送入地—月过渡轨道,飞船与第三级火箭分离,沿过渡轨道飞行 2.5 天后接近月球,由服务舱主发动机减速,使飞船进入环月轨道。之后宇航员阿姆斯特朗与奥尔德林进入登月舱,驾驶登月舱与母船分离,下降至月面实现软着陆,在月面实施了一系列考察并采集了月球岩石和月壤样品 22 千克。然后驾驶登月舱返回环月轨道,与母船会合对接,启动服务舱主发动机使飞船加速,进入月—地过渡轨道,接近地球时,舱体圆拱形底部朝前,在强大的气动力作用下减速,于 7 月 24 日在太平洋夏威夷西南海面溅落。自"阿波罗 11 号"登月成功,至 1972 年 12 月,美国相继发射了"阿波罗"12—17 号飞船,共有 12 名宇航员先后登上月球。

34. 家族兴旺的人造卫星

人造卫星是由人工研制、用运载火箭发射入轨并环绕地球运行的宇宙飞行器。分为科学卫星、技术试验卫星和应用卫星三大类。

苏联于 1957 年 10 月 4 日发射了世界上第一颗人造卫星,开辟了人类航天历史的新纪元。苏联的这颗"小月亮",外形为铝合金制作的圆锥体,直径 58 厘米,拖带 4 根无线电天线,总重 83.6 千克,绕地球一周周期为 96.17 分钟。它飞行 100 天后坠入大气层烧毁。美国于 1958 年 1 月 31 日发射了首颗"探险者 1 号"人造卫星,卫星重 8.22 千克,锥顶圆柱形,高 203.2 厘米,直径 15.2 厘米,绕地球运行周期为 114.8 分钟。法国于 1965 年 11 月 26 日发射了首颗"A-1"人造卫星,重 42.4 千克,绕地运行周期为 108.61 分钟。日本于 1970 年 2 月 11 日发射了首颗"大隅号"人造卫星,重 9.4 千克,绕地运行周期为 144.2 分钟。中国于 1970 年 4 月 24 日发射了第一颗"东方红一号"人造卫星,卫星重 173 千克,绕地运行周期为 114 分钟。它使用的"长征 1 号"运载火箭全长 29.86 米,直径 2.25 米,起飞重量 81.6 吨,发射推力 112 吨。英国于 1971 年 10 月 28 日发射了首颗"普罗斯帕罗"人造卫星,重 66 千克,是使用澳大利亚武默拉火箭发射场发射的。这以后,意大利、澳大利亚、德国、荷兰、西班牙、印度、印尼等国也发射或委托别国发射了人造卫星。

自苏联最先发射人造卫星,半个世纪以来,人造卫星家族一直呈现兴旺之势。各国的人造卫星竞相升空,形态各异,洋洋大观。人造卫星类型趋向多样化,如科学卫星、技术试验卫星、通信卫星、气象卫星、导航卫星、测地卫星、地球资源卫星、天文卫星、海洋卫星、环境卫星、测震卫星及各种军用卫星等。截至 2020 年 3 月,俄罗斯拥有人造卫星 164 颗,中国拥有 323 颗,美国的拥有数则是 1007 颗。

人造卫星在现代国防、科技、工业、农业、交通运输等领域发挥着越来越重要的作用。卫星在运行使用中也留下了一些传奇纪录。最重的人造卫星是美国于 1973 年发射的"天空实验室 1 号"。这颗卫星长 35 米,直径 7 米,重 76.5 吨。美国于 1973 年发射了一颗"射电天文探测器 B 号",在卫星长度上创下纪录。卫星的形状像一个大蜘蛛,它的两根天线长达 450 米。最小的卫星是美国于 1962 年开始发射的,两年间共发射了 6 颗,最重的也只有 2 千克,有 3 颗只有 0.7 千克,边长也只有 20 厘米。使用寿命最长的人造卫星,是美国于 1958 年 3 月发射的"先锋一号"。卫星直径 15.2 厘米,质量仅为 1.47 千克,其设计使用寿限为 1000 年。时至今日,这颗人造卫星一直在绕地运行。

35. 中国的第一颗人造卫星

中国在 1958 年提出了发射人造卫星的设想计划,1965 年开始进行研制。1964 年中国发射了第一枚弹道式导弹,爆炸了第一颗原子弹,一系列的进展为发射人造卫星奠定了基础,发射卫星的计划被提上日程。

经组织人员认真筹备,1965 年 10 月召开了卫星总体方案论证会,对卫星总体提出的要求是:"上得去,抓得住,听得到,看得见。"所谓"上得去",就是保证卫星发射升空;"抓得住"是上天后地面设备能对卫星实施测控;"听得到"是要播送《东方红》乐曲,并被地面接收和听到;"看得见"是卫星在轨飞行时能让地面的人用肉眼看到,以鼓舞人心。

在党中央领导下,科研人员奋力攻关,各部门单位协同合作,中国第一颗人造卫星"东方红一号"于 1970 年 4 月 24 日在酒泉卫星发射中心一举发射成功。卫星重 173 千克,由"长征 1 号"运载火箭送入近地点 441 千米、远地点 2368 千米、倾角 68.44 的椭圆形轨道,进行了轨道测控和《东方红》乐曲的播放。卫星工作了 28 天,于 5 月 14 日停止发射信号。"东方红一号"的发射成功开创了中国航天史的新纪元,中国也因此成为继苏、美、法、日后第五个独立研发人造卫星的国家。

"东方红一号"在跟踪手段、信号传输形式和星上温控系统等技术方面均超过苏美首颗卫星的水平。"东方红一号"卫星直径只有 1 米,为能"看得见",技术人员把卫星设计成由 72 面体组成的球体,采用自旋稳定方式稳定,因转动小,角度不同,就会产生一闪一闪的效果。为增加亮度,为第三级火箭穿上镀铝"围裙",能大面积反射太阳光。第三级火箭与卫星一同入轨,通过火箭闪光,也就看到卫星了。对于如何产生《东方红》乐音,曾提出过几种方案,最后采用大型地面站接收,再通过广播电台转播的方法实现。在卫星发射上去后,全国人民听到的《东方红》乐音,都是经广播电台转播的信号。

发射人造卫星是一项非常复杂的系统工程,它包括研制运载火箭、建设发射场、研制卫星本体和卫星所携带的科学仪器、建立地面观测网等,其每一部分都是高新科技的综合应用和集智创新。中国第一颗卫星的发射成功,拉开了中国人探索宇宙奥秘和和平利用太空、造福人类的序幕。经中国国务院批复同意,自 2016 年起,将中国第一颗人造卫星发射成功的"4 月 24 日"设立为"中国航天日"。

36. 军用侦察卫星

　　侦察卫星是用以获得军事情报的人造卫星。它利用卫星的光、电遥感器或无线接收机等侦察设备,从轨道上搜集地面、海洋和空中目标的有关信息。

　　世界上早期发展军用侦察卫星系统的主要是美苏两国。至 20 世纪 70 年代末,美国所发射的军事侦察卫星约占其发射总数的 45% 以上,苏联的占其发射总数的 65% 以上。军事侦察卫星系统已成为美苏两国战略武器系统的重要组成部分。它们被用来互相监视对方的军事基地、军事调动、军事演习、武器实验,监听军事通信,监视军舰、飞机、机械化装备活动、导弹发射、核武器爆炸等。

　　在早期各种侦察卫星中,发展最快、数量最多的是照相侦察卫星。每当国际上发生重大军事事件,就会有一些专用照相侦察卫星进入近地轨道,集中监视发生危机的地点。照相侦察卫星上装备了快速发展起来的多光谱技术,不仅能识别用树枝和涂有保护色苫布遮盖的飞机、大炮,而且连新培的浮土与周围的泥土、新长出的花草与一旁野草之间的不同都能加以区别。红外线热成像技术能使卫星侦察在夜间拍摄到敌方人员活动的画面,还能探测到潜航的核潜艇。目前卫星上使用的光学照相侦察系统,已能从太空分辨出地面上 0.3 米大小的物体。这样的分辨能力不仅能够准确地测定洲际弹道导弹地下井的位置,而且可以显现地下井的尺寸和规格。

　　美国的第四代侦察卫星"大鸟号",从 1973 年开始发射。卫星高 15 米,直径 3 米,重 10 多吨,通常进入近地点约 160 公里、远地点 280 公里的椭圆形轨道。在它所拍摄的照片上,能清晰地显示出坦克和汽车的牌号以及人的脚印。它曾多次侦察到苏联举行的各种军事演习、导弹发射井的改建、核潜艇下水等。

　　侦察卫星主要包括照相侦察卫星、电子侦察卫星、导弹预警卫星和核爆炸探测卫星等。近年来,中国也有不少侦察卫星升空执行任务。中国发射的"高空 1 号"电子侦察卫星具有多种功能,它能截获敌方预警、防空和反导弹雷达的信号特征及其位置数据,截获敌方战略导弹试验的遥控信号,还能有效准确探测敌方军用间谍电台的位置。前不久,中国"吉林 1 号"侦察卫星升空,它拍摄到美国空军基地,各种型号飞机一览无余。这还仅是一颗商用卫星所拍摄到的。

37. 通信技术卫星

所谓通信卫星就是在人造天体上装置转发器,用以开展远距离、大容量的通信业务。

通信卫星作为远距离通信系统的中继站,能用卫星天线将电波传送至地球表面广大地区。它就像一个"国际信使",收集来自地面的各种"信件",然后再投递到另外的用户手里。由于它的发射"站"在 36000 公里高处,所以它投递的覆盖面特别大,1 颗卫星就可以负责 1/3 地球表面的通信,如果在地球静止轨道上均匀放置 3 颗通信卫星,便可以实现除南北极之外的全球通信。它不受高层大气、气候、季节等条件限制,传输质量高,稳定可靠。

1965 年,一些国家的政府为了便于共同使用通信卫星组成了国际通信卫星组织。中国在 1977 年也加入了这个组织,在建成的北京站、上海站等地面站,可与亚、非、欧、美洲的几十个国家直接进行卫星国际通信。国内卫星通信开始于 70 年代,一些国家使用了国内卫星通信,用以传送电话、传真电话、电视、无线电广播、教学用电视、计算机之间的联系,还可进行地区间科学技术、文化交流和试验合作等。广播卫星是通信卫星进一步发展的结果,通过直播通信技术卫星,教育教学可直接接收电视,而不必再经过电视台转播。卫星直播还可用于医院对病人的会诊、施救,为治疗病人带来诸多好处。召开学术、技术交流等会议,也不必从境外或各地四面八方集中到一处,只在卫星直播电视会议室宣读论文、交流经验、进行讨论即可。

航海失事得不到及时的救援,与缺少高效的通信手段密不可分。为此海事通信卫星应运而生,并成立了国际海事卫星组织。加入海事卫星网的船只,能随时收到气象预报、海流情况和导航数据等资料;有专用的应急通信线路,船只遇险时,一按电钮就能发出呼救信号。

中国研发通信卫星起步较晚,但发展迅速。中国第一颗通信卫星"东方红二号"于 1984 年升空。1997 年发射的"东方红三号"则标志着中国通信卫星进入了商业运营时代。2016 年发射的第一颗移动通信卫星"天通一号"、2017 年发射的高通量卫星"实践十三号"表明,中国用 33 年时间,完成了西方国家 50 年的工作。2020 年,中国发射的"实践二十号"通信卫星重 8 吨,是世界上最重的通信卫星。它的升空使"东方红五号"平台可提供有效荷载功率 22KW,达到了世界主流水平。中国的通信卫星承担了广播、电视信号传输、远程通信等职能,为国家国防、科技、经济建设等领域发挥了重要作用。

38. 导航定位卫星

在宇宙空间飞行的数千个人造天体中,有一种能够帮助海上舰船辨明航向的卫星,它就是导航卫星。

导航卫星系统的研发,最早完全是出于军事目的。20世纪50年代末,美苏两个超级大国为了给他们庞大的舰队作准确的全球导航,以便掌握舰队的位置,开始发射卫星,进行试验。美国的子午仪导航卫星系统,是为北极星导弹核潜艇在远洋航行中导航定位而研制的。美国多次发射子午仪导航卫星,加以研究。1964年在军事上投入使用,1967年开始提供民用。

美国的子午仪卫星导航系统由地面站、导航卫星网和舰船导航设备三部分组成。6颗导航卫星组成一个导航卫星网的子午仪沿着近乎圆形的极地轨道运行,高度约为1100公里。绕地球运行一周的时间约107分钟。凭借地球自转,用户可逐次地利用不同轨道平面的卫星来导航定位。根据舰船所在的不同地理位置,大约35—100分钟即可定位一次。

卫星导航系统是一种全天候导航系统。在任何恶劣的气象条件下,无论冰雹雨雪,白天黑夜,在地球任何位置,均可利用导航卫星系统精确定位。它具有全球覆盖的特点,导航范围遍及世界每个角落。它可以选择一定的轨道,具有导航精度高的优点。过去使用电子导航系统,在中远距离范围的误差约为1800米,而使用卫星导航的误差可减少95%以上。导航卫星定位精度高,船只可少走弯路,大大节约燃料。另外导航设备体积小,很适宜在舰船上安装使用,不必使用航海图即可直接读出经纬度。对核潜艇来说,隐蔽性更为突出,可以不浮出水面就能测知多普勒频移。卫星导航不仅能进行实时的舰船定位,还可以用来测定地心坐标、地球引力场,测定天文学上的地极移动等,有着很多潜在的科技使用价值。

美国利用发射导航卫星研究全球定位系统较早。1994年美国的GPS已很完善,全球覆盖率达98%,很多国家都依赖着GPS使用。发展到后来,俄罗斯、欧盟和中国先后推出了自己的全球卫星导航系统,打破了美国对该领域的垄断。目前世界四大卫星导航系统分别是美国的GPS、俄罗斯的格洛纳斯、欧盟的伽利略和中国的北斗。四套系统可谓各有优势。截至2020年9月,运行在轨的卫星中有138颗属导航卫星,而在其中北斗的导航卫星占比最大,兼容性也很强。北斗还拥有一个其他三个定位系统都没有的功能,即可以把使用者的位置传达出去,这样在救援中就能发挥更重要的作用。

39. 地球资源卫星

地球资源卫星是从数百公里的高空对地球进行遥感勘测,获取覆盖区各种物质资源和环境变化信息资料的卫星。

人造天体进入太空,为从空间勘测地球资源开辟了新的途径。1972 年 7 月,美国发射了一颗地球资源卫星,它是由气象卫星改进而来的,后来改称"陆地卫星 1号"。卫星外形像一只大蝴蝶,它安装使用的遥感仪器是能感受物体反射和辐射电磁波的仪器。测得物体的光谱特征,也就可以识别物体的各种特征,如区别农作物的类别、成熟程度、有无病虫害,区分森林树木的品种、长势等。依据这颗卫星所得到的多光谱图像,应用到不少学科和相关部门,很快得到了良好收益。利用光谱图像可以绘制出条形矿脉图,判明地质结构,找到石油等矿迹;从卫星图像上清晰标明的街道、商店、房屋建筑等位置的分布,可直接用于城市管理和发展规划;大面积垦区的图像,则可用来研究土地使用情况和用于土地规划。使用这种图像还可以调查植被面积、调查水产资源活动规律、测量积雪覆盖和冰河移动状态、测定海洋颜色及近海衍生物灾害等。

发射和使用地球资源卫星具有许多优越性。卫星所拍摄的每幅照片的覆盖面积,是一般航空照片的数千倍,为宏观地研究各种自然现象和规律提供了有利条件。在地球的某些地方,目前人类还无法进行实地勘测,而利用地球资源卫星则可以轻而易举地对这些地域进行全面的勘测。卫星勘测周而复始,能定期反映动态变化资料,有助于发现自然界的变化规律,从而对预报它们的变化趋势提供科学根据。此外,卫星勘测速度快,能迅速获得所覆盖地区各种自然现象的最新资料。卫星勘测的成本也低,能长期持续工作。使用资源卫星的实际效果是显著的。美国利用资源卫星拍摄到 1975 年北达科他州大水灾的图像,研究人员通过图像分析,得出受灾面积为 37.9 万公顷,后与地面核实的资料对比,误差仅为 3.9%。1977年美国为研究小麦国际市场价格,利用资源卫星观测到苏联当年小麦产量为 9140万吨,结果比后来苏联公布的数字只少了 60 万吨。

近年来,世界不少国家也都相继开展了地球资源遥感应用活动。"资源一号"是中国和巴西共同研制的地球资源卫星,是中巴两国政府达成协议,共同研制发射的,以填补两国在有关领域的空白。这颗卫星于 1999 年 10 月由"长征 4B"运载火箭从太原卫星发射中心成功发射升空,为中巴两国获取有关地区的地球数据和卫星图像,在城市、农村、海洋、环保、国土资源、规划建设等领域发挥重要作用。

40. 风云气象卫星

在宇宙空间的人造天体中,有一种专门用于对地球和大气进行观测的卫星,就是气象卫星。

气象卫星起源于侦察卫星。在侦察卫星所拍的照片中,曾经碰到目标上空有云层覆盖的情况,这给侦察造成困难,却在无意中给气象学者带来了可贵的情报。因为从云图的分析中,人们可以得到关于风雨的形成和发展的可靠线索。如今已有许多气象卫星每天不停地围绕着地球运行,日夜监视着地球上各地的风云变幻,并且不断地向地面发送着大量的数据和照片等资料。

气象卫星运行于宇宙空间,从地球大气层外的不同高度鸟瞰大地,监视着强风、暴雨等灾害性天气的变化,定时定量地观测着大气温度、水汽、云层、降水和海洋表面温度等,起着空间气象站的作用。气象卫星不受地理条件的限制,可以取得人迹罕至的海面、极地、高原、沙漠、森林等地区的气象资料,能很好地监视危险性天气。

发生在热带海洋上的台风,是严重危害人类的一种天气现象,全世界每年约有60次台风发生。以前在海洋上观测不便,给台风的预报带来困难。有了气象卫星,就可利用它的云图监视台风的发生、发展,跟踪其移动,确定台风中心位置、强度变化和大风范围、暴雨级别等。自20世纪60年代气象卫星每天观测以来,发生在全世界热带海洋上的所有风暴几乎没有一个被漏掉。

"风云二号"是中国第一代地球静止轨道上的气象卫星,于1997年6月发射升空,定点于东经105度赤道上空。这颗卫星主要用于提高中国气象预报的准确性、及时性,担任气象科研任务。卫星采用双自旋稳定方式,能及时获取可见光云图、红外云图和水汽分布图,收集气象、海洋、水文等重要数据。自从有了风云卫星,影响和登陆我国的台风无一漏网。此外,在汶川地震、舟曲泥石流等特大灾害应急气象服务中,风云气象卫星也发挥了重要作用。2017年,作为中国第二代极轨气象卫星的业务星——"风云三号"D星发射升空。与上一年发射的"风云四号"A星分别值守在800公里和3.6万公里的高空,组成中国新一代高低轨道气象卫星星座。"风云三号"D搭载了10台对地遥感观测仪器,它的在轨运行使中国全球数值天气预报模式预报精度再提高3%左右。"风云三号"系列卫星已被世界气象组织纳入全球对地观测气象卫星序列,与美国、欧洲气象卫星成为世界公认的气象卫星界"三驾马车",共同服务于世界各国的天气预报。截至2017年,中国在轨气象卫星已达到9颗,它们互为备份,互有补充,成为提高天气预报精准度的强有力支撑。

41. 地震预报卫星

地震卫星是在轨运行,通过测量地壳的运动来推测、预测可能发震的地点的卫星。

地震是一种严重的自然灾害。地震发生前总会呈现各种前兆。地球上90%以上的地震与地质断裂构造有关。空间技术的发展,为人们从高空观察地质、地貌、断层分布提供了新的更加方便的手段。20世纪60年代,美国从"阿波罗"7号和9号载人飞船上拍摄了加利福尼亚州地区的照片,发现洛杉矶附近有3条交叉的活动断裂带,并在1969年的一次天文会议上据此发出了地震预报。1971年2月洛杉矶果然发生了大地震。

地震地质的基础研究工作,以往是靠通过一个个观测点、一条条剖面线进行地面勘测而积累的。不仅工作量大,遇高山峡谷,还会有遗漏。而有了地震卫星,拍摄到清晰的图片,就可以直观地分析地球上某一个地区甚至洲际范围的地壳运动,分析地壳的挤压、伸胀和水平位移。由此便有可能发现一些新的地质构造特征,揭示和预测预报地震的发生。

在空间测震探索中,利用发射激光测地卫星进行空间测距,也能为中长期发生地震做出预报。美国发射的球形激光测地卫星,专门用来对地壳的微小变化进行高精度的测量,监视地球自旋轴运动的异常变化和区域性断层活动,以探索预报地震的可能性。经调查发现,地球自旋轴的异常扰动,往往与强烈地震有关。通过在轨卫星对自旋轴的精确测量,一旦获得这种地震的前兆,结合监视活动断层的形变,就有可能确定将发生大地震的地点,达到预测地震的目的。

2018年2月,命名为"张衡一号"的中国电磁监测试验卫星成功发射入轨。这颗地震预报卫星采用中国自主研发的CAST2000平台进行设计,质量约730千克,外形为长宽高均为1.4米的立方体。它装载了6根长度4米多的伸杆,为单太阳电池翼及三轴对地稳定姿态。设计寿命5年。卫星上装载了高精度磁强计、感应式磁力仪、电场探测仪、等离子体分析仪、朗缪尔探针、全球导航卫星系统掩星接收机、三频信标机和高能粒子探测器等8种探测有效荷载,可实现在低地球轨道对地震的监测。它每5天对地球同一地点造访,重点观测区域覆盖中国陆地全境和陆地周边约1000米区域及全球两个主要地震带。虽然目前利用电磁监测试验卫星尚不能直接预测预报地震,但随着研究的深入和观测数据资料的积累,地震预测科学研究将逐步取得进步,相信中国的地震卫星在后续空间探测开展中会有更大的作为。

42. 人造卫星的外形结构

人造地球卫星种类繁多,功用各异,其外形结构也有着很多不同。从外形上看,有球形、圆锥形、圆柱形、球形多面体、多面柱体、带太阳能电池翼板的等。

何种卫星采用何种外形可不是随便的,那是根据卫星的运行需要经缜密研究才确定的。早期的运载火箭运载能力较小,要求卫星的结构重量尽可能地轻些。与其他形状相比,在同样的容积下,球形卫星的外壳表面积最小,重量最轻。因此,世界上发射第一颗卫星的苏联,还有美国、法国、日本、中国,卫星都采用了圆球形和圆形多面体。

卫星的持续运行离不开电能。太阳是一个取之不尽、用之不竭的能源,太阳电池可以直接把太阳能变成电能,用于卫星简单又可靠。为便于太阳能发电,卫星的外形以球形或轴对称的为好。由于有的卫星表面不适宜贴太阳电池或表面积不够大,就在卫星本体之外,加装几块翼板,发射前折叠,升空后张开,专门贴太阳电池,称太阳电池翼板,使卫星的外形上多了一对"翅膀"。

人造卫星在运行中,要绕本身的一个轴旋转获得惯性空间的定向性。为保持自旋轴的稳定,卫星的外形是以自旋轴成对称的,卫星的质量分布也是与自旋轴成对称的,这样卫星自旋起来后,定向性最强、最稳定,也最能抗干扰。为此,凡采用自旋稳定的人造卫星,无论是通信卫星、气象卫星还是科学探测卫星,外形上都要做成直径大于高度的圆柱形、鼓形或扁球形。

卫星在入轨后需降低自旋速度,否则就会影响星上仪器设备的正常工作。为降低转速,卫星会张开两块帆板,或沿直径两端对称地伸出两根细杆,以达到减旋的目的。减旋用的细杆,可以利用鞭状天线,或利用卫星上装置的磁强针等仪器的支撑杆。这也让卫星在外形上多了"辫子"。

对于运转后回收型卫星,外形结构也有特殊的要求。卫星在再入大气层的返回过程,需要利用空气阻力防热和减速。为减小与大气层摩擦气动力过热,卫星需要有一个很钝的头部。再入时钝头朝前,迎击气流,把大量热量排卸在冲击波到卫星表面之间的气流里,以减少卫星受热、受损。为此回收型卫星都是采用钝头朝前的气动力结构外形,而不是像高速飞机那种细长的流线型外形。

从使用太阳能电池阵定向帆板以来,卫星的外形限制多有突破。在近年各国发射的卫星中外形样式更为多样。中国的"张衡一号"地震卫星外形即为边长各为 1.4 米的等边立方体。可以想象,在未来入轨运行的卫星中还会出现更为奇特、美妙的外形结构。

43. 人造卫星的动力能源

能源系统是人造卫星空间技术的重要组成部分。人造卫星所需的能源，一般应满足重量轻、可靠性高、效率高、寿命长、耐运载火箭发射时的冲击和压力变化等要求。从人造地球卫星最初发射升空至今半个多世纪以来，在卫星空间技术中使用的能源主要有化学电源、太阳能电池、核电池等。

化学电源是利用氧化剂与还原剂之间的化学反应直接取得电能的一种装置。优点是装置简单、性能可靠、使用方便、便于维护。在卫星上采用最多的化学电源是银锌电池和全密封镍镉电池。银锌电池的使用寿命在一年以上，干存寿命可达5年。全密封镍镉电池机械强度高、低温性能好，具有很长的充放电循环数，循环寿命可达1万次以上。燃料电池也是将化学能转换为电能的能源装置，不算贵重，所提供的能量却是一般化学电池的6—10倍。其中的氢氧燃料电池更为成熟，在美国的双子星座和"阿波罗"飞船上都得到使用。

太阳能电池是一种半导体器件。在人造卫星上大量使用的硅太阳能电池的转换效率在7%—15%之间。单个硅太阳能电池的尺寸一般为2厘米见方，功率很小。为了获得高达几千瓦甚至上万瓦的功率，这就需要把几万个、几十万个甚至上百万个电池串联起来，构成太阳能电池帆板。太阳能电池具有可靠性高、功率高、寿命长以及技术成熟等优点，是人造卫星中使用最多的能源。

核电能是一种将放射性同位素蕴藏的热能转变为电能的发电装置。应用到人造卫星上，动力十足，寿命更长，且不受太阳辐射能的限制，不受宇宙空间环境条件激烈变化的影响。但放射性同位素生产较困难，产量低、成本高，还存在着放射性污染的隐患。苏联于1977年发射一颗"宇宙954号"海洋监视卫星，寿命完结，核反应堆本该与卫星本体分离，独自进入高轨道，由于发生故障分不开了，双双坠入大气层，坠毁在加拿大大奴湖附近的荒野。

人造卫星等人造天体竞相发射升空，为它们提供电能的能源研究也不断有新进展。目前，瑞士科学家正在研制一种微型卫星推进器，它使用重量仅几百克的微型发动机，以离子化合物作为燃料，利用电喷射离子产生推进力。研究者谈到，一颗采用他们研制的发动机，驱动1千克重纳米卫星进入月球轨道，大约要6个月，而燃料只需消耗0.1升。希望这是一个低成本探索太空的开始。

44. 人造卫星的轨道运行

人造地球卫星从起飞到环绕地球运行,一直到寿命结束,其运动轨迹被称为人造卫星轨道。

人造地球卫星是在地球引力作用下环绕地球运行的,同地球等行星在太阳引力作用下环绕太阳运行的道理是一样的,都是受牛顿万有引力定律所支配。人造卫星运行的轨道是一个椭圆,地球位于椭圆的一个焦点上。因此人造卫星在运行中离地面的距离有着不同,离地面最近的地点叫近地点,离地面最远的地点叫远地点。近地点到远地点的距离就是椭圆的长轴。卫星在椭圆轨道上运动的速度也是有变化的,离地球近时速度大,走得快;在远地点时速度小,走得慢。例如中国发射的第一颗人造卫星,近地点速度是每秒 8.11 公里,远地点速度是每秒 6.31 公里。

人造卫星的圆轨道是椭圆轨道的特殊情况。圆轨道具有同地面保持等距离的优点,凡是在以人造卫星作为天上的观测站、基准点的场合下,如侦察、通信、气象、导航、地球资源等卫星,所选用的轨道绝大部分都是圆轨道。在需要搜集离地球不同距离处的星际空间环境条件和科学数据时,就需要卫星在轨道上能远能近,椭圆轨道能满足这一要求,因此科学探测卫星就会选用椭圆轨道。

运载火箭末级发动机工作完毕之际,就是卫星运行开始之时。轨道上这一点称为入轨点。卫星轨道的形状和大小完全取决于入轨点卫星所在的高度和所得的速度。人造卫星绝大多数发射时采用顺行轨道,因为发射顺行轨道,可以借助地球自转之力,以减轻运载火箭的负担。在地球表面,除南北两极以外,所有物体都因地球自转而获得向东的速度。这个速度在赤道上达到每秒 465 米,约等于第一宇宙速度的 6%。在纬度是 45 度的地方,这个速度是每秒 329 米。借助于顺行发射,运载火箭的能力有不少提升。相反如逆行轨道发射,向东的速度就会同卫星运行的方向“顶牛”,为了抵消它,运载火箭不得不多消耗能量。

人造卫星运行轨道所在的平面叫轨道面,轨道面相对于太阳的方位是影响卫星工作的一个重要因素。同太阳方向相垂直的轨道,是一种全日照轨道,整圈轨道上卫星都受到太阳照射,这对太阳能电池发电十分有利。由于太阳对卫星长时间持续加热,对卫星的温度控制则不利。另一种轨道面,太阳的高度保持在 45 度,对于观测、拍摄地面带影子的景象,是比较好的光照条件。选用何种轨道面,全在于对卫星入轨点的倾角和方位控制。

45. 人造卫星的温度控制

人造卫星上装有各种仪器设备,只有在一定的温度环境下才能正常工作。在地球上,一年四季的温度变化一般不会超过 40 摄氏度范围,不会影响到仪器的使用。而在"天上",几乎没有空气,是零下 269 摄氏度的黑暗空间。卫星在轨运转,有太阳照射,卫星壳体温度可能高达 100—200 摄氏度;进入地球的阴影中,又会下降到零下 100—200 摄氏度。要保证星上仪器的正常使用,没有温度控制系统是不行的。

卫星上通常所用的温控方法是被动式温控法。多采用在仪器舱内外表面涂上涂层和包扎隔热材料的办法来控温。卫星壳体表面的温度,与日照区、阴影区的时间以及轨道高度、太阳照射方向等很多因素有关,所以涂层的吸收辐射比取多少合适,涂层面积多大为好,需要进行综合分析、计算,并进行试验。温控中常用的涂层有银-聚四氟乙烯、铝-聚四氟乙烯和氧化锌硅酸盐白漆等。它们的优点是能在空间环境中长期使用,在太阳紫外线和空间带电粒子辐射作用下性能退化很小。

在被动式温控系统中,除了在表面进行涂层外,还需包扎隔热材料来控制其温度。一般使用的隔热材料是由 20 层双面镀铝涤纶薄膜和玻璃纤维纸,间隔相叠而成。双面镀铝涤纶薄膜表面辐射率极低,既不易吸热,又不易散热。玻璃纤维绝缘性好,不易导热。当人造卫星壳体有了适当的涂层,温度就可控制在摄氏正负 70—80 度之间。仪器舱在包扎了多层隔热材料之后,就可使舱内温度变化范围远远小于壳体内表面的温度范围。另外,舱内还可以充以惰性气体,以使仪器舱内各部分的温度趋于均衡。

为了防止仪器产生的热量留在舱内并积累起来,仪器舱不能全部包扎隔热材料,而要留出一部分表面,涂上高辐射率的涂层,作为散热面。如舱内仪器多,发热量波动大,还可在散热面外加装百叶窗。以膨胀系数不同的两种金属做成的双金属弹簧产生弯曲,造成位移,控制散热多少。这种能自动调整热量的控温方式叫作无源主动式温控。

随着卫星温控技术的发展,一种利用热管来自动调节卫星内温度的方法也得到应用。热管由管壳、管芯以及传递热能的工作液等构成,形成一个封闭系统。它可确保卫星内电子设备的散热,具有散热量大的特点。这项技术成果不仅用于空间宇航,也推广到了国防和民用工业部门。

46. 人造卫星的姿态控制

姿态控制技术是人造卫星的基础技术之一。

早期发射的人造卫星并不讲究卫星姿态,是任其上下倒置、随意翻滚的。通过后来的实践,卫星发射人员认识到卫星姿态控制的重要性,如探测仪器、天线等要对准地球;安装的太阳能电池或太阳电池帆板要朝向太阳;侦察卫星回收必须要调整好姿态再入大气层等,都对卫星的姿态控制提出了严格的要求。

人造卫星的姿态控制系统是一种自动控制系统,由测量部件太阳敏感器、红外地平仪、陀螺仪和电子装置、执行机构组成。姿态控制的方式分为被动式和主动式两种。自旋稳定是一种被动方式,它利用陀螺仪的原理,使发射的卫星自行旋转而表现稳定。采用这种方式的卫星,大多做成圆球形或圆柱形,在入轨时就使它绕着对称轴旋转,随后它就能基本上保持入轨时的姿态。自旋稳定具有结构简单、不需携带能源、可靠性高等优点。另一种被动方式是重力梯度对地定向。重力是随着物体离地球的距离增加而减小,这个物体上所受的重力差别就是"重力梯度"。设计人员利用了月球对地定向的规律,把人造卫星一个轴的惯性力矩设计得很大,靠重力使该轴对准地心,从而实现姿态控制。这一方式最适宜用于导航卫星,方法简单,经济可靠,特别便于长期运行。利用地磁和人造卫星内部的电磁线圈的相互作用,也是能进行姿态控制的。近地空间处处有磁场,地磁影响是人造卫星转速衰减的外部原因之一,而卫星中的短路线圈和铁、镍等铁磁材料则是内因。当线圈在地磁场中转动,产生感应电流并受热,就会消耗卫星的旋转动能,使转速降低。利用这一规律,在卫星加装磁阻尼器,改变地磁场施加的力矩大小,也能有效控制卫星的姿态。

飞轮控制是一种主动式姿态控制方式。方法是在卫星上安装三个惯性轮,用马达带动其旋转,通过调节惯性轮的转速来控制卫星的转动。当惯性轮加速时,卫星就朝相反方向旋转;惯性轮减速时,卫星就与惯性轮同向旋转。利用惯性轮转速改变所产生的反作用力矩用以控制卫星姿态。利用喷气反作用力作为控制力,是卫星主动式姿态控制的常用方法。在卫星径向两端对称地沿切向安装一对喷嘴,使卫星获得绕纵轴转动的力矩;沿卫星径向或平行于纵轴安装一对喷嘴,可使卫星获得绕两个轴转动的力矩,从而实现三轴控制,以喷出冷气或热气实现姿态控制。

几种卫星姿态控制方式不同,但都体现了万有引力、作用与反作用力、动量矩守恒、电磁感应等物理学基本理论在空间技术领域的成功应用。

47. 人造卫星的遥测系统

　　遥测即是远距离测量。人造卫星的管理人员借助于卫星遥测系统,可以在地面获得入轨卫星的内部工作状况,了解宇宙空间的有关环境条件。

　　人造卫星遥测系统测量和传递信息的内容叫作遥测参数。它包括两类,一类是卫星本身的工程参数,显现卫星及其仪器设备的运行状况,如温度、压力、电压、电流、转速和姿态角等。尤其是卫星在经历了运载火箭的承载、冲击、振动、噪声等恶劣的环境考验以后,能否在高真空、超低温、强辐射等宇宙空间环境中长期正常地工作,这是判断卫星是否发射成功的重要标志。遥测参数的另一类是卫星的探测器和遥感器所获得的探测参数,如太阳的短波辐射和粒子辐射、地球的红外辐射、大气密度、宇宙线、地磁场以及卫星对地面、云层和太阳所拍摄的各个波段的图像和照片,都是有着重要研究价值的资料。

　　人造卫星的无线电遥测系统由传感器和发射机两部分组成。遥测过程可分为三步,第一步是测出工程和探测参数,并把它转换成电压信号,这是由星上的传感器、探测器和遥感器来完成的。第二步是把电压信号用高频率的无线电波发出去,这是由星上的发射机来做的。第三步是地面接收机接收这个高频电波,再根据信号电压的变化,还原而得到遥测参数。

　　为及时了解卫星上仪器设备的工作状况,掌握卫星运行动态,在一些场合,星上某些技术参数需要不断传输到地面的计算机网络。这就要求遥测系统能够边测、边发、边收,也就是传感器输出的遥测信号立即调至发射机,发射机发出载波,让地面即时接收、解调,把遥测参数记录或显示出来。这种方式叫作"实时遥测"。实时遥测只是在卫星经接收站上空附近时才能实现。卫星大部分时间处于地面接收站视野之外,有时还会运行到地面站所在位置的地球背面,地面接收站接收不到卫星发出的载波,实时遥测便告中断。这时传感器输出的遥测信号会暂时寄存在星上存储器中。当卫星重新进入地面站作用范围之内时,由地面站发出遥控指令,打开存储器,将寄存的遥测参数重放出来,经发射机送到地面。这种方式称"延时遥测"。

　　遥测系统既然是一种远距离测量和传送数据的系统,它的性能好坏的一个重要标志是遥测参数经过远距离传输是否会"走样"。为减少传输过程中杂散电波干扰造成的误差,在卫星遥测系统中使用了一种叫作脉冲编码调制的方法,简称"脉冲调制"。它能从根本上增强遥测系统抗干扰力、提高遥测参数精度,已被大量使用。

48. 人造卫星的返回系统

人造卫星的返回,即是在卫星运转结束前让有重要价值的返回舱穿过稠密的大气层返回地面。人造卫星运行后按计划返回地面,是人造卫星技术的一大发展。送卫星"上天"已不容易,将其平安收回更不简单。卫星返回不仅是卫星技术的重要组成部分,而且是载人航天的基础。只有在"上去"和"下来"都有安全保证的条件下,载人航天飞行才能上路。

中国是继苏联和美国之后,世界上第三个很早就掌握了人造卫星回收技术的国家。

人造卫星的整个返回过程,一般要经历四个阶段。第一步是脱离运行轨道,进行制动飞行。在返回开始时,返回舱的制动火箭点火,产生推力,使返回舱的速度减小,使其能离开原来的轨道进入大气层。这一阶段的特点是要求返回舱保持规定的姿态,并且精确地控制制动火箭的点火时间。第二步是自由下降阶段。在重力作用下,返回舱沿着过渡轨道自由下降,在100公里左右的高度坠入大气层。在这期间,返回舱处于无制导、无动力的自由下降状态,它的下降轨道完全由降落开始的位置、高度、速度等参数决定。因此,精确地控制下降起始点的位置、高度、速度和方向,就显得异常重要。卫星返回的第三步再入大气层,是能否成功返回的重要阶段。返回舱再入大气层,随着高度降低,空气密度加大,对返回舱的阻力也越来越大,使下降速度急剧减小。返回舱因阻力而损失的巨大能量,绝大部分通过与空气摩擦而转化为热能。这些热能足以将返回舱化为灰烬。然而凭借使用热沉法、辐射法、烧蚀法等防热结构和材料,将转化到返回舱的热能通过冲击波和辐射作用,扩散到周围的空间,只有很小的一部分传到返回舱,让返回舱安然无恙。第四步着陆,就是返回过程的最后阶段。当返回舱下降到15公里以下的高度,打开降落伞即可将返回舱的速度从亚音速降为安全着陆的速度。

为了使返回舱在着陆后及时让回收人员发现,返回舱上装有回收信标机和海水染色剂,提供返回舱的落点位置。当地面利用标位搜索系统发现返回舱后,必须不失时机地将它回收。一种比较先进的回收方法是"空中打捞"。当返回舱悬挂着降落伞在半空飘降时,就用飞机将它回收。做法是用机身下的带钩长绳,将返回舱伞绳钩住,吊进机舱。操作简单,且可使返回舱免受着陆冲击和海水浸泡之苦。

49. 穿行星空的探测器

　　探测器是人类研制的用于对远方天体和空间进行探测的无人航天器。自 1957 年 10 月第一颗人造地球卫星上天,至今世界各国共发射了约 200 个空间探测器。它们对于宇宙空间的探测取得了丰硕的成果,所获知识超过了人类数千年知识总和的千百万倍。

　　宇宙是广袤无垠的,面对浩渺星空,人类对空间的探测选择了从太阳系内开始,由近及远。从 20 世纪 50 年代末起步的深空探测,主要就是从地球向太阳系的大行星发射探测器,去探索生命的起源、太阳的起源及演变过程;去观测大行星及其卫星的地质结构、表面形态、周围环境、有无生命存在的可能等秘密。探测器所采用的飞行方式有 3 种:一是从目的星附近飞过;二是绕目的星运行;三是穿过其大气层,在目的星上着陆。

　　发射空间探测器,进行深空探测是一项复杂而艰巨的工作。需要解决一系列复杂的技术难题,如:运载火箭的选择,运行轨道的设计,发射窗口的选取,地面站的跟踪、遥测和遥控,数据的接收、分析和处理,探测器各系统的特殊要求等。这项研究耗资大、周期长,成功率却低。美国 1975 年发射的“海盗”火星探测器,耗资达 10 亿美元。进行一次深空探测,能耗时长达十几年。发射失败也是常有的事,苏联在早期发射的 32 次深空探测器中,仅有 10 次取得了成功。

　　在众多发射升空的探测器中,所取得的成果毕竟是鼓舞人心的。苏联于 1959 年 9 月发射的“月球 2 号”,成功实现在月球表面软着陆,成为第一个造访月球的人造机器。1 个月后,苏联“月球 3 号”飞过月球背面,发送回 29 帧图片,成为第一次拍到月背照片的探测器。

　　美国于 1962 年 12 月发射“水手 2 号”探测器,飞过金星,成为第一个接近其他行星的探测器。美国 1972 年 3 月发射“先驱者 10 号”探测器,并于 1983 年飞越海王星轨道。美国在 1977 年 8 月发射“旅行者 2 号”,不出意外,2030 年前会一直与地球保持联系。1999 年 2 月美国“星尘号”探测器飞越维尔特彗星,收集到彗星的尘埃样品,成功返回地球。2018 年美国“帕克”太阳探测器,以 72 万 km/h 的速度不断接近太阳,预计到 2024 年,它与太阳的最近距离仅 383 万英里。

　　中国自 2007 年开始发射“嫦娥”系列月球探测器,现已发射了“嫦娥”一至五号。2020 年 7 月中国发射“天问一号”火星探测器。引起了世界广泛关注。

50. 金星探测器

金星是从太阳向外的第二颗大行星。古希腊人将其命名为阿佛洛狄忒，作为希腊神话中爱与美的女神。罗马人称其为维纳斯。中国古代天文学家将此星称为启明星、太白星。这个拥有浓稠大气的星球，其体积、质量与到太阳的距离，均与地球相似。在探测器对金星探测前，天文学家认为在金星上发现生命的可能性比火星更大。

1961 年 2 月，苏联发射了第一个金星探测器"金星 1 号"，该探测器重 643.5 千克，装有两块太阳能电池板和一根直径 2 米的折叠式抛物面天线。约 1 个半月后，在距离地球 756 万公里时，无线电通信中断。经计算两个月后探测器从距金星 10 万公里处掠过，但无法收到探测器的信号。1965 年，苏联又相继发射了"金星 2 号""金星 3 号"探测器，却都因通信系统的故障，未能将对金星的观测数据传回。1967 年 6 月，苏联发射了"金星 4 号"探测器，探测器重 1060 千克，经大约 3.5 万公里的远途飞行，进入金星大气层。着陆舱与探测器分离后，降落在金星表面白昼与黑夜交界线 1500 公里的地方。着陆舱直径 1 米，重 383 千克，虽然外包了耐高温壳体，但大气压力、温度比预想高出很多，致使着陆舱损坏，难以获得任何探测结果。

首次向地球传回金星探测数据的探测器，是 1970 年 8 月苏联发射的"金星 7 号"。它成功实现了在金星的软着陆。着陆舱重 500 千克，测得金星表面温度为 447 摄氏度，气压为 90 个大气压，大气密度约为地球的 100 倍。这时地球与金星之间的距离为 6060 公里。"金星 7 号"由此也成为第一个抵达金星实地考察的使者。

自 1975 年 6 月，苏联又相继发射了 9 个金星探测器。"金星 13 号"探测器总质量 4.4 吨，着陆舱重 750 千克，外观像一个大"灯泡"。它里面装有 14 种仪器。仪器由苏联制造，也有法国、奥地利科学家参与。拍摄到金星的全景彩色照片。可见金星表面覆盖着褐色的砂土，岩石结构像光滑层状板块。仪器使用一个钻头，钻取土壤样品放入一个特殊内腔中，并成功使用光谱仪对样品进行扫描分析，认定土壤主要由白云母碱性玄武岩构成。

苏联、美国先后向金星发射了 30 多个探测器，从近距离观测到着陆探测，一次次进行了综合考察，获得了大量宝贵的资料。人们就此也了解到金星虽称为爱神星，却并不浪漫，是一个荒凉而气候极端的星球。

51. 火星探测器

火星与地球之间尽管相隔数亿公里,两个星球却有着很多共同之处:都是固态的岩质行星,有山脉、峡谷、云层、风暴。火星上也有四季之分,甚至一天也是 24 小时左右。

为了揭示火星的真面目,探寻火星上生命的迹象,1962 年 11 月,苏联发射了"火星 1 号"探测器。这个探测器在飞离地球 1 亿公里时,与地面失去了联系,从此下落不明,这被看作是探测火星的开端。1971 年 5 月,苏联发射了"火星 2 号"探测器,但在着陆火星后即中断了联系信号,这是第一个到达火星表面的人造天体。之后,美国、日本以及欧洲等国家接连向火星发射探测器,也连连受挫。

1976 年 7 月和 8 月,美国发射的"海盗 1 号""海盗 2 号"的着陆器分别在火星表面成功着陆。"海盗 1 号"发回了火星全彩色图,科学家由此知道了原来火星天空是略带桃粉色的,而并非是揣测中的暗蓝色。2012 年 8 月,美国"好奇号"探测器造访火星,"好奇号"火星车也成为美国第七个成功登陆火星的火星车。

"好奇号"火星车上装备了独具特色的仪器。桅杆相机由两个彩色相机组成,是主要成像工具,可以拍摄火星表面的三维图像。透镜成像仪可以拍摄火星表面岩石、土壤的详细图像,其精细度可以达到拍摄出一根头发丝的水平。化学与摄像机仪可向约 9 米外的火星岩石或土壤发射激光,使其表面薄层汽化,而后分析汽化后的成分。化学与矿物学分析仪可通过 X 射线衍射搜集的粉末状岩石和土壤样本,确定其中的矿物晶体结构。动态中子反照率探测器用于寻找火星地下的水冰以及晶体结构中含有水分子的矿物。火星样本分析仪由质谱仪、气相色谱仪和激光光谱仪构成,用于搜寻与地球上生命有关的氢、氧和氮等元素,评估某些元素不同同位素的比例,寻找行星变化的线索。火星环境监测站负责测量火星的日常和季节性变化,并对火星表面的风速、风向、气压、地面温度、相对湿度、紫外线辐射程度等做出评估。辐射评估探测器能监测来自太阳的高能原子和亚原子粒子,评估火星表面的辐射环境及其对未来登陆火星宇航员的危害,为未来的火星探索早做准备。

"好奇号"火星车工作 4 个月后,探测到 1 立方英尺火星表面的土壤样本中约含 1100 毫升液态水,按重量计算,土壤含水量达到 2%。但这些水分子多附于矿物质中,不能直接获得。专家认为这些水完全可能成为人类未来登陆火星后的重要水资源。有专家指出,人类登陆火星虽面临众多挑战,充满艰险,然而火星车的成功着陆和运行,毕竟迈出了重要的一步。

52. "先驱者" 探测器

"先驱者"探测器是美国发射的行星和行星际探测器之一。自 1958 年 10 月至 1978 年 8 月,共发射 13 个,用来探测地球、月球之间的空间,金星、木星、土星等行星及行星际空间的风貌和运行状况。

"先驱者"探测器以 10 号、11 号最为引人注目。它们是人类派往外行星的第一批使者。"先驱者 10 号"于 1972 年 3 月踏上旅程。它经过一年多的时间飞临木星,在距木星 13 万公里的地方穿过木星云层,拍摄了第一张木星照片,并进行了十多项实验和测量,向地球发回了第一批有关木星的资料。在木星巨大引力的加速下,这个探测器向太阳系边缘飞去。2003 年美国宇航局宣布,已收不到该探测器发回的信号。据计算,它大约在 200 万年后抵达金牛座。如果有外星智慧生命将它拦截,可得到它所携带的一张金牌,上面描绘了人类的外貌特征,并标出了地球和太阳系在宇宙空间的准确位置。

"先驱者 11 号"探测器于 1973 年 4 月发射。探测器的主体直径约 2 米,用于发电机的长杆长 3 米,磁强针的长杆长为 6 米,发射时是折叠的,在太空中会展开伸直。"先驱者 11 号"运行 1 年半后接近木星,从木星最高云层 3.4 万公里处掠过,并拍摄了照片,发回地球。在飞往木星的途中,"先驱者 11 号"的速度比大威力的步枪子弹还要快 50 多倍。这是受木星引力吸引的结果。

"先驱者 11 号"探测器于 1979 年 9 月飞过土星,在离土星最近的 2.1 万公里处,第一次拍摄到土星的照片。从探测器上发送回来的照片上可见,土星的光环看起来很暗,然而从地球上看,土星的光环却显得非常明亮。探测器上安装着形状如碗形的天线,直径 2.74 米,指向地球,一刻不停地发送并接收无线电信号。这个探测器带有 3 个感应器,用以根据相对于地球及太阳的方位,计算标定探测器的位置。探测器上所载的仪器担负着研究行星及星际间的磁场、太阳风、宇宙射线的转变区域、大量存在的中性氢;星尘粒子的分布、大小、质量;外太阳系行星的极光、电波、卫星的大气层及木星、土星和卫星表面状况等。

在"先驱者 10 号""先驱者 11 号"探测器飞离地球上百亿公里远时,观测发现有一股奇怪的力量在将探测器往回拽,这种尚难解释的力量被称为"先驱者异常"。航天专家认为,经遥感数据比对研究,神奇力量的来源将会找到答案。这也提醒航天工程人员,在设计飞船时把探测器遭遇的异常现象考虑在内,从而让未来飞船的性能更加安全稳定。

53. 进入太空的载人飞船

载人飞船可以说就是重量较大并载有人的人造卫星。

由于飞船要载人飞行,而且要返回地球,需要抗拒气动加热造成的烧蚀,船舱要气密,舱内的温度和压力控制也有很高的要求。为此,在载人飞船的结构上要有温度控制、能源、姿态控制、遥测、遥控、通信联系、跟踪信标、数据传输、返回、应急救生等系统。为满足载人的需要,飞船还设置特设系统,如用于空气更新、废水处理和再生、通风、温湿控制的环境以及生命保障系统、报话通信系统、仪表照明系统、载人机动装置和逃逸系统等。

早期载人飞船的外形有球形和圆锥形两种。球形载人飞船无论在空间是怎样一种姿态,其受光面积都是一样的,容易进行温度设计和太阳电能的运用。另外,球形飞行器在大气中的运动稳定性也容易处理。苏联早期载人飞船的外形采用的是球形。除球形外形,美国早期载人飞船还使用了圆锥形。

载人飞船的座舱是飞船的核心。通常采用大钝头旋转体,以利于再入大气层急剧减速。座舱一般设有视野开阔的舷窗,以便航天员观察发射的各项准备、在轨交会对接等情况、返回点火时的姿态和再入着陆的地面状况等。飞船上的服务舱,又叫推进舱、设备舱或仪器舱,一般紧接在座舱后,装有推进系统,电源、气瓶和水箱等设备是保障和服务设施,为飞船提供动力,为宇航员提供氧气和水。轨道舱也称工作舱,位于座舱前,是宇航员在轨的工作场所,装有多种试验设备和实验仪器。气闸舱是宇航员在轨出舱时保证飞船舱内气体不致全部漏到宇宙空间的设备,有供宇航员进入太空或由太空返回时的气密性装置。飞船上还有一个对接机构叫对接舱,与座舱和轨道舱相连,用于与其他飞船或空间站对接和锁紧。

飞船的交会、对接和机动飞行,是载人航行的一项基本技术。按使用需要,两艘飞船在实施对接前,应由地面跟踪站精确测量首发飞船的轨道位置。另一飞船发射后逐步向首发飞船接近,当两者接近到 400 公里以内时,飞船就启用船上自载的交会雷达和自动驾驶仪导向目标。当两者的距离缩短到小于 50 公里时,后者宇航员已能看到目标飞船上的高强度灯光信标,转用光学跟踪向前者进一步靠拢。对接时两个飞行器相对速度必须很小,横向不超过每秒 0.1 米,纵向不大于每秒 5 米。两船对接后,便围绕地球继续飞行,并可重复启动发动机推动飞船进入不同的轨道。

54. 苏联早期的载人飞船

苏联的载人飞船飞行计划,早在 1957 年就已实施。1957 年 11 月,一艘载有小狗的人造卫星射入轨道,就是为了试验人在空间飞行中的适应能力。1961 年 3 月,苏联连续发射了两艘无人飞船,对飞船的所有系统和结构加以全面检验,飞船和舱内假人均得到回收。这为 4 月 12 日加加林乘坐"东方 1 号"发射成功创造了条件,带来了帮助。4 个月后,季托夫乘坐的"东方 2 号"再次发射成功,连续飞行了 1 昼夜。在两年多时间里,"东方号"飞船共进行了 6 次载人航天飞行。

"东方号"飞船的外部结构呈球形,内径 2.4 米,重 4.7 吨。舱内装置有定向系统、导航仪表、压力调节和空调设备、遥测系统、着陆系统(包括制动火箭、空气动力制动装置、弹射座椅、降落伞等)等。飞船使用化学电池组供电,最长飞行时间为 5 天。

苏联的第二个型号的载人飞船是"上升号",仅进行过两次发射。1964 年 10 月,"上升 1 号"发射升空,舱内有 3 名宇航员。5 个月后发射了"上升 2 号",舱内乘坐了两名宇航员。"上升号"飞船重 5.5 吨,形状、结构都与"东方号"相似。第二艘飞船上的宇航员曾出舱活动了 9 分钟。

"联盟号"是苏联的第三个载人飞船型号。"联盟号"飞船分为原型和改进型两种。"联盟 11 号"以前属于原型,主要研制的目的是发展飞船的交会、对接、机动飞行等技术,为发展空间站做准备。"联盟号"飞船系列由轨道舱、返回舱和服务舱 3 个圆筒形舱段组成,总重在 6.5—6.8 吨之间,长约 7 米,直径约 2.3 米。"联盟号"的运载火箭是 3 级型,运载火箭与飞船组合体的全长约 49 米。

"联盟号"系列飞船在十几年的时间里,先后发射了多艘飞船。伴随着频繁的载人空间飞行而来的是连番的失败和严重事故的发生。1967 年 4 月"联盟 1 号"在与"联盟 2 号"对接时,发生故障,飞船降落时主伞未打开,致使宇航员格马洛夫当场摔死。1971 年 6 月,"联盟 11 号"与空间站对接后返回,一个连接返回舱和轨道舱的密封分离插头在舱段分离时漏气,使 3 名未穿宇航服的宇航员因爆发性减压而死亡。"联盟号"还多次出现了制导系统的故障使火箭的运动脱离预定的轨道、飞船对接失败的记录,一直行进在失败、成功、再失败、再改进的漫长道路上。

55. 美国早期的载人飞船

"水星号"是美国的第一代载人飞船。自 1958 年 10 月至 1963 年 5 月,4 年多时间里共进行了 14 次飞行试验,6 次不载人飞行,2 次载有动物飞行,6 次载人飞行,探索人在空间环境中生存和工作等诸方面的问题。

"水星号"系列飞船重量在 1—1.9 吨之间,高 2.9 米,底部直径 1.83 米,顶部直径 0.5 米,外形为圆锥形。由于飞船的重量和容积有限,每艘飞船仅能乘坐 1 名宇航员。飞船的各系统及电缆均集中在圆锥形下部,以保证飞船底部有稳定的重心。舱内装有定向和姿态控制系统、生命保障系统及带有氧气的座椅、手控装置、摄影机、降落伞、橡皮艇等。"水星"飞船中的"友谊 7 号"重量较为典型,总重 1.93 吨,入轨时抛掉逃逸系统后的重量是 1.35 吨,离轨时反推火箭点火后重 1.34 吨,海上溅落时重 1.12 吨,回收时重 1.09 吨。

"双子星座号"系列飞船是美国第二代载人飞船。自 1961 年 12 月开始,历时 5 年,共进行了 14 次飞行试验,其中 11 次为载人飞行。它的飞行实验目的,主要是解决轨道交会、对接、宇航员舱外活动和机动飞行的变轨技术以及在失重条件下宇航员的飞行问题等,为飞船载人登月预做准备。"双子星座号"飞船呈圆锥形,其头部为圆柱形,像一个巨大的倒置的漏斗。飞船高 5.7 米,底部直径约 3 米,顶部直径 0.8 米。整个飞船由服务段和再入段两部分构成。飞船返回时,先抛掉设备舱,制动火箭点火,进入大气层。下降到 15 公里时,弹出三角翼伞并充气。宇航员操纵三角翼伞,驾驶着飞船飞向预定着陆点。

"阿波罗"飞船是美国第三代载人飞船。自 1961 年 5 月开始实施,至 1972 年 12 月,历时 11 年多,共进行了 17 次飞行试验,包括 1 次载人地球轨道飞行、3 次载人月球轨道飞行、7 次载人登月飞行(6 次成功)。"阿波罗"飞船使用了"土星 5 号"运载火箭,高约 85 米,总功率约合 2 亿马力。飞船部分重约 50 吨。其中登月舱高 6.9 米,直径 9.2 米,重 16 吨。在"阿波罗"载人飞船 6 次登月和返回过程中,宇航员开展了大量的多种学科的科学试验,自月球取回了一批土壤和岩石标本,对这些标本的化验、分析、研究工作一直持续至今。

56. 美国和苏联的空间站

　　空间站又称太空站、航天站,是一种在近地轨道长时间运行、可供多名宇航员巡访、工作和生活的载人航天器。空间站的使用年限在 10 年左右。

　　天空实验室是美国的第一个试验型空间站,它是一个多舱室的组合体,由轨道工场、太阳望远镜、过渡舱、多功用对接舱和"阿波罗"飞船指挥服务舱构成。整个空间站长 36 米,重 82 吨,舱室容积为 316 立方米。轨道工场是这个空间站的基本部件,是宇航员的主要工作和生活场所。设有环境控制系统,提供舒适的生活环境。太阳望远镜重约 10 吨,是宇航员通过姿态控制和显示装置来操纵观测的一个天文台。过渡舱是空间站的控制中枢,是开展舱外活动的必经之地。多功用对接舱通过轴向和侧向的对接舱口与"阿波罗"飞船对接,它又是飞船的过渡舱和轨道工场之间的通道。"阿波罗"飞船指挥服务舱则是作为宇航员往返于地面和空间站及输送物品的运载工具。空间站同以往载人飞船相比,体积更大,实验内容也更为广泛。几批宇航员利用独特的空间环境,操纵仪器从事多种学科的科技与应用实验,从生物医学、太阳天文学到地球资源勘探、空间加工生产的操作等,实验项目多达 60 余项。

　　苏联的"礼炮 1 号"轨道空间站于 1971 年 4 月发射升空,至 1979 年初,先后发射了 6 艘"礼炮号"轨道空间站。空间站重约 19 吨,长 16 米左右,最大直径 4 米多,由工作舱、过渡舱和服务舱 3 部分组成。"礼炮号"空间站分为科研型和军用型两种。"礼炮 6 号"空间站于 1977 年 9 月发射,它同两艘"联盟号"飞船对接后总长达到 30 米,总重达到 32 吨。"礼炮 6 号"除进行了一系列军事侦察活动外,还进行了多项空间科学研究活动,如对地摄影,拍摄了西伯利亚中、西部的影像,观测了极区冰块、海洋、陆地,以及洪水、森林火灾等情况。宇航员还用红外望远镜、光学望远镜观测了北美加拿大上空的北极光,木星、天狼星等星体的运动,银河系中心,猎户星云等。测量了与天气预报有关的高层大气及其红外辐射等。在空间失重条件下进行了焊接、制造新型合成材料和半导体材料的试验。研究了蝌蚪在空间环境中的繁殖和水藻球的生长实验等。"礼炮号"空间站对接无人货运飞船,专程为其运送燃料、科研用品和宇航员的生活用品等。

　　"国际空间站"是空间国际合作项目,于 2010 年建造完成并转入全面使用。它主要由美国国家航空航天局、俄罗斯联邦航天局、欧洲航天局、日本宇宙航空研究开发机构、加拿大国家航天局共同运营,是目前在轨运行的最大空间站。

57. 人的太空失重

物体对支持物的压力小于物体所受重力的现象叫失重。发射的人造卫星、飞船进入轨道后，围绕地球做圆周运动，航天器中的人和物都是处于失重状态的。这是由于航天器在地球引力的吸引下自由地下落，但又获得了很大的向前运行速度，航天器里的一切物体都以同样的速度和同样的加速度下落。致使航天器与物体之间、物体与物体之间各自独立，互不相扰。

在人造卫星、飞船、空间站的失重环境里，再没有上、下之分。把水杯倒过来，将握杯的手松开，杯子并不往下掉，而是悬在空中。杯里有水洒出，会成为大大小小的水珠，在半空中飘浮。在这里，软木可以浮到水底，铁球能够漂上水面，只手就有举千钧之力。

在失重环境中生活，会让人很不适应。衣服穿在身上，因为没有重量，飘动着总不贴身。宇航员就要穿弹性面料的衣服，弹性织物还能对肌肉施加压力，有利于减轻肌肉萎缩。吃的食品以做成半湿半干状为宜，装在牙膏式软管中，吃时往嘴里挤。干的食品要一口一个，放入口中咬碎，以免碎屑散落空中。空间有扬洒的食物残渣是大忌，钻入眼睛、鼻孔，以致吸进气管，危害极大。吞咽食物和水都要小心，防止呛入气管。由于没有重量，喉头要略为用力，把食物和水推进食道。洗漱喷吐和飞溅出来的水要用吸水器及时吸走，不然水珠也会乱飘。洗澡要用专用的罩子将人罩住，还要使用吸水器及时将脏水吸走。大小便更是要在严格的密封措施下进行。而睡眠倒变得简单些，不占地盘，不用睡床，直立着、横卧着都可悬空而眠。不过还是用一根带子把自己拴住更舒服些。宇航员也可以钻入睡袋里休息。不管怎样入睡，还是应戴上一个口罩，以防把尘屑等异物吸入口鼻，造成不必要的伤害。

通过实践，人们完全可以适应失重条件下的生活方式。引起更大关注的是失重环境给人的生理机能带来的变化。美国、苏联30多年进行太空飞行收集的数据显示，失重对人的内分泌、红白细胞的产量、内耳平衡器官及骨质的疏松等，都有一定影响，但最明显的生理失重状况莫过于太空失水及引起贫血、内分泌降低、双腿肌肉萎缩等，失重还会引起骨骼失钙的后果，与上了年纪的骨质疏松症极为相似。如何避免在失重环境中人体各种器官功能的衰退，保持健壮的体质，已纳入天文、医学等多学科专家深入研究之中。

58. 人在太空行走

　　太空行走又称出舱活动,为载人航天的一项关键技术,是在轨道上安装大型设备、施放卫星、进行科学实验、检查和维修航天器的重要手段。

　　1965 年 3 月 18 日,苏联"上升 2 号"宇宙飞船升空。8 时 30 分,宇航员列昂诺夫离开座椅,穿好宇航服,背起氧气筒,从连接在飞船一端的气闸室经过,走出飞船船舱,进入了宇宙空间。他的动作与潜水员从潜水艇中进入海水中很像,但具很大危险性。由于处于失重状态,宇航员在空间不是在"走",而是在"飘"。若出现意外,宇航员就会永远飘离飞船。因此,有一根长 5 米的缆索把宇航员拴住,以保证他的安全。舱外行走的宇航员可以借助缆索中的电话线与舱内宇航员通话,并将自己在空间的一切生理测量数据传回座舱并发回地球。列昂诺夫在空间停留了 20 分钟,行走了 12 分 9 秒,然后原道返回舱内。他也因此成为最早在太空漫步行走的人。

　　1992 年,美国宇航员皮埃尔等 3 人完成了一次三人舱外行走活动。他们"抓住"一颗重 4.5 吨的通信卫星,为其换装了新发动机,将它释放后移入预定的地球同步轨道上。2007 年 11 月,美国宇航员帕拉金斯基进行了一次 7 小时的太空行走,成功修补了一块国际空间站的太阳能电池板。由于电池板带电,破损点离工作舱又有半个足球场远。宇航员"走"了近一个小时,他的这次行走被称为美国航天史上最危险的行走。

　　宇航员在太空行走时,需要穿戴宇航服保护自己。"全副武装"后,即使身体出现很微小的不适,也会惹来大麻烦。美国"奋进号"宇航员费斯特尔就遇上了这糟糕的事。他在国际空间站外进行太空行走时,头盔上的防雾溶剂落入了他的眼睛,他感觉一阵刺痛,眼泪不断产生,他没有办法去揉一揉眼睛,一时又找不到解决的办法,只能强忍着。在向宇航中心的任务控制室求助后,他使用了头盔里的泡沫擦拭眼睛。这个装置就粘贴在头盔的面盔内部,用鼻子顶着它清洁眼部。

　　在太空行走时打喷嚏也是尽量要避免的事。如果实在忍不住,也可以采取小技巧。老资格的宇航员沃尔夫向同僚介绍说:"打喷嚏时嘴巴应该冲着下方,以避开护目镜。因为不这样,喷嚏产生的飞沫会弄脏护目镜,让视线变得模糊,而且你还难以把它弄干净。"

59. 舱外着装宇航服

宇航服是保障宇航员生命活动和工作能力的个人密闭装备,可防护空间的真空、高低温、太阳辐射和微流星等环境因素对人体的危害。

美国的第一代宇航服于1961年出现。是由战斗机飞行员穿着的MK-4型压力服改进制作的。由氯丁橡胶防护层和强化尼龙的内绝热层叠合而成,肘和膝关节部位缝入金属链,便于弯曲。但当内压升高时,宇航员仍难活动身体。苏联早期使用的宇航服笨重,设计也不够严谨。"上升2号"飞船一名宇航员出舱活动,返回座舱时,宇航服在空间像气球一样膨胀起来,让宇航员难以钻回座舱。好在宇航员能沉着应对,经过反复努力、尝试,费了一番周折,终于进入了座舱,避免了一次事故的发生。

宇航服经过几代改进研发,性能变得优越。它的头盔透视面闪烁着金光,上面镀有薄金。金是优良的电磁辐射反射体,可以有效地反射来自太阳的有害辐射。头盔由聚碳酸酯材料制作,可以承受住外太空微流星体的冲击。躯干部位的宇航服由特殊的玻璃纤维等材料复合而成,可保护宇航员免受太空微流星体、粉尘和宇宙射线的侵害。

在宇航服腰部绑有一条宽白的"腰带",它其实是一个容器,里面装有大容量的"尿不湿"。宇航员一次出舱活动常在3个小时以上,不可避免要排出尿液。外太空没有洗手间,这个"腰带"就解了如厕之急。宇航员戴的手套也不一般。太空常有低于零下100摄氏度的低温,为防宇航员手指受冻,宇航手套指尖呈圆形,并配有加热器,以为手指供暖。在宇航服下身套件中,膝盖关节处会缠上十几层防尘绷带,用以隔绝细微的粉尘。太空中细微的粉尘附着在膝关节处,会造成极大的安全隐患。宇航员脚上的鞋是用来飘浮的,看起来厚重,实则松软得多。

在宇航服外层之下是紧贴宇航员身体的通风服。它由特殊的弹性氨纶面料制成,有很好的保暖效果,并有很强的延展性。通风服内部装有生命支持系统的管道,负责抽走宇航员的汗水和多余热量、输送饮用水、提供循环的冷水等。另有一些管道,开口从宇航员的手腕和脚踝处伸出,以输送氧气和吸收二氧化碳、体味和水汽等,并能维持宇航服内正常的气压。此外,生命支持系统还带有通信、健康监测和设备监测等功用,当宇航员生命体征或宇航服出现问题时,这个系统就会及时发出提醒。

近年来航天大国宇航服的研发,功能更趋完善,制作更为精细。前不久美国航天局公布了下一代宇航服的原型设计,这款宇航服以白色、绿色为主色调,头盔采用半球形透明设计,穿戴起来更加方便。

60. 航天技术用于民间

民用航天技术是以民事应用为目的,开发利用太空的一门综合性工程技术。

说到空间技术,很多人会认为这是尖端科学技术,与民间生活关系遥远,美国耗费巨资登月,与苏联竞相发射人造天体,无非是两个超级大国在太空争霸。其实这只是航天技术发展的一个方面。

自 20 世纪 60 年代升空的多种应用人造卫星,不单单是消耗财富,同时也创造财富。如发射气象卫星,对全球进行气象观测,搜集气象资料,为农业、渔业、畜牧业、航空、航海等行业提供及时、准确的天气预报。至 20 世纪 90 年代,苏联每年从气象卫星获得 10 多亿美元的收益,美国的收益更多达 20 亿美元。

在 20 世纪后 30 年,全球洲际之间的通信业务有 2/3 以上是由通信卫星承担的。"国际通信卫星"的每条话路月租费为 420 美元。以"国际通信卫星 5 号"为例,它拥有 1.2 万条话路和 2 条彩色电视信道。单是话路每年就可收租金 6000 万美元。按 7 年计,可回收 4.2 亿美元,是该卫星研制和发射费的 5 倍多。

地球资源卫星有"太空多面手"之称,它在观察农作物长势、预计粮食产量方面尤有独到之处。美国利用资源卫星估算国外小麦产量,在市场贸易中占得先机,每年从中获利 2 亿美元。美国发射了 3 颗"陆地卫星",用于寻找矿藏、勘察油田、监视农林灾害和洪涝灾害等,一共花费了 2.5 亿美元,每年却给美国带来 14 亿美元的收益。

航天技术用于民间除能直接创造财富,间接取得的经济价值也是很大的。空间技术集当代众多的高新技术之大成。空间活动的需要,极大地促进了喷气、电子、半导体、真空、低温、复合材料和遥感材料等技术的发展,研发出众多用于空间的新产品、新材料。当这些成果移植到国民经济各个领域推广使用,就产生了巨大的经济效益。电子计算机是受空间活动影响最大、向其他部门推广最快的新技术。如今电子计算机已经成为现代化建设的尖兵,在工业、农业、商业、国防、科学研究、文化教育、交通运输和城市规划等各个领域里大显神通,使整个社会经济的发展和生活面貌都发生了深刻的变化。随着国民经济诸领域无不从空间技术的服务中得到好处被认知,今后航天技术用于民间的思路和实践会变得越来越广阔。

61. 航天技术进入家庭

航天技术用于民间,使国民经济的诸多领域,如医疗卫生、交通运输、住宅建筑、环境保护、邮电通信等,无不从空间技术的服务中得到好处。航天技术之花在家庭生活的各个角落也是盛开的,并展现出绚丽的色彩。

一种用复合材料制作的预制板,成为新颖的建筑材料。这种复合材料本来是火箭上用于制造推进剂贮箱和发动机壳体的,推广到房屋建筑上使用,隔热、隔音的效果都大大优于混凝土预制板。大面积的玻璃窗上贴了一层透明金属膜,这种薄膜原是为了保护人造卫星在太阳照射下温度不致过高而研制的,可以反射掉75%的紫外线。把这种膜用于民宅后,房间内不仅冬暖夏凉,光线也变得更加明亮。

床上被褥轻柔保暖,是以记忆海绵制作的,原是宇航员的座椅支撑和保护垫制作材料。这种记忆海绵受水不潮,遇火不烧,长期压缩,弹性如初。薄薄的毯子,拉开布外罩,只见里面贴着一些纤小的电热片。这些电热片本是宇航的新技术,给人造卫星上的仪器加热用的。用到家用毛毯上,接上电源,很快就散发出均匀温和的热量。使用这种电热片技术的还有衣、帽、鞋、袜、围巾、手套等御寒服装用品。"尿不湿"原本是为解决宇航员出舱执行任务尿急这个窘事而研发的,推广使用后,为很多有特殊使用需求的人帮了大忙。

人们常吃的方便面干菜调料包,学名"脱水蔬菜",是美国"阿波罗"飞船登月计划里专门为太空宇航员能吃上蔬菜而开发的。这个调料包进入到民用食品中,一直是快餐业的宠儿。为宇航员研发的速食食品多种多样,其制法是将食物烹调好,放置在零下50摄氏度低温下脱去水分,然后密封于镀铝涤纶薄膜袋里,能长期存放,食物的营养价值和色泽香味都能保持不变。吃的时候加入适量冷、热水,几分钟后就可进食,十分方便。这种食法也广为餐饮业和家庭所用。在一些餐饮店后厨,厨余垃圾被放入一个垃圾容器,容器能对食物残余加以"消化",回收再用。当然这种垃圾处理机也是从航天技术中移植过来的。

如今通信卫星、导航卫星等不断发射升空,在造福各项国民经济建设的同时,也直接服务于千千万万的家庭。人们尽可以居家享用交流电子化网络信息,加强对外沟通联系,接受文化教育培训,使用车辆导航定位等,让生活变得更加便捷和惬意。

62. 航天技术助力医药

传统的医疗药品卫生领域,也是移植航天技术的广阔天地。

普通的心脏起搏器,用汞锌电池为电源,寿命很短,每隔一两年就要取出更换。而利用人造卫星上的微型电路和镍镉电池,制成的可充电埋藏式心脏起搏器,只有一个火柴盒大小,接上电源就可为体内电池充电,可在体内连续工作 10 年。这大大减轻了病人因更换起搏器带来的手术痛苦和经济负担。便携式心脏病急救箱载有从载人飞船移植过来的氯酸盐供氧剂、脑电图仪和遥测、通信设备,在抢救患者时,病人的心电图等数据可通过无线电遥测,传至数十公里外的中心医院,有利于医生施救。登月的宇航员回到地面,走出座舱前要穿上隔离服,身体与外界隔绝。这种服装稍加修改,就可作为医用隔离服,它对于需要隔离的儿童患者尤有必要。儿童生性好动,穿上隔离服就可到户外玩耍或者接受父母的探望。

在烧伤治疗中,准确判断烧伤组织的受损程度,是早期治疗烧烫伤的关键。航天上所用的红外摄影和判读技术,对于确定皮下深处组织的烧伤程度,有着特殊的"透视"本领。用电子计算机判读以红外摄影拍摄的烧伤部位照片,能迅速而精准地确定坏死组织的范围,为早期进行切痂植皮的手术提供依据。白血病人在经过药物或放射性治疗后,需要经常补充白细胞。为解决白细胞的贮存问题,人们又用到了航天技术。方法是将白细胞装在聚四氟乙烯做的容器里,容器有两个夹层,里层装冷却液,外层流的是液氮,同时用航天器上调节温度用的电子加热线路来控制白细胞的冷却速度。当温度下降到零摄氏度时,电子线路停止加热,让白细胞放出的潜热迅速被液氮吸走,就可以保证温度持续、均匀地下降到零下 50 摄氏度。

1982 年,美国在一次航天飞机升空时携带了一台叫作"电泳分离器"的仪器,这是一种用电泳法分离并提取血球、细胞、酶和激素等生物物质的设备。由于地面有重力作用,电泳法在地面提取生物物质效率低、纯度差,科学家于是想到利用航天飞行的机会,在失重的状态下进行电泳法分离,提取生物物质。试验中,血球的分离成功,肾细胞的分离更取得了意想不到的收获,肾细胞竟然被分成 26 级,其中第 15 级肾细胞是产生尿激酶的原料;第 14 级和 17 级肾细胞是分泌促红细胞生长素的母体。电泳分离器试验的最终目的,是开办"太空药厂",成批生产生物制品和药品,以满足地球人的需求。

63. 太空维修

　　早期的人造卫星发射升空后有了损坏,是没有办法维修的,只能任其报废。这种情况到了 20 世纪 80 年代有了改变。

　　1980 年 2 月,美国的一颗名叫"太阳峰年"的专用天文卫星发射升空,用于观测太阳的活动和了解太阳的成分变化。这颗卫星在离地 500 公里的轨道运行不到 6 个月发生了故障,由于姿势控制系统的保险装置出了问题,无法保持对日定向工作,以致完全失去作用。好在"太阳峰年"卫星是第一个按照可以在太空修理而设计的卫星,它的各个系统都是可以更换的模块式结构。这颗故障卫星在航天飞机任务排满、等待了将近 4 年终获维修。

　　航天飞机载着宇航员飞到离"太阳峰年"卫星只有 90 米的地方。宇航员走出座舱,他身穿宇航服,头戴盔帽,还背了一个箱式空间行走机。行走机装有 24 个喷嘴,宇航员就靠这些喷嘴喷出气体,产生反作用力,在空间行走。宇航员可以向前后左右和上下走动,还能前后翻滚。来到卫星跟前后,宇航员用宇航服上的钩子钩住卫星,使卫星停止旋转。航天飞机靠过来,舱内宇航员操纵机械手伸出货舱,抓住卫星,拽入货舱。将卫星固定好,卸下 20 颗螺钉,拆换了卫星上失灵的部件,为电子仪器加装了盖子。整个维修用了 3 小时 25 分钟。在检查和确认各系统运转恢复正常后,宇航员用机械臂将卫星重新放回太空。在 4 月 24 日,这颗经修复的卫星观测到了 1978 年以来最大的一次太阳耀斑。

　　哈勃望远镜自 1990 年发射升空后,探索宇宙成果辉煌,但它也先后经历了 5 次太空维修。在 2009 年 5 月最后一次大维修中,是风险最高的一次太空行走活动。在五天五次宇航员出舱行走维修中,更换了 6 个陀螺仪和 3 个蓄电池组件,修复了"停工"的成像摄谱仪等。仅维修成像摄谱仪,宇航员就要在保证安全的情况下,移除供电板上的 110 个小螺丝钉,以便更换旧的供电板。为了这次维修,地面上的工程师们准备了 300 多种特殊工具。四名宇航员在五次维修中,每次太空行走都在 6 个小时以上。除了吃喝与排泄不便,失重也是一大苦恼。宇航员穿着厚笨的宇航服,人处于飘浮状态,不仅难以固定身体,而且行动异常迟缓,一般每秒钟只能挪移 10 厘米。如果要拆卸一颗螺丝钉,在地面一拧就下来了;可一旦到太空中操作,会显得十分吃力。两层楼高的哈勃望远镜,像一辆竖立起来的大公交车,而这庞大的设备却又是配套得极其精密的科学仪器,部件繁杂而且不允许有半点安装失误。

64. 改善中的航天生活

从载人飞船到航天飞机和空间站,宇航员的空间环境和生活条件,都有了一个质的飞跃。

与狭小的载人飞船座舱相比,航天飞机的座舱宽敞了很多。它有上下3层,上层是驾驶室,下层是设备舱,中层是生活间。生活间高2.2米,面积可达13平方米。前部有一排储物柜,后面是一个直径为1.6米的圆筒形空间,这是宇航员进出货舱和到宇宙空间去的过渡舱。生活间一侧有炊具柜和盥洗室,另一侧有双层床和立式床。中部是一片约有6平方米的空地。座舱内始终保持着一个大气压和15—25摄氏度的气候环境。宇航员在此只穿轻便、随身的飞行服即可灵活活动。

航天飞机上的饮食也有显著的改善,除要保证宇航员每人每天3000卡热量,还在食物中强化加入了人体在失重条件下易流失的钙、钾和镁等成分。那种以前一味装在牙膏袋里的糊状食品,已大有改观,变为了正常食品,而且注意了食品的色、香、味,以增进宇航员的食欲。

在宇航员每日食谱上,饭菜和饮料已有100多种。饭菜有脱水的,如米饭、通心面、蛋、虾、蔬菜、水果及饮品等,进食前加水润湿,不失原有风味。也有自然状态的,如糕点、黄油、巧克力等。面包和肉食经过离子辐射消毒,可长期保存。想改变口味还有罐装的鱼和水果等。炊具柜内有电炉、冷热水、调味品等。所有调味品都由粉状改为液态,以免在失重下粉末飞扬。把脱水食品加工复原变为美食,是轻而易举的事。

宇航员用餐时,都会站着吃,靠鞋子上的吸盘把身体固定在地板上。在这里吃东西不能坐,一坐上半身就会自然后仰,给饮食带来不便。在失重状态下,饭要一口一口吞咽,水要一口一口喝下,狼吞虎咽不行,容易呛入气管。

有了较宽裕的空间,也就有了身体锻炼的条件。宇航员可以因地制宜托举物体,也可使用拉力器械,蹬踏器械健身。出汗了要洗浴,盥洗室里有浴盆,冷热水齐备。只是盆里多了一副"脚镣",洗澡时要把双脚套在"脚镣"里面,不然人会飘起来与水分离。

宇航员入睡时,使用的双层床由于失重,床板形同虚设,并不起支撑身体的作用,人没有重量,也不会往下掉。立式床其实是一个大立柜,可以把人固定在里面入睡。在失重条件下,站着与躺着没有区别。不管用哪种床,宇航员都要用保险带把自己勒紧,让身体和床板之间有个压力牵制。不然睡着了,不知会飘向哪厢。

65. 不寻常的航天策划

进入 20 世纪 80 年代以后,航天技术发展之迅速、应用之广泛、影响之深远,大大超出了人们的预期。这也让不少人看到了空间发展带来的商机,由此加以策划开发,有些项目已投入实施。

航天飞机开始发射使用后,设置有能够装运近 30 吨货物的大货舱。但航天飞机每次执行任务,它的载重能力并不饱和。美国航天局于是制定了一项"零星仪器搭乘班机"的计划,航天飞机每次执行任务可以顺便为用户捎带小型仪器升空,在轨道上进行科学和工程试验。由于搭乘班机收费低廉,一些研究机构和公司、科学团体,甚至青少年组织,纷纷向航天局申请提出加入。几年间,接受赞助的青少年科研团体已借助航天飞机成功开展了失重条件下蚂蚁的生长习性、乳酸的发酵、熔融玻璃表面变化等专项研究,受到社会好评。

无重力分娩本是科幻小说里的情节。总部位于荷兰的太空生命起源公司却策划在"训练有素的世界级医疗团队"的陪同下,将一名孕妇送上距地球 250 英里的太空中娩下婴儿,整个分娩将持续 24 小时左右。一旦孕妇生下孩子,太空舱就会重返地面。该公司已将 2024 年定为这次太空接生旅行的目标日期。该公司高管认为,有朝一日人类要离开地球,到别处定居,都要扎根组建家庭,建造家园。如果不学习如何在太空中繁殖分娩,其他都将无从谈起。

美国一家礼仪公司则策划了超特别的"太空葬",让往生者最后一趟旅程,不仅能上太空,还能让身体永恒融入大自然。只要付出 3000 美元,就能让骨灰坛乘着高空气球升空,一直飞到近 22 千米高的近太空,通过 GPS 控制撒下骨灰。报道称,撒落的骨灰最后会与水汽结合,成为云、雨、雪,以另类的水循环回到大地上。由此也多了一个土葬、火葬之外的"天葬"。

美国《天体生物学》杂志发布的"阿波罗"飞船采集的月壤实验研究表明,植物具有从月球风化层中"提取"某些营养物质的能力。研究发现,发芽的种子和幼苗似乎很享受月球土壤给它们提供的营养。科学家于是有了大胆策划,进一步开发植物的这种潜力,将植物改造成"生物矿工",来提取月球上的有用物质。有了丰富的原材料,就可以用于月球基地的建设和运营。科学家若开采到月球的丰富矿产,将使人类实现不依赖于地球资源的太空"可持续发展"成为可能。当然,这也是为人类早日登陆火星做准备。

66. 进入空间的女宇航员

载人航天作为人类的壮举，男女都要参与，需要体现"男女平等"的新时代理念。

冷战时期，美苏在女宇航员抢先上天一事上也展开了竞争。1963年6月，苏联女宇航员捷列什科娃成为第一个进入太空的女性。1984年7月，苏联的萨维茨卡娅进行了太空行走，成为完成太空行走的第一位女性。其实美国选拔女宇航员比苏联要早，但他们要求候选人必须是空军试飞员，而且具有1500小时驾驶喷气式飞机的经验。如此刻板的要求使他们直到1983年才将第一个女宇航员送上天。

相比于男性，女宇航员上天要克服更多的困难，但她们也有自身的优势。女性的体力一般不如男性。女性上半身的体力为男性的50%，下半身为70%。宇航员在进入太空后，要从事很多体力劳动，特别是太空行走。说是行走，其实是要完成各种太空维修保养、设备安装和科学实验任务。有些工作让女宇航员去做，相对会感觉吃力。女宇航员在月经期更不宜舱外行走，这种时候全身血容量减少，容易患减压病。

女性的血压一般比男性低，但心率却比男性高。在太空飞行后对宇航员的站立耐力实验中发现，出现晕厥前期头晕眼花症状的宇航员中女性比男性多。但另一方面研究发现，中年男性患冠心病风险增大，载人航天会进一步增加这种风险。反之，女性由于受体内高水平雌激素的保护，不易患冠心病。大量数据表明，在航天中女宇航员比男宇航员较少发生室性心律不齐，这在长期飞行与短期飞行的数字对比中更为明显。

从生理构造上说，女性耐久力比男性强，心理素质稳定性高于男性。欧洲航天局的研究人员认为，全部由女宇航员来完成的长期航天任务，其效果更为理想。因为女宇航员在一起，互相配合，积极主动，更有利于任务的完成。为此建议未来人类的第一次载人火星旅行，最好全部由女宇航员完成。

中国"天宫一号"发射成功后，首次选拔的两名宇航员也开始了正规训练。2013年"神舟十号"飞船发射升空，三名航天员中王亚平成为中国首位进入太空的女航天员。

67. 送往太空的稀奇物品

自人造卫星发射升空后,半个多世纪以来,除用于宇宙探索的各类仪器设备被送入太空,还有一些物品也进入了空间,有的甚是稀奇古怪。

1977 年,美国"旅行者 1 号""旅行者 2 号"探测器发射到太空,几十年来,人们猜想那些具有听觉系统的潜在生命形式或许已经听到了来自地球的声音。声音包括来自地球不同文化和地区的音乐,也有来自自然界的,都被刻录在一张 12 英寸的镀金铜质光盘上。这些声音是由美国一个专家委员会精心挑选的,并配备了易于播放光盘的唱机。

2011 年 8 月,美国宇航局发射了"朱诺号"探测器,当它 5 年后抵达木星,将会在木星轨道上停留一个地球年,对木星的大气层进行考察研究。有 3 个著名的乐高玩偶搭乘在上面,一个是古罗马神话中的众神之王朱庇特,木星就是以他的名字命名的;一个是他的妻子朱诺,手握望远镜;还有一个是意大利天文学家伽利略,他手持望远镜和一座木星的微缩模型。这是美国宇航局和乐高公司的一个合作项目,旨在激发孩子探索太空的兴趣。

2007 年 10 月,科幻电影大片《星球大战·杰迪武士归来》中的激光剑道具,随着"发现者号"航天飞机升空,以纪念《星球大战》系列影片上映 30 周年。有人扮演成电影里的角色楚巴卡,将激光剑护送到加利福尼亚航空港,展示后空运到卡纳维拉尔角,从那里进入太空,然后返回地球,以此表现与它同在。

巴斯光年是动画电影《玩具总动员》里的宇航员。2008 年这个木偶跟随"发现者号"登上太空,在国际空间站待了 450 多天,随后它与航天史的标志人物巴赫·奥尔德一起返回地球,在迪斯尼乐园受到了一场抛撒彩带的游行表演的欢迎。

在执行"阿波罗 14 号"任务进行月球漫步的途中,宇航员谢帕德告诉控制中心,他"碰巧"有个 6 号铁的高尔夫球杆和一些高尔夫球,想在月球打上几杆。在几次不成功的挥杆以后,他终于把一个球打出了"很多很多公里"。返回地球后,谢帕德将球杆捐献给了美国高尔夫球协会。

詹姆斯·杜汉是科幻系列片《星际迷航》中斯科蒂的扮演者。他的遗愿是将自己的骨灰送入太空。这看似简单,实现起来却有挫折。两次使用火箭发射升空失败后,才由哥伦比亚号航天飞机将他的一小部分遗物带入太空,完成了他的遗愿。

68. 登月前的强化训练

美国将载人登月探险计划,称为"阿波罗"计划。实施这个计划,耗资巨大,参与的部门和人员众多。选拔和训练直接登月的"准"宇航员更成为一项重中之重的要务。

"阿波罗"飞船登月计划设想于 1957 年,于 1961 年 5 月宣布实施,至 1972 年底结束,共进行了 17 次飞行试验,历时 11 年半,其中有 6 次登月成功。登月宇航员一般要经过 5 年以上的训练,其中 40% 的时间是学习计划的理论科目,以及使用电子计算机,其余的时间是进行飞行操作、月球活动等训练。从飞船发射到溅落,共 88 道飞行步骤和各种应急预案处置,都要经过反复的训练。训练大多在休斯敦载人飞行中心进行。

宇航员登月后的一项重要任务是采集月球上的岩石、土壤样品,带回地球进行科学研究。宇航员需接受 13 个月的地质学习考察,再去美国西南部得克萨斯州荒原上做进一步考察实习,学会识别不同类型的岩石。他们要背上巨大的背包,用来装采集到的样品。背包上装有摄像头,伴随宇航员一路拍摄周边环境。

登月宇航员要进行各项身体素质的训练,如跳水训练、潜水训练、失重训练等。为在地球上模拟月球上的低重力环境进行训练,宇航局找来一架飞机,让飞机沿着向下或者向上的抛物线轨道飞行,飞机在空中上下俯冲翻飞的时候,机内宇航员就能体会到失重的滋味。宇航局还专门制造了一种"浮力模拟器",充水后让宇航员身穿宇航服,入水完成各种动作。由于水的浮力能抵消一部分地球引力,因此宇航员在模拟器里也能体验到低重力环境。

按照登月计划预测,飞船载着宇航员返回地球时,太空舱会降落到海面,于是宇航员加强了降落伞滑行、游泳、跳水、潜水等科目的训练,以及练习在水面上如何从太空舱里爬出来,如何展开救生筏等。由于返回降落存在着太多的未知,为应对宇航员有可能误落在丛林和沙漠地带,宇航局曾把宇航员送到巴拿马运河区的丛林生存学校里,在雨林中练习如何用树的枝叶搭建简易住所,用随身携带的刀具砍伐树木和采集食物。宇航员还曾被拉到美国内华达州和华盛顿州的沙漠地带接受沙漠生存训练,学习如何捕捉一条沙漠无毒蛇,并将其变为果腹之餐。虽然登月宇航员降落在意外之地的风险不是很大,但考虑到万一,登月前的训练还是一一操练到位。

69. UFO 的真真假假

UFO 是英文"Unidentified Flying Object"（不明飞行物）的缩写。据称它们是由非地球人类制造出来的一种宇航乘具，被叫作"飞碟"。

1878 年 1 月，美国报纸登载了一则新闻：得克萨斯州农民 J. 马丁声称看到空中有一个圆形物体。之后关于不明飞行物的记载一直很多。1947 年 6 月，美国爱达荷州的阿诺德驾驶飞机在空中飞行，突然发现有几个碟盘状的"怪物"在高空快速前进，每个"怪物"的直径有 30 多米。这一报道引发了世界性的飞碟热，"飞碟"一词很快流传开来。在此之后的 20 年里，世界各地自称亲眼看到过"飞碟"的已超过 1.2 万人次。

有目睹还有遭遇。报道称，1956 年 10 月 8 日，一个 UFO 突然出现在日本冲绳岛附近上空，这时附近恰好有一架进行实弹打靶的战斗机，炮手反应迅速，当即向它开炮，结果战斗机碎裂坠落，机毁人亡，而 UFO 并无损伤还离去。各类有关 UFO 的报道说得有鼻子有眼，对其中很多异常特征难以做出合理的解释。越来越多的目击报告涌向军方和传媒，政府也设立了专业部门对飞碟大事研究。

英国国防部对境内 1631 起 UFO 事件调查研究得出的结论是：绝大部分 UFO 是飞机、飞行器碎片、高空气球、大气现象等，真正的不明飞行物只是极少数。其他很多国家的科学家也对 UFO 的存在持否认态度。认为大多数目击报告中的不明飞行物不过是人们对幻日、幻月、极光、流云、闪电、地震光以及火箭发射、导弹试验等已知现象的误认。有人认为 UFO 产生于一群人的大脑之中，属于"不管你信不信，反正我信"的心理认知。

另外一些的科学家则认为不明飞行物正在被更多的事例所证实，属于一种真实的现象。他们提出不能轻易否认 UFO 现象的存在，UFO 现象在许多方面的确与已知的基本科学规律不符，现代科学家如果不能正视它的存在就会造成更多理论上的困难。

1978 年 11 月，第 33 届联大特委会一致通过了"各有关成员国采取必要的立场，以便协助有关国家进行对包括不明飞行物在内的外星生命的科学研究和调查，并把目击案例、研究情况和这些活动的成果报告秘书长"等内容的会议纲要。自此，引人关注的 UFO 研究已不再局限于各国政府和民间机构。

70. 寻找外星人

1859 年,英国生物学家达尔文出版了《物种起源》一书,提出了生物进化论,指出人类在生物进化历程中只是一个普通的物种。这让人思考,既然地球只是宇宙无数行星中的一颗,那么其他与地球类似的行星上或许也会孕育出生命,并进化出与人类相似的智慧物种。"外星人"由此成为一种理所当然的存在。

1957 年苏联发射了人类历史上第一颗人造卫星,拉开了人类的宇宙时代序幕。随着人类探索外层空间的步伐不断向前迈进,让人失望的是,迄今为止太阳系其他天体上都没有发现外星生命的迹象。于是,寻找外星人的希望便寄托在了太阳系以外的广袤宇宙之中。

要想在浩瀚无边的宇宙中寻找外星智慧生物的踪迹,首先要解决一个交流的问题。科学家发展出一种以数学为基础的"宇宙语",靠发射不同波长的无线电波来表示不同的意思。使用这种方法,从 1999 年开始,地球人已经多次向茫茫宇宙发送了这种"太空短信"。令人遗憾的是,这些努力并未获得回应。而长期以来,分布在全球各地的大型射电望远镜一直在搜寻来自外太空的人为电磁信号,同样是徒劳无功。美国 20 世纪 70 年代发射的"先驱者"和"旅行者"飞船,携带了礼品,向外星人致以"来自行星地球的问候",至今只是希望渺茫地苦等。

尽管寻找外星人无果,但有大量的人相信外星人存在。路透社 10 年前所做的一项全球调查结果显示,全世界平均有 20% 的人认为存在着外星人。还有不少科学家认为,发现外星人只是时间问题。在已知的 100 多个类太阳系中,有一半含有与地球类似的星球,它们很有可能也会孕育生命。

真的发现了外星人,并主动与其取得联系,一定就是好事吗?有些科学家对此提出质疑。诺贝尔奖得主、英国天文学家莱尔就曾写信给国际天文学联合会,竭力主张地球人不要与外星人打交道,以免引来家毁人亡之祸。著名物理学家斯蒂芬·霍金也向人们发出警告,他认为外星人若获知了地球的存在,很有可能对地球发动战争,掠夺地球上的资源。而另外的很多科学家则认为,如果外星人拥有了高度的科技文明,那么他们同样应该具备极高的道德水准,已经学会了尊重星际间的自然生物多样性。甚至认为,通过与外星人建立联系,能够帮助人类文明走向更高的阶段,更好地融入星际社会。

71. 臆想中的外星人

人类利用科学寻找外星人、外星生命,已有 60 多年的历史。虽然目前尚未发现有任何外星生命存在,但人们的关注热情一直不减。那么,真的有"外星人",它们会有怎样的外表和内心呢?

人们臆想中的外星人,早就在影视剧中有丰富的表达。在美国好莱坞等科幻大片里,外星人有"好"有"坏"。在《地球停转之日》一片中,幻化成地球人模样的克拉图为救地球远道而来,最终用牺牲自己的方式拯救了人类。克拉图也因此被认为是"最好心的外星人"。斯皮尔伯格执导的《E. T. 外星人》中那个相貌古怪的外星生物,一度成为外星人的标准形象和人类美好品德的化身,被认为是"最可爱的外星人"。《超人归来》表现了出生于克利普顿星的超人,从事着拯救危险人类的工作,被认为是"最人性化的外星人"。在科幻片中,还出现了一些邪恶的外星人。《世界大战》一片中,多爪外星人生物在地球潜伏多年,只为全面攻陷地球,被称为"最阴险的外星人"。在电影《阿凡达》中,外星人换成了地球人,为了夺取潘多拉行星上丰富的能源,地球人与当地土著发生了激烈冲突,被称为"最贪得无厌的外星人——地球人"。此外影视片中外星人的形象,还有"最狰狞的外星人"——异形虫怪、"最搞笑的外星人"——大头火星客、"最酷的外星人"——变形金刚、"最含蓄的外星人"——长方体等。

前不久,英国资深的天文学家提出,寻找外星人应该包括"有感情的机器"在内的外星生物。有的外星人可能不是"人",也不具有"人形"。英国物理学家霍金有着超强的想象力和丰富的内心世界,他曾表示,不少星球上可能有外星生物存在。一些星球的生存环境极端恶劣,这也造就了与地球生命形态完全不同的外星生物。在霍金的构想中,外星水母是一种像南瓜的气囊状生物,飘浮在外星大气层中,居然以闪电为食。有的星球上活动着一些食肉怪兽,长有宽阔的大嘴和细长有毒刺的尾巴。它们会成群攻击大大小小的猎物,相互之间也会偷袭和蚕食。霍金还表示,在宇宙中也会有个别星球的生存条件类似或优于地球,那里可能进化出了高级的智慧生命。但人类应该避免与其发生联系,"不要和外星人说话"。这跟日常生活中"不要和陌生人说话"是一个道理,因为两者都具有潜在的威胁。

众多影视作品也好,霍金的考虑也好,人们之所以会幻想出如此众多的外星人角色,根本上是出于人类作为一个智慧物种的孤独感。在渴望与其他智慧种族交流的同时,又害怕受到伤害。因而在面对外星人时,才会表现出如此错综复杂的感情。

72. 太空的诡异幻象

人类在半个多世纪的太空探索中,有超过 400 位宇航员进入了太空。他们有许多不为人知的亲身经历和感受,在独特的太空环境中有些宇航员还产生了诡异的幻象。

宇宙空间本就应该是寂静无声的。苏联宇航员沃尔科夫结束太空飞行后回忆说,大地的黑夜从下面掠过,忽然从黑夜里传来狗的叫声,他正感诧异,又听到了婴儿的哭声和一些别的声音。声音传来都很真切,让他难以理解。听到过怪异声音的还有另一位苏联宇航员格列奇科,飞船在飞过智利领土时,他听到了虎啸声,似乎有一只猛虎就要扑向他,让他心生恐惧。

一般情况下,在 300 公里的高空肉眼对下方的物体都无法辨认。美国宇航员库珀尔在太空轨道飞越中国西藏上空时,清晰看到了草场、房舍等建筑物。苏联宇航员维塔利也证实,他在太空轨道看到了俄罗斯的疗养胜地索契。说他清楚地看清了港口和两层楼房子。格列奇科则说,他透过飞船的舷窗,看到了水中浮动的冰。在飞越蒙古上空时,突然见到了人的影像,体形硕大,戴的帽子、所穿军大衣都看得一清二楚。

不止一名宇航员在太空飞行时,有过自己变成另外生命的幻象。苏联宇航员谢尔盖在介绍太空经历时讲道,进入太空人有时会脱离自己所习惯的人性方式,进入到一种兽性状态。一名宇航员告诉他,说他曾经处于恐龙的形态。他感觉自己正行进在某个原始区域,翻越峡谷和深渊。自己长了爪子、鳞片,脚趾间有蹼,感觉背上脊骨上竖起了角质片。另有一些宇航员会感觉自己变成了另外一个人,甚至是传说中的外星人。

有的宇航员表示,在太空轨道飞行会产生"感觉效应"。某个时刻,宇航员会突然感到有沉重的目光从背后注视着他,还会有低语传来,说出宇航员家庭中的琐碎事情,这些事情大都与家中的先人有关。有人认为,"太空低语"不同于人类智慧,是外星文明的产物,是在利用催眠术,通过意识和潜意识使人类确信他们的存在。也有专家指出,这不过是宇航员在太空飞行中另一种幻象。

幻听也罢,幻象也罢,对这些太空奇遇的资料,有关科研人员必须正确对待,认真整理,探讨研究,做出合理的解释。这不仅有利于航天飞行的安全,或许还能获取更多的宇宙神秘信息。

73. 太空旅馆

谈到太空旅行,不能不说到太空旅馆。太空旅馆的概念由来已久,早在美国"阿波罗"飞船登月前的 1967 年,著名酒店连锁公司希尔顿集团就提出太空旅馆的构想。日本清水建筑公司也提出过类似的计划。

然而,在近 40 年的时间里,太空旅馆一直停留在构想中,没有人真正投资过任何款项。直到 1999 年,美国房地产大亨毕格罗宣布将投资 5 亿美元建造太空旅馆。2006 年、2007 年,美国毕格罗的两个试验舱"起源 1 号"和"起源 2 号",由俄罗斯"第聂伯"火箭发射,进入距地面约 560 公里的预定轨道。试验舱由可充气膨胀的软壳太空舱组成,发射到轨道后会像气球那样自行充气鼓起。充气的软壳表面具较好的弹性,可以抵御太空垃圾、宇宙粒子等撞击,为其内核提供保护。谁知毕格罗在弄了两个试验舱升空后,他的太空旅馆后续却续不起来了。

除毕格罗的太空旅馆,国外还有多种太空旅馆建造方案。"银河套房"的设计是将不同的太空舱分别用作酒吧、餐厅,旅行者足不出户就能观赏到宇宙的美景,每天可观看 15 次日出,每 80 分钟就能环绕地球一周。人们还能在失重状态下体验"太空浴"。入住者三天消费金额为 400 万美元。"银河套房"预计 2012 年建成,却也落空了。"月球旅馆"是由荷兰设计师设计的。是建造在月球上的双子塔,坐落在 5000 米深的峡谷边缘。乘坐月球车抵达旅馆后,凭窗可领略峡谷风光,一览月球美景,还能远观悬浮的地球。旅馆为游客提供多项娱乐活动,参加重力游戏可体验低重力感觉,这里还有有趣的绳索下吊、别致的游泳项目等,在舱内待久了,还能到户外进行月球行走。这个旅馆项目据称在 2050 年成型。

2011 年,俄罗斯轨道技术公司与动力公司联手制订了打造太空度假村计划,准备让太空旅馆运行在距地 349.2 公里的轨道上,以"联盟号"飞船搭载游客。旅馆装有大型观景舷窗,能尽情欣赏美丽的地球景色和星系,并拍照留念。这里除用于接待游客,还能充当国际空间站宇航员的一个紧急避难所。可惜这个项目也未按期在 2016 年建成。

前不久,全球第一家太空建筑公司、美国"门户基金会"以建设第一个太空港为愿景,提出"远航家太空站"的概念,实施 2027 年建成太空旅馆的计划。旅馆包括影剧院、水疗中心、健身房、主题餐厅、酒吧等休闲设施,可提供多达 400 间舱房。设计的内部装潢具未来感,外形是圆环形,透过旋转可产生人工重力。旅馆在太空除接待游客,还是前往火星的训练中心。只是不知到时能否开张纳客。

74. 太空的私人运营

　　一直以来,大型载人航天项目都是由政府投资,耗资巨大,让美国这样的经济大国也难以承受。为此,美国在进行了大量论证和研究后,决定在太空开启私营运作,采用商业轨道运输的模式降低天地之间往返的运输成本,减少政府的开支。

　　2006 年,美国航天局启动了商业轨道运输服务项目。两年后航天局与太空探索技术公司签署了总额 16 亿美元的商业补给服务合同。2012 年 5 月,太空探索技术公司(SpaceX)自行投资和研制的"猎鹰-9"火箭将"龙"货运飞船发射升空,与国际空间站对接,为空间站送去了 540 千克包括食物在内的"非关键性"补给品。

　　太空探索技术公司所用的"龙"飞船,是成熟的商业运输飞船。飞船长 5.1 米,最大直径 6.7 米,质量为 3180 千克。分为载人型和载货型两种型号。载人型飞船最多可将 7 名乘员送至近地轨道;载货型飞船最多能向上运送 6 吨货物,载回 3 吨物品。"龙"飞船在正式运营前曾进行了载人再入等试验飞行,验证了飞船的发射、在轨运行、信号传输、接收指令、轨道机动、模拟对接、再入大气层、安全降落到水面并被回收等关键技术。它不像一般飞船只能使用一次,而是可以重复使用 10 次左右。飞船一次通常可在空间站上停留半年。

　　一般运载火箭也都是一次性使用的,而搭载"龙"飞船的"猎鹰-9"火箭,第一级和第二级火箭可通过降落伞溅落水面回收并重复使用。"猎鹰-9"火箭高 54 米,近地轨道运载能力为 9.9—32 吨。太空探索技术公司正研制的"重型猎鹰"火箭,全长 69.2 米,相当于 20 层楼房高。成功后便可便捷地将人员、货物送上月球、小行星甚至火星。

　　由于私营企业管理机制灵活、高效,研制商用飞船的周期短,费用低,美国航天局认为处在竞争市场的私营企业完全有能力负担起许多太空开发和运营的项目。除"龙"飞船外,美国的轨道科学公司"天鹅座"货运飞船、波音公司"航天运输-100"载人飞船,也加入了太空商业运营。

　　美国有总统曾多次表示,美国政府欢迎私营企业或个人参与到太空开发中。他认为这符合美国载人航天的长远利益,是一种创新思维,即采用"打的"的模式进入太空。他还说应该全面推广这种模式,发展它的规模,迎接商业太空时代的到来。

75. 有去无回的火星之旅

　　2013年1月,荷兰一家名为"Mars One"(火星一号)的机构,宣布他们将在全世界招募火星志愿者。志愿者们在经过长达8年的训练后,挑选出4名宇航员在2023年登陆火星。此后每隔两年还会有志愿者分批前往。"火星一号"明确告之,志愿者登陆火星之后是不能返回的,对志愿者来说是一次有去无回之旅。

　　"火星一号"在志愿者招募中提出了五项能力要求:承受能力、适应能力、好奇心、信任能力和创新能力。其他在身体、年龄、文化等方面的要求都较宽松。正如他们所预料到的,他们不愁招不到"勇士"。在前期的网络招募中,已收到数千封申请信,其中希望加入的中国人就有450名。

　　在官方网站上,登载了"火星一号"的精密安排和任务详情:2013年通过网上申请进行初选,然后通过电视真人秀再作筛选,最终留下40人接受宇航培训。2014年准备发射供给系统,建造通信卫星。2018年将探测器送至火星,为建立人类居住地选择地点。2021年用美国"龙"飞船将居住地所需着陆器运至火星。2023年首批志愿者登陆火星,安装和使用每个太空舱的连接装置、配置和激活食物生产系统。2024年第二批4名志愿者登陆火星,与首批志愿者会合一起开展科学调查、实验以及自给自足的工程。

　　"火星一号"的策划和实施计划看似周密,但国内外一些专家认为具体操作难度很大。首先,登陆火星是一个非常复杂的工程,需要巨大的资金支持。据测算,登陆火星需耗资4000亿美元,这可不是容易筹集到的。有专家指出,飞船的发射和着陆都存在着难题。飞船飞向火星这么遥远的距离,人类还没有相关的成功经验。从目前情况看,发射到火星的探测器只有50%的成功率,使用飞船登陆太过冒险。其次,根据目前制造飞船的技术,地球到火星的单程飞行要8—9个月的时间。长期的飞行会给宇航员带来生理和心理的巨大影响。宇航员在失重的状态下,会产生肌肉萎缩、骨质脱钙等症状。而且长期的孤独和单调持续的噪音也会让宇航员难以忍受。还有,在长时间的太空飞行中,宇宙射线会穿过飞船的壳体,危害到宇航员的身体,带来很大的隐患。除这些以外,火星之旅还涉及伦理的问题。"有去无回"毕竟关系到人的生命。"火星之旅"的单程之旅能否被人类的伦理学接受尚属一个有待探讨的话题。

76. 太空星球采样返回

采样返回就是用具有采样功能的空间探测器在太空星球上采集样品,然后把样品带回地球。探测地外星球常用的方法:一是环绕探测;二是着陆和巡视探测;三是采样返回探测。三种方法有明显的递进关系,每一步是对前一步的深化,最终达到全面了解一个星体的目的。

苏联第一个将人造卫星发射升空,也是使用无人空间探测器采集月球样品的先行者。1970 年 9 月,苏联发射了第一个无人月球采样探测器"月球 16 号",它高 4 米,底部直径 4 米,重 5.8 吨,由着陆器和上升器组成。探测器在月面软着陆后,启动钻孔机采集月球样本,然后把样品封装于返回舱内。接着上升器从月面起飞并返回苏联境内着陆。"月球 16 号"之行,从月球上采集了 101 克样本。之后苏联又有两个探测器着陆月球,分别采集了 55 克和 170 克月球样本。

美国除对月球进行了载人采样活动,还对彗星、太阳和小行星进行了无人采样返回探测。2004 年 1 月,美国载有"气凝胶尘埃收集器"的"星尘号"探测器与彗星相遇,"星尘号"伸出类似网球拍的收集器,采集彗星的尘埃微粒,然后折叠收入返回舱,返回美国境内着陆。同年 4 月,美国"起源号"太阳采样探测器在日地拉格朗日 L1 点已累计采样 850 天,采集到 10—20 微克太阳风粒子。该返回舱在下降过程中意外与地面发生撞击,遭到损坏,所以只收回了部分太阳风粒子。2016 年 9 月,美国首个小行星探测器"奥西里斯-雷克斯"升空,目标是对贝努小行星进行采样返回探测。两年后探测器成功抵达贝努,并在环绕贝努的轨道上开展了两年的考察研究。2020 年 10 月,该探测器使用了采样机械臂末端的采样器采集到 2 千克贝努表面风化层样品,飞离小行星返回地球。

2003 年 5 月,日本发射了世界第一个小行星采样返回探测器"隼鸟",两年后飞抵糸川小行星 20 公里高的轨道上,它在观测了小行星地貌后,通过着陆产生的撞击,吸入飞溅起来的碎石,完成采样。由于一些故障,"隼鸟"在 7 年后才返回地球。采集到的小行星样品为 1500 粒。2014 年 12 月,日本发射了"隼鸟 2 号"小行星采样返回探测器,5 年后抵达龙宫小行星,采用"接触即离"的撞击式探测,进行弹子弹射取样,采集到 3 克飞溅的碎片和粒子,由返回器带回地球,开展分析研究。

2020 年 12 月 17 日,中国"嫦娥五号"登陆月球,并开始采样,返回器载着月壤样品成功返回地面。中国由此也成为继苏联、美国后,第三个携带月球样品返回地球的国家。

77. 清除太空垃圾

随着航天事业的发展,航天器的发射数量不断增多,太空垃圾也相应增多。据统计,约有 3000 多吨太空垃圾正围绕着地球飘飞。

太空垃圾主要来自功用失效的人造卫星等人造天体相互碰撞或与自然天体撞击产生的碎块,运载火箭的末级等。太空垃圾的飞行速度约为 7.8 公里每秒。极小的垃圾碎屑就可改变航天器的表面性能,大些的垃圾则会因撞击给表面器件造成损伤。与 10 克重的太空碎片撞击产生的能量,不亚于与一辆飞驶的小汽车相撞的。当太空垃圾的能量足够大时,可穿透航天器表面,造成航天器爆炸或结构解体。2009 年 2 月,美国通信卫星"铱星 33"与已经报废多年的俄罗斯卫星在西伯利亚上空发生激烈碰撞,酿成了人类历史上首次卫星相撞的重大事故。碰撞产生了多达 2000 块大体积的太空垃圾,以及难以计量的细碎太空垃圾。2015 年 7 月,国际空间站曾遭遇"惊魂一刻"。据监测,一块太空垃圾正以危险的方式飞来。险情临近,在难以规避的情况下,空间站的宇航员只能进入对接的"联盟号"飞船中避险。好在这一事件最终有惊无险。碎片以 5 万公里每小时的速度,从距空间站几公里的地方掠过。空间站这次虽幸免于难,但在太空垃圾数量持续增长的情况下,碎片撞击的威胁将会长期存在,还会越来越大。

美国曾研究使用激光器清除太空垃圾,方法是利用激光器发出的热能将垃圾小部分气化,但费用较高。美国还计划利用气流脉来清除太空垃圾,该技术会增加轨道垃圾的摩擦力,令其下降坠落到地球大气层烧化。但这种方法有引发"连串撞击"的危险,会产生新碎片飘飞,碎片带会导致很多轨道无法使用。日本宇航探索局则出面组织,打造一张"打捞"太空垃圾的巨网。网的幅宽有数公里,由金属线和人造纤维编织而成,网孔直径 1 毫米。它由人造卫星携带进入轨道,脱离卫星后便开始打捞作业。数周后,这张网连同捕捞的垃圾,在磁力作用下被吸向地球,在落地前焚烧干净。此项目已投入研究了 6 年,尚在完善中。

2020 年年末,欧空局和"清洁太空"公司签订了合同,将在 2025 年发射世界第一个太空清洁卫星"清洁太空一号"。该卫星采用类似"吃豆人"的方式捕捉太空垃圾。它装备有四个机械臂,当靠近目标时,张开四臂向中央合抱,完成捕获过程。然后它会和太空垃圾一起进入破坏性的轨道,通过与大气层作用将垃圾燃烧殆尽。这个项目的研发基金已到位,一旦技术成熟,公司就会提供太空垃圾清理的商业服务,保一方太空轨道的安宁。

78. 进入太空的细菌

太空中没有空气,太空中有没有细菌并存活,天文学家尚没有明确的答复。长期以来,一种较为流行的理论认为,宇宙中会存在各种微生物等,地球的生命最初可能也起源于太空。

彗星是一种由冰、尘埃、岩石组成的集合体,包括了氮、氧及其他有机体,在受到外界热源影响时,彗星内部的冰雪会融化成水,这些水的存在就为细菌的生存创造了条件。彗星扫过一些星体时,常会留下陨石。美国科学家将地球和陨石的氨基酸分子特征进行比对,发现陨石坠落之地的氨基酸分子特征与地球的完全一致。除了地球,陨石还可以坠落到其他星球,如落在与地球相似的环境中,那么陨石中生命力极强的微生物,也会给那里带来生命。支持这一理论的事实是,一些细菌被送入太空仍然可以存活。另外,在地球极端环境中,如南极冰层、火山口、核反应堆等处,也发现了细菌的存在,说明生命在太空这种极端环境中生存是可能的。

一项报告指出,一些普通的细菌居然在国际空间站外部恶劣的太空环境中存活了 553 天。这批附着在英国德文郡海岸岩石上的常见细菌,由英国开放大学的研究小组采集,于 2008 年送往国际空间站。这块岩石样本被放置站外平台 1 年半后,经检查,菌群虽经受了极端的紫外线和宇宙射线辐射以及急剧变化的温差而汽化,很多"菌坚强"仍然活着,重返地球后在大学实验室继续着繁衍。研究人员发表看法说,一些种类的细菌会形成多细胞菌落,能提供抗干燥性的保护,并使中心细胞免受紫外线辐射,并具有强悍的 DNA 修复方法。利用细菌这一习性,在月球或火星上开发基地,就可进行"生物开采",提取岩石中的重要物质。

当载人航天器发射升空,细菌也会随同宇航员一起进入太空。科学家通过一些实验调查发现,在失重条件下,引起胃肠疾病的沙门氏菌等一些病菌的生存能力增强了,而免疫细胞却变得迟钝了,淋巴细胞数目下降。病菌繁殖力的增强和免疫系统战斗力减弱,双重作用使太空中细菌变得猖狂,给宇航员的健康带来很大的威胁。但是,与在地球上一样,进入太空的细菌也不都是有害的。如胃里的一些细菌可以生成有利于血液凝结的维生素 K,另有一些细菌有助于人体消化吸收。有的病原体还能刺激免疫系统,增强人体的免疫功能。因此,对待与人相随的太空细菌,要"压制"它不利于宇航员健康的一面,"激发"它有益的一面,以有助于人类在开拓空间的道路上走得更快更远。

79. 观测太空的哈勃望远镜

哈勃望远镜是世界上最复杂、最精密、最强大的光学望远镜,是一架令人惊奇的机器。

1946年,美国天文学家莱曼·施皮策在呈给国家科学院的报告中强调,空间望远镜应该作为美国太空计划的一部分。在那以后,从初步构想、设计,到建造完成,耗资21亿美元,时间跨度长达40多年。1990年4月,"发现号"航天飞机发射升空,终于将哈勃望远镜送入了太空。

作为这架望远镜"心脏"的主镜面,直径为2.4米,用来收集来自天体的光线,主力设备是用来拍照的广角和行星相机。它一开始被叫作"大型空间望远镜"。后为纪念杰出的天文学家埃德温·哈勃,才以"哈勃"定名。哈勃望远镜诞生之初曾受挫折,探测到的目标恒星成像模糊。经宇航员升空对其进行维修,终于使清晰、紧凑、聚焦准确的恒星图像显现在监视屏上。之后宇航员又先后4次对望远镜大修,更换部件,维护了它的正常使用。

在哈勃望远镜升空30年来,共有20多个国家的2000多名天文学工作者,利用它进行了11万多次天文观测。在可见光谱范围内,对宇宙空间进行了最为深入的研究,观测到数千个星系,探测到了宇宙诞生早期的"原始星系",使天文学家有可能跟踪研究宇宙发展的历史。1995年在哈勃望远镜所拍的深场合成照片上,拍到了距离地球100多亿光年的最遥远星系,而以前看到的只是它几十亿年前的模样。2006年哈勃望远镜在搜索冥王星周围时,发现了冥卫四和冥卫五,也就是说冥王星拥有5颗卫星。按照国际天文学联合会的新定义,没有"清除所在轨道上其他天体"且质量不足的冥王星就此从行星降级为"矮行星"了。

哈勃望远镜被誉为人类安置在宇宙中的"慧眼",科学家借助它观察到了恒星的诞生、星体的碰撞、黑洞的存在,探寻着地外生命的痕迹、宇宙深场的奥秘。哈勃望远镜拍摄的照片唤起了无数人对宇宙的好奇、对太空的向往。它在深奥的科学与公众之间,架起了一道五彩缤纷的桥梁。从哈勃望远镜的身上,既传达着探索宇宙的无穷魅力,也承载着人类的智慧和想象力。

传奇总会有落幕的时刻。2021年6月19日,美国宇航局宣称,已观测宇宙30多年的哈勃望远镜已于13日停止工作,自此进入停机状态。詹姆斯·韦伯空间探测器是其后继者。

80. 机器人上太空

发展至今的智能机器人,随同宇航员进入太空,已能很好地胜任一些宇航员的工作。机器人在太空可以自由活动,实时传送各项数据告知地面。机器人在太空不存在重力问题等障碍,没那么多自身限制和饮食、新陈代谢等心理、生理麻烦。它们所要做的,就是帮助宇航员完成探索宇宙的空间飞行任务。当人类受到生命威胁时,机器人还会全力加以保护,因为这也是机器人的重要使命。

2018 年 6 月,美国太空民企"龙"飞船第二次发射升空,向国际空间站运载了2.7 吨物资,随同货物一起进入太空站的还有一个圆乎乎、比篮球略大的太空机器人 Cimon。这个机器人体重 5 千克,拥有人工智能大脑和 8 英寸的显示屏,机身正面有多个感应器,可与宇航员交流,指导宇航员做健身运动,在科技任务上也能提供支持,警示系统故障和危险,并且能为宇航员提供一系列娱乐活动。这个具有嗓音、面容识别功能的"个人助理",有一张爱笑的大饼脸,蠢萌可亲,既能减轻宇航员在长期太空中工作生活的压力,又有助于研究长期身处太空环境的宇航员所受的心理影响,真是宇航员的一个好伴侣。

2019 年 8 月,俄罗斯"联盟 MS-14"飞船与国际空间站第二次成功对接。这次飞船上有一个特殊乘客,它就是俄罗斯首个仿真机器人宇航员"SkybotF-850",又名"费多尔"。它身高超过 1.8 米,体重近半吨,其全身布满了传感器,能将四肢感受到的各种作用力反馈回远端的计算机设备,进而根据这些受力数据做出力度恰到好处的动作。这项技术使它能驾驶车辆、做俯卧撑、操作电钻,甚至还会打开瓶盖。为它配备的语音控制系统,可以使它与宇航员方便交流。这次"费多尔"升上太空,有几大任务测试:使用特制的海绵清理空间站外壳的灰尘;在工作区用手电筒为宇航员提供照明;使用钳子等工具截断电缆;插拔空间站内外供电系统专用的连接器等。俄罗斯科学家指出,当前探索太空面临着任务周期长、风险高、要求高、多次重复、工作枯燥等难题,这给宇航员身心健康带来很大的隐患。采用机器人替代人类去做一些风险大的探索,是可行的方案之一。机器人上太空取代人的工作,成本低,而且生命周期长,可以去一些人类尚难抵达的目的地。"费多尔"机器人是一个系列,就是想用系列机器人去太空中完成较危险的任务。希望在未来的一天,机器人可以帮助他们早日建立基地。

中国航天科技集团也曾展示过他们研发的"小天"仿真机器人。它是一个固定机座的双臂机器人,每条手臂拥有 7 个自由度。左手是专用操作终端,右手配备了一个具有 12 个自由度的五指灵巧的手。作用是辅助航天员的在轨操作。

81. 未来的太空太阳能电站

太空太阳能发电是指用火箭把太阳能电池板发射到太空,太阳能电池板在太空发电,再将产生的电能转换成微波或激光传回地面,并重新转换为电能。

早在50多年前,美国科学家就提出了"太空太阳能电站"的设想,之后一直在进行着探索性研究和设计,至今已累计投入了近亿美元。另外,欧盟、日本、俄罗斯、中国等国家和地区,也都有建造自己的空间太阳能电站的构想。

据计算,离地球1.5亿公里的太阳向地球表面辐射的能量异常巨大。每平方米地表受到的太阳光辐射能量可达到1000瓦。可惜由于受到地球大气云层等影响,落到地表的太阳光能量仅有200—300瓦。到了夜间,太阳辐射消失,太阳能更是难以利用。如果将太阳能电池板放到太空,每平方米电池板接收的太阳光能量可达到1336瓦。而且在太空里几乎所有的时间都有太阳辐射。

建造太空太阳能电站,目前科学家提出的较为可行的方案是,在地球同步轨道上设置大型的太阳能发电卫星。技术途径主要有两种,一种是在地面把卫星的零部件加工好,然后用飞船分批运输到近地轨道上,在此完成整体卫星的装配之后,再用太阳能电推进系统把它转移到同步轨道。另一种方案是在宇宙的空间建造工厂,进行整个卫星的加工与装配,其优点是可以充分利用太阳能和空间环境,使研制的过程简单化。然而,无论采取哪种方式,都需要大量的宇航员进入太空从事生产、安装等业务。根据现有运载火箭的运载能力估算,建造一个太空电站每年要发射上千次之多,耗资更是巨大。按设想方案,一颗地球同步轨道太阳能发电卫星,其太阳能电池帆板的面积可达120平方公里,所产生的电能可高达1000万千瓦。卫星结构的总重量估计为近10万吨。

日本航天机构在研发太空电站方面态度积极。一个由多家公司联合组建并得到政府支持的机构宣布,投资方出资210亿美元,准备在2030年前在距地35800公里的地球同步轨道上建立一个大型太空太阳能发电站,发电量可达100万千瓦的规模,使用寿命设计为30年,可供近30万户东京居民的用电需求。2011年,由中科院和工程院多名院士参加完成的《空间太阳能电站技术发展预测和对策研究》咨询评议报告,正式上报国家发改委,建议我国尽快开展太空电站的论证和设计,争取在2040年前建成商业性的空间太阳能电站。

82. 未来的太阳帆航天器

太阳帆是自身不携带发动机,完全以太阳光作动力的航天器。

19世纪法国著名科幻小说作家凡尔纳在小说《从地球到月球》中,就提出了"太阳帆"的概念。1964年英国科幻小说家阿瑟·克拉克在小说《来自太阳的风》中,讲述了一艘国际载人太阳帆飞往月球的故事。而在这时期,美国宇航局已开始认真考虑太阳帆的概念,并着手进行了一些研究。

物理学告诉人们,太阳光具有压力。在没有空气阻力、摩擦力、重力影响的宇宙空间中,太阳光通行无阻,这就为利用太阳光压创造了天然的环境条件。充分利用太阳光压的能量,作为探索宇宙空间的动力,具有独特的优越性。太阳帆航天器在它进入近地轨道之后,既不需要动力装置,也不需要携带使用燃料,可大大减轻起飞重量。启动后推力稳定不变,加速均匀。这构成了太阳帆的真正优势,它不像化学火箭那样,推力只能持续短暂的时间。太阳光对太阳帆的推动是持久的,太阳帆在阳光照射下会不断加速,飞行速度比其他探测器更快。据计算,一个行星际太阳帆用不了5年就能到达冥王星,而使用化学燃料推进的探测器则最少要用9年时间。

为了使太阳光提供足够的光压,太阳帆必须尽可能多地吸收到太阳光,这就意味着帆的表面积一定要大。美国宇航局设想的太阳帆船,是一个边长为800米的正方形,用厚度不到2.5微米的镀铝塑料薄膜制成,整个帆被绷紧在特殊制造的轻金属框架上。船重820千克,可装载一定数量的仪器设备。美国在探测"哈雷"彗星时,原计划使用太阳帆,帆的面积设计为60万平方米,大约有纽约市的10个街区大,由于计划不周被取消。

太阳帆航天器的试验也有成功的事例。2010年5月,日本成功发射了"伊卡洛斯"太阳帆深空探测器。它是一个高1米、直径1.6米的筒状小型航天器。在太空释放后,卷在航天器上的超薄膜太阳帆,通过转动圆柱形机体所产生的离心力徐徐展开,并形成边长14米、对角线距离20米、厚度仅0.0075毫米的正方形帆面。"伊卡洛斯"总质量315千克,其中帆面质量为15千克。运行后已飞过了金星,并继续向太阳飞行。

长期以来,天文学家一直渴望着进入太空能够摆脱对火箭的单一依赖。而利用太阳能来进行太空航行的太阳帆航天器,研发正不断取得进展和突破,如果一切顺利,太阳帆航天器扬"帆"远航,有望成为人类飞出太阳系的主要工具。

83. 未来的空天飞机

空天飞机是航空航天飞机的简称。它是既能航空，又能航天的新型飞行器，是航空技术与航天技术高度结合的产物，还会是21世纪世界各国争夺制空权和制天权的关键武器之一，将把空间开发推向一个新的阶段。

空天飞机有航空航天的双重功用，集飞行器、太空运载工具及载人航天器于一身，能够重复使用。它可以像飞行器一样从飞机跑道上起飞，以高超音速在大气层飞行，直接进入太空；也可以像飞机一样在跑道上降落。是一种未来型航天器。

早在20世纪60年代，有人就对空天飞机做过探索试验，称这种飞机是"跨大气层飞行器"。80年代时建造了空间站，向空间站运送人员、物资、器材，非常频繁，耗资巨大。有的国家遂提出了可重复使用的天地间往返运输系统的方案。美国自1981年发射使用航天飞机，30年间5架航天飞机飞行次数有100多次，每次飞行的运行费用包括维修，都超过了4亿美元。核算下来，每运送一千克货物的花费都需要两万多美元，真是一笔可观的开销，烧钱的速度大大超过了设计想象。

2011年，美国的航天飞机在完成了最后飞行后全部退役。在接替航天飞机的角色选择上，美国宇航局把目光转向了空天飞机。2010年4月，美国首次进行了"X-37B"空天飞机的飞行试验。"X-37B"的原理是靠飞机让它上升到一个相当的高度上，然后在那个飞机上再用火箭发动机起飞。这个飞机可以飞到距地面100公里高，已飞到大气层之外了。

空天飞机若能研发成功并投入使用，运输费用可降到航天飞机的1/10，甚至更少。用空天飞机发射、维修和回收人造卫星，不需要规模庞大、设备复杂的航天发射场和长达一两个月的前期发射准备，也不受发射窗口的限制。完成一次任务后，经一周的维护就可再次起飞，能很好地适应频繁的发射需求。

目前具有研发空天飞机技术条件的有美国、俄罗斯、欧盟、日本等国家。法国在航天技术和超燃冲压发动机方面也有着很成熟的研究成果。老牌航空航天强国俄罗斯所积累的研发空天飞机技术尤为雄厚，很早就对空天飞机相关技术进行过预研。中国要大力发展航空航天技术，对研发空天飞机也很重视。科研人员努力打破航空航天的条块分割，以形成航空航天的技术合力，蓄力攻克空天飞机的技术难关。此外还加快了基础技术研究和工程技术预研的力度，破解气动结构、耐热材料、超燃冲压发动机的三大技术难题，为空天飞机的研制打好基础。

84. 未来的太空天梯

太空天梯是指从地球表面延伸到对地同步轨道的位置,打造一条"缆道"。它可以帮助完成在太空进行的建造项目,同时也可以用于卫星发射和太空旅行。

1978年,英国科幻小说家阿瑟·克拉克创作了《天堂之泉》一书,书中写道,从位于地球静止轨道上的一颗卫星上向下伸展出一个梯子,直达地球赤道表面,人们即可像乘电梯一样到太空中去游览观光并运送货物。随着航天技术的发展,天梯的构想日渐成熟。2004年6月,在美国华盛顿召开的第三届国际天梯会议上,专家们对天梯的宏伟构想又进行了深入探讨。在那9个月后,美国宇航局宣布太空天梯已成为世纪挑战的首选项目。美国资深的天梯研究专家爱德华兹博士认为,太空天梯可以使人类实现跳跃式快速发展。初板天梯的成本约为100亿美元。

爱德华兹和一些研究者都谈到了建造太空天梯的过程:第一步,把一个携带天梯半成品的飞船发射到地球静止轨道上,使其与地球同步运行。第二步,把半成品天梯从飞船上放下来,落到赤道海面一个平台上。第三步是把天梯锚定在平台上。第四步,由激光提供能量的爬升器沿绳索上下移动运行,让天梯交付使用。建成的天梯犹如一条上下垂直的高速公路,爬升器可沿着它把成吨的物资或人员送到离地面3.6万公里的地球静止轨道,用时需8天。未来天梯的爬升器当然应该是管状通道,而且是密封的,载着人和物资沿着管道牵引绳索安全升降。

建造天梯,必须找到制造缆绳所需要的优质材料,既坚硬轻巧,又能抵御各种腐蚀。1991年日本发明了碳纳米管,这材料比钢轻6倍,韧度比钢高出几百倍。2004年英国用碳纳米管的纤维织成纳米绳,其刚度是钢材的10倍,硬度是金刚石的2倍,成本不高且对环境无害,是制造天梯的首选材料。

在天梯海面平台位置的选择上,专家提出应避开飞机航班和轮船航线,也不能位于飓风骇浪的多发之处。当然,天梯还要有抵御雷电和雨雪的能力,还要考虑到穿越电离层的辐射、高层大气中硫酸的侵蚀及来自太空星体的撞击危险等。

沉沉一线连天地。建造天梯无疑是人类历史上规模浩大的工程,实现起来困难会有很多。然而随着航天技术的高速发展,人类乘天梯遨游太空梦想的实现,也不是遥遥无期的。

85. 未来的空间工厂建造

空间工厂是利用近地空间的特殊环境与资源加工生产某些产品的工厂。而这些产品在地球上是难以生产或根本无法生产的。

在宇宙空间,有着高度真空的环境,地球引力的作用几乎接近于零,介质极其纯净,由振动引起的噪声微乎其微,太阳光线都是自然谱线,等等。从美国在天空实验室所进行的一些试验性生产让人了解到,在空间环境中,不仅能更好地生产地球上能够生产的各类产品,而且能够生产迄今在地球上无法生产的某些产品。国外许多科学家呼吁在宇宙空间设立工厂。它除了能带给人类大量的新产品,在空间出现一个崭新的技术领域,而且有可能引起一场新的工业变革。

未来在空间建造工厂,所生产的产品有几种类型。在空间高真空失重的环境条件下,利用物体处于自由悬浮的特性,冶炼高纯度的材料,如生产原子反应堆用的耐高温金属材料,以及制造高度纯净的药物等;利用液态物质中不同密度的成分,制造火箭与航天器中的高强度和耐高温的部件;利用熔融物质中不产生热对流的现象,生产高级仪器玻璃和工业用大型单晶体;利用液态重金属自然形成圆球的特性,生产具有理想球形的轴承滚珠。空间工厂在高真空失重条件下,还可以将金属加工成极小的细丝和压延成极薄的膜片等,厚度和粗细可以和分子大小相等,制成轻如木材、坚如钢铁的泡沫金属。开创出与地球上生产完全不同的新工艺、新材料、新产品。此外,空间工厂还可以开发利用月球或小行星的矿物资源,进行空间冶炼,加工制造成原材料,以供地球上使用和开发宇宙空间新项目的需要。

美国和苏联早在 20 世纪 80 年代就开始操持建造空间工厂的事,想在世纪末在近地轨道上设置大规模的科研设备,建造冶金、机器与化学工厂,从事那些通常在地球上难以开展的生产。但这样的工厂一直未能建造起来。

近年来,建造空间工厂的构想也列入了中国科学家的课题。中科院有一个太空制造团队,他们立足科研,开发创业项目,目标是未来在太空建立工厂。2020年,他们开发的实验设备,跟随中国新一代载人飞船进入太空,开展在轨验证,成功完成了立体光刻 3D 打印技术,对金属-陶瓷复合材料进行了微米级精度太空制造,实现了空间"生产"零的突破。这个太空制造团队还面向医疗、能源、海洋等领域进行了很多长期应用开发研究。而他们所做的这一切,都是在为未来建造空间工厂做准备。

86. 未来的外星开采

地球上很多资源是不可再生的。随着对宇宙空间的不断探索,也燃起了人们开采外星资源的渴望。因为天文学家已发现了越来越多的太空矿藏。

据英国媒体报道,天文学家发现了一颗奇特的钻石行星。它位于银河系自家后院,直径约 6.44 万公里,距离地球约 4000 光年。据观测,这个星球可能主要由碳和氧组成,密度测量结果意味着这些物质是水晶。而被许多人珍视的钻石,实质是碳元素的单质晶体。也就是说,那颗行星的大部分物质可能都与钻石类似。在科学家描绘的星球结构图上,这颗行星晶莹剔透,表面到处是闪烁着光芒的石块。如果有幸登陆这颗星球,在支付了高昂的飞船费用后,满地的钻石、宝石,就可随意挑选了。

在太阳系有一颗"爱神星",是形状很不规则的小行星,被称为"胖香蕉"。它长 33 公里,厚度 13 公里,与地球相比,这颗小行星的体积微不足道,就像是太空中的一个大石块。但这"爱神星"富含黄金,黄金总量大大超过了地球有史以来开采黄金数量的总和。值得一提的是,这颗星距离地球只有 2200 万公里,快速飞行器只需 1 年就能抵达那里。科学家观测到"巨蟹座 K 星"也是一颗"黄金"星球,它位于双子座以东,狮子座以西。观测发现,仅在这颗星球的表面,就富含 1000 亿吨黄金。但这颗星太遥远了,距地球有 2500 光年。

美国布朗大学的研究者在分析了日本"隼鸟号"探测器对糸川小行星拍摄的图像后发现,星上一些区域颜色呈现深红,这是富含铁矿石的颜色。糸川小行星长约 540 米,宽约 300 米,表面崎岖不平,像一块大马铃薯。它与地球的直线距离约 3 亿公里。研究人员认为,从这颗行星上提炼铁运回地球当然很不划算,但可以利用那里的铁建一个太空基地。要找近便的大铁矿,火星是首选。火星呈现火红色,就是它的表面土壤中富含铁元素的缘故。火星距离地球最近的时候只有 5500 万公里,到火星开采铁矿是可行的,开采后也只是用于建设火星移民基地。

前不久,俄罗斯学者谈到,在距离地球较近的 200 多颗小行星中,能够找到地球上日益短缺的矿藏,包括各种稀土金属和一些价格昂贵的金属。太阳系内大约有多达 100 万颗小行星富含各种金属元素。人类有望于 2050 年左右飞往小行星开采矿藏。

87. 未来的太空城

在茫茫的太空中，一座座"高楼大厦"在日夜不息地运转，成千上万的人在里面工作和生活。这里环境优雅，所需物品一应俱全，简直是一处处世外桃源。这些就是未来的太空城。而这样的太空城有望在 21 世纪变成现实。

人类建造太空城的设想由来已久。1926 年人类航天技术的鼻祖、苏联科学家齐奥尔科夫斯基就设想在将来的某一天，在地球周围的宇宙空间建立居民点。他想到在太空失重的环境里可以用自旋产生人工重力，可以通过人工控制的方法使室内温湿度适合植物生长，创造优良环境，让太空城的人衣食无忧。

科学家所设想的太空城与空间站是不同的。空间站所需的一应物品都是从地球上运送过去的，而太空城的所需完全是自给自足。这是两者的最大区别。

为探索未来太空城的建造，多年前，苏联就利用"礼炮号""和平号"空间站，大力开展植物栽培和农作物生产的实验，让一些植物在太空经历从播种到收获的全过程，并有突破性进展。美国则酝酿建造太空植物园和太空农场，在航天飞机上开展了一系列研究。

在美苏科学家构想的太空城建设蓝图中，有的设计为伞架子式、圆环形、向日葵形样式，还有太空花园、太空集体农庄等方案。重要的是太空城要拥有一个自我封闭的生态环境，拥有重工业、轻工业和高新技术产业园区、自动化农场等，以保证粮食、肉蛋食品和生活用品完全自给自足。

科学家满怀兴趣提出了五花八门的太空城建造设施结构方案。一种看来较为合理的居住区结构是轮状的，为绕中枢旋转的空间居住区。直径约 1800 米，建有森林、草地、农场、牧场、商店、学校、医院及一些工厂。轮圈外侧设保护层，以避免宇宙射线、粒子对人体的伤害。这样的居住区可容纳 1 万名左右的居民。设想中的大中型空间居住区，由两个大圆柱筒组成，每个圆柱筒都以每分钟半圈的速度绕轴自转。圆筒长 32 公里，直径 6.4 公里。居住区内设有门类齐全的公共设施，公园里有人造河湖、山石花草，环境完全类似地球的风光。城市的轮廓用铝、钛骨架组成，顶部用透明玻璃封闭。太阳能发电站源源不断提供廉价用电。从月球土壤中提炼出的氧气，是用来合成居住区需要的大气和水的来源。人类建造这样的太空城，尽管面临的困难重重，且没有任何借鉴，但随着空间技术的快速发展和不断实践，要建造太空城的设想已经从纯粹的科学幻想，进入了方案探索的科学研究阶段。

88. 未来的星际移民

移民前往其他星球,是人类长久以来的梦想。英国物理学家霍金表示,人类必须移民其他星球,以摆脱灭亡的命运。他认为,人类向太空移民并建立自给自足的聚集地,未来应该是安全的。一些天文学家也指出,从宇宙发展史上看,单独一颗行星是不可能永久生存下去的。有确凿证据表明,平均每3000万年,地球上的物种就会遭到一次大规模的毁灭,所以人类未来的星际移民是必须的。

地球人未来的移民之举,首先要选择适宜人类居住的星球,这是星际移民的第一步。气候等人类生存环境都符合条件后,还要投入规模庞大的先期建设,建起包括居住、工作等各方面的生活设施,以使后续的移民到来"拎包入住"。能把这些做好已相当不易。

星际移民前往异乡的长途跋涉也是一个大难点。遥远的距离如果没有超越光速的飞行器,就难达目的地。太阳帆航天器是一个选择,它展开光帆后在太阳的光压推力下,一天后时速为160公里,100天后时速变为1.6万公里,3年后时速提升到16万公里。有的研究者还有一个利用"反物质"的设想。研究证明,反物质是人类目前所知威力最大的能量源,几克反物质就能制造出100颗氢弹爆炸那样大的能量。据计算,飞船以几十毫克反物质为动力能源就可登陆火星,时间仅需23个月。

有了高速飞船,星际移民之旅仍不轻松,因为太空中的威胁无处不在。在失重的条件下飞行,对人的骨骼、肌肉都会产生严重的不良影响。据推测,太空之旅如果持续到一年,即使年轻男子的腿部骨骼密度也会下降约15%。若连续两年坐飞船出行,走出座舱会站不稳,摔倒就会导致骨折。另外,移民乘坐飞船会受到大剂量宇宙射线辐射,这会引起人的组织器官严重损伤,影响改变人体内的DNA,降低人的免疫系统功能,可造成人终身不孕和增加癌症发病率。还有人在漫长的太空中看不到绿水青山,闻不到花草清香,听不到鸟语蝉鸣,会备感孤寂难耐,产生种种心理疾病。这些移民旅途危机,都是要找到应对之策的。

在目前,星际移民还是十分遥远的事,虽然希望渺茫,但人类总有一天要从地球离开。先构建地外太空城倒是较为实际的想法。有了太空城就让人类多了一处避难之所。地球上有了危情,人们就可以搬迁太空城栖身。过了几百年、上千年,感觉地球上安然无恙,风调雨顺,大家就可以重返故土。

89. 中国的大推力火箭

中国是最早使用火箭的国家。早在 1000 多年前,宋朝军队在抗击金兵入侵时就使用过,箭杆绑有燃药筒箭,点燃射向敌营。明代时有位士大夫万户,在椅子上绑满火箭,他坐上去,手持大风筝。他本想乘坐火箭升空,再利用风筝落地,不料火箭点燃后爆炸使他死于非命。他虽遇难,却是想借火箭飞天的第一人。

从 20 世纪中叶开始,现代火箭作为一种崭新的运载工具登上了战争和航天的舞台。美苏两国大力发展火箭武器,从单级火箭发展为多级火箭,射程从几百公里扩大到上万公里。美国的"土星 5 号"火箭,先后 6 次将宇航员送上月球。运载着"阿波罗"飞船的"土星 5 号"高达 110 米,最大直径 10 米,起飞重量 2800 吨,推力 3400 吨,为三级液体火箭。苏联的"SS-9"洲际导弹,使用可贮存液体推进剂的二级火箭发射。导弹全长 36 米,直径 3 米,起飞重量 160 吨,推力 280 吨,能把 4 吨重的核弹头送到 1.1 万公里处,命中目标偏差仅有 800 米。

1980 年 5 月,中国向太平洋海域发射运载火箭获得成功,这标志着中国运载火箭技术也达到了世界先进水平。近年来,中国的火箭运载技术不断取得创新发展。2006 年中国立项研制"长征 5 号"新一代大推力运载火箭,它具有大直径、大推力、系列化、少级数、低成本、高可靠、适用广等特点。"长征 5 号"系列运载火箭的研制成功,为中国航天提供了多样化的发射服务活动。如"长征 5 号"火箭可执行探月三期月球转移轨道和深空探测等发射任务;"长征 5 号 B"火箭可将 20 吨级空间站舱段发射到近地轨道;"长征 5 号 M"火箭能把载人登月飞船送入近地轨道;"长征 5 号"火箭还可发射大型地球静止轨道卫星、"北斗"中圆轨道导航卫星等。

自 1992 年立项,1999 年首次发射以来,"长征 2 号 F"运载火箭全程参与了中国载人航天工程"三步走"战略的每一步,先后发射了 5 艘无人飞船、2 个空间实验室和 7 艘载人飞船,均取得圆满成功,将 12 人、17 人次送入太空。

前不久,中国重型运载火箭研制再传捷报。中国已研制成功世界上最大的火箭贮箱瓜瓣,瓜瓣直径达 10 米级,强度提升 10%,而成型精度则达到了毫米级。与国外瓜瓣均为焊接的工艺不同,中国研制的瓜瓣为一次成型,为火箭结构的整体和轻质化做出了贡献。按照计划,中国重型运载火箭的近地轨道运载能力将超过 100 吨,这必将极大地提高中国进入太空的能力,未来载人登月也将不再是梦想。

90. 中国军用卫星性能优越

随着人类科技的不断发展和国际形势的风云变幻,军用卫星成为各大军事国家的首选。

中国的军用侦察卫星,早期为返回式侦察卫星,主要着眼于为战略武器提供目标指示。直到20世纪80年代末,才获得足够的数据目标,确保第二炮兵战略部队有效的打击能力。侦察卫星进行侦察拍摄,最重要的技术指标是分辨率。分辨率指的是照片上区分两点的最小间距。中国1999年发射的"资源一号"卫星,尚不具备高分辨能力,分辨率只达到20米。2000年后"资源二号"卫星投入使用,很快将成像分辨率提高到3米。2007年新一代"遥感二号"发射服役,这一代传输型侦察卫星进一步将分辨率提高到2米。2008年"遥感五号"是一种光学遥感卫星,它已具有1米的分辨率,这无疑大大强化了中国战术侦察能力。此外中国还发展了"天绘一号"等三维立体绘测卫星,为空军巡航导弹打击手段提供了关键的地形匹配数据,保障了远程打击能力的有效性。

2010年,中国实施了"高分专项"项目,主要内容就是7种高分辨率侦察卫星的研发。其最主要目的就是通过侦察方式的改变,大幅度提升中国军民用卫星的技术水平,使侦察分辨率精确到0.8米。接着,中国全球首个6G试验卫星"电子科技大学号"、首次完成一箭13星壮举的"长征六号"等多颗卫星发射投入使用。"高分专项"所取得的长足进步、项目中成功运转的7颗用于军事领域的卫星表明,军队有能力在1分钟内便锁定敌军航母。2018年7月,中国成功发射了"高分十一号"卫星,英国媒体分析认为,中国已成为世界上除美国外唯一一个拥有高精准度卫星成像能力的国家。精准的卫星图像捕获能力,加上高水平的弹道导弹,是中国未来应对周边海域不稳定因素的两大法宝。入侵的敌方航母编队,在中国"天罗地网"之下只能是活靶子。

前不久,有国外机构对全球军用卫星数量做了一次调查,美国以612颗的数量遥遥领先于其他各国。原来排名第二的俄罗斯以139颗滑至第三位。第二位则被中国以200颗左右的数目占据,而中国这一数量仍在增长。

91. 中国气象卫星广受信赖

及时准确地预报天气,公布气象,是防灾减灾、有利于国计民生的重要一环。使用人造卫星监测气象,更能全面准确地预测和掌握天气变化的动向。1969 年,周恩来总理曾指示:要搞我们自己的气象卫星。1988 年 9 月,中国发射了"风云一号"太阳同步气象卫星。这是中国自行研发的第一颗传输型极轨遥感卫星。卫星上装有 2 台甚高分辨率扫描辐射仪,5 个探测通道可探测白天和夜间的云图、地表图像、海洋水色图像、水体边界、海洋面温度、冰雨覆盖及植被生长情况。它的主要任务是获取国内外大气、云、陆地、海洋资料,进行有关数据收集,用于天气预报、气候预测、自然灾害和全球环境监测等。

经几十年的发展,中国成功发射了 4 颗"风云一号"气象卫星、7 颗"风云二号"气象卫星、3 颗"风云三号"气象卫星。目前中国极轨气象卫星和静止气象卫星已进入业务化。中国是世界上少数几个同时拥有极轨和静止气象卫星的国家之一,是世界气象组织对地观测卫星业务监测网的重要成员。

2001 年 10 月,APEC 高峰会议将在中国上海举行时,强台风"海燕"在菲律宾以东海面生成,向西北方向移动。上海市气象局以卫星资料为主,结合其他常规观测手段,做出了"台风将向北偏移,不会影响峰会烟火晚会"的准确预报,避免了活动改期可能造成的社会影响和经济损失。2004 年超强台风"云娜"袭来。中国气象局依据气象卫星预报,制作了准确的台风登陆警报,在采取了应急响应措施后,人员财产损失大为降低。从统计结果看,2004 年全国因台风、暴雨引发的洪涝灾害死亡、失踪人数仅为 20 世纪 90 年代年平均水平的 32.6%,直接经济损失仅是 20 世纪 90 年代的 59.7%。

2016 年 12 月,中国成功发射了"风云四号"卫星。这颗卫星成功突破了代表国际前沿的高精度图像定位与配准、微振动测量与抑制等 20 余项核心关键技术。投入使用后,装载的闪电成像仪能在 1 秒钟拍摄 500 张图像,可更加精确地开展天气监测与预报预警、数值预报等业务。中国"风云"家族早已名声在外,广受信赖。目前有超过 2500 家国内用户和多达 70 多个国家和地区,接收与利用"风云"卫星信息资料。"风云"卫星系列更被世界气象组织列入国际气象业务卫星系列,是东半球气象预报的主力。前不久,中国最新的气象卫星"捕风一号"A、B 发射升空。它使用卫星信号反射技术探测海面风速,可实现对海面风场的广域进行地毯式搜索探测,并可通过多星组网监测实现对极端台风天气的精准预报。

92. 中国导航卫星通达快捷

卫星导航是指采用导航卫星对地面、海洋、空中和空间用户进行导航定位的技术。中国"北斗"卫星导航系统（英文简称 BDS），是中国自行研制的全球卫星导航系统。"北斗"卫星导航系统由空间段、地面段和用户段三部分组成，可在全球范围内全天候、全天时为各类用户提供高精度、高可靠的定位、导航、授时服务，并且具备短报文通信能力。

中国自 20 世纪 80 年代起，开始探索适合国情的卫星导航系统发展道路，形成了"三步走"的战略：2000 年底建成"北斗一号"系统，向中国国内提供服务；2012 年底建成"北斗二号"系统，向亚太地区提供服务；2020 年建成"北斗三号"，向全球提供服务。2020 年 6 月 23 日，中国在西昌卫星发射中心用"长征三号乙"火箭成功发射了"北斗"系统第 55 颗导航卫星，即"北斗"卫星导航系统最后一颗全球组网卫星。"北斗"卫星导航系统于 2020 年 7 月 31 日正式开通。中国的"北斗"卫星导航系统和美国的 GPS、俄罗斯的格洛纳斯、欧盟的伽利略系统，是目前世界上四大卫星导航系统，是联合国卫星导航委员会已认定的供应商。

中国的"北斗"卫星导航系统自提供服务以来，已在交通运输、农林渔业、水文监测、气象预报、通信网络、电力调度、救灾减灾、公共安全等领域得到广泛应用，融入了国家核心基础设施，产生了显著的社会效益和经济效益。在 2008 年四川汶川大地震中，GPS 失灵，"北斗"手持终端机和位于北京的卫星导航定位指控中心的联系始终保持畅通。通过"北斗"的短报文通信联系，外界及时获知了来自汶川的信息。2020 年初，新冠肺炎疫情暴发，危难时刻，"北斗"卫星导航系统火速驰援武汉雷神山、火神山两医院建设，通过利用"北斗"导航的高精技术，使多项测量工作一次性完成，为建院节省了大量时间，为抗击疫情贡献了"北斗"的智慧和力量。未来"北斗"卫星导航系统将持续提升服务性能，扩展服务功能，增强连续稳定运行能力，使实现全球短报文通信、星基增加、国际搜救、精密单点定位等服务能力有更大的提升。

目前全球范围内已有 137 个国家与"北斗"卫星导航系统签下了合作协议，"北斗"未来的国际应用空间还将不断扩大。2021 年 5 月，在中国南昌举行的第十二届中国卫星导航年会上，"北斗"卫星导航系统主管部门透露，中国卫星导航产业年均增长已达 20% 以上。2020 年中国卫星导航产业总体产值已突破 4000 亿元，预估到 2025 年总产值将达到 10000 亿元。

93. 中国航天进入市场

中国航天已走过了 60 多个春夏秋冬。截至目前,中国已有 1000 多家民营企业获得航天装备科研生产许可证。以往应用在航天领域的各项尖端技术产品,如今越来越多地进入了民用市场,改变着民众的生活。

航天科工三院的天津津航技术物理研究所使用航天技术,研发一款红白相间的无人机,机身有 6 条腿,螺旋桨直径不足 1 米,下方安装摄像头。这个双瞳摄像头应用了导弹制导和红外成像技术,可以实现全天候、无死角、360 度观测,像素300 万以上,但摄像头只有 150 克重。这款无人机重点服务于救援现场,可服务于公安、消防、林业、电力等领域,提供救援、识别等服务。从实测看,无人机可以在50 米左右发现地面人员拿着烟头,对 A4 纸上一些字迹也能看得清楚。在侦查和处置上,一架无人机的监控范围和执法效率,相当于 50 名徒步警员或 10 辆警车。

国家住建部使用一种高空探地雷达,对城市地下管网进行监测,也有效地解决了一些城市燃气泄漏、防洪防涝及排水堵塞等问题。航天科工三院研制出一种"相变调温杯",把 100 摄氏度的开水倒入此杯,摇一摇杯子,约 30 秒钟就能使水温降到 45 摄氏度左右,达到人体饮用的最佳温度;同样在吸收了热量的杯中倒入冷水,又可迅速释放热量,让冷水快速升至 35 摄氏度以上,为使用者带来即摇即饮、省时方便的舒适体验。这种杯利用的是"高导热固态相变材料"特性,它多用于对火箭、导弹热源附近设备的保护。科研人员在研发航天技术的过程中,发现了这个特质,遂把它转为民用。

中国航天在跨入国内市场,服务民用后,又稳步进入国际市场。1987 年 8 月,中国返回式卫星为法国搭载发射试验装置,这是中国打入世界航天市场的初次尝试。1990 年 4 月,"长征三号"运载火箭将"亚洲 1 号"通信卫星送入预定轨道,首次取得为国外用户发射卫星的成功。2007 年 5 月,中国一枚"3 号乙"火箭搭载着尼日利亚首颗通信卫星升入太空。这次发射是自 1996 年以来第 56 次成功发射中外大功率通信卫星。这次定点成功发射,标志着中国航天在国际商业领域的合作发展进入了新的阶段,成为世界上为数不多的能够提供完整配套的卫星发射服务、地面设备等航天产品的服务商,为中国航天进一步拓展国际合作空间奠定了良好的基础。

94. "神舟一号"亮点——突破

"神舟一号"是中国载人航天工程发射的第一艘飞船,是一艘无人试验飞船。它于 1999 年 11 月 20 日 6 点在酒泉卫星发射中心发射升空,至 21 日凌晨 3 点 41 分顺利降落在内蒙古中部地区的着陆场,在太空绕地球 14 圈,共飞行了 21 个小时。"神舟一号"是中国实施载人航天工程的第一次飞行试验,标志着中国航天事业迈出了重要的步伐,对突破载人航天技术具有重要的意义,是中国航天史上的重要里程碑。

1992 年 9 月,中国载人航天工程可行性验证报告正式批复,中国载人航天事业起步。经航天部门研发,"神舟一号"飞船由轨道舱、返回舱和推进舱组成。轨道舱是航天员生活和工作的地方。返回舱是飞船的指挥控制中心,航天员乘坐其升空和返回地面。推进舱也称动力舱,为飞船在轨飞行和返回时提供能源和动力。

"神舟一号"飞船三舱总长 8 米,圆柱段直径 2.5 米,总质量为 7755 千克。返回舱采用普通圆伞和着陆缓冲发动机陆地软着陆。主伞面积 1200 平方米,着陆速度不大于 3.5 米每秒。"神舟一号"发射任务由"长征二号 F"火箭承担,火箭构型为芯级捆绑 4 个助推器,全箭总长 58.3 米,火箭加注后质量约 480 吨,起飞推力 600 吨。

搭载着"神舟一号"的火箭点火起飞后,飞行 111 秒逃逸塔分离,123 秒 4 个助推器分离,155 秒一二级分离,197 秒二级关机,569 秒二级游机关机,572 秒船箭分离,飞船在青岛西南部海洋上空准确进入预定轨道。飞船绕地球飞行第 5 圈,经太平洋远二测量船上空时,发动机试喷成功。飞船绕地球第 11 圈时,控制系统确认飞行正常,决定第 15 圈采用升力式返回。飞船按指令再入大气层,然后顺利着陆。实地落点距理论落地仅偏差了 12 公里。

"神舟一号"在实施飞行任务中搭载了诸多物品。包括旗帜、邮票首日封、农作物种子、中药材等。农作物种子有青椒、甜瓜、番茄、西瓜、豇豆、萝卜等品种,中药材有甘草、板蓝等。还搭载了治疗心脑血管疾病的生物活性菌株。座舱内安放了一个高 1.7 米、穿航天服的男性模拟人,它是一个感应器,用于收集返回舱的温度、湿度、氧气等各种试验数据。

"神舟一号"飞行试验获得圆满成功,验证了系统设计的正确性,考核了飞船系统的舱段分离技术、调姿制动技术、升力控制技术、防热技术和回收着陆技术等五大关键技术的可靠性,是中国航天史上又一次"零"的突破。

95. "神舟二号"亮点——开辟

"神舟二号"是中国载人航天工程的第二艘飞船,也是中国第一艘正样无人飞船。

"神舟二号"飞船也是由三个舱段组成,但系统结构有了新的扩展,飞船技术状态与载人飞船基本一致。飞船在飞行期间进行了空间生命科学、空间材料、空间天文和地理、微重力科学等领域的实验。

2001年1月10日1时0分3秒,"神舟二号"在酒泉卫星发射中心发射升空。1月16日19时22分,飞船返回舱在内蒙古中部地区成功落地。它绕地球108圈,共飞行了6天零18小时。

"神舟二号"飞船采用了模块化设计。实施的是三舱、两对太阳能电池帆板构型和升力控制返回方案。位于飞船中部的返回舱为密闭结构,是航天员的座舱,也是飞船唯一可再入大气层返回着陆的舱段。舱内设置了可供三名航天员斜躺的座椅,座椅下方设仪表和控制手柄、光学瞄准镜。

在这艘飞船上共搭载了64件科学实验设备,均为首次上天的正式产品,其中有进行空间材料科学试验的多工位空间晶体生长炉和空间晶体生产观察设备;有进行空间生命科学试验的空间蛋白质结晶装置和空间通用生物培养箱;有进行空间观测太阳和宇宙天体的高能辐射监测仪,包括超软X射线探测器、X射线探测器和γ射线探测器;有进行空间环境探测大气成分的探测器、大气密度探测器和固体径迹探测器;有有效荷载公用系统、微重力测量仪等。"神舟二号"飞船上还搭载了蔬菜、花卉种子和树苗等,如专为西部开发和北京周边绿化而培育的杨树苗、红豆杉苗。

与"神舟一号"相比,"神舟二号"在结构和技术上都有很大的改变和提高,可以说与真正的载人飞船已没有区别。在这艘飞船上,载人飞船的几大系统全部参加了实验,包括用来保证宇航员生命安全的逃生系统,用来解决宇航员体力生活的饮食系统,用于宇航员新陈代谢所用的卫生系统,防治头晕、辐射的医疗系统和要求温、湿、气压自动调控的环境系统。"神舟二号"的发射试验,在运载火箭、飞船测控等方面也都有进一步的改善,提高了载人航天的安全可靠性。飞船装有人体代谢模拟装置、拟人生理信号设备以及形体假人,能够定量模拟航天员在太空中的重要生理活动参数,用以验证与载人航天相关的座舱内环境控制和生命保障系统。

"神舟二号"的成功发射,标志着中国载人航天事业取得了新的进展,向实现载人航天飞行迈出了坚实的一步,也为中国今后实现空间产品产业化、商品化开辟了道路。

96. "神舟五号"亮点——载人

继"神舟二号"之后,2002 年"神舟三号"和"神舟四号"飞船又两次发射,在飞行中初步探明了飞船运行轨道的空间环境状况,为中国下一步载人飞船的安全出行绘制了"安全路线图"。

"神舟五号"是中国载人航天工程的第五艘飞船,也是中国发射的第一艘载人航天飞船。飞船搭载了航天员杨利伟,于 2003 年 10 月 15 日 9 时整在酒泉卫星发射中心发射升空,在轨运行绕地球 14 圈,历时 21 小时 23 分钟,其返回舱于 10 月 16 日 6 时 23 分成功在内蒙古中部着陆场落地。

"神舟五号"飞船承载的任务,主要是获取航天员空间生活环境和安全的有关数据,考核工程各系统工作性能、可靠性、安全性和系统间的协调性。飞船由推进舱、轨道舱、返回舱和附加段组成,其头部是圆柱体,舱内只一名航天员。其空间面积为 2.2 米×2.5 米,不足 6 平方米,可容纳 3 名航天员。此外,五号飞船还留有与空间实验室的对接接口。

2003 年 10 月 15 日 9 时,搭载了飞船的"长征二号 F"运载火箭一级发动机和 4 个助推发动机同时点火,火箭飞行 120 秒逃逸塔分离,137 秒助推器分离,159 秒火箭一二级分离,200 秒整流罩分离,460 秒二级主发动机关机,587 秒船箭分离,飞船进入倾角 42.4 度、近地点高度 199.14 公里、远地点高度 347.8 公里的椭圆形轨道。10 时许,飞船进入环绕地球的第一圈飞行。16 日下午 4 点 19 分,飞船进入绕地球第 14 圈飞行。5 时 35 分,飞船收到返回指令,返回舱与轨道舱成功分离,制动火箭点火。5 时 56 分,返回舱与推进舱分离,成功进入返回轨道。6 时 4 分,飞船再入大气层,处于"黑障"阶段。6 时 23 分,返回舱在内蒙古主着陆场安全降落。

"神舟五号"飞船上搭载了一系列有纪念意义的物品,包括一面有特殊意义的中国五星红旗、一面北京 2008 年奥运会会旗、一面联合国旗帜、人民币主币票样、中国首次载人航天飞行的纪念邮票、中国载人航天工程纪念封和来自祖国宝岛台湾的农作物种子等。

"神舟五号"载人航天飞行,实现了中华民族千年飞天的神话梦想,是中华民族智慧和精神的高度凝聚,是中国航天事业在新世纪的里程碑。它的成功发射标志着中国已成为继苏联和美国之后,第三个独立掌握载人航天技术的国家。

97. "神舟六号"亮点——多人

"神舟六号"是中国载人航天工程的第 6 艘飞船,是中国飞船第二次执行载人航天任务,是人类历史上第 243 次载人太空飞行,也是中国"三步走"空间发展战略的第二阶段。

"神舟六号"飞船于 2005 年 10 月 12 日上午 9 时发射升空,进入高度约 343 公里的近圆预定轨道。于 10 月 17 日 4 时 33 分返回内蒙古着陆区安全落地,完成了多人多天的航天飞行任务。

飞船内为由费俊龙、聂海胜两名航天员组成的乘组。这艘飞船与五号相比,做了重大的配置调整,对可靠性、安全性、环境控制和生命保障系统等进行了多项改进。航天员首次进入轨道舱并参与有效荷载操作。轨道舱为圆柱体,总长 2.8 米,最大直径 2.25 米,一端与返回舱相通,另一端与空间对接设施连接,集工作、吃饭、睡觉、盥洗、方便等诸多功能于一体,是航天员的太空"卧室"兼"工作间"。

轨道舱里装有大量实验设备和实验仪器,设备达到 600 余台,软件 82 个,元器件 10 万多件,"黑匣子"存储量扩大了 100 倍,数据的写入和读出速度也提高了 10 倍以上,而设备的体积却不足以前的一半。航天员除了进行观测,还对飞船在太空运行的性能做了多项实验。在开关舱门的实验中,将两舱之间的舱门关闭,重新打开,取得舱门在太空中关闭密封和快速检漏的验证。航天员在返回舱内以规定的时间穿脱压力服。航天员做穿舱实验,从座椅起身,借扶手、拉力绳飘入轨道舱,再回到返回舱。另外还做了抽取冷凝水开关的实验等。

轨道舱内环境舒适,温度一般在 17—25 摄氏度之间。通过水箱和单体软包装为航天员准备用水,扩大了冷凝水箱,把所有裸露的管线都贴上了吸水材料,以确保飞船舱内湿度在 80% 以下。轨道舱内放置了食品加热装置和餐具等。悬挂有睡袋,供两名航天员轮流休息使用。设有清洁用品柜,航天员可使用湿巾等用品进行清洁。

在"神舟六号"飞船上共有 8 类 64 种搭载物品,包括纪念旗帜、航天工程纪念品、特种邮票、名画家作品、少儿作文、绘画作品、生物菌种、植物培苗和作物、花卉种子等。

"神舟六号"载人航天飞行的顺利实施,标志着中国已较全面、深入地掌握了载人航天技术,表明中国完全有能力独立自主地攻克航天尖端技术难点,在世界高科技领域占有一席之地,是首次载人航天成功后在载人航天工程中取得的又一重大成果。

98. "神舟七号"亮点——出舱

"神舟七号"是中国载人航天工程的第7艘飞船,承载着中国第3次载人航天任务。飞船于2008年9月25日发射升空,进入预定轨道。于9月27日进行航天员出舱活动,完成了中国人首次太空行走。9月28日进入返回程序,返回舱安全着陆于内蒙古预定区域。

发射"神舟七号"的主要目的,是实施中国载人航天首次出舱活动,突破和掌握出舱活动的相关技术,同时开展卫星伴飞、飞行数据终计划等空间科学技术实验。航天员由舱内活动转向舱外活动,这是载人航天技术的一个重大跨越。实现出舱活动,必须突破飞船其他舱的吸附压、载人航天服的微机电、航天出舱活动的地面模拟训练的一系列关键技术及舱外航天服的研制等技术难点。在中国只进行了两次载人航天后便实施出舱,技术上的难度是很大的。此外,这一次飞船载3名航天员满负荷飞行,也增加了飞行任务的困难和风险。

为完成好这次航天出舱飞行任务,科研人员对飞行产品技术状态进行了多达227项改善,对火箭的改进进行了36项。仅为保证航天出舱活动阶段的连续测控,即增加了测控船和境外地面监测站,首次进行了中继飞行的数据传输实验,构成了陆海空的立体参试体系。在飞船测控和航天员搜救的安排上,动用了9艘船舶、30多架飞机。

"神舟七号"飞船按照3名航天员人体代谢指标设计、配置了环境控制系统,提供了可容纳3人的生活和工作空间,设计了3人指挥、操作、协同关系程序。在出舱活动飞行程序设计上,充分考虑运行轨道、地面测控、能源平衡、姿态调整、空间环境适应性等约束条件,合理优化配置资源,设计出具备在轨飞行支持出舱活动的程序平台,使飞船自动控制与航天员手动操作项目匹配、协调。最终,飞船上3名航天员翟志刚、刘伯明、景海鹏密切配合,由翟志刚完成了举世瞩目的太空出舱壮举。航天员还完成了释放伴飞卫星,开展了固体润滑材料和太阳电池基板材料外太空暴露等多项实验。

"神舟七号"载人航天飞行圆满完成任务,不仅代表了载人航天技术本身,同时也代表了国家在科技、经济的整体综合实力,是一种强大实力的展示。通过这次飞船发射和飞行实验,表明中国已突破了载人航天出舱活动的重大关键技术,为以后的空间站建设奠定了扎实的基础。

99. "天宫一号"发射入轨

"天宫一号"是中国载人航天工程发射的第一个目标飞行器,是中国第一个空间实验室,也是中国迈入航天"三步走"战略的第二步第二阶段。

这个飞行器于 2011 年 9 月 29 日 21 时 16 分 03 秒发射升空,于 2016 年 3 月 16 日停止数据服务,后于 2018 年 4 月 2 日 8 时 15 分再入大气层返回。发射这个飞行器的主要任务,是作为交会对接目标,与"神舟八号""神舟九号""神舟十号"飞船配合完成空间交会对接飞行实验,保障航天员在轨短期驻留期间的生活、工作及安全,开展空间应用、空间科学实验、航天医学实验及空间技术实验等研究。

"天宫一号"目标飞行器为全新研制,采用实验舱和资源舱两舱构型,全长 10.4 米,舱体最大直径 3.35 米,起飞质量 8506 千克。实验舱主要负责航天员的工作、训练及生活,为全密封环境,设睡眠区和保持航天员骨骼强健的健身区,有效活动范围约 15 立方米。前端安装对接机构,与飞船对接,可形成直径 0.8 米的进出通道。资源舱提供能源保障,并控制飞行姿态。舱体直径 2.775 米,轴向尺寸 3.2 米,电池翼展开后总长 18.405 米。

"天宫一号"目标飞行器重达 8.5 吨,是中国载人航天器中最重的。要将这么重的器物送到近地点 200 多公里、远地点 350 多公里的飞行轨道上,要求火箭的推力要足够大。为此设计研发了"长征二号 FT1"火箭,它总长 52 米,最大起飞质量 493 吨,最大推力达到了 600 吨,堪称中国运载火箭中的"大力神"。

发射入轨的中国"天宫"在太空静静地守望。其实它并不轻松。它要攻克三大难关,其一是在轨工作时间长,要完成三次与飞船的交会对接,创中国载人飞行器的服役纪录;二是诸多新技术将在此次载人航天飞行任务中接受检验;三是大型飞行器对运载系统的多项适应性改进新技术进行验证。除此之外,"天宫一号"还面临着太空垃圾碎片碰撞的威胁。一个很小的碎片撞上来,就可能给飞行器带来灭顶之灾。为此,地面科研人员每天都会进行监测,并做碰撞概率的计算。万一感觉有危险,就会向"天宫一号"发出指令,启动预警机制,改变其飞行轨道和速度,避开危险物后,再回到预定轨道运行。

"天宫一号"的发射升空,标志着中国已经拥有了初步建立的太空站。作为载人航天空间应用的实验平台,在运行期间进行了地球环境监测、空间环境监测、复合胶体晶体生长三个方面的科学实验,获得了大量宝贵的数据。这些数据已广泛应用于国土资源、林业、农业、油气、矿产、海洋、城市建设等领域的研究和开发。

100. "神舟八号" 亮点——对接

"神舟八号"载人飞船是中国载人航天工程的第8艘飞船,是中国首次进行空间交会对接的航天飞行任务,也是中国"三步走"空间发展战略中建造空间站的重要前提。

"神舟八号"于2011年11月1日发射升空,进入预定轨道。于11月3日与"天宫一号"完成了刚性对接,形成了组合体。组合体运行了12天,择机进行了第二次交会对接。一天后组合体运行结束,"天宫一号"升轨至自主运行轨道,转入长期运行管理模式。"神舟八号"飞船则于11月17日返回地球,降落于内蒙古着陆场,圆满完成了空间交会对接任务。

由"神舟八号"承担的这项太空交会对接飞行任务,技术要求极高。飞船发射入轨后,要从距目标飞行器1万多公里处制导控制到两者相对位置偏差不能超过18厘米。这意味着要突破运载火箭高精度迭代制导、空间飞行器自主相对测量、制导导航和控制等一系列关键技术。此次任务时间长,任务过程关键事件多,对任务的组织指挥、协同实施等方面都提出了前所未有的挑战。

"神舟八号"为改进型载人飞船,沿用三舱结构,全长9米,舱段最大直径2.8米,起飞质量8082千克。飞船上增设了微波雷达、激光雷达、CCD敏感器等交会测量设备。全船共有600多台(套)设备,一半以上与前期飞船相比有技术状态的变化,新增设备占15%。新增加和改进的设备,使飞船具备了自动和手动交会对接的功能。飞船在连续57天自主飞行能力的基础上,已具备了停靠180天的能力。电源帆板采用了新的太阳电池片,发电能力提高了50%。

"神舟八号"飞船从起飞、完成交会对接至顺利返回落地,在各项空间技术上都实现了重大的突破。在飞船返回舱着陆方面也有多个技术创新点。如回收着陆工作程序更完善,使返回舱能更自主地应对更多可能状态的故障模式;优化了程序控制系统的归并、分离、重组,增强了着陆的可测试性;使用了新研制的着陆反推发动机,使返回舱有了更优的着陆速度;对返回用降落伞和缓冲装置也进行了技术上的改进,这些都提高了返回舱落地的安全可靠性。

"神舟八号"与"天宫一号"交会对接的成功实现,完成了"准确进入轨道,精确交会对接,稳定组合运行,安全撤离返回"的预定目标。这标志着中国的空间交会对接技术取得了重大的突破,实现了重大的跨越。

101. "神舟十号"亮点——女性

"神舟九号"载人飞船是中国载人航天工程的第 9 艘飞船,于 2012 年 6 月 16 日发射升空,返回舱在 6 月 29 日降落于内蒙古着陆场。飞船在轨运行期间,两次实现与"天宫一号"的交会对接,第一次为自动交会对接,第二次由航天员手动控制完成,首次验证了手控交会对接技术。

"神舟十号"载人飞船是中国载人航天工程的第 10 艘飞船,也是第 5 次载人航天飞行任务。飞船于 2013 年 6 月 11 日发射升空,进入预定轨道;6 月 23 日与"天宫一号"手控交会对接,形成组合体;6 月 26 日飞船返回舱安全降落在内蒙古着陆场。

"神舟十号"飞船在轨运行了近 15 天,进一步考核了交会对接技术和载人天地间往返运输系统的功能性能,考核了组合体对航天员生活、工作和健康的保障能力,以及航天员执行飞行任务的能力,开展了空间科学实验和航天器在轨维修等试验。在"神舟十号"飞船上,采用了多项新研发的技术,如制导、导航设备中光学成像敏感器相机探头消杂散光涂层;提高对接可靠性的对接机构涂层;耐辐照舷窗玻璃;飞船防热天线窗;应用于着陆场的雷达系统堇青石微晶玻璃元件等。在飞船技术突破方面,"神舟十号"围绕着"天宫一号"首次增加了绕飞。该项实验的成功对建造太空站非常重要,因为空间站上会设有多个对接口,飞行器要从多个方面与其对接。

这艘飞船的一个亮点是,3 名航天员聂海胜、张晓光、王亚平中有了一位女航天员。王亚平作为首个进入太空的中国女性,并进行了太空授课。6 月 20 日,在组合体飞行期间,王亚平担任主讲老师,聂海胜配合,张晓光担任摄像师,向地面课堂讲解演示了几项物理实验,有打开"箱子"测质量、神奇单摆做圆周运动、陀螺轴向不变向前飞、"水膜"内嵌中国结、普通水变"魔法水球"等,展示了物体在太空失重环境状态下的奇妙现象。共计有 6000 万名中小学生通过电视转播同步收看,分享了宇宙知识,连接了公众与航天的桥梁,实现了航天工程领域、科普界、教育界在培养青少年方面的协作,书写了中国太空教育的新篇章,也为后续空间站工程建设积累了经验。

"神舟十号"空间飞行任务的胜利完成,实现了中国载人航天工程的连战连捷,标志着中国航天工程将全面进入载人空间站工程建设阶段。

102. "天宫二号"完成使命

　　"天宫二号"是为中国载人航天工程发射的第二个目标飞行器,是中国首个具备补加功能的载人航天科学实验空间实验室。

　　"天宫二号"于 2016 年 9 月 15 日发射升空,先后与"神舟十一号"载人飞船和"天舟一号"货运飞船对接,承担着验证空间站相关技术的重要使命。在顺利完成各项任务指标后,"天宫二号"于 2019 年 7 月 19 日受控离轨,再入大气层,落入南太平洋预定安全海域。它在轨运行期间,于 2016 年 10 月 19 日与"神舟十一号"完成自动交会对接,形成组合体,"神舟十一号"上的两名航天员入住 30 天。11 月 17 日,"天宫二号"与"神舟十一号"实施分离,完成了快速变轨控制验证实验。2017 年 4 月 22 日,"天宫二号"与"天舟一号"货运飞船完成交会对接,形成组合体,完成首次推进剂在轨补加实验。

　　作为又一个目标飞行器,"天宫二号"仍采用实验舱和资源舱的两舱构型。全长 10.4 米,最大直径 3.35 米,太阳翼展宽 18.4 米,重 8.6 吨。设计在轨寿命 2 年。为满足推进剂补加验证实验需要,"天宫二号"在"天宫一号"目标飞行器备份产品的基础上,对推进器系统进行了适应性改造;为满足中期驻留条件,对载人宜居环境进行了重大改善,具备支持 2 名航天员在轨生活、工作 30 天的能力。

　　"天宫二号"在入轨运行中实现了多项技术创新。在密封舱结构形式及结构重量方面,采用了"整体壁板式"密封结构方案,使密封效果更好,结构重量减轻了20%。研制出了直径 3 米多的薄壁飞船结构,满足了大空间及轻巧结实的要求,以最大的限度把噪声控制在最小的指标范围以内。针对空间实验室阶段目标的诸多变化,研发了智能化热控核心控制设备,实现了空调系统在轨故障的自主诊断、处置的可靠性。舱内装载的空间科学研究与空间探测、对地探测等 14 项空间应用荷载,以及航天医学实验设备,在开展的空间科学实验中都得到了很好的使用,并取得了一系列研究成果。在量子密钥分配实验中,成功实现了天地双向高精度跟瞄,激光通信。首次开展了空间微重力条件下的热毛细对流实验,拓展了流体力学的认知领域。对新型纳米复合光学材料、高性能热电转换材料、多元复合合金材料等做综合材料实验,均为国际上首次实验。在空间地球科学及应用的实验研究中也取得了显著的成果。

　　中国发射"天宫二号"目标飞行器,是全面完成空间实验室阶段的关键之战,为中国后续空间站的建造和运营积累了宝贵的经验,并奠定了坚实的基础。

103. 中国空间站核心舱升空

"天和核心舱"是中国空间站"天宫"的核心组成部分,是未来空间站的管理和控制中心。

2021年4月29日11时23分,"长征五号B遥二"运载火箭搭载空间站"天和核心舱",在海南文昌航天发射场发射升空。按计划,中国在2021—2022年将接续实施11次空间飞行任务,包括3次舱段发射、4次货运飞船和4次载人飞船的发射,于2022年完成空间站的在轨建设,实现中国载人航天工程"三步走"发展战略的第三步任务目标。

此次核心舱发射升空,是11次飞行任务中的第一次,标志着中国空间站在轨组装建设的全面展开。核心舱在轨参数为,近地点高度384公里,远地点高度394.9公里,倾角41.581度。核心舱长16.6米,最大直径4.2米,发射质量22.5吨,是目前中国最大、最复杂的航天器。主要用于空间站的控制和管理,具备长期自主飞行能力,能支持航天员长期驻留,还能支持开展航天医学和空间科学实验。核心舱包括节点舱、生活控制舱和资源舱三部分,有三个对接口和停泊口。对接口用于载人飞船、货运飞船和其他飞行器访问空间站;停泊口用于两个实验舱与核心舱组装形成空间站组合体,另有一个出舱口供航天员出舱活动。

中国空间站命名为"天宫",具有鲜明的中国特色和时代特色。核心舱总体方案优化,通过交会对接和转位组装构成空间站本体,设计寿命10年,通过维修可进一步延长寿命。核心舱内供航天员工作生活的区域约50立方米,额定乘员3人,乘组轮换期间短期可达6人。

航天员在空间站工作生活,还要开展一些空间科学实验和技术实验,用电量是很大的,用电需求可达"天宫二号"的近3倍。为此中国航天科技集团八院的团队为其量身定制了一个能量巨大的太空电站。它配有两对太阳电池翼,单翼面积达67平方米。在光照区电池翼将太阳能转化为电能,供整舱使用,同时为蓄电池储存能量,以便为核心舱飞至阴影区时所用。这两组太阳电池翼的发电能力超过了1.8万瓦。电池翼在轨期间可由航天员与机械臂配合,在舱外拆卸安装,重组供电通道,实现了在轨能源拓展的功能。

"天和核心舱"发射升空,入轨运行和空间站的组装建设,将使中国成为独立掌握近地空间长期载人飞行技术、具备长期开展近地空间有人参与科学技术实验和综合开发利用太空资源能力的国家。

104."神舟十二号"亮点——长驻

　　"神舟十二号"载人飞船是中国载人航天工程的第12艘飞船,承担空间站关键技术验证阶段第四次飞行任务,也是空间站阶段首次载人飞行任务。

　　2021年6月17日9时22分,"神舟十二号"飞船发射升空,进入预定轨道,顺利将聂海胜、刘伯明、汤洪波3名航天员送入太空。15时54分,飞船采用自主快速交会对接模式,对接于"天和核心舱"前向端口,与此前已对接的"天舟二号"货运飞船一起构成三舱组合体。18时48分,3名航天员进入核心舱,标志着中国人首次进入了自己的空间站。

　　"神舟十二号"飞船继承了二期"神舟"系列飞船设计,为推进舱、返回舱、轨道舱三舱结构,总长度约9米,总重量约8吨。飞船自身的设备部件有了新的升级换代,产品技术更加成熟,质量与可靠性也随之提高,智能化水平有很大的提升。这次空间站阶段的首次载人飞行,主要任务是在轨验证航天员长期驻留、再生生保、空间物资补给、出舱活动、舱外操作、在轨维修等空间站建造和运营的关键技术。

　　3名航天员在空间站驻留期间,完成了货运飞船物资转移、"天和核心舱"组合体管理、大机械臂操作等工作,并于7月4日、8月20日两次出舱,开展舱外操作。在第二次出舱时抬升了一台全景相机,安装了一套扩展泵组,为后续空间站相关工作的开展做好准备。在8月以后的一个多月中,航天员还做了一些收尾工作,对站内的一些物资物品进行梳理、盘点,以便于下一拨乘组过来容易拿到使用。另外还对一些设备从货船里面进行转移、布置,对空间站的有些功能进行设置,为迎接空间站新乘组的到来做准备。接下来航天员又抓紧时间进行身体锻炼,为返回地球做一些适应性的调整。

　　"神舟十二号"飞船对接"天和核心舱",航天员长时间驻留于此,开展了多项科学实验并获得成果。这次空间飞行在技术运用方面还实现了五个首次,即:首次实施载人飞船自主快速对接;首次绕飞空间站,并与空间站径向交会;首次实现长期在轨停靠;首次具备从不同高度轨道返回着陆场的能力;首次具备天地结合多重保护的应急救援能力。

　　3名航天员在空间站长驻留守了90天。2021年9月17日13时30分许,飞船与"天和核心舱"分离,返回舱反推发动机成功点火,进入大气层,安全着陆于东风着陆场预定区域,3名航天员平安返家。"神舟十二号"飞船这次与空间站的对接、长驻停留,为空间站的运作使用开了个好头。目前空间站里设备功能良好,正静候新的载人飞船乘组到来。

105. 中国的"飞天"航天服

"神舟十二号"飞船把 3 名航天员送入空间站工作,航天员进行了两次较长时间的太空行走,在舱外所穿着的是升级版的"飞天"航天服。

2008 年"神舟七号"飞船航天员翟志刚穿的舱外航天服,高 2 米,重 120 千克,从内到外分为 6 层,壳体为铝合金薄壁硬体结构,厚度 1.5 毫米。配有 1.3 米高的生命保障系统背包,可支持至少 4 小时的舱外活动,价值 3000 多万元人民币。相对于这第一代航天服,新一代"飞天"航天服进行了三个方面的重大改进:首先是改变了航天服的结构布局设计;其次是提高航天服的使用寿命;最后是提高了人服能力。

新款舱外航天服采用整体拟人形态半硬式密封结构,躯干是硬式结构,四肢是软式结构;采用闭式循环非再生式环控生保系统,由高压氧瓶供氧。可满足 1.6— 1.8 米身高的航天员穿着使用,一套航天服可通过调节尺寸让所有航天员穿着适体。穿脱也方便许多,地面试验时,人们穿起它只需要约 3 分钟,最多也不超过 5 分钟。

新型舱外航天服的躯干外壳装有电控台、气液控制台、气液组合插座、应急供氧管、电脐带。仅十几平方厘米的电控台上就有照明、数码管控、机械式压力表等 9 个开关。一个书本大小的气液控制台则集成了 20 多种阀门。航天服胸甲右下侧伸出的两根一长一短橘黄色系绳及其挂钩是用来保障安全的,它们内部装有弹簧,最长可拉至 3 米,承受 1 吨的拉力。这套系绳设备还有可保证 2—3 倍的安全余量。

第一代航天服关节部位虽密封良好,但灵活性不够,让航天员舱外爬行显得吃力。新型航天服在关节部位使用了小型化气密轴承等措施进行改进,大大提高了关节处的灵活性,减少了航天员舱外活动时的体能消耗。第一代航天服的手套可握住 25 毫米粗细的东西,新型航天服改进的加压手套能握住直径 5 毫米的物体,这对开展精细的舱外操作是十分有利的。此外,新型航天服的摄像机和照明灯整合更加合理,首次实现了航天员手臂操作区和胸前控制区的一体化集成照明设计,为航天员舱外活动提供了助力。

有关专家指出,中国的舱外航天服将进一步提高关节的灵活性,提高服装内部压力,以满足航天员舱外长时间活动的需要。未来的舱外航天服将采用更先进更轻量级的结构,以服务于月球轨道站、载人登月和月面基地等任务。

106. 中国航天员空间站出舱

　　2021年7月4日，"神舟十二号"乘组的航天员刘伯明、汤洪波从空间站出舱行走，顺利完成了任务。这是自"神舟七号"飞船翟志刚首次出舱后，时隔13年，中国人再次实施出舱活动，也是中国空间站时代的首次航天员出舱。

　　7月4日8时11分，航天员刘伯明成功开启"天和核心舱"节点舱的出舱舱门。11时02分，航天员汤洪波也成功出舱。二人完成了在机械臂上安装脚跟限位器和舱外工作台等工作，之后又在机械臂支持下，相互配合，开展了空间站舱外有关设备组装等作业。12时09分，二人协同完成了空间站舱外全景相机的抬升操作。这期间，在舱内的航天员聂海胜配合支持两名出舱人员开展舱外操作。至14时57分，经过出舱约7个小时的活动，航天员乘组圆满完成了出舱活动的既定任务，安全返回核心舱。

　　相比于"神舟七号"的出舱方式，在本次出舱活动中，空间站核心舱的机械臂首次托举航天员送至指定位置，使航天员顺利完成出舱操作任务，被认为是航天员称职的"座驾"。核心舱机械臂展开长度为10.2米，最多可承载25吨的重量，是空间站能干的"大力士"。它主要承担舱段转位、航天员出舱活动、舱外货物搬运、舱外状态检查、舱外大型设备维修等八大类在轨功用。核心舱的机械臂是中国首个可长期在太空轨道运行的设备。它的肩部设置了3个关节，肘部设置了1个关节，腕部设置了3个关节，共7个关节。每个关节对应一个自由度，如同人的手臂一样能自如活动。通过各个关节的旋转，它能实现自身前后左右任意角度与位置的抓取和操作，为航天员出舱活动提供强有力的帮助。机械臂还具有"爬行"功能，通过末端指示器与目标适配器对接分离，即可实现在舱体上爬行转移。航天员在舱外处于失重状态，加上穿着厚重的航天服，活动极为不便，机械臂可以免去航天员攀爬的劳苦，又能以脚跟限位器释放航天员两手，让航天员放手去做维修等业务。

　　"神舟十二号"在空间站停靠期间，8月20日，航天员聂海胜、刘伯明再次出舱，汤洪波在舱内协同配合。在约6小时工作中，完成了舱外工作台的设备安装等任务。

　　"神舟十二号"飞船乘组人员在空间站两次出舱，顺利完成行走任务，并安全返回核心舱，标志着中国空间站阶段航天员出舱活动取得圆满成功。在整个活动中，天地间大力协同，舱内外密切配合，首次检验了中国新一代航天服的功能性能，检验了航天员与机械臂协同工作的能力及出舱活动相关支持设备的可靠性与安全性，为空间站后续人员出舱活动的开展实施打下了良好的基础。

107. 中国空间站的生活环境

2011年,中国"天宫一号"目标飞行器发射升空,让航天员在太空有了一个"家"。在航天员生活、工作的实验舱,有效活动空间约15立方米,可满足3名航天员在舱内工作和生活的需要。舱内配有灭火装置,有为航天员特别设计的保暖内衣裤、运动服、运动袜等。医学实验设备能让航天员称重,获得骨密度等数据。带上太空的健身器材包括自行车、拉力器等能助航天员健身,减轻肌肉萎缩。"尿变水"的再生设备则可减少地面的物资补给。

2021年,中国"天宫"空间站"天和核心舱"发射升空,进入预定轨道。核心舱的长度比5层楼还要高,直径比火车车厢更宽,整站空间达到110立方米。如果说"天宫一号"是一室一厅的"单元房",空间站就是三室两厅还带储藏间的"豪宅"了。

进入空间站核心舱内部,工作区、睡眠区、卫生区、就餐区、医监医保区和锻炼区六个区域一应俱全。随着无线通信和物联网技术的发展,空间站内也有了"移动Wi-Fi",创造了一个智能家居生活空间。设计师为每名航天员准备了一个手持终端,航天员可以根据个人需求通过APP调节舱内照明环境、睡觉模式、工作模式、运动模式。在空间站运行中还预留有一条私密语言通道,让航天员能和家人"私聊"。

在空间站失重环境中,航天员也能实现"睡觉自由",在独立的睡眠区确保睡觉不受干扰。虽然要把自己"装进睡袋",但已经实现了从"站睡"到"卧睡"的改变。独立的睡眠区可以使航天员更放松,享受到相对高质量的睡眠,以保证在太空的工作生活中不失"元气"。在个人卫生方面,每名航天员都能在一个"包裹式淋浴间"内,手持喷枪,把自己擦拭干净,最大程度地解决好卫生问题。

2003年在"神舟五号"飞船上,航天员杨利伟吃到的仅是一些即食小吃和咖啡饮料。2008年"神舟七号"飞船上,已经有了80多种食品供航天员享用。而在2021年运行的空间站舱内,航天员已经可以吃到120种美味佳肴,包括红烧肉、鱼香肉丝、宫保鸡丁、牛奶、鸡蛋、八宝饭等,蔬菜、水果、饮料等也是多种多样,大大丰富了航天员的营养摄入。

为了营造空间的宜居环境,中国的设计师煞费苦心,在地面精心设计,反复模拟,再让航天员到现场体验,并编写操作指南。有了这些充分的预案和各种人性化的设计,才有了空间站这个"智能太空港",让乘组航天员度过了一次难忘的"太空之旅"。

108. 中国所创的航天育种

航天育种也称空间诱变育种,是将作物种子搭载返回式卫星等航天器送到太空,利用太空特殊的环境诱变作用,使种子产生变异,再返回地面培育作物新品种的育种技术。

1987年,中国利用一颗返回式科学实验卫星搭载了一批水稻、青椒等农作物种子。当时并不是为了育种,只是想了解空间环境对植物遗传性有无影响。但是,研究人员在实验中无意发现,极个别上了天的种子中发生了一些意外的遗传变异。这使研究者想到了利用这种方式进行航天育种。

中国科学家在后来的研究中发现,植物种子产生空间诱变的诱因,主要是太空中的高能粒子辐射,以及空间微重力的协同作用。当植物种子被宇宙射线中的高能重粒子(HZE)击中后,会出现很多染色体畸变,造成植株异常发育率增加。当种子根尖分生组织和胚轴细胞被击中时,畸变率最高。有实验表明,经空间飞行的种子即使没有被宇宙粒子击中,发芽后也能观察到染色体畸变的现象,这说明微重力对种子亦具有诱变作用。

专家研究指出,并非所有种子只要在太空一转,回到地面都会变得高产优质。据统计,卫星搭载过的作物种子只有百分之几甚至千分之几的可能发生变异,育种人员拿到有变异的作物种子,往往要经历至少4年至6年的时间,经过选择、淘汰、试种、审定,最终选育出优质高产的作物品种。以航天育种小麦流程为例,对第一代植株只做观察记录;收获的种子全部再种下去,做矮秆、穗大、早熟等不同筛选;选择出第三代种子播种,看突变的性状是否能够稳定遗传;再拿到试验点做群体比较试验,以了解在不同环境下是否都能表现出优良性状。每一种航天优良品种的诞生,都是一项艰苦复杂的工程。

通过航天育种,中国先后培育出一大批新的突变类型和具有优良性状的新作物品种。水稻种子经卫星搭载,获得了植株高、分蘖力强、穗型大、籽粒饱满和生长期短等性状变异,增产20%。太空青椒枝叶粗壮,免疫力强,果大肉厚,单果重达300—600克。太空番茄长势强,果穗增多,比常规番茄增产15%以上。

截至2020年9月,中国30多次利用返回式卫星、"神舟"系列飞船等航天器搭载植物种子,已在千余种植物中培育出700余种航天育种新品系、新品种,累计种植面积1.5亿亩,产品经推广,创造的经济价值达2000亿元以上。

经国家有关部门检测,食用"太空粮""太空菜"是安全的。空间育种这一机理目前仍在探索之中。随着对空间资源的开发,空间育种这一选育良种的新手段将会得到进一步的应用,并将产生更大的社会效益和经济效益。

109. "嫦娥一号"绕月飞行

"嫦娥一号"以中国古代神话人物"嫦娥"命名,是中国探月计划中第一颗绕月人造卫星。

20 世纪 50 年代末至 70 年代初,是人类的第一个探月高潮,并将足迹刻在了月球表面。随着 90 年代人类第二个探月高潮的到来,中国也以稳健的步伐开始了探索月球之旅。中国的月球探测工程称为"嫦娥"工程,分为三大步:第一步探月,即无人月球探测;第二步登月,即载人登月;第三步驻月,即建立月球基地。探月阶段又规划为绕、落、回三期。发射"嫦娥一号"卫星,实施绕月飞行,就是拉开了月球探测的帷幕。

2007 年 10 月 24 日 18 时 5 分 4 秒,由"长征三号甲"火箭搭载的"嫦娥一号"卫星发射升空。19 时"嫦娥一号"太阳帆板成功展开,19 时 10 分"嫦娥一号"准确入轨。11 月 5 日"嫦娥一号"进入月球轨道,随后建立三体定向工作姿态。12 月 11 日"嫦娥一号"对月球背面进行探测并获得影像图。

"嫦娥一号"星体为立方体,两侧各有一块太阳帆板,最大跨度 18.1 米,重 2350 千克,工作寿命 1 年。卫星平台由结构、热控、制导导航及控制、推进、数据管理、测控数据、定向天线和有效荷载等分系统组成。星上搭载了 8 种 24 台科学探测仪器,包括微波探测仪、γ 射线谱仪、X 射线谱仪、激光高度计、太阳高能粒子探测器、太阳风离子探测器、CCD 立体相机、干涉成像光谱仪等。"嫦娥一号"绕月运行长达 1 年零 4 个月,完成了各项预定的探测任务,向地面发回了各项探测数据,于 2009 年 3 月 1 日成功撞击到月球表面的预定地点,结束了它的使命。

"嫦娥一号"绕月探测取得的科研成果是多方面的。它使中国获得了国际先进的全月球影像图,图像色调等方面均在国际上处于先进水平,图像数据第一次实现了月球表面的 100% 覆盖;采用激光测高数据制作出分辨率为 3 公里的全月球数字高程模型,达到国际先进水平;探知了重要元素在全月球和局部区域的含量分布;了解了月表微波辐射亮温数据的全月球分布;获取了独特的近月空间高能粒子和太阳风离子的数据。这些阶段性成果的取得,填补了中国在月球探测领域的空白。

中国发射的"嫦娥一号"绕月飞行卫星,突破了一大批具有自主知识产权的核心技术和关键技术,使中国成为世界上为数不多的有着深空探测能力的国家。

110."嫦娥二号"拓展运行

"嫦娥二号"是中国探月计划的第二颗绕月人造卫星,也是中国探月工程二期的技术先导星。

2010年10月1日,"嫦娥二号"卫星在西昌卫星发射中心发射升空。10月6日,"嫦娥二号"被月球捕获,进入环月轨道。2011年4月,"嫦娥二号"设计寿命期满,既定工程目标与科学任务完成。6月9日,"嫦娥二号"正式飞离月球,前往日地拉格朗日L2点,开启了中国深空探测的新征程。8月25日,"嫦娥二号"进入到拉格朗日L2点环绕轨道。2012年6月1日,"嫦娥二号"受控变轨,进入飞行小行星的转移轨道。12月13日,"嫦娥二号"与4179号小行星交会,完成了对这颗小行星首次近距离的光学探测。12月15日,"嫦娥二号"飞抵距地球700万公里远的深空,与图塔蒂斯小行星擦身而过,标志着"嫦娥二号"再拓展成功,"嫦娥二号"工程宣布收官。2013年7月,"嫦娥二号"卫星与地球的距离已远达5000万公里。2014年,与地球的距离突破了1亿公里。

"嫦娥二号"在绕月飞行及拓展运行中,取得了一系列航天实验的重大成果。卫星这次发射开辟了地月之间的"直航航线",使地月飞行的时间大大缩短。卫星在距月球表面100公里高度的极轨轨道上绕月飞行,有利于对重点地区做出精细测绘。成果中还包括,首次使用X频段测控,对"嫦娥三号"着陆区进行了高分辨率成像;针对月球不均匀重力场及高起伏地形环境,突破了月球拟冻结轨道设计等关键技术,首次实现在月球背面无测控条件下主发动机点火变轨;首次采用延时积分成像技术,获取到7米分辨率的全月球立体影像;突破了微小型智能化设计技术,首次实现了地月空间飞行过程的监视成像;创新研制出首台数字化应答机,实现了深空探测领域星载测控技术的多项突破;在国际上首次实现从月球轨道飞赴日地拉格朗日L2点探测,开展了对地球远磁尾离子能谱、太阳耀斑爆发和宇宙伽马爆的科学探测,实现了目标小行星定轨预报等。

"嫦娥二号"运行任务的圆满完成,为后续实施探月二期工程的"落"和"回"奠定了坚实的技术基础。验证了在月球背面难以看到的情况下,采用主发动机推力,以自主轨道的机动技术实现软着陆的可靠性。这标志着中国在深空探测领域已掌握了众多核心技术并积累了经验,为以后开展火星等深空探测创造了条件。

111. "嫦娥三号"着陆月面

　　"嫦娥三号"是中国探月工程二期发射的月球探测器,由着陆器和巡视器("玉兔号"月球车)组成。"嫦娥三号"的任务是突破月球软着陆、月面巡视和勘察、月面生存、深空测控通信与遥操作、运载火箭直接进入地月转移轨道等关键技术,实现中国首次对地外天体的直接探测。

　　2013 年 12 月 2 日 1 时 30 分,搭载着"嫦娥三号"的运载火箭发射升空。12 月 6 日 17 时 47 分,"嫦娥三号"实施近月制动,发动机关机后,顺利进入 100 公里环月轨道。12 月 14 日 20 时 59 分,"嫦娥三号"开始动力下降,以 1.7 千米每秒的速度向月球表面降落。21 时 11 分,"嫦娥三号"离月面 4 米,以速度为零做自由落体,降落在月球虹湾以东地区,太阳能帆板成功展开,标志着"嫦娥三号"软着陆月球取得成功。12 月 15 日 1 时许,"玉兔号"月球车解锁,5 时 17 分,月球车缓缓离开转移机构,驶上月球。

　　"嫦娥三号"探测器携带了近紫外月基天文望远镜、极紫外相机、测能测速雷达和激光测距仪等,开展月面巡视、月表地形地貌与地质构造、矿物组成和化学成分等探测活动。"玉兔号"月球车为三轴六轮结构,可灵活"行走"的轮子经特殊处理,能适应月球表面土质,预知斜坡、沟坎,还会绕开障碍物。车轮上方箱内搭载了多种探测仪器,重 20 千克。底部的测月雷达装置,可探测到距月球表面几百米深处。中间"桅杆"上安装的相机,可开展全方位的探测拍照。月球车寿命 3 个月,能在月面方圆 3 千米范围内,行走 10 千米。

　　"嫦娥三号"在月球实现软着陆后,有着一系列技术创新。着陆器上的粒子激发 X 射线谱仪和红外成像谱仪能精确测量月球上的矿物和成分。月球车运行中对地域月壤和岩体进行精细观测,使用测月雷达,是人类首次在月球上的就位观测。"嫦娥三号"配备的极紫外相机,是人类首次在月球对整个地球等离子体层进行观测,能够实时记录太阳光照、磁层、大气层的相互作用,为空间科学研究和自然灾害预报提供了重要数据。月球上没有大气层,这使以月基光学望远镜观天,获得了有关太阳、星系的更多信息资料。

　　"嫦娥三号"首次实现了中国在地外天体软着陆和巡视探测。着陆器和月球车获得各类数据共计 7TB,及最新的月球探测图像和相关视频。由此也极大地推动了国内外探索认识月球、研究利用月球资源的热情。

112."嫦娥四号"着陆月背

"嫦娥四号"是中国探月工程的又一个月球探测器,也是人类第一个着陆月球背面的探测器,实现了人类首次月球背面软着陆和巡视勘察。

2018年12月8日,"嫦娥四号"发射升空,于12月12日完成近月制动,于2019年1月3日在月球背面预选区着陆,于1月11日与"玉兔二号"月球车完成两器互拍工作。

"嫦娥四号"的科学任务主要是,开展月球背面低频射电天文观测与研究,开展月球背面巡视区形貌、矿物组成及月表浅层结构探测与研究,试验性开展月球背面中子辐射剂量、中性原子等月球环境研究等。任务由工程总体及探测器、运载火箭、发射场、测控地面应用五大系统组成。探测器由中继星、着陆器和巡视器组成。

巡视器即"玉兔二号"月球车,着陆后先与着陆器分离,与"鹊桥"中继星成功组建了独立数传链路,完成了环境感知、路径规划,并按计划开展科学探测,成为世界上第一辆在月球背面运行的月球车。"玉兔二号"长1.5米,宽1米,高1.1米。6轮驱动,4轮独立转向,具有爬20度坡、越20厘米高障碍的能力,移动速度最快为200米每小时。车上携带了全景相机、测月雷达、红外成像光谱仪、粒子激发X射线谱仪等探测仪器设备。它在月夜期间处于休眠状态,月昼来临会自主唤醒,唤醒后会自主设置进入稳定的工作状态。设计人员为它设计了各种走线布局,采取了故障隔离应用,使它应付行走困难的能力更强。

"嫦娥四号"在月球背面软着陆和随后的巡视勘察中,取得了一系列重大科研成果。首次通过原位探测,直接得到了月球深部物质组成的数据,揭示了月球背面,特别是南极艾特肯盆地复杂的撞击历史,对月壤的形成与演化模型提供了关键证据,为以后南极着陆和巡视探测选址等提供了重要参考。在月表浅层结构研究中,使用测月雷达等设备,获取到多源数据,探测到了着陆区地层剖面及多期次溅射物覆盖关系。首次揭开了月球背面地下结构的神秘面纱,提高了人类对月球撞击和火山活动历史的理解,为月球背面地质演化研究带来了新的启示和帮助。

"嫦娥四号"在月球背面软着陆和开展的探测活动,是中国月球探测领域承上启下的标志性工程,在月球背面留下了中国探月的第一行足迹,在中国航天史上书写了探索宇宙奥秘的新篇章。

113. "嫦娥五号"采样返回

　　"嫦娥五号"是中国首个实施无人月面取样返回的月球探测器,为中国探月工程"三步走"第一步"绕""落""回"任务的实施圆满地画上了句号。

　　2020年11月24日,"嫦娥五号"由"长征五号遥五"运载火箭搭载成功发射升空,进入预定轨道。几次转轨修正飞行后,12月1日,"嫦娥五号"在月球正面预选着陆区着陆。12月2日,着陆器完成自动采样封装。12月3日,上升器携带样品进入预定环月轨道。12月8日,此器受控离轨,穿过大气层降落在预定落点。

　　"嫦娥五号"月球探测器总重8.2吨,由轨道器、返回器、着陆器和上升器四部分组成。它的发射运行面临着五大挑战,即分离面多、模式复杂、细节严酷、温度控制、瘦身压力,是中国航天探索开始以来最复杂、难度最大的任务之一。

　　在实施整个采样返回计划的过程中,轨道器在轨共有5次分离、6种组合体状态,承担着地月往返运输、器间分离、交会对接与样品转移等关键任务。运行中飞行状态多、器间接口多、工作模式多、地面验证难,是最为复杂的飞行器之一。轨道器摒弃了传统的舱段间包带连接方式,创新采用多点高强度分离螺母进行连接,创造性地研制出抱爪式对接机构,配合采用棘爪式转移机构,确保了探月采样返回任务的完成。

　　在首次月面采样过程中,"表取"和"钻取"两种"挖土"方法齐上阵。采取铲土、挖土、夹土、浅钻、深钻等多种方式,采集约2千克月壤加以密封封装。月壤即月球的土壤,对地球人来说,蕴藏着巨大的科学研究价值。为了去月球上"挖土",主要航天国家一直都"很拼"。中国对采到的月壤将进行系统、长期的实验室研究,有着永久存储、备份永久存储和公益的种种用途。

　　"嫦娥五号"上升器在完成采样任务上升起飞前,着陆器携带的一面"织物版"五星红旗在月面成功展开。这面国旗由武汉纺织大学研制。针对月面高低温交变、真空及辐射等特殊环境要求,以国内高性能芳纶纤维材料为主,采用嵌合式复合纺纱和面料加工技术、表面色彩构建及耐紫外辐照等多项技术制作,可实现在月面极端环境和长久条件下保持性能稳定。

　　"嫦娥五号"圆满完成了采样返回任务,实现了中国开展航天工程计划的四个首次:首次在月球表面自动采样;首次从月面起飞;首次在38万公里外的月球轨道上进行无人交会对接;首次带着月壤以接近第二宇宙速度返回地球。标志着中国探月工程第二步拉开了序幕。

114. "天问一号"探测火星

"天问一号"是负责执行中国第一次自主火星探测任务的探测器。"天问"的名称源于中国古代爱国诗人屈原的长诗《天问》,蕴含了中华民族探求科学真理的坚韧、求索和科技不断创新的精神。

2020年7月23日,"天问一号"探测器在文昌航天发射场由"长征五号遥四"运载火箭发射升空,成功进入预定轨道。2021年2月抵近火星,实施火星捕获,于2021年5月择机实施降轨,着陆器与环绕器分离,软着陆于火星表面,火星车驶离着陆平台,开展巡视探测工作。

"天问一号"在飞往火星的茫茫路途中,经历了四次轨道修正、深空机动。执行深空机动是运载火箭入轨弹道和地火转移轨道联合优化的结果,能够提升运载的发射能力,提高探测器的发射质量。为了能精确自主地控制轨道,火星环绕器装备了具有故障识别与自主处理能力的计算机,保证了轨道控制的精度和可靠性。至2020年11月17日,"天问一号"在轨飞行116天,飞行里程突破了3亿公里。2021年1月3日,"天问一号"在轨飞行163天,距地球1.3亿公里,距火星830万公里。2月5日,"天问一号"飞行到197天,飞行里程约4.65亿公里,距火星约110万公里。在距火星220万公里处,获取到首幅火星图像。

"天问一号"探测器由环绕器、着陆器和巡视器(火星车)组成,总重在5吨左右。它在此次火星探测中开展实施了五大科学目标任务:探测火星外貌与地质构造特征;探测火星表面土壤特征与水冰分布;探测火星表面的物质组成;探测火星大气电离层及表面气候与环境特征;探索火星物理场与内部结构等。首次探测火星即在环绕、着陆和巡视三大方面取得重大成果。探测器搭载了中分辨率相机、高分辨率相机、次表层探测雷达、矿物光谱分析仪、磁强计、离子与中性粒子分析仪、能量粒子分析仪等新型仪器,应用了超轻质蜂窝增强低密度烧蚀防热材料、有机热控涂层、特种吸能合金、新型铝镁合金、铝硅封装外壳、纳米气凝胶、聚合物智能复合材料等,对于火星环绕观测、吸收着陆冲击能、提高火星车性能等方面,产生了极大的技术支撑作用。

"天问一号"成功发射、持续飞行,以及后续的环绕、降落和巡视,是众多高科技高度综合的体现,是国家强大国力和创新能力的重要标志。中国大力开展并稳步推进的宇宙深空探测,对促进科技进步、保障国防安全、提升国家软实力以及提高国际影响力,都具有非常重要的意义。

115. 健行火星的"祝融号"火星车

"天问一号"探测器的巡视器是"祝融号"火星车。"祝融"在中国传统文化中被尊为最早的火神,象征着中华民族祖先用火种照亮大地,带来光明。火星车以"祝融号"命名,寓意点燃中国星际探测的火种,在宇宙探索中将不断超越自我,逐梦星辰。

2020 年 7 月 23 日,执行中国首次探测火星任务的"天问一号"发射升空,进入预定轨道。2021 年 5 月 15 日,"天问一号"探测器的着陆巡视器火星车成功落地,降落在火星乌托邦平原南部预选着陆区。5 月 22 日,"祝融号"火星车安全驶离着陆平台,相机记录了"祝融号"后退移动和原地转弯的过程。这是人类首次获取火星车在火星表面移动过程的影像。

"祝融号"火星车高 1.85 米,重 240 千克,寿命 3 个火星月,相当于 92 个地球日。火星车上搭载了 6 台科学仪器,包括火星表面成分探测仪、多光谱相机、导航地形相机、火星表层探测雷达、火星表面磁场探测仪、火星气象测量仪等。车体采用主动悬架,6 个车轮均可独立驱动、独立转向,除进、退、四轮转向行驶功能,还具有蟹行运动能力,用于灵活避障以及大角度爬坡。更强大的功能还包括车体升降、尺蠖运动、抬轮排故等。

截至 2021 年 6 月 6 日,"祝融号"火星车在火星表面已工作了 23 个火星日,开展环境感知、火面移动,所有科学荷载设备均开机,源源不断获取科学数据。7 月 8 日,火星车在月表工作了 54 个火星日,向南行驶里程超过 300 米,途中遇岩石、沙丘等特殊地貌,利用表面成分探测仪、多光谱相机等进行了定点探测。8 月 30 日,火星车驶上火星表面满 100 天,向南累计行驶 1084 米。火星车状态良好,能源充足。上方环绕器使用高分辨率相机对着陆区域成像,获取 1 米分辨率影像显示,火星车行驶轨道清晰。在 3 个多月中,"祝融号"以非常严格的作息规划,按照"7 日一周期、1 日一规划、每日有探测"的要求,全力以赴投入工作。探测火星地形地貌、浅表结构、地质构造、火表成分、矿物组成情况、地下水冰痕迹等,收集到 10GB 原始数据,圆满地完成了全部既定任务。

"祝融号"火星车在火星上虽然只行驶了 2 里多地,但它行走的每一步所获得的探测成果,都是中国科研人员付出心血的结晶,所创造的价值是难以估算的。有了这辆火星车在火星上的健行,让中国科研人员积累了经验,增强了信心,在以后宇宙空间探索中将会跨出新的更大的步伐。

图书在版编目（CIP）数据

百科集趣. 第四辑 ／ 于永昌编著. -- 北京 ：中国文
史出版社，2023.1

ISBN 978-7-5205-3569-4

Ⅰ. ①百… Ⅱ. ①于… Ⅲ. ①科学知识-普及读物
Ⅳ. ①Z228

中国版本图书馆 CIP 数据核字（2022）第 108648 号

责任编辑：薛未未

出版发行：中国文史出版社

社　　址：北京市海淀区西八里庄路 69 号院　邮编：100142
电　　话：010-81136606　81136602　81136603（发行部）
传　　真：010-81136655
印　　装：廊坊市海涛印刷有限公司
经　　销：全国新华书店
开　　本：720×1020　1/16
印　　张：23　　　　　字数：418 千字
版　　次：2023 年 1 月第 1 版
印　　次：2023 年 1 月第 1 次印刷
定　　价：68.00 元